사회복지정책론

김 경 우 저

청목출판사

머리말

사회복지정책은 사회생활을 영위하는 데 있어서 인간의 기본적 욕구에 대응하기 위한 정책 분야이며, 각종 사회문제의 해결을 목적으로 하는 사회복지프로그램의 형성 및 구체화를 통한 권위적인 가치 배분 활동이다.

사회복지정책에 대하여 독일, 영국, 유럽국가들은 사회정책이라 하고 이것은 노동, 계급, 사회개량주의 정책을 의미하는 것으로 쓰이며 이는 자본주의 체제의 안정을 유지하기 위한 거시적인 국가정책이다. 반면에 미국, 일본, 우리나라의 경우 오히려 사회정책이란 말보다 사회복지정책이란 말을 쓰는데 여기서 사회복지정책이란 사회복지 대상자들의 다양한 욕구를 충족시키기 위해서 국가가 서비스하는 대책을 의미한다. 그러므로 사회복지정책의 개념은 사회복지에 관한 일련의 집단적 행동지침으로 사회복지의 목표를 이루기 위해 필요한 행동들에 관한 원칙이라고 할 수 있다.

오늘날 사회복지정책은 정치 · 경제 · 사회의 제반영역에서 중요한 역할을 담당해 오고 있다. 사회복지정책의 역할비중이 증가함에 따라 사회복지정책에 대한 학문적 연구 역시 활발하게 이루어지고 있다.

사회복지정책은 시장을 통해 1차적으로 분배된 이윤이 정부의 활동을 통해 세금과 같은 형태로 시민의 복지 증진을 위해 재분배되는 2차적인 분배이며 제도적 장치이다. 경제정책은 시장(market)에 관한 것이라면 사회복지정책은 시장 외적인 것이라고 할 수 있다. 따라서 복지정책의 가치관은 목표인 동시에 과정이라는 이중적 성격에 초점을 두었다.

교과과정의 구성은 우선 전체보기에 의한 학습할 주제의 주요 요소를 조망하였다. 즉 부분보기를 통하여 학습할 주제를 세부내용에 대한 어느 특정한 영역으로 정교화하였고 이를 전체와의 관계 속에서 파악하여 전체와 부분과의 관계와 다른 부분과의 관계를 확인하는 단계를 거쳤다.

교수설계의 이론적 기초는 첫째, 체제이론에 의하여 피드백, 개방체제와 폐쇄체제, 목적과 목표의 역할을 주지하였고 둘째, 학습이론으로 강화(reinforcement), 기억(memory), 전이(transfer), 연습(practice)에 적응하도록 하였으며 셋째, 커뮤니케이션이론으로 태도, 설득, 언어에 대한 이론, 송신자가 수신자에게 정보를 전달할 수 있도록 하였으며 개념적 수업모형으로 지식의 계열성, 학습속도 및 동기를 부여하도록 접근하였다. 따라서 기초이론으로서 제1장의 사회복지정책일반, 제2장 사회복지정책의 목표와 가치 제3장 시회복지정책의 이념과 복지국가를 제시하였고

실천이론으로서 제4장 사회복지정책의 분석 제5장 복지국가와 정책발달, 제6장 사회복지정책의 형성 제7장 사회복지정책의 결정, 제8장 빈곤과 공공부조를 구성하였으며

그리고 응용심화단계로서 제9장 사회복지정책의 주체와 전달체계 제10장 사회복지서비스정책분석 제11장 국민연금과 국민건강보험 제12장 장기노인요양보험제도로 편성하였다.

집필 후에는 항상 부족함과 보완적인 학습욕구와 기획의도의 오류에 대해서는 후회스러움을 아쉽게 생각한다. 이 부분에 대해서는 창의적인 사고와 열린 마음으로 계속 노력할 것입니다. 재야 여러분의 폭넓은 지식과 기술 그리고 다양한 학문으로서의 접근이 보다 심오한 발전을 가져올 수 있도록 독자 제현과 전문가 여러분의 질타와 채찍을 부탁드립니다. 마지막으로 촉박한 일정에도 지속적인 관심과 애정으로 출판에 대한 열정을 보여주신 청목출판사 사장님과 담당이사님 그리고 편집위원 여러분의 노고에 깊은 감사의 마음을 전합니다.

2010. 4.
남한산성에서 저자 배상

차 례

제 1 장

사회복지정책의 일반

제 1 절　사회복지정책의 의의

1. 사회복지 정책의 개념

1) 사회복지

사회복지는 사회(social)와 복지(welfare)의 합성어이다. 사회적 의미는 지역사회나 집단속에서 같이 지내다는 뜻이고 복지는 사전적 의미로 '불만이 없는 상태', '안락하고 만족한 상태', '건강하고 번영스런 상태', '행복한 상태', '안정된 삶', '생활욕구가 충족된 삶'의 영위를 뜻한다. 언어적 의미는 공동체 사회에서 사회내적인 관계를 기초로 구성원들의 전생애에 걸쳐서 건강하고 안락한 바람직한 삶을 추구하는 사회적 노력이라고 할 수 있다. 그런데 사회복지는 고정되어 있는 것이 아니라 시대와 사회에 따라서 변화되는 것이기 때문에 그 실체파악이 어렵고 그 모형이 다양하다. 이런 개념의 연장선상에서 사회복지는 인간의 삶의 질을 개선하는데 목적을 둔 사회적이고 조직적인 활동을 의미하고 있다. 활동의 범위를 사회전반으로 설정한 것이 광의의 복지개념이다. 사회복지란 국민 생활 안정 및 교육・직업・의료 등의 보장을 포함하는 복지를 추구하기 위한 사회적 노력이다. 즉 넓은 의미의 사회적 정책의 총칭의 말이다. 사회보장제도 등의 근저에 공통적으로 작용하는 정책 목표로서, 이들 정책이나 제도가 실현하려고 지향하는 목적의 개념으로서 파악하는 경우도 있으나, 보통은 제도적 개념으로 사용한다. 넓은 의미의 사회복지는 사회사업 이외에 사회정책, 사회보장, 주택보장, 공중위생, 비행문제대책 등을 포함하는데, 영국과 미국의 사회복지는 넓은 뜻으로 쓰이는 경우가 많다. 정책은 "바람직한 사회 상태를 이룩하려는 정책 목표와 이를 달성하기 위하여 필요한 정책수단에 대하여 정부기관이 공식적으로 결정한 기본방침"(정정길, 1999)이라고 정의하고 있다.

따라서 노인복지정책이란 노인문제에 대한 사회적 대책으로 ① 직업대책, ② 연금제도, ③ 주택대책, ④ 의료대책, ⑤ 수용보호 및 거택노인을 위한 서비스 등 5개항에 고령자를 위한 사회적 정책을 Shenfield(1957)는 강조하였으며, 오까무라 시게오는 첫째, 노인의 일상생활에 필요한 전체적인 조건과, 둘째, 노인의 생활욕구와 그 조건을 개별화하며 돕는 '사회적 서비스'의 두 가지 요소가 포함된다고 보았다.

사회복지의 정의를 주체와 객체(대상), 내용, 목적(방향성)이라는 세 가지를 중심으로 정의해 보면 다음과 같다.

첫째, 사회복지의 주체는 사회복지사다. 사회복지실천의 주체에 관해서는 정부, 사회복지기관, 사회복지사, 클라이언트, 자원봉사자 등이 될 수 있다. 여기서 사회복지사란 사회복지전문가를 말하며, 충분한 지식과 기술을 바탕으로 클라이언트에게 전문적 서비스를 제공할 의무와 책임이 있다. 여기서 전문성과 의무와 책임이라는 개념으로 확장해 볼 필요가 있다.

전문성, 전문가, 전문직 등을 이야기할 때 반드시 언급되는 요건들이 바로 지식, 기술, 가치, 조직이라는 네 가지 개념이다. 그것들이 명확히 전문가로서 타인들과 구분될 수 있다.

클라이언트를 만나고 관계를 맺고, 사정하고, 평가하는 지식과 기술은 결코 낮은 수준의 것이 아니다. 이들이 수행하는 모습을 보고 잘된 점과 잘못된 점을 그들이 수긍할 수 있을 정도의 수준에서 올바르게 슈퍼비전할 수 있어야 진정한 사회복지 전문가라고 할 수 있다. 사회복지사의 선한 의지(Good Will)에 의존하는 경우가 많으며, 법적 제도적 장치가 미비한 우리나라의 사회복지 현장에서는 더욱 그러하다. 전문성 그리고 책임과 의무가 존재하는 한 사회복지의 주체는 사회복지사이다.

둘째, 사회복지의 객체는 클라이언트다. 클라이언트는 혼자서는 해결할 수 없는 어려운 문제로 도움을 요청하는 이들이다.

기본적으로 사회복지에서 클라이언트라 하면 문제를 가지고 있는 사람 혹은 문제가 발생할 가능성이 있는 사람을 가리킨다. 여기서 우리는 문제의 범주를 명확히 하는 과정이 필요하다.

사람은 누구나 문제를 갖고 있다. 하지만 그 문제는 대부분 스스로의 힘으로 극복할 수 있는 문제들이다. 이런 문제는 사회복지의 문제가 될 수 없다. 따라서 문제는 지금 현재 자기 스스로의 힘으로 해결할 수 없는 것이어야만 한다는 하나의 속성을 갖는다.

한편 그것이 영원히 해결불가능하다면 그것 또한 대상이 될 수 없다. 사회복지가 만능은 아니라는 뜻이다. 사회복지사의 개입을 통해서 해결될 수 있는 문제만이 대상이 될 수 있다.

또한 사람에 초점을 두었을 때 그 사람이 갖는 속성을 또 하나의 특성으로 정의내릴 수 있다.

문제가 위에서 언급한 속성을 모두 가지고 있다고 모든 이들이 대상이 될 수는 없다는 뜻이다. Client는 ① (변호사 등의) 의뢰인 ② (상인의) 고객, 단골 ③ 클라이언트, 사회복지사의 도움을 받는 사람으로 정의하고 있다. 여기서 우리는 한 가지 개념은 대상자의 자발성이다. 스스로 문제를 해결하고자 하는 의지가 있어서 그 해결을 의뢰한 사람만이 클라이언트가 될 수 있다. 사회복지실천의 기본 원칙에서 클라이언트의 자기결정과도 같은 맥락이다.

한국에서는 이 용어를 아동복지법(1981), 생활보호법(1982), 사회복지사업법(1992), 사회보장기본법(1995) 등에서 구체적으로 사용하고 있다. 현행헌법은 제10조에서 "모든 국민은 인간으로서의 존엄과 가치를 가지며 행복을 추구할 권리가 있다."고 행복추구권을 규정하였다. 또 제34조에서 "모든 국민은 인간다운 생활을 할 권리를 가진다. 국가는 사회보장·사회복지의 증진에 노력할 의무를 진다."고 규정하여 사회복지국가의 실현을 위한 국가의 의무를 선언하고 있다.

사회복지에 대한 제 학자의 견해에 의하면 윌렌스키와 르보는 국민의 경제 조건, 건강, 인간의 능력을 유지시키거나 향상시키는 기능을 발휘하는 기관, 제도 및 프로그램의 조직화된 체계로 광의의 개념으로 보고 있다.

로메니쉰은 사회복지를 적극적 복지와 소극적 복지로 구분하고 적극적 사회복지는 전체국민의 보편적 욕구를 충족시키기 위한 집합적 책임으로 보고, 소극적 사회복지는 불우계층에게 금전적 지원 및 기타서비스를 제공하는 것이라고 했다.

프리드랜더는 개인 혹은 집단의 생활이나 건강이 만족할 만한 수준에 도달할 수 있도록 계획된 사회적 서비스 및 제도의 조직적 체계로 보고, 던햄은 인간생활의 향상을 위한 노력의 광범위한 분야이고, 인구의 일부 또는 전체의 경제적 조건, 건강 또는 대인적 경쟁을 개선·유지함으로써 사회적 복리를 증진시키려는 조직적 활동이라고 했다.

사회복지의 궁극적인 목표는 국민 개개인의 복지증진에 있으며 사회복지의 구성요소는 욕구(객체), 자원(주체), 전달체계(객체와 주체의 연계)이며, 사회복지의 범위는 윌렌스키 & 르보, 로마니쉰에 의하면 객체와 주체의 범위에 의해 결정된다고 한다. 협의의 사회복지개념은 시회복지실천과 개별사회사업 등으로 미시적이고 문제가 있는 개인의 문제를 치료하는 치료적 특성을 말한다. 그러나 광의의 개념은 사회복지. 인간의 삶의 질 향상을 위한 모든 사회정책의 총칭을 일컫는다.

그런데 사회복지는 인간의 행복을 추구하기 위한 사회적 노력을 의미하는데 선진사회 복지사회로 갈수록 삶의 행복을 추구하는 욕구가 더 늘어나므로 복지에 대한 욕구와 수준이 다양하고 복잡해진다.

사회복지가 왜 발생하는가? 산업사회, 정보사회로 진행되면서 구조적 특성에 의해 발생하는 대량실업, 가족해체, 아동문제, 청소년문제, 여성문제, 노인문제, 다문화가정 등 다수의 사회구성원이 겪는 문제로 개인적 차원에서 해결할 수 없는 위험이 발생하는 데(사회적 위험) 이 사회적 위험으로부터 벗어나고자 하는 욕구(사회적 욕구)로 인간의 기본적 욕구를 실현하기 위해서이다.

2) 정책

정책(policy)의 그리스 어원은 polis로서 도시국가를 뜻한다. 산스크리트어원인 pur도 도시를 의미한다. 이것이 후에 라틴어에 와서 국가를 의미하는 politia(정부)로 변화되었으며 중세영어에서는 공공문제에 대한 처리 또는 정부의 운영을 의미하는 policie로 표기되었다.

정책이란 특정한 목적을 이루기 위해 필요한 행동들에 관한 원칙, 지침, 혹은 조직화된 노력을 의미한다. 따라서 사회복지정책은 사회복지의 목표를 이루기 위하여 필요한 행동들에 관한 원칙이다.

사회생활을 영위하는 데 있어서 인간의 기본적 욕구에 대응하기 위한 정책 분야이며, 각종 사회문제의 해결을 목적으로 하는 사회복지프로그램의 형성 및 구체화를 통한 권위적인 가치배분활동이다. 사회변화는 바람직한 방향으로 이루어지기도 하고 어떤 때는 바람직하지 못한 방향으로 변화되기도 하는 데 이러한 경우 정부가 사회적 상황이나 조건들을 유지 또는 변경하고자 사용하는 개입적 수단이 바로 정책(Public Policy)이다. 그런데 정부정책은 미래지향적이기 때문에 어떤 정책이 기대했던 결과를 낳을 것인가 혹은 사회모습을 바꿀 수 있을 것인가, 아닌가 등은 정말 예상하기 어렵다. 우리는 정책결정을 흔히 의사가 환자를 치료하는 것에 비유하기도 하는 데 우선 병을 진단하고 투약하지만 그 약이 병을 낳게 할지에 대해서는 예상하기 어려운 것이 사실이다. 사회변동의 계기로서 미래탐색을 위한 가치와 행동의 복합체이다. 정책의 특성은 계획성, 목표성, 가치함축성, 실제성을 강조한 것이다.

정책 개념은 강제성과 독점성을 내포하고, 장래의 활동지침, 가치배분 그리고 한 개인을 위한 것이 아니라 전체 사회를 위한 것이다.

3) 사회정책

사회정책의 개념을 대표하는 Marshall은 '사회정책이란 시민들에게 그들의 복지에 직접적인 영향을 줄 뿐 아니라 서비스나 수입을 제공해 주는 활동에 관한 정부의 시책'이라고 하였다. 장인협은 '사회복지 정책이란 일반적으로 사회복지 프로그램이나 제반 문제에 대한 의사결정에 활용되는 지침이라고 할 수 있다'고

하였다. 그리고 Richard Titmuss는 '사회정책이란 일정의 물질적 및 사회적 욕구 특히 요구호욕구에 관하여 시장이 충족하지 못하거나 충족시킬 수 없는 특정의 사람에게 부여하는 정부의 행위'라고 정의하였다.

(4) 사회복지 정책

사회복지 정책이란 사람들이 인간다운 삶을 영위하도록 서비스나 소득을 제공함으로써 인간의 기본적 욕구를 충족시켜 주고, 각종 의존문제를 해결하기 위한 정부의 지침, 계획, 과정이다.

사회복지정책은 '사회복지'와 '정책'이라는 두 용어의 합성어이다. 정책이란 권위 있는 공공기관이 정책목표를 달성하기 위하여 정치적·행정적 과정을 거치거나 당위성에 입각하여 공식적·의도적으로 선택한 미래의 행동지침으로 볼 수 있는 것이다.

사회복지정책이란 사회복지 프로그램이나 제반 문제에 대한 의사결정을 위하여 정부 또는 공공기관에 의하여 작성된 지침으로서 구체적인 프로그램, 법제, 우선순위를 제시하는 암시적 혹은 명시적 원칙이라고 개념지을 수 있다. 사회복지정책은 좁게 해석하면 소득보장, 건강, 주택, 대인적 사회서비스 등 4가지 영역으로, 넓게 해석할 경우 소득보장, 건강, 주택, 교육, 대인적 사회서비스, 조세정책, 노동시장정책 등 7대 영역으로 구성되어 있다고 할 수 있다.

T. H. Marshall은 "사회정책이란 시민들에게 그들의 복지에 직접적인 영향을 줄 뿐 아니라 서비스 혹은 소득을 제공함으로써 사람들의 복지에 직접적인 영향을 미치는 정부의 정책"이라고 정의하면서, 핵심 프로그램으로 사회보험, 공적부조, 건강 및 복지서비스 그리고 주택, 교육, 비행예방 등을 들고 있다. Richard Titmuss는 "사회정책이란 일정의 물질적 및 사회적 욕구 특히 요구호욕구에 관하여 시장이 충족(만족)하지 못하거나 충족시킬 수 없는 특정의 사람(사회적 약자)에게 부여하는 정부의 행위"라고 정의하고 있다.

1950년대 중반 페이비언사회주의자 중의 한 사람으로 집합주의적 개념을 주장하였다. 그는 사회복지, 재정복지, 기업복지라는 세 부분이 상호작용하는 시스템으로 복지를 파악하였다. 사회복지정책이란 기존의 사회적 장치로서 해결할 수 없는 욕구충족에 관련된 것으로 경제정책이 교환에 의하여 이루어지는 것과는 다른 일방적 이전 또는 선물형태로 이루어지는 정부의 행위라고 본다. 티트머스는 사회정책은 경제시장 외부에서 이루어지는 일방적 이전으로 보았다. 그는 이러한 사회정책의 모델로 세 가지 모형을 제시하였는데 보충적 모형, 산업적 모형, 제도적 재분배 모형이 그것이다.

Marshall에 의하면 사회정책은 시민에게 서비스 또는 소득을 제공함으로써 시민의 복지에 직접 영향을 주는 행동으로써 정부의 정책과 연관되어 있다. 사회정책의 핵심적인 내용은 사회보험, 공공부조, 보건 및 복지서비스, 주택정책으로 구성되어 있다고 하였다.

Townsand는 사회정책이란 공공행정과 관련된 정책이고 이것은 일반적으로 인정된 특수한 사회문제를 해결하거나 사회목적을 추구하기 위한 국가와 지방당국의 건강, 교육, 복지 및 사회보장서비스와 같은 서비스개발과 관리에 관련된 정책이라고 하였다.

사회복지정책에 대하여 디니토와 다이(D. Dinito & T. Dye)는 사회복지정책을 다음과 같이 설명하고 있다.

첫째, 정부가 그 나라 국민들의 생활의 질에 영향을 미치는 것을 행할 것과 행하지 않을 것을 선택하는 어떤 것이다.

둘째, 넓은 의미로는 정부가 행하는 거의 모든 것을 포함한다. 즉 세금, 국방, 에너지보존으로부터 건강, 주택, 공공부조에 이르기까지를 말한다.

셋째, 다른 의미로는 정부가 그 나라 국민들에게 서비스나 수입을 제공함으로써 국민복지에 영향을 미치는 정부의 활동이라 하겠다. 그러나 일반적으로 사회복지정책은 노인, 질병자 및 빈곤자에게 유익한 수입보장과 서비스에 직접적으로 영향을 주는 정부의 정책에 관심을 집중시키고 있다.

사회복지정책은 사회보험, 공공부조, 사회복지서비스를 중심으로 한 사회보장이 중심이 된다.

사회복지사전에 의하면, 사회복지정책이란 넓은 의미에서는 사회복지의 추진, 수행을 위한 국가, 지방공공단체 혹은 기타 공사의 여러 단체, 기관의 방침으로 간주될 수 있으나, 협의로는 국가, 지방공공단체가 계획하는 사회복지의 목적달성을 위한 방법, 절차 등을 포함한 방침을 한정되는 경우가 많다.

이렇게 볼 때 사회복지정책이란 사회복지 프로그램이나 제반 문제에 대한 의사결정을 위하여 정부 또는 공공기관에 의하여 작성된 지침으로서 구체적인 프로그램, 법제, 우선순위를 제시하는 암시적 혹은 명시적 원칙이라고 개념지을 수 있다. 역사적으로 사회복지정책의 출현은 사회경제적 문제해결의 필요성으로 인해 그 존재가치를 가져왔다. 따라서 사회문제가 없었다면 사회복지정책의 발달도 없었을 것이며, 사회문제가 발생하지 않는다면 사회복지정책의 발전도 기대할 수 없을 것이다.

머튼과 니스벳에 의한 사회문제분류는 사회해체와 일탈행위로 구분하고 사회해체에는 인구문제, 인종문제, 가족해체, 노동과 자동화문제, 빈곤문제, 지역사회해체, 갈등과 폭력 등이 있고 일탈행위에는 정신장애, 범죄 및 청소년 비행, 약물중독, 알코올중독, 자살, 성문제 등이 있다. 김영모의 사회분류에 의하면 사회구조적 문제, 사회해체적 문제, 탈선적 문제로 분류하고 사회구조적 문제는 빈곤, 소득분배, 노동문제, 교육불평등으로 분류하고, 사회해체적 문제는 가족해체, 빈민지역, 인구문제, 환경문제로 탈선적 문제는 범죄, 소년비행, 매춘, 자살, 알코올중독, 정신 등으로 구분할 수 있다. 사회복지적 관점에 따라 분류하면 사회적 위험, 사회적 약자, 기타 사회환경 및 사회보장으로 구분되며 사회적 위험에는 소득문제로서 소득의 결핍, 소득의 불균등배분, 질병문제로 육체적 질병, 정신질환 그리고 노동문제로서 고용과 실업, 정규직과 비정규직을 들 수 있고 사회적 약자로서 노인문제, 아동문제, 청소년문제, 장애인문제, 가족문제, 성폭력, 성차별, 성매매 등의 여성문제 그리고 기타 사회환경 및 사회보장으로 주거문제, 교육문제, 범죄문제, 인구문제, 환경문제, 약물남용문제, 알코올중독문제, 인터넷중독문제, 폭력 및 학대문제 기타 문화적 삶의 질의 문제를 들 수 있다.

사회복지정책은 좁게 해석하면 소득보장, 건강, 주택, 대인적 사회복지서비스로 구분되고 넓게 해석하면 소득보장, 건강, 주택, 대인적 사회복지서비스, 교육, 조세정책, 노동시장정책 등 7대 영역으로 구분된다.

2. 각국 사회복지정책 개념

1880년대 독일제국에서 비스마르크 재상이 주도하여 재정한 일련의 사회입법 즉 1880년의 의료보험, 1884년의 산재보험, 1889년의 노령폐질연금이 그 효시이며, 사회복지정책이 그 동안 세계 각국에서 꾸준히 발전해 왔으나 각 나라마다 사회복지정책이 조금씩 다르다.

그러나 사회복지정책은 궁극적으로 인간의 욕구에 대한 양적 질적으로 서비스를 제공하여 모든 사회문제를 해결하기 위한 방법으로 해석할 수 있다. 또한 모든 국민들에게 인간다운 인간으로 생활을 영위할 수 있도록 삶을 보장하여 인간들에게 육체와 마음을 건강하게 만들고 개인과 국가 번영을 증진시키기 위하여 인간과 사회제도 및 사회체제간의 상호작용에 파생되는 제반 문제나 사회적 서비스를 보다 효과적으로 대처해 나가도록 계획적인 사회복지정책을 제공하려는 정부나 민간기관들의 조직적인 노력과 체계적인 실천활동을 전개하여 인간의 삶의 질을 높이는 것을 사회복지정책이라 말할 수 있다.

각국의 사회복지정책은 그 나라의 정치적·경제적·사회적 여건과 시대적 상황을 반영하는 것으로 사회복지정책 개념은 역사적 형성체로서 국가와 시대, 그리고 학자의 입장에 따라 다양하게 변화하는 개념을 지니고 있다.

영국은 질서유지가 아니라 시민의 복지 즉 사회복지를 위한 사회정책을 강조한다. 독일은 사회정책을 분배과정의 조정, 수정을 위한 윤리적 조치로서 계급대립을 완화시켜 계급간의 협조를 유도하기 위한 국가정책으로 보고 있다. 미국은 사회정책보다 사회복지정책을 선호하며 공공정책뿐만 아니라 민간기관의 정책도 중시한다.

영국, 독일, 유럽국가들은 사회복지정책이라는 말보다 사회정책이라 하고 이것은 노동, 계급, 사회개량주의 정책을 의미하는 것으로 쓰이며 이는 자본주의 체제의 안정을 유지하기 위한 거시적인 국가정책이다. 반면에 미국, 일본, 한국은 사회정책이란 말보다 사회복지정책이란 말을 쓰는데 여기서 사회복지 정책이란 사회복지 대상자들의 다양한 욕구를 충족시키기 위해서 국가가 서비스하는 대책을 의미한다. 그러므로 사회복지정책의 개념은 사회복지에 관한 일련의 집단적 행동지침으로 사회복지의 목표를 이루기 위해 필요한 행동들에 관한 원칙이라고 할 수 있다. 사회복지정책은 네 가지 큰 체제로 구분되는 데 첫째, 복지정책보다는 노동정책, 계급정책을 강조하는 독일, 전 국민을 위한 시민권 보장을 중시하는 영국, 시민들의 경제생활을 보장하는 미국, 전국민을 대상으로 하며, 재정도 조세에 의존하는 보편주의인 스칸디나비아체제이다.

빈민법이 봉건적인 사회복지정책이라면 사회보험은 자본주의적인 사회복지정책이다. 사회보험은 지금은 전 국민을 대상으로 하고 있지만, 시행 초기에는 임금노동자 특히 육체 노동자가 주된 대상이었으며, 자본재적 생산양식에서 발생한 문제인 산업재해, 실업, 질병, 정년퇴직 등 사회적 위험(social risks)에 대한 대응책이고, 노동자와 자본가가 그 재정을 공동 부담한다는 점에서 그렇다. 서구의 각국에서 이러한 사회보험 제도가 도입되기 시작한 것은 대개 19세기 종반에서 20세기 초반까지의 시기이다. 이 시기는 산업화의 진척에 따라 자본의 독점화가 진행되는 가운데 자본주의의 구조적 특성에서 비롯되는 문제들이 사회문제로 부각되던 때이다. 이러한 문제들 중에서 임금 생활자의 최저생활을 위협하는 각종 사회적 위험에 대한 국가의 개입이 본격화되는 첫 출발점이 바로 강제적 사회보험 제도의 도입인 것이다. 사회보험 제도를 등장하게 한 구체적 배경과 시기는 나라마다 다양하나, 일반적으로 산업화 이후의 자본주의 발전과 병행한 각종 사회문제의 심화, 그리고 그러한 문제의 해결에 대한 가족 및 시장기능의 한계와 그것에 대한 인식, 노동운동의 정치세력화를 통한 정치적 압력, 근대국가의 성장과 개입적 기능의 확대 등을 들 수 있다.

1) 독일

독일은 비스마르크에 의해 세계 최초로 사회정책 시행한 나라로서 1883년 건강보험, 1884년 산재보험, 1889년 노령폐질연금제도를 실시하였고 사회복지정책(Sozialpolitik)이란 용어를 최초로 사용하였다. 1872년 Wagner, Schmoller 등 강단사회주의자 또는 국가사회주의자 중심의 '사회정책학회'를 창설하였다.

이들은 사회정책을 분배과정의 조정 · 수정을 위한 윤리적 조치로서 계급대립을 완화시켜 계급간의 협조를 유도하기 위한 국가정책으로 간주한다.

독일은 세계최초로 사회정책을 시행한 나라로 사회정책의 역사가 오래된 나라로 그 중 사회보장제도는 오늘날까지도 다른 나라의 모델이 될 만큼 그 기반이 튼튼하다. 자유주의적 좌익의 중도파라고 볼 수 있는 슈몰러는 사회정책을 사회개량이라는 용어를 사용하면서 사회개량의 일반적 목표는 사회계급간의 친밀한 관계의 회복, 부정의 극복이나 경감, 혹은 분배적 정의의 원칙에 접근하는 것으로 중하위계급의 물질적 향상을 보증하기 위한 사회입법적 활동으로 보고 있다. 강단사회주의자인 바그너(A. Wager)는 사회정책을 분배과정에서 제 폐해를 입법 및 행정의 수단으로서 항쟁하려는 국가의 정책이라고 하였다. 독일의 사회정책은 국가의 사회개량정책 이상으로 노동계급에 대한 정략적 행위로서의 정치적 의의를 내포하고 있다. 독일 사회정책의 주된 관심은 산업사회에서 중요한 노동문제에 집중되어 있다.

독일 사회복지의 특성은 우선 독일의 사회복지는 교육학의 영향을 받아 사회사업과 사회교육이 거의 같은 의미로 사용되고 있으며 사회복지가 실천적인 학문으로 발달되었다는 것이다. 또한 독일의 사회복지는 기독교의 역할이 컸으며 기독교를 포함한 민간복지에서 공공복지로서 관・민 협조체제가 잘 이루어지고 있으며 이런 배경을 가지고 독일의 사회복지는 국가의 절대적인 지원 속에서 민간복지가 발전 성숙해 왔다.

1880년대 독일에서 만들어진 사회보험제도는 사회민주주의의 무력화, 생산의 안정화, 경제적 효율성의 증대 등 다용도적 목적과 수단을 가지고 있었으며 철혈수상 비스마르크에 의한 위로부터의 혁명이라는 정치적 보험성격을 가지고 있다.

1880년대 독일의 비스마르크 제상이 주도한 사회입법(1883년 의료보험, 84년 산재보험, 89년 노령폐질연금)과 정책이 효시로 사회복지정책이란 용어도 독일에서 사용하였으며 독일의 사회복지정책은 문제를 해결해 주는 국가적 조치로서 그 주류는 노동자와 그 가족의 생활문제를 해결하는 노동정책 혹은 경제정책의 하나로 파악되고 있다. 단순한 자본주의 경제체계에 따른 문제해결에 나아가서 근본적으로 사회구조를 평등사회로 바꾸려는 많은 정책을 포함하기도 한다. 사회보험 발달은 주로 현금급여 위주로 발달하였다.

독일 산업화가 시작은 늦었지만 급속 압축 성장을 하면서 계급 갈등을 가져오면서 Lassalle와 아이제나가 사회당 창설하면서 사회주의가 만연되었다. 비스마르크에 의해 당근(사회보험)과 채찍(사회주의자 진압법) 정책의 일환으로 노동자와 가족을 보호하기 위해 국가 주도의 계급정책 성격이 강한 사회복지 전개되었다. 대표적으로 의료보험은 민간 길드 중심의 의료보험을 엮어준 것으로 조합주의를 채택한 것이고 산재보험은 공장주를 위한 보험이기에 빨리 도입되었다고 볼 수 있다. 정부의 지침과 정책의 정치적 결정 과정을 중시하며 Sozial Politik라는 사회정책 용어를 최초로 사용하였다. 독일사회복지 관련 학과는 Sozial Arbeit(Social work)로 보다 실무적인 학과가 있고 Sozial Politik이라는 사회정책학 또는 사회 경제정책학 과정이 주로 있다

2) 영국

영국은 사회복지정책의 의미로 사회정책이란 용어를 쓰는데 정책이 적용되는 영역은 사회보장, 건강, 교육, 대인적사회서비스, 고용, 주택, 가족정책 등 다른 나라에 비해 보다 폭넓게 사회복지정책의 영역에 포함시키고 있다.

티트머스(Titmuss)는 사회정책을 사회복지의 체계로서 "시혜적이고, 재분배적이며 경제적 목적뿐만 아니라 비경제적 목적을 가진 정책"이라고 하였다.

베버리지 보고서란 제2차 세계대전 후 유럽과 미국의 각 사회보장정책에 커다란 영향을 끼친 보고서로서 1941년 6월 영국 전시 내각이 창설한 '사회보험 및 관련 서비스에 관한 위원회'가 작성하여 1942년에 제출한 보고서로, 정식 명칭은 사회보험과 관련사업이다. 당시 위원장인 W. H. 베버리지의 이름을 따서 베버리지 보고서라고 부르게 되었다. 빈곤 해소를 주안점으로 하여 국민이 기본적인 사회생활을 충족하도록 사회보험을 실시할 것과 긴급사태에 대처하기 위해 국가부조를 강화할 것을 주장했다.

구빈행정의 오랜 역사로 사회정책은 사회행정으로 소득보장(사회보험, 공공부조), 의료(NHS: National Health Service), 교육, 주택, 고용정책 및 personal social service를 포함해서 social service로 포괄적으로 다루고 있으며 최근에는 social administration 또는 social policy이라고도 한다.

3) 미국

미국에서는 다양한 의미로 사회복지정책이란 용어를 사용하고 있으며 학자에 따라 사회정책 또는 사회복지정책을 병용하고 있다. 젠센(Jansson)은 사회복지정책보다 사회정책이란 용어를 사용하면서 사회문제를 해결하기 위한 집단적 전략이라고 정의하고 사회정책이 해결해야 할 문제는 물질적 지원의 박탈, 정신적 혹은 정서적 발달, 인지적 발탈, 대인관계박탈, 개인적 권리박탈, 신체적 박탈이라고 하였다. 미국은 사회정책이란 말보다 사회복지정책이란 말을 쓰는데 학자에 따라 병용하여 쓰기도 한다.

디니토와 다이(D. M. Dinitty & Dye)는 사회복지정책을 국민생활의 삶의 질에 영향을 미치는 것을 정부가 할 것인가 또는 하지 않을 것인가를 선택하는 어떤 것으로 보고 있다. 미국 사회복지정책 대부분은 서비스나 소득을 제공함으로써 시민들의 복지에 영향을 미치는 정부의 활동으로 영국의 사회정책처럼 사회복지정책이 독립된 연구의 영역으로 자리잡고 있다고 보기 어렵다. 공공정책뿐만 아니라 민간기관의 정책도 중시한다. 미국의 경우 공공복지정책에 비해 민간기관이 주도하는 사적정책이 발달한 관계로 개인주의적인 복지가 발달되었다고 볼 수 있다.

개인책임주의에서 출발, 1930년대 대공황 극복을 위해 social security(최초로 사회보장이라는 용어 사용) 본격 도입하여 1960년대에 최고조에 달했으나 미국 사회 빈곤의 재발견으로 그간 정책 효과에 대한 비판이 커지고 지역사회복지에 초점을 두게 되어 유럽에 비해 공공영역이 미흡하고 민간 영역 역할이 상대적으로 크다. personal social service에 제한해서 social service 용어를 사용하고 민간의 복지 정책이나 조치까지 사회복지 정책 개념에 포함된다.

미국의 경제학자 볼딩(Boulding)은 경제정책과 사회정책을 구분하여 사회복지정책은 사회정책의 모든 측면을 연결하여 단지 경제정책으로부터 구분하는 공통의 통합시스템이라 불린다. 사회복지정책이 특히 관심을 갖는 제도는 모든 통합의 정도와 공동체를 반영하고 있다. 길버트와 스펙트는 사회복지정책은 사회정책과 공공정책의 동의어로서 흔히 사용되는 포착되기 어려운 개념으로 보고 사회정책과 공공정책은 사회복지정책보다 그 범위가 포괄적이지만 사회복지정책은 대부분 공공지출로 이루어지기 때문에 시민복지에 직접영향을 미치는 정부의 시책이라는 점에서 마샬의 정의와 유사하다.

미국의 경우 공공복지정책에 비해 민간기관이 주도하는 사적정책이 발달한 관계로 개인주의적인 복지가 발달되었다.

미국에서 사회복지정책의 개념은 역사학, 정치학, 철학, 사회학, 경제학 등에 관한 사회적 서비스에 관한 연구라고 볼 수 있다. 사회적 서비스란 결국 교육, 의료, 현금급여, 주택과 같은 사회복지서비스이다. 미국의 사회복지정책은 사회적 서비스뿐만 아니라 인력, 재정, 물질적 개발, 농업, 경제 등 사회정책의 주체를 이루는 사회적 목표가 된다. 학자에 따라 사회복지정책 또는 사회정책이라는 용어를 병용 또는 혼용하기도 한다. welfare라고 하면 종종 공공부조를 뜻하기도 한다. 욕구 중심이라는 측면에서는 영국과 비슷한 개념이다.

4) 일본

제2차 세계대전 이전에는 독일의 영향으로 사회정책적 개념을 선호하여 노동정책 중심의 개념이 주류를 이루었지만 전후 영미에서 사용하는 사회복지정책적 개념이 보다 중요한 개념으로 받아들여지고 욕구와 서비스를 중심으로 분배정책적 사회정치를 구현하려는 사회복지 정책을 추진하였다. 오까무라의 노인복지정책에 대한 견해는 노령연금, 의료서비스, 직업, 주택 등의 대책을 포함하여 광의의 노인복지라고 하며 서비스를 협의의 노인복지라고 해석했다.

그러나 최근 노인복지정책은 노인의 직업, 주택, 가족생활, 의료, 위생, 교육, 문화, 오락 등 사회생활상의 기본적 욕구 충족을 보장하는 종합적인 방향으로 정책을 세우고 있다. 따라서 노인복지정책은 노인의 사고(四古)를 예방하고 ① 노인의 소득보장, ② 의료보장, ③ 주택보장, ④ 재가 및 시설복지에 주목하고 있음을 알 수 있다.

5) 북유럽

스웨덴, 노르웨이 등 스칸디나비아 국가들은 사회민주주의를 바탕으로 국가의 일반재정(조세)으로 모든 시민 대상으로 평등한 급여를 지향하는 보편주의, 연대주의적 사회복지 정책을 발전시켜 왔다. 스웨덴은 가장 이상적인 복지국가의 모델로 존중받고 있는 나라이다. 최근 몇 년 사이 세계경제의 위축에도 불구하고 스웨덴은 여전히 국내총생산(GDP)의 30% 이상을 사회복지에 지출해 OECD 국가들 가운데서도 가장 높은 사회복지비를 지출하는 나라다.

스웨덴 복지모델은 완전고용과 평등의 추구라는 2가지 원칙 아래에 세계 어느 국가보다도 발달된 사회보장제도를 운영하고 있다. 포괄적인 사회복지정책은 1889년의 노동자 보호 및 노동복지법이 도입되면서 시작되었고 이어 1914년 노령연금법, 1930년대에는 주택 및 가족정책 개혁과 노동시장 개혁조치가 취해졌다.

현재 스웨덴 사회보장제도는 크게 국민건강보험, 국민연금, 상해보험과 실업보험을 포함한 사회보장제도와 노인복지, 아동·가정복지, 장애자 복지 등 사회복지 서비스로 나뉜다. 특히 스웨덴은 장애인을 위한 사회복지 서비스가 다양하다. 장애인은 장애인 연금 및 장애 보조금과 함께 보건의료사업을 통한 치료, 재활사업, 의료기구 보조 등 각종 혜택을 받으며 특수 설계된 주택에서 24시간 서비스를 받는 특별 서비스주택과 주택수당 등을 제공받는다.

또한 지체장애인뿐만 아니라 알레르기장애, 맹인, 농아 등 장애의 종류에 따른 40여개의 전문적인 장애인 지원단체가 있으며 그 아래에 전국적으로 각 지부를 운영하고 있다.

스웨덴 복지의 특징은 공공부문에서 오랫동안 국가주도의 기본 틀에 따라 이루어지고 있고 장애인 뿐만 아니라 다른 복지부문도 국민들이 생활하면서 차별받는 것을 최대한 없애려고 한다.

6) 한국

실정법상이나 제도상으로 협의의 사회복지정책의 개념으로 공공부조, 사회복지서비스 관련 정책을 말하는 것으로 이들의 배분과 급여를 통해 일정한 목적을 달성하려는 일련의 행동지침으로 사회복지정책의 개념이 쓰인다.

우리나라는 1980년대 초 정부가 복지국가의 건설을 국정지표로 삼게 된 이후 사회복지제도를 확충해 나가면서 복지국가로서의 면모를 갖추게 되어 사회복지의 새로운 전환점을 맞이하게 되었다. 즉 정부가 국민들의 생활보장에 대한 국가적 책임을 인식하게 되면서 사회복지정책의 중요성이 더욱 강조되었다.

이와 같이 현대국가들은 거의 모두가 복지국가를 지향하고 있다. 그러나 아직도 우리나라는 국가의 경제력이 취약하고 선진국에 비해 사회복지 정책이 미흡한 실정이고, 일부 정치인들이 정치적 수단으로 이용하는 입장에서 사회복지수혜 대상자들이 고려되고 있어 정부의 다른 정책에 비하여 우선적 순위 면에서 뒤로 밀려나기 마련이다.

그동안 우리나라 사회복지 정책은 외국의 선례를 따르게 됨으로써 우리사회에 적합한 사회복지정책의 개발이 부진한 것도 사실이었다. 이러한 상황에서 사회복지정책의 이론 구축과 정책프로그램의 개발은 앞으로의 사회복지 발전을 위한 중요한 과제가 아닐 수 없다. 또한 정보사회를 맞이하면서 새롭게 논쟁되고 있는 정보의 빈익빈 부익부 현상이 복지 정책의 방향을 새롭게 모색하게 만든다.

제 2 절 사회복지정책의 속성과 논의

1. 기본적 속성

사회복지정책이 다른 유사한 정책과 다른 점은 사회복지가 가진 독특한 성격의 속성 때문이다.

첫째, 사회복지정책은 사회변동에 따라 변화하는 개념이기 때문에 그 경계와 내용이 변화되어 포착하기 어렵고, 정책의 개념정의에 대한 합의의가 어렵다 그러나 사회보장정책의 기본가치는 인간의 존엄성을 위한 인간지향적 정책이라는 데는 변함이 없다.

둘째, 가치개입적 정책이다. 사회복지정책은 사회와 시대의 소산물이다. 사회복지정책은 특정한 사회의 경제적, 사회적 기반에 따라 달라진다. 또한 다른 정책에 비해 상대적으로 가치와 이념에 강한 연관성을 지니고 있다. 역사적으로 많은 이념모형과 이념논쟁이 있었던 것이 바로 사회복지정책이 갖는 가치지향적 특성에서 연유하는 것으로 이해된다.

셋째, 내용포착이 쉽지 않다. 사회복지정책은 변화하는 개념이기 때문에 포착이 쉽지 않고, 일반적인 정책과는 달리 화폐나 경제적 계량화에 어려움이 있다. 사회복지정책의 개념이 나라마다 사회적 특수성에 따라 약간씩 상이하므로 내용을 구체적이고 정확하게 이해하는 일은 쉽지 않다. 넷째, 이익집단의 힘이 약한 세력이다. 사회복지정책은 다른 정책에 비하여 부산물인 사회복지서비스를 향유하는 대상집단이 사회력의 약화로 이익집단화되는 경우가 소수이다. 우리는 다원주의 정치와는 다르게 정책결정과정이 엘리트주의나 코포라티즘적인 경향이 강하므로 더욱이 사회복지대상이 스스로 이익집단화하는 경우는 드물었다. 최근에는 사회복지정책을 둘러싸고 정책대상인 장애인, 노숙자, 노인, 여성 및 각종 사회보험 가입자와 노동조합 등이 압력행사로 이익집단화하는 경향이 늘어가고 있다.

다섯째, 희소성의 원칙이 지배하는 정책이다. 사회복지정책이 해결해야 하는 충족되지 않은 욕구는 언제나 충족시킬 수 있는 사회적 자원보다 많다. 이러한 사회적자원은 한정된 국가예산을 포함한 사회적 자원 전체를 말한다. 국가의 예산분배에 있어 사회복지정책 예산은 항상 우선순위를 차지하지 못하고 있다. 반대로 긴축예산을 수립해야 하는 경우는 우선적으로 긴축대상이 되었다. 모든 정책은 비용과 편익 양면성을 지니고 있으므로 어떤 정책을 설정할 때 비용과 편익의 범주를 설정할 수 있어야 한다.

2. 일반적 논의 및 접근방법

1) 인간지향적

사회복지정책의 기본가치는 인간의 존엄성을 위한 인간지향적 정책이어야 한다. 따라서 사회의 구성원이면 그리고 관련정책이 적용되는 범위내에 있는 사람이면 누구나 인간으로서의 존엄성이 보장되고 그 사회가 지향하는 가치체계 안에서 인간으로서 대우받을 수 있는 생활이 보장되어야 한다.

2) 소득재분배

사회복지정책의 특성을 단적으로 말하면 소득재분배를 위한 정책이다. 인간의 존엄성도 정책결정에 필요한 가치의 권위적 배분도 모두 효율적인 소득재분배를 위해서이다. 정부는 보조가 필요한 집단을 돕기 위해 정책을 수립하며 이러한 정부계획의 목적은 소득재분배에 영향을 미치게 된다.

3) 비용과 효용의 양면성

모든 정책은 비용과 편익의 양면을 지니고 있으므로 어떤 정책을 설정할 때 우리는 비용과 편익의 범주를 완전히 추정할 수 있어야 한다. 그리고 이러한 비용과 편익을 누가 담당해야 하는지에 대해서도 결정해야 한다.

4) 배타성(개별적) 대 비배타성(집합적)

사회복지정책을 다른 분야의 정책과 구분짓는 특성의 하나는 정책의 목표가 개인의 욕구를 해결하는데 주력하며 그 욕구해결은 배타적으로 이루어진다는 점이다. 모든 정책이 개인의 욕구를 해결하고자 하는 것이지만 불특정 다수인의 욕구를 포괄적으로 해결하고자 의도하는 경우가 일반적이다. 이에 비해 사회복지정책에서는 특정한 정책의 특정한 수급자가 존재하며 이들 수급자들 사이에서도 사회복지재화나 서비스의 양과 질에 차이가 있을 수 있으므로 배타적(개별적)인 것이다. 반면에 다른 정책들, 예를 들어 국방정책이나 환경정책과 같은 경우에 그 서비스는 정책의 수급자들 사이에 특별한 구분이 없다. 예를 들어, 국민연금의 경우 특정한 사람들 사이에 수급자격 혹은 수급액의 차이가 존재하는 반면 국방정책에 의한 국방서비스의 경우에는 특정한 사람들 사이에 수급자격 혹은 수급액의 차이는 존재하지 않는다.

5) 직접성 대 간접성

직접적인가 혹은 간접적인가 하는 기준은 사회복지 정책을 경제정책과 구분하는데 특히 중요할 수 있다. 사회복지 정책은 사람들의 욕구를 직접적으로 해결하고자 하는 경향이 있다. 예를 들면 소득이 낮은 사람에게는 직접적으로 현금을 지급하고, 병이 난 사람에게는 직접치료 및 서비스를 제공한다. 그러나, 조세나 금융정책과 같은 경제정책은 단지 저소득계층의 소득이 올라갈 가능성만 높일 뿐 특정한 사람의 소득을 올리는 것이 아니므로 간접적이라고 할 수 있다. 빈곤 해소를 목표로 하는 경제정책의 경우 정부투자나 금융정책을 통해 경제 성장을 유발하더라도 특정한 사람의 소득이 상승할지는 불확실하다.

6) 시장성 대 비시장성

일반적으로 사회복지 정책을 다른 여타의 정책과 구분할 때, 사회복지 정책은 시장기제 밖에서 결정되는 이차적 분배(재분배)이다.

자본주의 사회에서 개개인들이 점유하는 경제적 위치는 일차적으로 시장 내에서 결정되고 이차적으로 시장기제 밖에서 결정된다. 전자를 일차적 분배라고 하고 후자를 이차적 분배 혹은 재분배라고 하는데 사회복지정책은 이차분배 즉 재분배에 주로 관여한다. 예를 들면, 보편적 프로그램이나 공적부조는 개별 수급자들 사이에서 존재할 수 있는 시장에서의 차이를 인정하지 않기 때문에 비시장적이라 할 수 있다.

여기에 해당하는 핵심프로그램으로서는 노후의 소득보장과 빈곤예방을 위한 연금제도, 산업재해나 실업에 대비한 사회보험제도, 질병예방을 위한 건강보험제도, 저소득층의 기초생활 보장을 위한 공공부조제도, 사회로부터 불이익을 받고 있는 사람들을 위한 사회복지서비스 등이 있다.

7) 공식적 대 비공식적

많은 사람들이 사회복지를 사람들의 욕구를 공식적(formal)으로 조직화한 기구나 제도에 의해 해결하는 것으로 정의한다. 그러나 가족 · 친척 · 이웃 등 비공식적(informal)으로 사람들의 욕구가 해결되는 경우도 있다. 그런데 현실적으로 사람들의 욕구 중 상당부분이 비공식적으로 해결되고 있으며 특히 이러한 경향은 사회복지가 발전되지 않은 국가들에서 더욱 두드러진다.

8) 영리적 대 비영리적

전통적인 사회복지의 정의는 국가차원에서 행해지는 비영리성을 강조한다. 그러나 사람들의 욕구는 영리추구를 주된 목적으로 하는 조직이나 기구에 의해서도 할 수 있다. 그 대표적인 예가 영리를 추구하는 기업에서 피고용자의 욕구를 해결해 주는 기업복지(occupational welfare)와 유로 실버타운이다.

9) 일방적 대 쌍방적 이전

사회복지의 정의를 내릴 때 자주 사용되는 또 하나의 개념은 일방적 이전(unilateral transfer)이다. 일방적 이전이란 재화나 서비스의 제공자가 그 재화나 서비스의 수급자로부터 특정한 물질적 혹은 비물질적 대가를 받지 않고 주는 것을 말한다. 반면에 시장에서의 교환은 쌍방적(bilateral)이며, 특정한 이득을 받으면 그것에 대한 대가를 지불해야 하는 이전관계이다.

10) 소비적 대 생산적

사회복지는 과거에는 사람들의 소비(consumption)에의 욕구를 직접적으로 해결하는 일방적 이전만 포함하는 것으로 간주되어 왔다. 그러나 대부분의 경우 정부의 일방적 이전지출 가운데 많은 부분이 생산활동을 촉진시키기 위한 목적으로 사용자(생산자)에게 돌아간다. 오늘날 많은 국가들은 민간의 생산자들을 위하여 생산활동에 필요한 막대한 연구개발비를 보조하고 있는 것이 그 대표적인 예이다.

사회복지 혹은 사회복지 정책을 개념화하는 것과 관련된 측면의 쟁점들을 논의하였다. 사회복지 정책에 대한 정의가 학자들마다 상이한 것은 바로 이러한 측면에서 관점들의 차이에 기인한다. 예를 들면, 사회복지 정책을 다소 넓게 정의하고자 하는 사람들은 시장에서 결정되는 일차분배, 비공식적으로 이루어지는 욕구해결, 영리추구의 일환으로 제공되는 복지 등을 모두 포함시키는 반면에 사회복지 정책을 비교적 좁게 보는 사람들은 시장기제 밖에서 이루어지는 이차적 분배, 공식적 혹은 비영리적으로 제공되는 복지만을 포함시키는 경향이 있다.

3. 사회복지정책의 특성

사회복지정책의 특징은 첫째, 인간의 존엄성을 기본 가치로 하는 인간 지향적인 정책이다. 둘째, 가치의 배분이 한편에서 다른 한편으로 일방적으로 소득이 이전하는 재분배 정책이다. 셋째, 정책의 형성 및 집행에 비용 부담자뿐만 아니라 클라이언트의 참여가 필요하다. 넷째, 인간의 존엄성과 가치를 내세우면서 사회체제의 존속과 유지를 위한 정책의 성격이 있어 사회복지 전문가가 필요하다. 다섯째, 사회 구성원들의 선호나 가치를 반영하는데 분석 기준과 관점에 따라 상황적 가변성을 띠는 사회적 선택이다.

사회복지정책의 필요성은 다음과 같다.

(1) 규범적 정치적이다.

사회복지정책은 가치를 구현하고, 민주주의사회에서 노동계급의 정치적 힘이 높아져 가능해진다.

(2) 실증적 경제적이다.

사회복지정책은 국가가 제공하는 것이 민간부분에서 제공하는 것보다 더 경제적이고 효율적이다. 첫째, 경제발전을 저해한다. 지속적 경제발전을 위해서는 노동력의 지속적 공급이 필요하지만 의료혜택을 받지 못하거나 교육 훈련 등의 혜택을 받지 못할 경우 노동생산성은 낮을 수밖에 없다. 결국 국가총생산량은 줄어들게 된다. 둘째, 음모이론이다. 독점자본이론으로 빈곤층과 부유층의 계속된 계층조성은 빈곤층의 열등감을 조성하여 폭동 등이 유발될 수 있고 안전을 보장할 수 없다. 결국 부유층도 안전을 보장할 수 없을 것이다. 셋째, 사회통제론이다. 음모이론과 유사한 것으로 사회안정을 위해서 사회통제는 필요하다는 것이다. 빈곤자 수가 계속 증가하면서 사회는 불안정하기 때문이다.

국가가 사회복지정책을 주도해야 하는 문제제기는 첫째, 전통적인 대가족 형태에서는 사회복지대상자가 증가하는 문제 둘째, 산업사회로 변화되면서 사회복지대상자가 증가한다. 셋째, 산업화로 인한 대가족에서 핵가족으로 변화 넷째, 대가족제도, 이웃, 친척 등의 상부상조 체계붕괴 그리고 고령화와 출산율감소의 문제이다.

국가가 사회복지정책을 주도해야 하는 필요성은 사회복지정책에서 제공하는 재화나 서비스가 시장에서 제공하면 비효율적이 될 수 있는 성격을 지니고 있기 때문이다. 따라서 국가가 사회복지정책을 주도해야 하는 필요성은 다음과 같다.

첫째, 공공재적 성격이다.

공공재는 꼭 필요하지만 시장에서 공급되지 않는다(공원, 소방, 경찰 등). 재화를 소비하는 데 있어 비경쟁적이고 비배타적인 성격을 지닌다. 필요는 하지만 구성원은 지불하지 않는 무임승차현상이 나타난다(예: 등대).

둘째, 외부효과이다.

외부효과가 긍정적일 경우는 다른 사람을 통해 이익을 획득한다(이웃효과). 예를 들어 A가 길에 사과나무를 심고 B는 길에 떨어진 사과를 통해 대가를 지불하지 않고 사과를 얻게 된다. 부정적일 경우는 한 사람이 행위를 하는 데 있어서 비용을 지불하지 않고 다른 사람에게 해를 입힌다.

셋째, 정보의 중요성이다.

재화가 원활하게 하기 위해서는 소비자가 서비스의 지식이 높아야 효율적인 배분이 이루어진다. 독거노인의 경우 사회복지사의 도움이 필요할 때 이에 대한 정보를 인지하고 있어야 신청할 수 있고 혜택을 받을 수 있다.

넷째, 역의 선택이다.

소비자는 복지정책에 대한 정보를 충분히 갖지 못하는 경우 잘못된 판단으로 불이익을 받을 수 있다.

다섯째, 도덕적 해이다.

개인들의 행위로 보험대상이 되는 위험의 발생가능성과 정도가 결정되는 현상이다(예: 실업급여). 해결책은 사회복지서비스의 제공자가 수급자의 행위에 대한 충분한 정보로 그들의 행위를 조정하고 통제한다.

여섯째, 경제규모이다.

민간부문에 맡기면 경제주체들이 독점할 가능성이 크기 때문에 국가가 직접 제공한다(예: 의료서비스, 대중교육 등).

제 3 절 사회복지정책 이론

사회복지정책에는 어떤 이론이 있고, 그 이론의 내용은 무엇인가에 대하여 사회복지정책 이론을 몇 가지 기준에서 정리해 보면 사회복지정책의 발달에 관한 이론, 사회복지정책의 형성과정에 관한 이론, 사회복지정책과 연관된 개별 쟁점들 즉 사회복지정책의 할당에 관한 이론, 전달체계에 대한 이론, 사회복지정책 대상자의 낙인에 관한 이론 등 사회복지정책 발달에 관한 이론, 사회복지정책의 형성을 가져오는 정책환경 연구에 관한 이론, 사회복지정책의 형성과정 연구에 대한 이론 등으로 구분하기도 한다.

여기서는 사회복지정책의 발달 이론을 소개하고자 한다.

1) 사회적 양심론

사회적 양심이론(social conscience theory)은 사회복지정책의 발달이란 타인의 고통을 해소하려는 개인의 이타적 양심이 사회적·국가적 정책으로 표현되는 것이라고 한다. 사회복지정책은 사회문제를 해결하려는 사회적 노력과 활동 등과 같은 사회 내에서의 합의가 정부에서 조직적으로 제공하는 사회복지 수준의 향상을 가져왔다는 논리이다.

사회적 양심의 증대가 사회복지의 발전을 가져오는 원동력이 되었다고 보는 이론이다. 이 이론은 Barker라는 영국의 사회복지학자가 기존의 사회복지학 교재를 분석하여 공통적인 관념을 추출한 결과였고 그는 이를 사회양심테제라 했다. 이러한 점에서 사회양심론은 사회복지 정책을 이해하기 위한 하나의 이념형적 해석방법인 것이다. 사회적 양심 이론이 상정하고 있는 가설을 베이커(Baker)는 다섯 가지로 정리된다.

첫째, 사회복지정책은 인간이 지니고 있는 서로를 위한 사랑을 국가를 통해 표현하는 것이다. 사회복지 혜택은 시혜적이며, 수혜자 및 공동체 전체를 위해 제공된다.

둘째, 사회복지 정책은 사회적 의무감의 확대. 심화와 사회적 욕구에 대한 과학적 지식의 증대에 의해서 변화된다.

셋째, 변화는 누적적이며, 정책은 비록 항상 그렇지는 않지만 대체로 보다 관대하고 넓은 범위로 발전한다.

넷째, 개선은 역전될 수 없으며, 현재의 사회서비스 수준은 가장 높은 역사적 형태이다.

다섯째, 현재의 사회서비스가 불완전하고 결점을 가지고 있지만, 사회복지의 주요 문제들은 앞으로 해결될 것이며, 현재 사회는 매우 튼튼하게 구성되어 있어 개선에 대한 전망은 낙관적이다.

사회양심론은 정부의 사회복지정책을 국가의 자선활동 즉 국가의 복지활동을 동정주의적 관점으로 보는 것이다. 그리고 사회복지 제도에 대한 연구를 다른 사회제도에 대한 연구와 구별하고 있으며, 이상주의와 인간사회에 관한 지식・정보 발전의 결과로 본다.

또한 사회복지 정책의 발전을 진화론적 관점으로 보고 있는데 진화적 관점은 사회복지 정책 발전의 역전 불가능성과 발전에 대한 낙관주의를 내포한다. 그러나 공공정책들의 잇따른 실패와 사회문제의 재발로 사회양심론의 설득력은 매우 약화되었다.

2) 시민권론

사회복지를 사회 구성원이면 누구나 향유할 수 있는 권리로 보는 이론으로 공동체의 완전한 성원에서 부여된 여러 가지 권리와 권력을 향유할 수 있는 지위로 자본주의 사회에 나타난 불평등한 계급구조에 대해 사람들은 법 앞에서 개인적인 자유와 평등을 보장받기 위해, 사회적 불평등을 해소하기 위한 방법으로 시민권 권리를 주장한다.

사회복지정책 발달을 시민권적인 입장에서 바라보는 학자는 마샬(Marshall)로부터 나왔다고 할 수 있다. 마샬은 시민권을 완전한 사회 구성원으로서 인정되는 지위의 향유라고 보고 있는데, 일종의 기본적 평등을 의미하는 것으로 시민권의 개념은 자본주의의 경제적 불평등과 모순되지 않는 것이라고 주장한다.

시민권론(citizenship theory)이 사회복지정책에 기여한 점은 몇 가지로 요약할 수 있다. 첫째는 사회복지 급여를 시민의 기본적 권리의 하나로서 현대사회에서 인정할 수 있는 기반을 제공하였다. 둘째는 사회적 서비스는 현대사회에서 시민적 연대성을 창조할 수 있다는 가능성을 제시한 점이다. 시민권론은 이러한 현대사회에서 시민들로 하여금 연대성을 가질 수 있도록 하는 기반을 마련하였다. 즉, 시민권은 시민이라는 법적 자격을 가진 것으로 사회복지 급여를 제공받을 수 있고, 다른 사회 구성원들이 사회적 약자인 그들을 돕는 근거가 되기 때문이다.

시민권론은 이러한 긍정적인 측면이 있는 한편 사회정책 발달을 설명하는 이론으로서 몇 가지 한계를 동시에 지니고 있다.

첫째, 시민권의 한계에 대한 가장 핵심적인 비판은 사회복지정책의 범위를 국가복지에 한정시켜 사회복지정책의 발달을 설명하여, 사회복지정책의 다양한 형태를 제외하였다는 사실이다.

둘째, 영국 사회의 역사적 발전에 분석틀이 맞추어져 있어서, 시민권론은 제3세계나 사회주의 사회복지정책에 적용 가능성이 줄어든다. 바로 이 점은 비교사회복지정책이 가지는 포괄성을 시민권론적인 이론으로써는 달성할 수 없다는 점으로 해석된다.

셋째, 사회변화에 대한 총체적이고 진화론적인 접근은 사회복지정책을 둘러싸고 일어나는 집단갈등과 행동 등을 무시한 것이고, 상이한 시기나 국가에 따른 사회권의 성격변화에 실패하였다.

시민권도 공민권, 정치권, 복지권으로 구성되어 있다.

공민권(Civil Rights)은 18세기에 확립되었으며 정치권은 19세기, 복지권은 20세기에 확립되었다. 개인의 자유, 표현, 사상, 신념의 자유, 가유재산권, 정당한 계약의 권리, 재판 받을 권리 등 개인의 자유에 필요한 권리이다.

복지권은 최소한의 경제적 복지와 보방에 대한 권리로부터 사회적 유산을 공유하고, 사회의 통상적 기준에 따라 문명화된 삶을 향유할 수 있는 권리에 이른다. 자본주의 사회에서 복지권은 평등을 지향하는 시민권 이념과 현실의 사회적 불평등을 양립할 수 있게 만든다. 정치권(Political Rights)은 19세기에 확립되어 정치적 권위가 부여된 기구의 성원은 EH는 유권자 또는 선거인으로 정치권력의 행사에 참여할 수 있는 권리이다.

복지권(Welfare Rights)은 20세기에 확립되어 최소한의 경제적 복지와 보장에 대한 권리로부터 사회적 유산을 공유하고 사회의 통상적 기준에 따라 문명화된 삶을 향유할 수 있는 권리로 아사히소송, 1994년 생계보호기준 위험확인 헌법소원심판 등 복지권에 대한 법적권리를 말한다.

마샬(T. H. Marshall)은 양자의 공존관계로 시민권과 사회적 불평등을 들고 있으며 계급은 사회적 불평등의 체계이다. 계급격차는 법적 권리와 관습에 의해 표현, 계급은 제도로 존재한다. 다른 제도의 결과물로서 계급, 재산, 교육제도, 국민경제의 구조적 산물로서의 계급이 존재한다. 따라서 사회적 효율성의 유지와 양립할 수 있는 한 불평등은 경감시키기 위한 노력이 필요하다. 계급은 불평등체제여서 계급과 시민권은 갈등관계에 있으며 시민권이 정당한 사회적 불평등의 설계자가 되면, 불평등과 시민권은 양립할 수 있다. 이러한 사회적 불평등의 완화제가 사회복지정책이다.

3) 기술결정론 · 수렴이론

기술결정론(Technological determinisim)은 산업화론 수렴이론으로서 기술이 사회복지정책 발달을 좌우한다는 주장이다. 사회복지 발달 수준은 사회적 양심과 같은 윤리나 이념이나 시민권론과 같이 법적 · 정치적 권리도 아니라, 산업화의 정도, 경제성장의 수준 등과 같은 요인이 결정한다는 것이다. 따라서 정치 · 경제적 사회체제가 다를지라도, 산업화나 경제성장의 정도가 유사하면, 사회복지 발달의 수준도 비슷하다는 뜻에서 수렴이론(Convergency theory)이라고도 불리어진다. 또 어떤 면에서는 '이념의 종말', '체제의 종언'이라고도 한다.

수렴이론은 복지국가의 발전을 설명하는 이론들 가운데 가장 먼저 등장하였고, 또한 많이 논의되고 따라서 가장 많이 비판되는 이론이다. 복지국가의 발전은 산업화된 사회에서 발생하는 욕구에 대한 대응이 산업화로 인하여 가능해진 자원을 통해서 이루어진다고 본다.

수렴이론 또는 산업화론은 경제발전이 상당한 수준에 도달하게 되면 사회복지가 유사한 형태로 수렴된다는 이론을 말하는데, 선진 자본주의 국가의 사회복지가 유사해질 뿐만 아니라 선진 자본주의 국가와 선진 사회주의 국가의 사회복지까지도 비슷해진다고 한다.

사회복지제도의 수렴에 있어서 중요한 요인은 기술발전이다. 기술발전은 사회복지를 포함한 제반 제도를 유사하게 만든다.

자본주의 국가의 경우 기술발전이 주도하는 산업화는 새로운 사회적 욕구를 유발시킨다. 산업화로 인한 도시화, 이혼의 증가, 지리적 이동, 핵가족화는 가족기능을 약화시키고, 이는 가족에 대한 지원을 필요로 한다. 동시에 산업화는 젊고 잘 교육된 노동력을 원하기 때문에 병자, 실업자, 편부도 가족, 노인 등은 고용 문제에 직면한다. 이런 취약계층은 산업화로 인하여 전통적인 가족의 지원을 받을 수 없다. 결국 국가의 지원이 불가피해진다. 이는 곧 국가의 자비심이 동기가 되건 국가의 다소 자동적인 대응이건 산업화는 사회복지의 확대를 야기한다는 것을 의미한다.

기술결정론은 사회적 양심 이론이나 시민권론에 비하여 사회정책의 범위에 직업복지나 기업복지 등 다양한 사회복지 영역을 포괄한다는 점에서 한층 일반화의 폭을 넓히는 데 기존 이론에 비하여 장점을 가진다.

기술결정론은 선진 서구사회에 한정되었던 사회복지정책 현상을 사회체제를 넘어 여러 사회에 적용하고 비교할 수 있는 이론적 준거 틀을 마련했다는 점에서 특징을 발견할 수 있다. 그리고 기술결정론은 사회변동에 따른 사회복지정책과 제도의 변화를 설명하는 데서 사회구조와 사회복지정책 및 사회복지의 관계를 파악하는 이론적 준거 틀을 가지고 있다.

윌렌스키와 르보(Wilensky & Lebeau)는 각종 복지서비스의 제공을 위한 공·사립 사회기관과 사회사업 전문직을 산업사회 내에서의 주요 조직 형태로 간주하면서 이러한 조직의 전문성을 통해 복지서비스의 특성이 결정되는 것으로 보고 있다.

선진 자본주의 국가에서의 사회복지 수렴현상에 대한 실증적 연구는 Wilensky와 Gordon에 의해 이루어진 바 있는데, 이들은 연금제도에서 수렴현상을 확인하였다. 연금의 경우 정액제 연금에서 출발한 나라도 있고(영국), 소득비례연금부터 시작한 나라(스위스)도 있지만, 현재는 대부분의 국가가 두 제도 모두를 시행하고 있다. 반면에, Alber는 서유럽 13개국의 실업보험을 분석하였는데, 자격요건, 관대함, 재정 등에서 수렴현상을 발견하지 못했다. 그 대신 그는 실업보험에서 급여 지급기간의 수렴현상을 확인했다.

한편 수렴이론은 그 기반을 경제발전론에 두고 있다. 경제 발전론은 사회복지정책을 경제발전의 종속변수로 간주하는 입장으로서 논리는 아주 간단명료하다. 경제성장이 복지비 지출에 필요한 자원을 확보해 준다는 것, 쉽게 말해서 돈이 있어야 복지를 할 수 있다는 것이다.

자본주의·사회주의 양 체제에서의 사회복지 수렴현상을 살펴보면, 사회통합을 위해 자본주의체제는 국가의 통제를, 효율성과 창의성의 증대(생산과 소비에서의 분권화, 이는 자본주의체제의 기업복지와 유사)를 위해, 공산주의체제는 통제의 분산화를 기하다 보면 양자가 수렴한다는 것이다.

수렴이론의 한계점은 산업화는 사회복지 확대를 자동적인 것으로 간주함으로써 그 메커니즘을 규명하는 데 실패했다는 것이다. 이렇게 비계급적 시각을 갖게 되면, 집단과 계급 간의 갈등, 가치와 이데올로기, 기득권, 민주화와 같은 정치적 요인 등 중요한 변수들을 배제하게 된다. 또한 이 이론으로는 복지국가의 재정문제와 복지국가에 대한 정치적 지지의 약화현상을 예측할 수가 없었다. 사회복지가 산업화에 대한 대응책이라면 복지국가에 대한 정치적 반대가 나오기 힘들다. 균형을 강조하는 기능주의 관점과 복지국가의 책임을 인정하는 것만으로는 1970년대 후반의 복지국가의 위기를 설명할 수는 없는 것이다.

수렴이론의 기반은 경제발전에 두고 있다. 수렴이론의 한계는 자본주의 국가의 수렴 비판 즉 제도, 대상자 확대과정, 복지비 증대 추세 등 프로그램의 내용에서 수렴을 제대로 규명하지 못하고 있고 산업화는 사회복지를 자동적으로 간주함으로써 그 메커니즘 규명에 실패하였다고 볼 수 있다.

4) 음모 이론

사회지배 계층이 자신들이 이익을 위협할 수 있는 요소를 미리 제거하여 빈민에 대한 억압책으로 실시되고 있으며 이를 복지 음모론이라 한다.

사회경제가 침체되면 대량실업 등 사회문제가 나타나고 그로 인해 사회적 위험이 커질 때 정부는 공적 사회복지제도 확대, 반대로 경기가 좋아지면 축소하는 이러한 정책은 복지에 대한 인도주의적 관심이 아니라 사회적 무질서를 해결하고, 노동규범을 강제하기 위한 억압책이다. 피본과 클로와드(1971)가 주장한 빈민규제론이 대표적이다.

중상층계급이 자비심에서가 아니라 빈민을 구제하기 위해 공적 사회복지제도를 사용한다.

지배계층이 자신들의 권력 유지를 위한 수단으로 사용하며, 의사결정은 지배층의 장기적인 계획으로 이루어지므로 자본주의 생산양식의 결과인 불평등을 유지하기 위해 노력한다는 점에서 음모적이다.

갈등기 또는 정권소체기에 등장하는 정책이 정당성의 확보 또는 정치권력의 재생산을 위하여 도입, 확대된다는 사실을 명확히 폭로해 낼 수 있는 장점이 있다.

음모 이론(Conspiracy theory)은 사회적 양심이론과는 정반대의 입장을 주장하는 이론으로서, 둘 다 사회복지정책 발달을 하나의 목적론적인 측면에서 파악한 것이다. 즉 음모 이론에 의하면, 사회복지정책은 인도주의적 이타심이나 양심의 실현이라기보다는 사회 전체의 안정과 질서의 유지를 통한 사회통제와 현상의 유지에 목적이 있다고 본다.

음모 이론은 사회복지정책의 발달을 비사회적 요인으로 보는 이론들이 간과할 수 있는 정책 목적의 현실적이고 내재적인 목적을 발견하였다는 점에서 특징을 찾을 수 있다. 정책은 집단적 가치의 선택결과라는 그 복합적인 특성상, 정책목표에 대해서는 자주 논란을 빚을 수 있는 내용을 갖고 있다. 따라서 음모 이론이 '표현된 정책목표'와 '숨겨진 정책목표' 사이의 갈등과 괴리를 설명하는 힘을 갖는 점에서 유용한 이론으로 보인다.

특히 사회복지정책에 대한 소위 '주관주의적 접근법(subjective approach)'을 통한 분석은 점차 정책의 효과와 목표가 실제로 관련 집단에 따라 다양한 의미를 가진다는 점이 밝혀지고 있는데(Edwards, 1981 ; 현외성, 1994 참조), 음모 이론은 이러한 시각에서 볼 때 정책목표의 다양성을 밝힐 수 있도록 하는 이론적 단서를 제공하였다고 생각한다.

그럼에도 불구하고 음모 이론은 다음의 몇 가지 측면에서 비판을 면치 못한다.

첫째, 음모 이론은 정책결정권자의 의도를 너무 중시한 나머지 정치 현실, 정책과정의 현실을 충분하게 반영하지 못한다는 비판이다. 사회복지정책 형성과정과 집행과정은 매우 복잡하다.

둘째, 음모 이론에서 이야기하듯이, 사회안정에 위협되지 않으면서 사회복지정책의 혜택을 받고 있는 사회적 약자들, 이를테면 아동, 장애인, 모자세대 등과 같은 집단을 대상으로 한 사회복지정책은 음모 이론으로써 어떻게 설명할 것인가? 이들은 과연 집단압력을 행사할 수 있는 대상들인가? 음모 이론으로서는 이러한 정책의 목적을 설명하지 못한다는 한계를 가진다.

셋째, 권력에 대한 음모 이론의 입장이 모순적이다. 지배 엘리트가 빈민들의 사회복지급여 압력에 대응하여 사회복지정책을 수립하거나 확대하고 또 다르게는 지배계급이 스스로 모든 권력을 장악하여 구빈정책의 확대와 축소를 결정한다는 설명이다. 모든 시대에 지배계급이 바뀌고 빈민계층이 변화하는 상황에서 이러한 질서정연한 지배 엘리트의 논리가 모든 사회, 모든 시대에 그대로 적용될 수는 없을 것이다.

5) 전파 이론

전파 이론(Diffusion theory) 혹은 '확산 이론'이라고도 하는 이 이론은 국제관계가 긴밀하게 이루어지는 현대사회에서 국가간 교류로 사회복지정책과 사회보장의 아이디어와 경험이 한 나라에서 다른 나라로 전파, 확산된다는 설명이다. 이러한 전파는 선구적인 복지국가의 노력을 인접 국가나 다른 후발국가들, 특히 제3세계 국가군이 모방하여 도입한다는 주장이다.

타이라(Taira)와 킬버(Kilby) 및 콜리어(Collier)와 메식(Messick) 등이 주장하였다.

한나라의 사회복지 정책이 다른 나라에 영향을 미친다는 것으로 한나라에서 사회복지정책을 시작하게 된 주된 이유는 선진 복지국가의 경험에서이다.

콜리어와 메식(Collier & Messick, 1975)은 2가지 종류의 전파 유형을 구분하고 각각 이들의 사례를 실증적으로 연구하였다. 첫 번째는 위계적 전파(hierarchical diffusion)인데, 이는 기술혁신이나 새로운 제도가 선진국에서 후진국으로 전파되는 경우를 말한다. 두 번째는 공간적 전파(spatial diffusion)로서 특정 국가에서 만들어진 제도나 프로그램이 우선 인접 주변국을 중심으로 하여 점차적으로 전파되어 나아간다는 설명이다.

사회복지 정책의 확대는 국제적 모방과정이다. Taira와 Kilby는 사회보장 발전과 국가의 지리적 위치가 밀접한 상관관계에 있음을 유럽의 복지비 지출에서 발견하였다. 선진국가에서 비선진국가로 사회보장이 확산되는 것으로 보고 있다. 그러나 제도의 최초 도입시기만으로는 확산 과정을 설명 못하며 Kuhnle은 스칸디나비아 국가의 사회보험을 분석하여 국가간의 사회, 경제적, 정치적 조건의 차이를 무시했다고 비판하였다.

프로그램별로 영향을 미쳤느냐 하는 것으로 볼 때 덴마크는 영향을 받지 않은 점이라든가 제도의 현실화와 입법화는 보다 많은 변수들이 영향을 미치게 하는 현실에 대한 비판이 제기되고 있다.

연 구 문 제

1. 각국의 사회복지정책의 의미는 무엇인가?

2. 사회복지정책의 논의의 초점은 어디에 있는가?

3. 사회복지정책의 속성과 특성은 무엇인가?

4. 음모이론에 대하여 설명하시오.

5. 페미니즘에 대하여 설명하시오.

제 2 장

사회복지정책의 목표와 가치

제 1 절 사회복지정책의 목표

1. 사회복지정책의 목표

목적은 궁극적으로 도달해야 하는 지점이고 목표는 목적을 향해 나가는 과정에 거치는 지점으로 구분된다. 대개 정책의 목적은 일반적이고 추상적이며 광범위한 반면에, 정책의 목표는 세부적이고 구체적이며 조작적(operational)이어서 직접 측정가능한 것들이다.

정책수단과 목표의 혼란도 있는데 예를 들면 아동복지를 위한 다양한 프로그램들의 목표는 아동의 복지증진과 관련된 구체적인 목표들로 구성되고 이 목표를 달성하기 위한 상담서비스, 현금, 현물 제공 등은 목표가 아니라 수단이다. 특정 정책이 성공여부를 판단할 때에는 그 정책의 목표가 얼마나 달성되었는가가 중요한 것이지 이러한 목표달성을 위하여 투여된 자원의 양과 질, 목표달성과정 등은 그다지 중요하지 않다. 아무리 많은 자원을 투여했다 할지라도 정책이 추구하는 목표를 이루지 못했다면 그 정책은 실패한 것으로 판단되는 것이다.

사회복지정책 목표가 취하는 다양한 형태의 유형으로 장기적 목표, 단기적 목표,

공표된 목표와 숨어 있는 목표, 의도한 목표와 의도하지 않는 목표로 구분된다.

첫째, 장기적 목표와 단기적 목표이다.

장기적 목표는 정확한 예측이 어렵고 단기적 목표와 혼동됨으로써 목표가 불분명해질 수 있다. 따라서 정책의 목표를 설정할 때에는 장・단기적 목표를 명확하게 구분해야 한다.

둘째, 공표된 목표와 숨어 있는 목표이다.

정책목표를 분석할 때는 이 두 가지 목표를 분석하여야 한다. 왜냐하면 공표된 목표만을 분석할 경우에는 정책의 성격을 이해하는데 한계를 갖게 되기 때문이다. 또한 이러한 목표는 정책결정자의 입장에서 볼 때 의도적인 것으로 윤리적인 문제를 내포하고 있으며 어떤 의미에서 이것은 진정한 정책목표라고 볼 수 없다.

셋째, 의도한 목표와 의도하지 않은 목표이다.

의도한 목표는 특정한 정책의 대상, 효과 등과 관련하여 정책입안 초기에 미리 의도했던 목표이고 의도하지 않은 목표는 정책목표달성 당시에 예상하지 못한 것이 정책의 집행과정에서 나타난 부수적인 결과로 확인 가능한 것이다. 사회복지정책들에는 의도하지 않은 효과들이 존재하기 때문에 정책분석가의 입장에서는 의도한 정책목표가 가져오는 정책효과를 분석하는 동시에 의도하지 않은 목표의 간접적인 부수 효과를 분석하여야 할 필요성이 있다.

정책수단과 목표와의 관계는 다음과 같다.

정책목표라는 것은 그 정책의 궁극적인 목표로서 목표달성을 위한 각종수단 또는 방법과는 구별되어야 하며 정책의 성공여부를 판단할 때 목표달성을 위해 투여된 자원의 양과 질, 목표달성과정 등의 정책수단보다는 정책의 목표가 얼마나 달성되었는가에 중점을 두어야 한다.

복지정책의 기본 목표는 다음과 같다.

1) 인간의 존엄성 유지

2) 자립성 유지

3) 개인적 성장과 개발로 '자기결정권'의 원리를 중시

4) 사회적 권리로서의 국민복지기본권 보장

5) 생산적 복지이념의 추구

6) 세계적 보편성과 한국적 특수성의 조화

사회복지정책의 사회 기능적 목표는 다음과 같다.

첫째, 사회통합과 안정이다.

사회적 양심이론, 음모이론, 기능론적인 설명 등 세 가지 이론을 바탕으로 하고, 사회문제 해결과 사회적 욕구 충족, 개인의 자립과 성장 및 재생산의 보장, 사회구성원의 사회화 기능을 목표로 한다.

사회복지정책은 사회적 약자들의 어려움과 욕구를 해결하고 이들의 불만을 사회적으로 격리하고 억제하여 현 상태의 파괴를 방지하고 유지하고자 한다. 즉 불평등을 감소시키고자 한다. 평등의 가치를 달성하기보다는 불평등의 차이를 줄이고자 하는데 초점이다. 불평등을 악화시키지 않고 사람들의 욕구와 문제를 해결하는 데 초점, 자유시장제도 내에서 불평등의 차이를 해소하거나 완화하려는 기능이다.

조지와 윌딩에 의하면 사회통합은 국민의 고통과 불만을 직접 해결하고 사회적 불만과 도전을 희석시키고 이타주의와 자비심 등의 가치가 필요하다는 사실을 전파하여 사회통합의 효과를 가져온다고 하였다.

대상자와 서비스 내용을 규정할 때 개인주의적 정의를 채택함으로써 사회에 대한 도전의식을 약화시킨다.

특정한 가치와 행동을 보상하거나 처벌함으로써 사회통합에 기여한다.

사회적 권위와 위계를 강화하여 사회통합에 기여한다.

계급갈등을 집단갈등으로 대체하는데 기여한다.

둘째, 경제성장과 안정이다.

사회복지정책이 경제성장에 미치는 긍정적인 효과는 인적 자본의 질적 수준의 향상을 통해 나타나는 데 건강, 보건, 교육, 주택, 기타 사회복지서비스 등이 노동자의 삶의 질을 향상시키고 노동력의 질적 수준도 향상시켜 생산에서의 경쟁력이 확보된다.

이에는 경기조절기능을 들 수 있다.

경기변동에 적절히 반응하여 경기를 조절함으로써 경제성장에 간접적으로 기여한다. 경기가 가열되면 사회보장비용의 부담을 증가시키고 사회복지정책의 급여를 감소시켜 소비를 줄임으로써 경기진정 효과를 가져온다. 불황에는 부담을 감소시키고 급여를 증가시켜 경기를 자극시킨다는 것이다.

(신)자유주의자는 국가의 지나친 개입이 경제성장을 저해하므로 선성장 후분배 논리를 주장하며 사회민주주의는 재분배가 성장을 촉진하고 사회적 비용을 감소시킨다고 주장한다.

셋째, 정치적 안정이다.

불평등의 해소와 사회적 갈등을 해소하는데 초점을 맞춰 정당성을 확보하는데 있다.

넷째, 개인의 자립과 성장이다.

사회복지는 인간을 합리적이고 이성적인 존재로 보고 자신의 문제를 스스로 해결할 수 있다는 자기결정권의 원리를 중요한 가치로 여긴다.

사회복지정책은 개개인이 스스로 자신의 생활을 영위할 수 있을 때까지 자립을 지원, 한 걸음 더 나아가 제각기 능력에 따라 성장하고 발달할 수 있는 잠재력을 발휘할 수 있도록 원조하는 기능이다.

개인의 자립과 성장을 원조하기 위한 복지정책의 방법은 상호부조와 재분배를 통해 이루어진다. 국가주도에 의한 재분배적 정책으로 이루어지며 사회구성원들을 협동적으로 재통합시키고자 하는 노력이다. 예를 들면 사회보험은 상호부조, 재분배의 기능을 하고 공공부조 는 조세를 통한 상호부조와 재분배의 기능에 있다.

다섯째, 소득재분배에 있다.

티트머스(Titmuss)는 사회복지정책을 소득재분배 정책을 동일시했을 정도로 사회복지정책의 소득재분배 기능은 중요하다고 본다.

사회복지정책은 경제성장에 따른 이득을 사회적으로 재분배하며 소득불평등을 줄이고 사회적 연대와 통합을 증대하는 기능이다.

소득재분배는 시간 기준으로 단기적 재분배와 장기적 재분배가 있다. 즉 공공부조와 같은 단기적 재분배와 국민연금과 같은 장기적 재분배로 구분된다.

장기적 재분배는 생애에 걸쳐 발생하는 재분배로 노령연금의 적립방식을 들 수 있다. 적립방식이란 수급자가 젊어서 벌어들인 소득의 일부를 일정기간 적립해 두었다가 정년퇴직 후 적립했던 돈을 연금으로 되돌려 받는 방식으로 개인으로 보면 청년기에서 노년기로 소득을 재분배하는 것이다.

단기적 재분배는 현재의 사회복지 재원을 축적할 여유도 없이 수급자에게 급여를 제공하기 위해 사용하는 것을 의미한다. 예를 들어 공공부조의 급여는 일년 단위로 세금에서 급여예산을 편성하여 급여한다. 그리고 연금의 부과방식에서 현재 일하고 있는 젊은 세대가 기여한 연금의 재원으로 현재의 노령수급자에게 연금의 급여를 제공하는 방식으로 세대간의 소득재분배형태를 지닌다.

소득 기준으로 수직적 재분배와 수평적 재분배가 있다

수직적재분배는 공공부조와 누진소득세를 들 수 있고 소득이 높은 계층으로부터 낮은 계층으로 발생하는 소득의 재분배를 의미한다. 예를 들면 공공부조의 급여는 전 국민이 조세로 재원을 부담하고 소득이 낮은 빈민에게만 급여를 제공한다.

또한 의료보험의 기여에서의 누진적 기여에 있다. 사회보험의 기여방식은 누진적인 경우가 대부분으로서 소득이 높은 사람이 많이 기여하고 적은 사람은 상대적으로 적게 기여하도록 설계하며 이와는 달리 급여에 있어서는 고소득자는 저소득자의 기여율에 비해 상대적으로 적은 급여율을 적용받도록 설계되어 있어 재분배의 달성에 기여한다.

수평적재분배는 가족수당과 같이 동일소득계층 내에서 이루어지는 것과 의료보험과 같이 특정조건을 가진 사람들 즉 건강한 사람에게서 건강하지 못한 사람에게로의 재분배가 이루어지는 것을 들 수 있다.

동일한 소득계층내에서 발생하는 재분배로 세대내 재분배를 들 수 있다.

의료보험에 있어서는 급여대상자의 소득에 관계없이 의료서비스를 필요로 하는 급여대상의 욕구에 따라 소득이전이 발생하는 것이므로 소득재분배의 효과는 크다고 할 수 없다. 이 때 저소득층에게서 고소득층으로 소득의 전이가 발생할 수 있다.

아동수당에 있어서는 가족내에 아동의 수가 몇 명인가를 고려하여 급여하지만 가족의 빈부차이는 고려하지 않는다.

정액의 기초연금은 노인의 빈부격차에 관계없이 특정한 나이에 이르면 정액연금의 급여를 한다.

소득재분배 효과가 수직적 재분배에 비해 미약하다는 점이다.

세대 기준으로 세대 내 재분배와 세대 간 재분배가 있다.

세대 내 재분배가 대부분이고 세대 간 재분배는 공적 연금을 들 수 있다.

목적 동기가 여하간에 결과적으로 사회복지는 사회통합에 기여하고 있다. 경제적 효과 측면은, 일반적으로 보면 사회복지는 단기적 관점에서는 마이너스 효과를 가져오지만 장기적으로는 인적자본의 질적 수준을 높일 수 있기에 플러스 효과를 가져온다. 또 정책 집행상에 조세나 가처분 소득에 직접 영향을 주므로 경기변동에 영향을 미쳐 경제성장에 간접적 기여를 한다. 정치적 측면에서 사회복지는 시민들의 권리의 신장과 조직적 활동의 결과이며 때로는 사회적 강자의 분파적 이익에 치중하여 사회적 약자들의 불평등을 심화시키기도 하며 정당성 확보를 위한 수단으로 추진되기도 하지만 불평등과 사회적 갈등 해소에 초점을 둠으로써 정치적 안정을 목표로 한다.

사회복지정책의 역기능적 요소는 다음과 같다.

첫째, 빈곤함정 즉 빈곤의 덫이다.(poverty trap)

all or nothing 방식의 공공부조 방식에서 수혜자가 되기 위해 일을 하지 않는 계층이 존재하는 것이다. 일을 하게 되면 100% 소득세 적용이 되기 때문이다. EITC 제도에서도 근로소득이 증가함에 따라 급여수준이 감소하는 구간에서는 빈곤함정이 여전히 존재한다.

둘째, 실업함정(unemployment trap)이다.

실업급여 수급을 유지하기 위해 취업을 꺼리는 현상이다.

셋째, 도덕적 해이다. 보험이나 국가의 급여를 염두에 두고 각종 위험 예방에 덜 신경쓰거나 불필요한 서비스를 과도하게 이용하는 경우가 발생한다.

2. 사회복지정책의 가치

사회과학의 모든 학문 분야들 가운데 특히 사회복지정책은 가치이념의 문제와 불가분의 관계를 가지고 있다. 즉, 인간의 행복한 삶을 추구하는 사회복지정책은 가치이념을 바탕으로 하여 성립되며, 동시에 이러한 가치이념을 달성하기 위한 목적으로 실시되고 있다. 그러나 가치이념은 일종의 이상향으로서 정치적 의사결정의 과정에서 구체성이나 합리성을 결여하게 되는 한계를 가지고 있다. 따라서 사회복지정책에 있어서 목표는 합리성의 관점에서 가치이념을 구체적으로 실현할 수 있는 정책적 행동전략이 된다.

사회복지정책의 가치요소는 다음과 같다.

첫째, 자유에 의하여 본인이 필요한 복지욕구를 주장할 수 있다. 둘째, 평등은 사회적 자원을 동등하게 분배한다. 예를 들면 교육정책과 같은 경우이다. 셋째, 형평성 즉 공정한 처우, 넷째, 사회적 적절성으로 복지급여는 개인이 살아가는 사회적 수준에 적절한 정도의 수준이어야 한다. 다섯째, 효과성이다. 여섯째, 효율성 일곱째, 편익성과 접근성 여덟째, 민주주의로 민주주의가 밑바탕이 되어야 자유와 평등이 원활히 이루어져야 한다. 아홉째, 생존권보장은 생명의 보존권리로 기초생활수급자가 해당된다. 열 번째, 경제적 효율성은 투자와 보장이 동등해야 한다. 도덕적 해이로 인하여 국민의 세금부담이 높아지면 국가는 이를 중재하여 해결할 필요가 있다.

1) 자본주의

반집합주의는 자본주의에서의 불평등은 경제성장에 기여할 수 있으므로 정당화할 수 있다고 보면서 자본주의를 지지한다. 소극적 집합주의는 자본주의는 비효율적 낭비적인 요소를 소지하고 있으며 비리와 빈곤을 소멸시킬 수 없고 강자의 이해관계가 국익과 동일시되기 쉽다고 비판한다. 페이비언 사회주의는 수정자본주의하에서는 정치권력이 국민경제의 조정자가 될 수 있으며 국가는 사회주의 건설의 도구로 이용될 수 있다고 생각한다. 마르크스주의는 자본주의는 모든 국가기구가 중립적 심판관이 될 수 없고 오로지 자본가의 하수인에 지나지 않는다고 부정한다.

2) 평등(equality)

사회적자원의 재분배를 통해 사회구성원의 삶의 질을 골고루 향상시키고자 하는 가치이다. 18세기 이후 인간의 평등사상과 기본권 사상이 정치사상의 근간을 이루면서부터 평등은 정의나 사회형평의 이론에 있어서 기본적 전제가 되어 왔다. 그러나 사람들에 따라서 그 개념을 달리 하기 때문에 문제가 많은 것이 사실이다. 크게 3가지 유형으로 나누어 볼 수 있는데 결과적 평등(numerical equality), 비례적 평등(proportional equality), 기회의 평등(equal opportunity)이 그것이다.(1) 결과적 평등 결과적 평등은 가장 적극적이다. 이는 모든 사람을 똑같이 취급하여 사람들의 욕구나 능력의 차이에는 관계없이 사회적 자원을 똑같이 분배하는 것을 의미한다. 예를 들자면 공부를 잘하는 사람이나 못하는 사람이나 구별 없이 똑같이 1등할 것을 요구하는 것이다. 그러나 아직까지 결과의 완전한 평등은 아직까지 인류역사상 어떠한 곳에서도 존재하지 않았고, 현실적으로 존재할 수 없다. 이러한 결과의 완전한 평등을 실현할 수는 없지만, 사회복지정책에서는 결과적 평등의 가치를 반영함으로써 결과의 평등을 부분적으로 목표로 삼고 있다. 한 예로 많은 사회복지 정책 중에서 소득재분배의 목표를 달성하기 위해 빈곤한 이들이게 그들의 능력과 기여에 상관없이 사회적 자원을 할당해 줌으로써 부한 이들과의 소득격차를 줄이려고 하는 것이 있다.

평등(equality)이라 함은 사회적 자원의 재분배를 통해 사회구성원의 삶의 질을 골고루 향상시키고자 하는 가치를 의미한다. 평등의 개념에는 산술적 평등, 비례적 평등, 기회의 평등이 있다.

(1) 산술적(수량적) 평등(numerical equality)

결과의 평등이다. 모든 사람을 똑같이 취급하여 사람들의 욕구나 능력의 차이와 상관없이 사회적 자원을 똑같이 배분하는 것으로 현실적으로 존재 불가능하며 가장 적극적 평등이다.

공공부조제도(최저생계비제)가 가까움. 국민연금의 기본연금 계산식에서 A값 즉 연금수급직전 3년간 평균소득월액의 평균액을 넣는 것에서도 알 수 있다.

(2) 비례적 평등(proportional equality)

욕구, 노력, 능력, 기여에 따라 사회적 자원을 상이하게 분배한다. 예를 들면, 연금제도의 노령연금으로 사회보험에서 보험료를 많이 낸 사람에게 많은 급여를 제공한다(보험수리의 원칙). 공공부조 중에서도 신구빈법의 열등처우의 원칙에서 비례적 평등원칙 적용이 보인다.

(3) 기회의 평등(equal opportunity)

기회의 평등은 과정상 평등이다. 가장 소극적 평등으로 결과의 측면은 무시하고 과정상의 기회를 동일하게 분배한다. 결과를 얻을 수 있는 과정상의 기회만을 똑같이 해주는 방법이다. 결과는 각자의 책임이고, 결과의 평등을 보장하지는 못한다. 기회의 평등이라는 이름아래 결과의 불평등의 존재를 합법화할 우려가 있음. 결과의 불평등을 정당화하는 논리로 잘못 쓰일 가능성은 교육과 취업의 기회할당이다.

누구를 평등하게 할 것인가는 특정지역에의 소속이나 사회적 위치에 따라 차이가 있다.

첫째는 특정지역에의 소속이다. 특정지역의 소속여부에 따른 평등의 대상을 결정하는 것으로 한 국가의 국민이나 국가내의 특정지역만을 대상으로 할 수도 있으며, 어떠한 조건에 상관없이 이 속성에 의해서만 결정되는 것으로 특정지역에의 소속 여부에 대한 평등의 결정은 보편주의 대 선별주의라는 사회복지정책의 쟁점이 되어 왔다.

두 번째는 사회적 위치의 차이에 따른 평등이다.

사회적 위치에 따른 분배란 동일한 위치에 있는 사람들 사이의 평등을 의미하는 것으로 공평(equity)의 개념과 동일하며 대부분의 사람들에게 평등은 이러한 의미로 받아들여지고 있다. 이는 현실적으로 몇 가지 문제점을 가지고 있다. 우선 동일한 위치의 개념과 그것의 측정방법을 둘러싼 논쟁은 '위치'의 차이를 구분하는 기준인 사람들의 숫자에 대한 논쟁이 있다. 그러나 '사회적 위치'에 의한 평등의 관점을 반박하는 입장에서는 사회적 기능들의 사회적 중요성은 객관적으로 비교 불가능한 것이며, 지배적인 가치에 따라 달라진다는 점을 지적한다. 또한 상이한 기능들을 수행하는 사람들의 숫자에서도 별반 차이가 존재하지 않는다고 주장한다. 또한 '사회적 위치'의 차이를 인정한다 하더라도 그러한 '위치'에 이르는 과정이 정당하지 못하다면 '위치'의 차이에 의한 '평등'의 정당성은 약화된다. '사회적 위치'를 점유하는 과정에는 한편으로는 개인들의 노력, 능력 등에 의한 업적이 중요하기도 하지만, 다른 한편 유전이나 가족배경 등의 귀속적인 요인도 중요하기 때문에 사회적 위치에 따른 평등의 정당성에는 한계가 있다.(갈등주의 관점) 또한 사회적 '위치'들의 기능상의 중요성에 대한 차이를 어느 정도 인정하더라도 현실에서는 소득이나 부의 불평등은 너무 크다.

사회복지정책들에 깔려 있는 가치들 가운데 가장 중요한 것 중 하나는 광범위한 의미의 평등이다. 그러나 사람들에 따라서 평등의 개념을 달리 사용하고 있고 이에 따라 많은 논란이 있는 것이 사실이다. 이러한 개념으로 "평등"을 이루는 과정이 자발적 의사에 의한 것이 아니고 공평하게 이루어지면 그것의 결과는 불평등하더라도 정당한 것으로 인정된다. 이것은 과정의 방법으로 볼 때 세 가지로 나누어 논의할 수 있다. 즉 기회의 평등을 통한 자유경쟁, 투표, 그리고 추첨이 바로 그것이다.

첫째, 과정상의 평등의 개념 가운데 가장 많이 사용하는 것은 이른바 기회의 평등이다.

모든 사람에게 기회를 평등하게 주어 자유경쟁을 통하여 그것의 결과를 배분하는 방법이다. 자본주의 사회에서 대부분의 사람들에게 "평등"의 개념으로 쉽게 떠올리는 것이 바로 이것이다.

이러한 기회의 평등은 정책적으로 추구하는 것은 비교적 쉽고, 또한 현실적이다. 그리고 무엇보다도 "결과의 평등"을 추구하는 데서 나오는 자본주의 경제의 왜곡의 문제가 발생할 가능성이 적다. 또한 이상적으로 볼 때 시장경제체제가 충분히 작동되기 위해서는 모든 사람들의 잠재능력이 충분히 발휘되어야 하는데 이를 위해서도 모든 사람들에게 기회가 평등하게 주어져야 된다.

그러나 이러한 이상적인 측면에서의 "기회의 평등"과는 달리, 현실세계에서는 평등의 개념이 개념적인 측면과 정책적인 측면에서 많은 문제점을 갖고 있다. 우선 "기회"의 개념이 모호하다. 어떤 기회를 언제, 어떻게 평등하게 할 것이냐는 문제다. "기회"는 무수히 많은 형태가 있고, 또한 그러한 기회를 언제, 어떻게 주느냐에 따라 무수히 많은 방법이 있을 수 있다. 이상적인 "기회의 평등"은 이러한 모든 방법들을 고려하여 모든 "기회"들을 평등하게 해야 하는데 이것은 현실적으로 불가능한 것이다. 대표적인 것이 사람들이 갖고 있는 유전인자를 평등하게 할 것이냐의 문제이다. 사람들은 태어나면서 서로 다른 유전인자를 갖고 있는데, 이러한 유전인자의 차이는 이후의 결과의 불평등에 상당히 기여할 수 있다. 따라서 유전인자를 평등하게 하지 않는 한 "기회의 평등"의 개념은 커다란 한계를 갖고 결과의 불평등은 필연적일 수밖에 없다.

따라서 사회복지정책은 "결과의 평등"을 추구하는 것을 강조해야 하고 "기회의 평등"을 위한 정책은 보조적으로 이용되어야 한다.

둘째, 과정상의 평등을 이루는 방법은 투표에 의한 것이다. 상기의 "기회"의 평등의 방법은 "기회"를 똑같이 주어 "경제적 시장"에서 자유경쟁을 통하여 사회적 자원을 배분하게 하는 것이라면 투표에 의한 방법은, 정치적 경쟁을 통하여 배분하는 것을 말한다. 원론적으로 말하면 이상적인 민주주의 제도하에서의 사회적 자원의 배분은 "경제적 시장"을 통해서보다 "정치적 시장"을 통해서 이루어지는 것이 더 많을 때 결과의 평등을 이루기가 쉽다. 왜냐하면 1인 1조 제도라는 정치적 기강을 통하여 많이 이루어져 전통적인 "경제적 시장"을 통한 심한 결과와 불평등을 상당히 완화시켰다. 복지국가의 발전은 어찌 보면 "경제적 시장"을 통한 배분과 "정치적 시장"을 통한 배분의 갈등의 역사라고 할 수 있다. 그러나 이러한 투표에 의한 평등추구의 방법은 몇 가지 한계를 가지고 있다. 오늘날 대부분의 민주주의 제도를 갖고 있는 국가들은 국민들에 의하여 뽑힌 대표들에 의하여 국민들의 이익을 대변하는 대표민주주의제도를 갖고 있다. 이 제도하에서는 어떤 집단들의 이익이 잘 대변되느냐가 중요해지는데 이때 단순히 숫자가 많은 집단의 이익이 잘 반영되는 것이 아니다. 이러한 제도에서는 잘 조직화되고, 적극적이고, 자원이 풍부한 집단의 이익이 비록 숫자는 적다 하더라도 잘 반영될 수 있다. 이러한 측면에서, 사회복지정책의 주대상집단의 불이익집단의 이익이 대변될 가능성이 적을 수 있다. 특히 이러한 "이익집단정치"에 의하여 정책이 결정되는 경향이 비교적 큰 국가들에서는 이러한 투표의 방법을 통한 결과의 평등을 이루는 것은 매우 어렵다고 할 수 있다.

불이익집단의 이익을 대변하기 위해서는 이러한 집단의 정치적 힘이 커야 한다. 따라서 어떤 국가들에서는 사회복지정책적으로 여러 가지 프로그램을 실시하여 이들의 정치적 힘을 높이는 것을 시도하였다. 예를 들면 1960년대 미국의 많은 시민참여를 위한 지역사회 운동 프로그램들이다. 이러한 프로그램들은 불이익집단의 사람들이 주요 사회복지정책 과정에 참여하게 하여 불이익집단의 이익을 위한 정책을 만들려고 한 것이다. 그러나 이러한 프로그램들의 결과는 일반적으로 부정적인 것으로 나타났다. 이것의 가장 큰 이유는 불이익집단들의 정책결정 과정의 참여가 대개 맹목적이고 형식적인 것에도 그치지 때문이다. 결국 이러한 한계들로 인하여 투표라는 과정상의 평등의 방법도 결과의 평등의 목표를 이루는 데 뚜렷한 한계를 보인다.

셋째, 과정상의 평등을 이루는 방법은 추첨에 의한 것이다.

이것은 상기의 두 방법이 과정상의 평등을 이루는 것에 한계가 있는 것과는 달리, 과정상의 평등은 확실히 보장한다. 즉 사회적 자원의 배분을 추첨에 의해 결정하기 때문에 그 결과가 어떻게 되었건 그 결과를 얻을 수 있는 통계적 확률만큼은 모두에게 똑같이 해주기 때문이다. 비록 이 방법이 상기의 두 방법에 비하여 결과의 평등 측면에서 어떻게 나타날지는 모르겠으나 적어도 앞의 두 방법보다 결과의 불평등을 합리화하기가 유리하다.

특히 사회의 불이익집단의 입장에서 보면 이 방법이 차라리 유리할 수 있다.

왜냐하면 이들 집단에게는 "기회"의 평등이나 "투표"의 평등을 통한 결과의 평등을 추구하기가 현실적으로 불리하기 때문이다.

문제는 사회구성원 어느 누구도 이러한 방법을 통한 사회적 자원의 배분을 원하지 않는다는 데 있다.

3) 자유

18세기 이래 현대사회를 움직여온 사회가치로서 봉건세력에 대항하여 시민계급이 추구하였던 가장 중요한 가치이다.

소극적인 자유로서 구속이나 속박으로부터의 해방은 다른 사람의 간섭 혹은 의지로부터의 자유를 말한다. 소극적 자유에는 한계가 있다. 이는 다른 사람에게 해를 주느냐를 가지고 결정한다. 적극적인 자유는 능력의 측면을 강조한다.

소극적 자유는 외국에 나갈 자유가 있으나 능력이 없다. 1980년대 신보수주의는 이를 주장하고 있다. 사회복지 정책은 다른 사람의 소극적인 자유를 줄이는 반면 다른 사람의 적극적인 자유를 높이는 것이다. 구속이나 속박으로부터의 해방을 의미하는 것은 소극적 자유이다. 무지나 빈곤 속에서 남의 지배에 종속되는 것도 개인이 자의로 하기만 하면 자유의 제한이나 침해로 볼 수 없다. 이러한 소극적 자유에는 언론의 자유, 직업선택의 자유, 거주이전의 자유 등이 있다.

굶어 죽기 일보직전의 사람에게 마음대로 할 수 있는 자유를 주는 것이 중요한 것이 아니라 음식을 먼저 제공하고 자신이 원하는 것을 하게 하는 것 즉 적극적 자유를 먼저 높여야만 소극적 자유도 높일 수 있다.

자유의 한계효용 체감의 원리라는 것은 소극적자유로 감소되는 효용이 적극적 자유로부터 증가되는 효용보다 적을 수 있다.

개인에게 미치는 해의 예로서 어떤 화학물질을 사용하면 태아에게 나쁘다는 것이 명확해졌을 때 여러 가지 서로 다른 자유를 제한할 수 있다. 그 화합물의 제조금지, 판매의 금지, 그 직장에 근무하는 것을 막을 수 있는 방법이 있다.

내 집의 잔디를 깎지 않아서 옆집의 집값에 영향을 미친다고 해서 개인의 자유에 영향을 미칠 수는 없다. 정서적 심리적 해는 비교적 객관적으로 측정하기 곤란하다. 이는 정치적이고 문화적으로 결정되는 것이다.

사회복지 정책과 자유의 관계는 세금을 강제 징수하여 재산권의 침해(사람들이 사회복지정책에 의존하면 할수록 자유는 그만큼 제한될 수 있는 것이다. 사회복지 정책은 기본적으로 평등 가치의 구현을 목표로 하고 있는데 이 목표를 추구하는 과정에서 어떤 사람의 자유가 필연적으로 제한될 수 있다.

적극적 자유는 능력을 부여하여 실질적 자유를 누리는 것으로 사회복지정책을 통해서 빈곤한 사람들이 원하는 바를 할 수 있는 능력을 갖게 하는 것으로 팽창기(전성기)에 중요하다. 현대 복지국가에서는 기본적으로 다 같이 인간다운 생활을 누릴 권리가 있다고 본다. 따라서 권리가 구현되지 않는 상태는 자유의 제한을 의미한다고 볼 수 있다. 어떤 이유에서든지 간에 무지, 빈곤, 질병으로부터 해방이 되고 독립적인 삶을 영위할 수 있는 것이어야 한다. 반집합주의는 소극적 자유를 인정하고, 소극적 집합주의 역시 소극적 자유의 개념을 인정하고 있다. 그러나 페이비언 사회주의와 마르크스주의는 적극적 자유의 개념을 강조하고 있다

'자유주의'는 '공동체'보다는 '개인'의 여러 가지 자유에 보다 존엄성을 갖는 사상을 말한다. 기본적으로 인간이 이성적이고 합리적인 존재라는 전제 하에 각자가 옳고 그름을 판단할 수 있다고 믿는 이 사조는 최근 4세기 동안의 세계 문명사회를 지배해 왔다고 해도 과언이 아닐 것이다. 이 자유주의 정치세력의 사상적 토대가 '개인의 자유와 자율'에 보다 높은 가치를 부여하여야 한다. 이는 곧 정책적인 면에서 '시장의 자유' 또한 완전히 자율적 흐름에 맡겨야 한다는 '시장방임주의', '시장만능주의'에 빠질 수도 있다. 즉 '신자유주의'가 추구하는 가치가 잘못하면 '자본'이 가진 '비인간성'은 간단히 무시되고, 국가의 기능이 오로지 자본에 봉사하고 수호하는 체제로 변질할 수도 있다.

미국의 기독교 교육학자인 토마스 그룸(Thomas H. Groome)은 그의 저서 *Christian Religious Education*이라는 책에서 자유의 유형을 세 가지로 소개하고 있다. 첫째, 합리적 사유의 자유를 말한다. 즉, 생각하는 자유이다. 우리가 자유를 물리적이고, 때로는 물질적이며 정치적으로 생각하려고 하지만 육체적인 자유 이전에 가장 중심적이고 가장 핵심적인 자유는 생각의 자유라 하는 것이다. 내 생각 속에 진정한 자유함이 있느냐 하는 것이다. 억울하고 용납할 수 없는 일들이 나의 사고를 지배하고 있지는 않은지? 그렇다면 그동안은 나의 생각이 자유롭지 못한 것이다.

둘째는 선택의 자유이다. 우리에게 때로는 선택과 의지의 자유가 허락된다. 우리가 어떤 때에 우리의 의지로 선택을 해야 할 때가 있다. 출세와 사업에 어떤

영향이 있을까? 하는 부차적인 요인들 때문에 판단이 흐려지게 되어 우리의 선택에 얼마나 자유로운가? 여기에 진정한 자유가 있다는 것이다. 셋째는 행동의지의 자유이다. 우리가 어떤 행동을 하려고 할 때 무엇엔가 또 끌리게 된다. 이게 자유롭지 못할 때 물질적으로 정치적으로, 또 많은 책임, 의롭지 못한 도덕성 같은 원인들로 행동이 깨끗하지 못할 때 행동의지의 자유가 없다는 것이다.

4) 효율

정책에 있어 효율은 주어진 투입(인적 · 물적자원)에 비해 가장 큰 산출(정책효과)을 달성하는 것을 의미한다. 생산에 쓰인 투입은 인간의 노력, 기계와 건물과 같은 자연의 혜택 등이며, 산출은 재화와 용역 등이 될 수 있고, 사회복지정책에서는 주로 목표를 얼마나 달성하였는가라는 효과를 말한다.

경제학이나 시장주의자들이 추구하는 효율은 시장이 달성할 수 있는 자원사용과 효용의 극대화를 의미하는 경우가 많은데, 이런 경우 평등과 대립하는 경우가 많다. 즉 평등과 효율은 지렛대의 양 끝에 위치하는 것과 같아서 어느 하나를 일방적으로 우선하기도 힘들며, 둘 다를 중요시하기도 힘들어서 적절한 타협을 모색하여 효율성을 저하시키지 않고 평등성을 조장하는 게 현실적으로 어렵다.

평등과 대체적인 관계인가? 평등과 효율의 관계를 보다 정확하게 파악하기 위해서는 다양한 차원들의 개념들을 구체적으로 분석할 필요가 있다. 수단으로서의 효율이란 최소한의 자원을 투입하여 최대한의 결과를 얻는 것을 말하며 이러한 의미의 효율은 1차적 목표를 달성하기 위한 수단 혹은 이차적 목표를 의미하므로, 1차적 목표인 평등과 동일 선상에서 논의하는 것이 어렵다. 즉 수단으로서의 효율은 평등을 추구하기 위한 2차적 목표가 될 뿐이다. 사회복지정책 분석에서의 목표효율성(target efficiency)이나 운영효율성(administrative efficiency)이 이러한 수단으로서의 효율을 의미하는 것이다. 목표효율성이란 정책이 목표로 하는 대상들에게 그 정책에 사용되는 자원이 얼마나 집중적으로 할당되는가의 여부에 있다 예를 들어 사회보험과 공적부조의 목표효율성 비교하면 운영효율성은 정책을 운영하는데 있어 얼마나 적은 비용을 사용하는가? 하는 것으로 공적부조는 운영효율성이 낮으며, 개별욕구조사나 자산조사 등의 막대한 행정비용이 들어간다.

수단적 효율성은 미시적 효율이고 목표 효율성은 대상효율성으로 대상자에게 자원이 잘 가는가, 어느 정도의 비용을 소비하여 목표를 달성하는 것으로 서로 상충되는 경우 많으며, 선별주의를 선호한다. 운영효율성은 운영비를 적게 들이는 것이 효율적인 것으로 보편주의를 선호한다. 선별적인 공공부조는 적정 대상자에게 자원이 집중된다는 측면에서 목표 효율성이 높지만 자산조사 등 행정비용이 높아 운영 효율성이 낮고, 보편적인 사회보험은 목표 효율성이 낮고 운영 효율성이 높다. 배분적 효율성(파레토 효율성, 거시적 효율)이란 자원이 사회적으로 얼마나 바람직하게 배분되었는가? 다른 사람의 효율을 감소시키지 않고 나의 효율을 더 이상 높일 수 없는 상태를 파레토 최적이라고 한다. 즉 다른 사람의 후생을 감소시키지 않고서는 또 다른 사람의 후생을 증대 시킬 수 없을 정도로 분배가 잘 이루어진 상태를 말한다.

효과성이란 과연 어느 정도 목표를 달성했는지를 묻는 것인데 질적인 측면의 특성을 측정해야 하는 경우가 많아 측정에 난점이 있다.

정책 효율성의 판단은 어려움이 따른다. 그 이유는 첫째, 정책이 추구하는 가치의 상이성 때문이다. 효율적인 정책이란 적은 비용으로 사회구성원들이 중요하게 여기는 가치나 목표를 많이 달성하는 정책이다. 이때 합의된 가치가 없거나 가치들 간의 비교가 불가능하면 정책의 효율성을 판단하기가 어렵다. 예를 들면 아동과 노인에 대한 가치의 차이에 따라 10억 원으로 1,000명의 아동들을 빈곤으로부터 해소시키는 정책과 100억 원으로 100명의 노인의 생명을 연장시키는 정책의 경우, 유사한 정책이라도 가치, 즉 아동양육방법에 대한 가치에 따라 상이하다. 100명의 아동을 대상으로 5억 원으로 아동의 부모가 양육 하도록 하는 정책과 1억 원의 예산으로 시설에 수용하는 정책을 들 수 있다.

둘째, 투입한 자원과 달성된 결과의 수량화가 힘들다는 것이다. 즉 정신적, 윤리적, 사회적 측면의 경우 수량화가 힘든 면이 있다.

셋째, 결과의 이득을 파악하기 힘들다. 정책의 효율성 여부는 정책이 달성할 수 있는 결과의 이득을 모두 파악할 수 있어야 하는 데 현실적으로 힘들다.

일반적으로 사람은 다른 어느 누구의 효용도 감소시키지 않으면서 개인의 효용을 증가시키길 원한다고 가정한다. 그러한 상태는 수학적으로 특정조건이 달성되면 이뤄지는데 달성된 상태를 파레토 최적이 이뤄진 상태이다. 파레토 최적을 이루기 위해서 이뤄지는 과정을 "파레토 개선"이라고 하는 데 현실적으로는 엄청나게 복잡한 사회속에서 파레토 개선을 성공적으로 마친다는 것은 불가능하다.

5) 사회복지

반집합주의는 빈곤은 경제성장에 따르는 필요악으로 보고 자선과 이웃사랑의 정신에 입각해서 복지가 이루어져야 한다고 본다. 정부의 적극적인 개입을 반대하고 복지국가론에 반대하는 입장이다. 소극적 집합주의는 복지국가론에 찬성하면서 국민최저수준을 보장하기 위한 국가책임만을 인정하고 있다. 페이비언 사회주의는 복지국가론에 적극적인 찬성을 하면서 점진적이고 지속적인 불평등의 완화는 국가책임이라고 한다. 마르크스주의는 자본주의체제가 존속하는 한 빈곤은 어떠한 형태의 국가개입에 의해서도 소멸될 수 없다고 보면서 복지국가론에 적극적으로 반대의사를 보이고 있다.

사회복지이념은 한 사회의 정치경제체제를 규정짓는 체제 이데올로기의 부분이나 복지국가의 이념적 모형을 의미한다. 사회복지이념을 학자에 따라 다양한 방법으로 구분된다. 그러나 중요한 것은 이러한 사회복지이념을 정확하게 분석해 봄으로써 현재와 미래의 사회복지의 실천 동기나 원리를 명확하게 할 수 있다는 점이다.

사회복지정책과 가치문제는 고귀함의 정도나 비중을 구분하는 것과 관련되는 것으로 사회경제적, 정치적, 문화적 배경이나 여건에 따라 변화한다.

정책은 사회구성원 사이에 한정된 사회적 자원을 어떻게 배분할 것인가에 대한 논의 결과로소 특정가치의 선호가 정책결정의 중요역할을 하므로 가치분석이 중요하다. 가치에 대한 논쟁은 다음과 같다.

(1) 가치수용론

사회복지정책의 특성상 학자들의 주관적 가치의 개입이 불가피하게 요구된다고 주장한다.

(2) 가치배제론

누구의 가치판단이 옳은지를 구별할 수 없다.

(3) 가치논쟁의 정리

사회복지정책에 대한 학문적 연구에 있어서 주관적 가치의 개입이 허용될 수 있을 것인지에 대한 오랜 논란은 오늘날에 와서도 여전히 이루어지고 있다. 이러한 가치논쟁의 과정에서 대체로 가치배제론자들의 입장이 우세한 위치를 차지해 오고 있다. 왜냐하면 학문적 연구의 과정에서 학자의 가치판단이 개입될 경우 연구결과는 경험적 가치, 보편타당성을 상실하기 때문이다.

평등은 경제적 민주주의를 실현하기 위한 중심 가치이다. 아리스토텔레스는 평등을 수적 평등과 비례적 평등으로 구분했다. 수적 평등은 모든 사람들에게 똑같은 처우를, 즉 모든 사람에게 동등한 몫을 나누어 주는 것을 의미한다고 보았다. 비례적 평등은 유사한 사람에게 동등한 처우를, 즉 업적이나 공적에 따른 처우를 의미한다.

사회복지정책이 추구하는 가치는 다음과 같다.

① 평등 : 사회복지정책이 지향하는 중요한 이념중의 하나로서 평등은 자유와 함께 인간이 인간됨을 실현하기 위한 가장 중요한 정신적 가치의 하나이다.

② 형평 : 공정한 처우(fair treatment)를 의미, 개인의 업적, 공헌, 능력 및 기여에 따라 사회적 자원을 분배

③ 사회적 적절성 : 사회복지급여의 수준이 신체적, 정신적 안녕을 달성하기에 적절한 정도가 되어야 함.

④ 효과성 : 사회복지정책이 과연 설정된 목표를 어느 정도 달성하였는가

⑤ 효율성 : 가능한 최소한의 자원으로 최대의 결과를 만들어 내려는 관심이다.

⑥ 편익성과 접근성 : 전문적인 욕구를 가진 대상자를 어떻게 편리하게 그리고 쉽게 접근하여 사회복지서비스를 제공받을 수 있도록 할 것인가

이념은 일종의 가치체계의 집합체이자 기본적 틀로서 제반 가치가 상호연결되며, 이념에 따라 사람들의 생각과 행위가 일관성 있게 전개될 수 있다. 이념적

특성에 따라 사회복지정책의 내용과 형태가 변화한다.

사회복지정책의 가치에서 가치는 귀중함의 정도 혹은 중요함의 비중을 구분하는 것과 연관된다. 가치는 주관적이고 개인마다 다른 비중을 가진다. 또 사회 경제적 여건에 따라 개인적, 사회적 가치 기준이 변화한다. 정책이란 사회 구성원 사이에 제한적인 사회적 자원을 어떻게 배분할 것인가라는 논의의 결과로 만들어지는 소산이다. 이러한 의미에서 볼 때, 정책 선택에는 가치선호가 결정적인 기능을 할 수 있고, 따라서 정책연구에 가치분석이 매우 중요한 자리를 점한다. 특히 사회정책은 다른 어느 정책보다도 추상적이고 예민한 가치적 반영을 포함하는 것이니 만큼 가치분석과 선택이 중요하다. 사회복지정책은 그것이 존재하는 사회로부터 영향을 받는데, 사회 전반의 주류 가치가 사회복지정책 선택을 놓고 이를 좌우하게 된다. 그러므로 사회복지정책을 계획, 수립하거나 분석하는 과정에 있어 기존의 사회적 가치에 관한 검토가 있어야 한다.

제 2 절 사회복지정책의 이념

이념이란 모든 경험에 통제를 부여하는, 순수 이성에서 얻어진 최고의 개념으로 플라톤에서는 도덕 가치로서의 최고선(最高善), 칸트에서는 경험을 통일하는데 불가결한 순수 이성 개념으로 이데아(Idea)를 말한다.

사회복지정책의 이념, 즉 사회복지사상은 매우 다양하지만 페이비언 사회주의, 케인즈주의와 같은 국가개입주의, 자유방임주의의 신자유주의, 마르크스주의 등 네 가지로 구별할 수 있다. 국가개입주의와 신자유주의는 자본주의를 가장 바람직한 경제사회체제로 인정하고 자본주의의 발전과 번영을 지향한다는 점에서 같은 취지를 띠고 있다. 그렇지만 국가개입주의가 자본주의의 유지발전과 위기극복을 위해 사회복지정책이 반드시 필요하다는 입장을 취하는 반면에 신자유주의는 사회복지정책을 경제발전의 걸림돌로 생각한다. 마르크스주의와 페이비언사회주의는 사회주의로서 궁극적으로 자본주의의 지양이나 극복을 지향한다는 점에서 입장이 같다. 그러나 페이비언사회주의가 자본주의 안에서의 사회개혁 가능성을 수용하여 사회복지정책의 확충에 적극적인 반면에 자본주의 자체를 인정하지 않는 마르크스주의는 부르주아적 사회복지정책에 대해서 매우 부정적이다.

복지국가의 전제는 자본주의 경제(혼합경제 또는 수정자본주의)와 민주주의 정치에 기반을 두고 있으며 복지국가는 개인의 기본권을 보장하고 국민의 복지에 대한 책임을 갖는다는 원칙을 실현하기 위해 사회복지정책을 실현하고 있으며 복지국가의 이데올로기는 다양하다.

이데올로기(이념)와 복지국가에 의한 이분법은 가장 고전적이고 단순한 구분으로 1958년 Wilensky & Lebeaux는 잔여적(보완적) 모형과 제도적 모형으로 구분하였다. 삼분법은 1974년 Titmuss가 시도하였고 이에는 보완적 모형, 산업성취 모형, 제도적 모형으로 구분하였다.

이분법은 잔여적 모형과 제도적 모형이 있다. 잔여적(보완적) 모형은 사회복지는 가정이나 시장이 정상적인 공급구조를 제대로 수행하지 못할 때 이를 보완하기 위해 일시적 기능으로 복지정책은 경제성장에 최우선의 목표를 두고 시장을 통한 분배정책에 관심을 가진다. 부의 재분배는 경제성장의 희생자들에게만 이루어져야 하고 그 재원은 부자들이 부담하며 빈민구제정책은 자립의지를 해치지 않는 최저수준에 그쳐야 하며 나태한 자를 우대해서는 안 되며 성공과 실패는 개인의 노력여부에 달려 있다고 가정한다.

제도적 모형은 가정이나 시장처럼 사회복지제도는 산업사회의 다른 제도와 마찬가지로 일차적 기능을 담당하고 사회복지정책의 최우선과제는 사회가 평등할수록 사람들의 대인관계는 우호적으로 변화되므로 국민소득과 생활수준의 평등화가 최우선시되어야 한다. 빈곤퇴치를 위해 사회복지정책은 소득재분배적이고 경제성장은 평등과 사회복지의 확대에 도움이 되어야 하며 최저수준의 생활유지에 필요한 재화와 서비스는 개인의 욕구에 따라 무료로 제공되어야 한다. 개인의 실패는 사회구조의 결과이므로 사회개선을 강조한다.

삼분법은 보완적 모형, 산업성취 모형, 제도적 모형이다. 보완적 모형은 개인주의에 기초하여 경제성장과 국부의 극대화를 중시하고 모든 종류의 계약과 합의에 의한 개인의 선택과 자유를 강조한다. 모든 분배는 개인의 능력과 생산체계에 따라 좌우되며 빈곤은 절대적 개념으로 다룬다.

산업적 성취모형은 보완적 모형과 제도적 모형의 중간형태로서 기회의 평등, 개인의 자유를 강조하면서 동시에 분배체계로서 시장을 중시한다. 여기서 빈곤은 상대적 개념으로서 최저생활에 대한 책임은 정부가 담당하여야 한다.

제도적 재분배모형은 개인의 자유를 다른 사람의 간섭으로부터의 자유가 아니라 인간다운 생활을 할 자유, 평등과 재분배정책이 강조되고 분배정책은 개인의 능력이 아니라 욕구에 따라 이루어져야 하고 국가의 정책에 의해 빈곤의 완전퇴치가 가능하다고 본다.

연 구 문 제

1. 열등처우의 원칙에 대해 설명하시오.

2. 파레토 효율에 대해 설명하시오.

3. 평등에 대하여 설명하시오.

4. 페이비언 사회주의에 대하여 설명하시오.

5. 목표효율성이 무엇인가?

6. 운영효율성은 무엇인가?

7. 시장의 효율성에 대하여 설명하시오.

제 3 장

사회복지정책의 이념과 복지국가

제 1 절 사회복지정책 사상

사상은 말 그대로 생각이다. 좋은 생기이든 나쁜 생각이든 모든 것이 다 사상이다. 다양한 사상의 표현의 자유를 누리는 것만이 민주주의라고 한다. 사상이라는 것은 단편적인 생각이 아닌 체계적으로 정리된 모든 이론이다. 이념은 사상보다 한 차원 높은 이론이다. 이념은 가치판단이 앞선 본질에 관한 이론이다. 민주주의의 꽃은 자유이다. 민주주의가 평등뿐이라고 주장하는 사고방식은 민주주의와 동떨어진 사상이다. 왜냐하면 자유가 없는 평등은 진정한 민주주의가 아니기 때문이다. 이념은 진리와 진실을 함축하고 있어야 한다. 사상은 어떤 것이 좋은 것이고 어떤 것이 가치있는 것이라는 것을 모르는 상태에서 논쟁이 벌어지지만 이념은 보통 자기가 진리라고 믿으면 그것이 이념이라고 할 수 있다. 그래서 잘못된 이념이 나올 수 있는 것이다. 사상은 진리와 무관할 수도 있지만 이념은 진실과 이치와 직결된 것이 크게 다른 점이다.

사회복지정책의 사상은 다양하지만 페이비언 사회주의, 국가개입주의(케인스주의), 신자유주의(자유방임주의), 마르크스주의 등 네 가지로 구별할 수 있다.

사회복지정책에 대한 입장에서 살펴보면 페이비언 사회주의와 마르크스주의는 사회주의를 지향한다는 점은 같으나 페이비언주의는 자본주의 안에서의 사회개혁 가능성을 수용하여 사회복지정책의 확충에 적극적인 반면 마르크스는 부르주아적 사회복지정책에 대해 매우 부정적이다. 국가개입주의와 신자유주의는 자본주의에 매우 긍정적인 점이 같으나 국가개입주의가 사회복지정책에 대해 반드시 필요하다고 하나 신자유주의는 사회복지정책을 경제 발전의 걸림돌로 간주한다.

1. 페이비언 사회주의

1) 페이비언의 의의

페이비언이란 이름은 포에니 전쟁 때 카르타고의 한니발을 격파한 로마의 파비우스 장군의 이름을 딴 것인데, 막강한 한니발과의 전쟁에서 로마를 구한 것은 전면전보다는 신중한 태도와 접전의 회피였다는 사실에서 보듯이 사회주의에로의 진전을 위해서는 기회가 오기를 기다리는 지연 전략이 필요하다는 것을 상징했다.

2) 페이비언 사회주의의 기원

영국의 독특한 실용주의적 · 점진적 사회주의로서 1884년 영국 페이비언협회가 기원이다.

3) 페이비언 협회

1884년 조지 버나드쇼에 의해 만들어졌으며 지금까지 남아 활동하고 있는 가장 오래된 사회주의 싱크탱크다. 영국 노동당보다 더 오랜 역사를 가졌으며 영국사회주의의 전형으로서 영국노동계를 지도하는 원리로 발전했다. 다른 사회주의 단체가 내부의 대립으로 인해 분열되든지 혹은 교의의 성격으로 말미암아 자취를 감추어 버리는 상황속에서 페이비언 협회는 착실히 진보를 계속하여 영국사회주의 운동의 주도권을 확보하기에 이르고, 1910년대에는 사상계의 바깥무대에 등장하여 노동당의 내부에서도 지배적인 지위를 구축하여, 사회복지제도의 발달에 큰 역할을 수행하였다.

4) 페이비언 사회주의

사회적 선을 추구하고 달성하는데 국가가 매우 긍정적인 역할을 수행한다고 믿으며, 자본주의를 수정의 대상이 아닌 극복의 대상으로 간주하며, 프롤레타리아트독재와 계급혁명을 부정하며, 평화적이고 점진적인 방법으로 사회주의를 지향하며 계급보다는 윤리와 공리를 더 중시하였다. 이들은 평등, 자유, 우애, 그리고 민주주의와 인도주의와 같은 프랑스혁명 후 등장한 시민사회의 기본적인 가치를 신봉한다. 사회복지정책에 대해 긍정적이며, 사회주의를 지향한다. 또 사회통합을 중시하며 불평등은 사회정의 이념에 손상을 준다고 생각하여, 사회통합을 위해 완화되어야 하며, 소득의 평등보다는 부의 평등을 중요시하며, 이들은 자유는 자유주의자들의 자유와 달리 정부의 적극적인 활동의 결과로 보고 권력의 불평등이 존재하는 한 자유는 기대할 수 없다. 또 우애도 강조했다. 경쟁보다는 협동, 권리보다는 의무, 개인의 요구보다는 공동의 선, 자조보다는 이타심을 강조하였다. 복지국가의 목표는 지지하였으나 부와 소득, 기회의 재분배를 이루지 못하는 현실의 복지국가가 시민의 권리확립보다 경제성장의 예속으로 전락한다 하여, 그 한계와 위험에 엄격하였다. 이들의 복지국가관은 실용주의적이며 산업화, 도시화, 기술변동, 민주주의의 산물이다.

Titmuss는 사회복지정책의 기능으로 사회통합, 공동체의식의 강화, 이타주의의식의 유지를 들었다. 페이비언 사회주의자들에게 복지국가는 사회주의를 향한 불안정한 타협이며 디딤돌이었다.

2. 케인스주의

1) 케인스경제이론

1929년에 시작된 세계적인 대공황 이후 20세기 내내 경제학자는 물론 정치인과 공공정책 수립자의 사고에 엄청난 영향을 미쳤다. 자본주의 경제는 국가가 적절히 개입해야만 그 건강성을 유지할 수 있다는 그의 경제관념은 2차 세계대전 후의 복지국가에 대한 이론적 기반이 되었음은 물론 정치적 지지를 이끌어내는 데에도 결정적인 역할을 했다. 실업은 유효수요 즉 투자와 소비에 좌우된다고 주장했다. 총고용은 총수요에 좌우된다는 것이다. 고용이 증가하면, 소득이 증가하고 소득이 증가하면, 소비행위, 즉 유효수요가 증가한다. 반대로, 유효수요가 감소하면 경기불황을 가져오고 경기불황은 소득이 감소하고 소득이 감소하면 실업이 증가하는 것이다. 케인스는 고전파가 말한 저축이란 퇴장이며, 퇴장은 투자를 증가시키는 게 아니라 실업을 증가시킨다고 본다. 그리고 그는 개인들이 채권이나 주식보다는 화폐나 은행예금 등 현금을 선호하는 이른바 '유동성 선호'가 투자감소와 대량 실업의 증대와 같은 반사회적 결과를 가져올 것이라고 확신했고, 그것은 1929년 대공황으로 증명되었다. 따라서 일정한 고용수준을 유지하기 위해서는 이 간격을 줄이기 위한 국가정책, 즉 실질적인 투자 증가를 위한 정책이 반드시 필요하다. 그는 부와 소득의 불평등도 부정적으로 보았다. 불평등은 도덕적으로서가 아니라 경제적으로 국가에 큰 해악이 되는 문제였다. 즉 이런 불평등은 부유층이 소비하고 남은 부분인 저축을 증가시키고, 저축의 증가는 소비의 감소를, 소비의 감소는 투자의 감소를 가져오고 투자의 감소는 실업의 증가를 가져오기 때문이었고 이렇게 소득의 불평등이 새로운 부의 창출의 장애물이라고 보았다.

케인스는 또 인플레와 디플레 모두를 반대했지만, 적당한 인플레는 비교적 해악이 덜하다고 생각했다. 인플레, 즉 화폐가치의 하락은 과거에 축적된 은행예금 등 부의 가치를 하락시키고 항상 새로운 투자를 자극하기 때문이었다. 반면에 디플레, 즉 화폐가치의 상승은 금리생활자에게만 유리할 뿐 사회전체의 복지를 위협하는 것이었다.

케인스가 제시한 국가정책은 사회의 소비성향을 증대시키기 위한 누진과세(소득재분배정책), 민간투자의 부족을 채우기 위한 공공투자(인플레를 다소 유발도 가능), 화폐공급을 통제하고 이자율을 인하시키기 위한 화폐당국 등이었다. 자본주의에서 누진과세와 함께 소득재분배를 기하기 위한 가장 대표적인 제도가 사회보장이다. 사회보장은 유효수요를 증대시키고 또 그 수준을 유지하는 데 매우 효과적인 국가정책이다.

2) 국가개입주의

국가개입주의는 케인스 사상으로 자유주의와 같이 자본주의의 기본 가치인 자유, 개인주의, 경쟁적 사기업에 대한 신념을 신봉하되, 자본주의의 자기 규제적이지 못한 결함을 직시하고 이의 해결을 위해 일정한 수준에서의 국가개입이 불가피하다고 보는 실용주의적 입장을 말한다. 이를 소극적 집합주의라고 하는데 베버리지와 길브레스 등이 이에 속한다.

(1) 소극적 집합주의자의 국가관

국가의 이성적인 활동을 신뢰한다는 데 있다. 이들은 경제사회체계가 간섭을 전혀 받지 않을 때 가장 잘 돌아가는 신비롭고 자율적인 원리에 지배된다는 관념 즉 자유방임주의를 배격하였으며, 이성적인 사고와 계획에 의해서 문제가 해결된다고 믿었다.

(2) 사회복지정책

베버리지는 국가가 최저 수준 이상을 제공하는 것은 절대 정부의 책무가 아니며, 개인이 돈을 자신에게 최선이라고 생각하는 데 사용하는 자유를 침해한다고 보았다. 최저수준의 보장을 위한 베버리지의 무기는 사회보험이었다. 사회보험은 자산조사 없이 급여를 제공할 수 있고 수혜자 즉 피보험자에게 일정한 부담을 지움으로써 검약정신을 장려하며, 일정한 책임의식을 조장할 수 있는 적절한 방법이었다. 사회보험은 최저수준을 보장하고, 민간보험은 개인의 능력과 자유에 따라 생존선 이상을 보장한다는 것이었다.

1929년 미국에서 시작된 세계적인 대공황 이후 한 시대를 풍미했던 케인스주의와 국가개입주의는 1973년과 1979년의 오일쇼크로 인한 스태그플레이션 앞에서 무너지고 말았다.

신자유주의자들은 스태그플레이션의 극복을 위해서는 케인스주의의 경제사회정책을 포기하고, 화폐공급을 억제하여 경제의 자율성을 회복시키는 방법밖에 없다고 보았다. 결국 대처의 등장과 함께 케인스주의는 통화주의로 대체되고 말았다.

경제의 순환구조는 사실 간단하다. 생산하기 위해 근로자를 고용하고 그들은 다시 소비를 하면서 경제가 돌아가는 것이다. 인플레이션이 지속될 때는 한국은행이 통화량 조절을 한다. 가장 대표적인 것이 시중금리를 올리거나 내리는 것이다. 디플레이션은 불황이라는 뜻으로 경기가 나빠 소비도 고용도 악화된 상황을 말한다. 에그플레이션은 국제곡물가격이 상승하는 데도 불구하고 더 많은 양이 필요해서 가격이 올라 물가와 경제에 부담을 주는 상황이다. 특히 엄청난 식량을 소비하고 있는 인구대국이나 육류생산방식으로 문제가 기인되는 경우가 많다. 서프라임 모기지는 비우량 주택담보 채권을 뜻한다. 비우량, 즉 신용이 나쁜 사람에게 고율의 이자로 빌려준 돈을 말한다. 많은 전문가들이 경제위기의 시발점을 미국의 서프라임 모기지로 보고 있다.

기저효과는 상황이 좋아지지 않았음에도 비교대상이 덜떨어져서 좋아졌다고 보는 상태를 말한다. 예를 들면 작년 경제성장률이 -5%였고 올해는 5%였다면 사실상 제자리 걸음이지만 경기가 좋아졌다고 느끼는 상태를 말하는 것이다.

3. 신자유주의

1) 신자유주의의 의의

1997년 외환위기 이후로 한국에서도 신자유주의 담론에 대한 논의가 활발하게 이루어지고 있다. 신자유주의는 감세 정책, 사유화(privatization), 금융 자유화, 탈규제화(deregulation)와 같은 다양한 정책적 꾸러미를 지칭하는 용어로 사용되기도 하고, 이른바 경제에 대한 정부 통제를 비효율적이라고 보는 시장근본주의와 같은 경제적 교조를 지칭하기도 한다. 지난 10년간, 또는 그 이상의 기간 동안 국가적으로 논란이 돼 온 많은 정책적 변화 역시 "신자유주의적"이라는 수식어를 얻게 됐다.

오늘날 이러한 신자유주의적 정책은 단지 경제 구조의 변화를 가져오는 데 머무를 뿐 아니라, 그 사회의 계급 구조의 변화에도 큰 영향을 끼치고 있다.

우리나라에서는 1990년대에 와서야 신자유주의적 경제 정책의 문제가 대중에게 뚜렷이 각인되었지만 세계적으로는 1970년대 미국의 스태그플레이션(경기 침체와 인플레이션이 동시적으로 진행되는 현상)과 1980년대 일부 개발도상국에서의 외채 위기를 계기로 기존의 케인즈주의적 국가 개입 정책에 대한 반동으로부터 출발했다. 미국의 레이건 행정부와 영국의 대처 정부는 앞에 열거된 여러 가지 정책을 강하게 밀어붙였다.

이와 함께 1990년대 초, 소련이 해체되고 동서 냉전이 종식되면서 신자유주의적 정책은 대처의 "대안은 없다"라는 구호가 말해 주듯 약화된 노동자 계급의 저항을 더욱 무력화하면서 전세계적으로 확산됐다. 신자유주의는 경제 성장이나 복지보다 물가 안정을 핵심적 정책 의제로 삼는 시카고대학의 노벨경제학상 수상자인 프리드먼의 통화주의 학설과 공급 중시 경제학 등의 이론적 표현을 가진다.

신자유주의는 전 세계적으로 확산되는 과정에서 금융 자본의 자유로운 흐름을 제어하는 각국의 금융시장 규제 철폐를 통해서도 크게 진전됐다.

이와 같이 신자유주의는 시장원리 준수, 자유경쟁 촉진, 정부규제 철폐, 기업구조 조정, 공공재 폐지 등을 주장하는 새로운 경제사상을 말한다. 그 특징으로는 자유경쟁의 촉진, 극대의 효율성 추구, 이윤의 극대화, 시장경제원리의 준수, 규제 철폐, 기업의 경쟁적 우위 확보, 공기업의 민영화, 노동시장의 유연성 촉진, 실질임금의 하향 경직성 제거, 공공지출 축소, 중앙집권 지양, 정부기구 및 기업구조 조정, 사회복지부문에 대한 공공예산 삭감, 공공재의 개념 철폐 등이다. 신자유주의는 냉전체제의 종식으로 공산권이 붕괴되고 미국중심의 신패권주의가 나타나면서 Keyesian 이후 탄생하여 유럽 좌파에 의하여 지지되어 오던 복지국가 사상이 비효율, 저성장, 고실업, 도덕적 해이 등의 한계에 부딪히게 되자, 그 대안으로 모색된 1990년대 유럽 우파정권의 통치노선으로 세계화와 지방화를 기치로 작은 정부 큰 시장으로 규제완화 정부역할 축소, 공공부문의 시장화, 정규직의 축소 및 탄력적인 고용, 보수체계 등과 같은 노동의 유연화 등을 추구하는 일종의 정신혁명운동이다. '자유주의'는 '신자유주의'와는 달리 '자유'의 국제화, 세계화를 표방하지는 않았다.

그리고 '신자유주의'는 '자유주의'가 '야경국가'와 같은 극단적인 정부의 개입 배제를 주장했던 것과는 달리 최소한의 복지를 보장하는 '작은 정부'를 주장하고

있다는 점에서 약간 차이가 있다

신자유주의의 이념은 경제적 자유를 회복하여 그들의 자율과 자유를 보장하는 것으로 국가가 포괄적인 권력을 가지고 경제에 개입하여 경제 발전과 복지 국가를 실현하는 것보다는 시민들에게 자율과 자유를 보장하는 것이 장기적으로 오히려 시민들의 복지와 경제발전을 실현하고 빈곤과 실업을 더 효율적으로 제거할 수 있다는 것이다

신자유주의는 영국이 1906년에서 1914년 사이의 자유당 부흥의 핵심이었다는 소위 '클라크 테제'가 제시된 이후로, 신자유주의는 역사가와 정치사상 연구자들의 본격적인 조명을 받게 되었던 것이다.

이후 신자유주의에 관한 논의는 20세기 초 영국의 현실 정치와의 연관성 하에서만 전개된 것이 아니라 그 대표적인 인물들의 이론과 사상 그리고 그 이념적 특성 자체를 규명해 보려는 시도로까지 이어졌다. 그리고 나아가서는 신자유주의를 "영국사회 전반의 변화를 반영하고 선도한 폭넓은 이념적 문화적 현상의 하나"로 파악해야 한다는 견해가 제시되었다.

2) 신자유주의의 사회개혁 방안

신자유주의는 비록 그 기조는 자유주의적이지만 인간관 및 사회·경제적 문제에 대한 처방, 그리고 개인과 사회의 관계 설정에 있어서는 사회성(sociability)을 강조하는 이념이다. 신자유주의자들은 개체성의 완전한 발현을 위해서는 개인의 자유를 실질적으로 제한하고 있는 사회적, 구조적 차원에서의 외적, 물질적 장애를 제거하는 것이 필요하다고 보았다. 그리고 국가 주도의 전면적인 사회 개혁을 통해서 빈곤, 실업, 독점 등과 같은 개인적 자유의 실현을 저해하는 장애물을 제거하려고 하였다. 그들이 실제로 개혁추진의 전면적인 사회개혁이 필요하다고 보았던 것은 무엇보다도 사회문제를 유기적이고 총체적인 관점에서 보려는 인식의 자연스러운 산물이었다.

그들은 사회문제를 단지 사회 속에서 발견되는 문제라거나 특정 개인이나 계층만의 문제가 아니라 사회 속의 모든 개인과 연관된 전체의 문제로 인식했다. "사회적 폐단은 개인들이나 기업가계층이 아니라 바로 양자 사이에 존재하는 관

계에서 전적으로 기인하는 것"이라는 홉슨의 주장은 이런 인식태도를 잘 보여준다. 홉슨은 이런 의미의 '사회적' 문제의 핵심에는 빈곤·실업·독점 등과 같은 경제적 문제가 놓여 있다고 보았다. 또한 그런 사회 경제적 문제들은 불공정하고 잘못된 정책과 입법에 의해서 더욱 악화되는 만큼, 효과적으로 그 문제들을 해결하기 위해서는 우선적으로 정치적 차원의 노력이 필요하다고 강조한다. 즉 신자유주의자들은 당시 영국 사회의 여러 병폐들은 "그 성격에 있어서 사회적이고, 사회문제의 핵심은 본질적으로 경제적이며, 그것의 해결 방안은 정치적 차원에서 모색되어야 한다"고 보았던 것이다.

이처럼 사회문제의 상호 연관성을 인식하고 있었던 신자유주의자들은 사회문제 해결의 이론적 방안으로는 분배 정의의 확립을 내세웠고, 구체적인 실천의 차원에서는 진보적인 사회개혁 정책을 법제화하려는 노력을 기울였다. 특히 그들이 분배 정의의 실현과 관련하여 강조하였던 것은 국가의 역할이었다. 그들은 자유방임주의적 소극적 국가론의 한계를 지적하면서 국가의 시장 경제에의 개입은 윤리적으로 정당할 뿐만 아니라 경제적으로도 필요하다는 점을 역설하였다. 그들은 국가 개입의 정당성을 원리적으로 제시하였을 뿐만 아니라, 국가가 적극적으로 추진해야 할 구체적인 정책까지도 제시하였다. 그것은 대체로 다음과 같이 정리할 수 있다.

첫째, 소득의 많고 적음에 따라 차별적으로 과세하는 누진세제를 도입함으로써 일부의 고소득 계층과 불로 소득 계층이 독점하고 있는 부가 보다 평등하게 분배될 수 있도록 국가는 적극적인 조세정책을 수립하는 것이다.

둘째, 사회 구성원의 최소한의 생계를 보장해 주는 최저임금제, 노령로연금제 등과 같은 복지정책을 수립할 것이다.

셋째, 일부 기업에 의한 사적 독점의 폐단을 막기 위해서는 토지, 운송 수단, 에너지원 등과 같은 주요 기간산업을 공적 소유로 하는 것이다.

넷째, 사회적 약자들에게 기회의 평등을 보장해 줄 수 있는 방향으로 공교육을 확충하는 것이다.

이와 같은 신자유주의 사회개혁 방안을 관통하는 이념을 한 마디로 정의하면, '합리적 개혁주의'라고 할 수 있을 것이다. 요컨대, 신자유주의는 국가를 사회개혁의 도구로 파악하고, 자본주의적 사적 소유권까지도 제한할 수 있는 부의 공정하고 합리적인 분배를 통해서 전체 사회 구성원의 발전을 지향한다는 점에서, 갈등과 대립이 민주적 제도 내에서 극복할 수 있다고 보았다는 점에서, 또 급격한 혁명적 변혁이 아니라 점진적이되 전면적인 개혁을 추구한다는 점에서, 그리고 자유주의의 원리와 사회주의적 윤리를 결합한 중도적인 이념이라는 점에서 사회민주주의적 성격이 강한 '합리적 개혁주의'의 이념이었다. 그리고 이것은 '온건한 사회주의적 요구를 내세우는 노동운동과 사회주의 세력'과 '소유와 부에 대한 민주적 통제를 내세우는 진보적 자유주의 세력'의 연대를 구축하여 실질적인 사회개혁을 성취하려는 실천적 노력의 이념적 대응물이기도 했다.

신자유주의의 사회개혁 방안의 핵심적인 특징 중의 하나는 사회개혁 과정에서 국가의 적극적 역할을 강조한다는 점이다. 자유주의자들은 국가를 사회개혁 과정에서도 계급적 구분을 초월하고 사회적 조화를 증진시키는 윤리적 역할을 수행하는 개혁의 도구로 파악하고 있었기에 어떤 정부가 수립되는가는 그들에게 매우 중요한 의미를 지니는 것이었다.

3) 신자유주의적 정책

신자유주의의 철학은 경제에 대한 공적인 통제를 사적인 통제로 바꾸는 일이다. 신자유주의자들은 공적인 통제가 시장을 왜곡하고, 이에 따라 자원 배분의 비효율성을 가져온다고 주장한다. 시장은 최대한의 효율성에 따라 최대한의 편익을 사회에 가져다 줄 것이라는 그들의 견지에서는 시장 실패는 더욱 완벽한 시장을 도입함으로써 해결될 수 있는 것이지 정부 개입에 의해 해결될 성질의 것은 아니다.

이런 믿음을 기초로 신자유주의자들은 각국 정부가 따라야 할 구체적인 정책적 처방을 내 놓았는데, 이를 가장 잘 보여주는 것이 "워싱턴 컨센서스"라는 이름으로 정리된 정책 대안이다. 이 대안은 워싱턴에 위치하고 있는 미국 재무부와 IMF나 세계은행과 같은 국제경제기구에서의 견해를 종합해 존 윌리엄슨이 정리한 것이다. 이를 열거해 보면 다음과 같다. 재정 건전성의 확보, 보조금(특히 무차별적 보조금)을 삭감하고 이를 초등교육·1차의료와 같은 핵심적인 서비스와 그 시설에 투자하도록 유도하는 것, 세제 개혁(조세기반을 확대하고, 누진세율을 완화하는 것 등), 이자율 결정 시장으로의 위임, 경쟁 환율의 도입, 무역 자유화(특히 수입 자유화), 국유 기업의 사유화, 국내에 대한 해외 직접투자의 자유화, 탈규제화(시장 진입이나 경쟁을 제한하는 규제의 철폐, 금융기관에 대한 투명한 감독, 지적 재산권에 대한 법적 보장 등이다.

이러한 정책대안은 1980년대 심각한 대외 채무에 시달리고 있던 라틴 아메리카 나라들에게 신규 차관을 제공하는 조건으로 강요됐다.

4) 신자유주의 정책의 세계화

미·영에서 시작된 신자유주의적 경제 개편은 금융 세계화 등을 매개로 전 세계로 확산됐다. 1980년대 라틴 아메리카에서 과거의 군부 독재 정권이 몰락하고 민간 정부들이 들어섰는데, 미국은 이들 민간 정부에게 신자유주의 정책을 권고했고, 라틴 아메리카 나라들은 외채 문제의 덫에 걸려 이런 정책을 받아들일 수 밖에 없었다. 또한 새롭게 자본주의 세계경제에 본격적으로 편입된 구 사회주의 국가들도 급격한 사유화를 토대로 한 신자유주의적 처방을 받아들였다.

미국과 서유럽의 초국적 자본(특히 금융자본)은 이 조건을 자본 증식을 위한 절호의 기회로 활용했다.

지난 30년 동안의 신자유주의적 정책의 효과는 국내적으로나 세계적으로 다음과 같은 결과로 나타났다.

첫째는 국제무역과 국제적 금융거래의 급격한 증대인데, 상품 교역보다 금융시장에서 금융거래의 규모가 훨씬 크게 증대됐다. 이는 세계자본주의의 투기적 성격을 강화하고, 한 나라의 국민경제를 불안정화하는 요인으로 작용하게 된다. 둘째는 무역 장벽의 철폐인데, 특히 가트를 대신한 세계무역기구는 그 전에는 자유무역의 대상이 아니었던 서비스, 지적 재산권, 농산물, 정부 조달 부문까지 자유화하는 프로젝트를 추진해 왔으며, 양자간 또는 다자간 자유무역협정(FTA) 등은 이런 경향을 더욱 강화하고 있다. 셋째로 공공서비스의 사유화가 광범위하게 진행되었는데, 이 사유화는 대체적으로 효율성을 증대시키기보다는 독점 기업이 서비스를 장악함으로써 필수 서비스의 가격을 상승시키는 요인이 된다.

결국 신자유주의적 처방들은 그 이론가들이 주장하듯이 자원 배분을 합리화함으로써 세계적 편익을 증대시키기보다는 경제의 불안정성을 키우고, 공공 서비스의 질을 떨어뜨리며, 소득의 양극화를 심화시키는 결과를 가져왔다.

오늘날 신자유주의적 담론이 우리 사회를 지배하고 있다. 김영삼 정부 때 "세계화" 구호와 노동법 개정 시도로 시작된 신자유주의적 담론은 재벌의 독점적 권력에 대한 비판을 "반기업 정서"로 몰아가는 데까지 이르고 있다. 또한 수도, 지하철, 철도 전력 등의 네트워크산업만이 아니라 교육, 의료와 같은 기본 서비스를 사유화하려는 정책적 방향은 본래 신자유주의자들이 주장했던 사회 전체적 편익을 발생시키기보다는 민간 독점(해외 자본을 포함한)을 강화함으로써 사회적 형평과 효율을 감소시키는 방향으로 작용하고 있다. 이는 신자유주의를 철저히 시행한 미국과 영국, 라틴아메리카와 같은 나라에서의 경험을 통해 알 수 있다.

5) 신자유주의 위기와 미래

애덤 스미스의 국부론은 자유방임주의를 주장하면서 시장은 보이지 않는 손에 의해 가격을 결정하고 부를 증진시킨다고 한다. 이런 논지는 인간의 합리성에 기초한다. 즉 인간은 이성을 가지고 자신에게 유리하게 행동을 하며 이런 합리적인 인간들의 행동에 의하여 개인의 부가 늘어가고 이런 개인의 이익들이 모여서 국가에 부를 증진시킨다는 것이다. 그러므로 시장에 대한 정부의 개입을 최소화하여야 한다는 것이다.

그런데 이런 시장이 실패를 가져온다는 것이다. 대표적인 사례가 '공공재' 문제이며 교통, 도로, 경찰, 가로등, 지하철, 철도의 무임승차자를 낳게 되고 이런 공공재에 있어서 합리적인 개인은 누가 나서서 공공재를 창출하려고 하지 않는다는 것이다. 이것이 가장 대표적인 시장의 실패이다. 결국 시장의 실패란 제3자가 의도하지 않는 이익이나 손해를 볼 때 나타나는 현상이다.

신자유주의에 의해 생겨나는 사회적 문제는 다양하지만 그 중 가장 큰 문제는 사회 양극화 현상이다. 부를 축적한 20%의 상위계층이 80%의 나머지 계층을 지배하게 되고 상위20%는 계속해서 부를 축적하고 80%의 하류 계층은 점점 더 가난해진다는 이론이다. 신자유주의는 배경을 보면 1970년대 후반 석유파동과 아시아의 경제성장 등으로 실업률과 물가가 크게 상승하면서 과거의 정책들에 대한 비판이 높아졌고, 자유경쟁에 의한 효율적인 시장원리를 다시 도입하게 되어 WTO와 FTA 등을 통해 국가 간 경제통합이론이 대두되기 시작하였고 이런 경제통합이론 배경에는 규모가 적은 국가는 경제운용을 할 경우 독점기업에 의한 과점체제가 고착화되고 공기업 및 복지정책으로 비효율과 세금부담이 높아지며, 결국은 기업들의 경쟁력이 떨어지고 성장률이 저하된다는 인식에서 이런 경제통합논리가 지배적인 이유가 되었다. 국내의 공정거래법 같은 문제도 중요하지만, 효율성과 생산성을 높일 수 있는 가장 좋은 방법이 개방을 통한 자유무역이라는 것이 FTA의 기본적인 인식이다. 그리고 이러한 인식이 비슷한 나라끼리 먼저 FTA를 체결하고 계획경제를 고집하는 나라들은 일단 배제하는 것이다. FTA협정은 국내 산업을 보호하기 위한 관세가 오히려 산업발전에 저해된다고 보는 것이므로 신자유주의를 기본적으로 믿는 나라끼리 맺는 양자무역협정이 바로 자유무역협정이다.

4. 제3의 길

제3의 길은 영국의 사회학자 기든스가 이론적으로 체계화하고 영국 노동당 당수인 블레어가 내건 슬로건이다.

사회적 민주주의를 유지시켜 왔던 경제적 호황이 1960년대 말부터 퇴조하기 시작하면서, 통화불안정, 다국적 생산, 세계무역 개방화 추세로 인한 개발도상국과의 경쟁 등은 영국 경제와 재정정책 결정의 근본적이고 구조적인 결함으로 드러냈다. 결국 저성장과 인플레이션이라는 스태그플레이션에 봉착했고, 공공부문과 복지국가가 지속적으로 유지될 수 있겠는가에 대한 우려가 커져갔다.

그 결과 유럽대륙의 좌파들은 수정주의 노선을 걸었으며, 좌파의 대부분은 남성 제조업 근로자의 쇠퇴, 경제의 세계화, 공산주의의 붕괴 등은 사회민주주의 정치의 근간을 흔들고 있다고 생각했다. 따라서 그들은 유럽공동체(EC)와 시장을 포함한 경제적·사회적 연립을 형성해야 한다고 주장한다.

사회주의 국가가 붕괴된 이후, 우파정권(보수당)의 신자유주의 정책을 표방하는 이른바 제3의 길이 나타났다. 좌파 이데올로기와 신자유주의적 요소를 접목한 Anthony Giddens의 이론을 근거로 노동당은 1994년 7월 21일, 41세의 젊은 변호사 출신의 3선 의원인 토니 블레어를 당수로 선출하였다.

기든스는 사회민주주의 혁신의 불가피성을 지적한 후 그 대안으로 '제3의 길'을 제창했는데, 그 기본 가치를 평등, 약자보호, 자율성으로서의 자유, 책임 없이 권리 없다. 민주주의 없이 권위 없다, 범세계적 다원주의, 철학적 보수주의 등으로 간략히 제시하고 있다.

제3의 길은 중도좌파의 두 가지 큰 흐름은 민주적 사회주의와 자유주의-를 통합함으로써 활력을 얻는다. 복지나 고용정책면에서 제3의 길은 사회보장제도의 개혁을 통해 직업을 갖는 길을 열어주는 것을 의미한다. 제3의 길은 급진적 보수주의와 보수화된 사회주의를 거부하고 '공동체의 동반자 정신'을 바탕으로 한 사회적 자본주의를 지향하자는 노선이다.

이론적 배경의 제3의 길은 극도의 자본주의를 '제1의 길'로, 국가가 적극적으로 시장에 개입하는 사회주의를 '제2의 길'로 규정, 자신을 차별화 한다. 이 노선은 오늘날을 좌우, 극단 반동, 시장가치와 공익성 등이 뒤섞인 혼돈의 시기로 인식, '제1 및 제2의 길'의 장점을 흡수하면서 신좌파주의를 모색한다.

사회정책으로는 모든 사회 구성원이 '모두를 위한 사회정의, 모두가 지는 책임'의 원칙 아래 동반자로서 행동하길 추구한다. 특히 과세제도의 개혁을 통해 부의 편중을 시정하는 한편 노동자들도 파업 등 노동권리를 자제함으로써 사회 전체의 책임성을 우선한다.

복지정책에서는 각종 수당에 의존하던 전통적 개념에서 탈피, 노동자에게 '일할 권리'를 부여해 재정적 자립을 도와주는 정책으로 전환한다. 이 복지에서 줄인 재원은 교육에 투자함으로써 사회 전체가 경쟁력을 갖추도록 하겠다는 생각이다. 이들의 정책기조는 신자유주의 정책기조와 유사하나 좌파정권(신좌익)에 의해 추진된다는 점에서 철학적 배경, 인식논리 등에서 구분된다. 그간 사회질서를 유지하는 기구로서 국가의 간섭이나 시장의 보이지 않는 손을 강조했으나, 이제는 보이든 보이지 않는 '손'이 아닌 주민참여라는 공동체 '정신'으로 사회를 유지하려는 정책적 대안을 제시한다.

블레어 정부의 복지정책의 8가지 기본원칙은 다음과 같다.

첫째, 일할 수 있는 능력을 지닌 사람들이 일할 수 있게 도와주며 부추겨 준다.

둘째, 정부는 공공분야와 사기업부문에서 실직에 대비해 각종 대책을 마련한다.

셋째, 영국의 새로운 복지정책은 모든 공동체에 대해 공공서비스 외에 현금지원을 포함한다.

넷째, 장애자로 하여금 최소한의 품위를 지키며 자립할 수 있는 조건들을 마련해 준다.

다섯째, 가정과 어린이가 어떤 경우에도 빈곤의 늪에 빠지지 않도록 한다.

여섯째, 가난한 이들이 스스로 사회적 소외를 극복할 수 있는 프로그램을 마련한다.

일곱째, 이런 제도가 구체화하기 위해선 투명하고 정직하게 추진되어야 한다.

마지막 여덟 번째 원칙은 정책의 유연성과 효율성을 강조하고 있다.

하지만 아직까지 제3의 길이 무엇인지는 아직 확실하지 않다. 다만 그것을 표방하는 정부의 구체적인 정책적 실천들에 의해 확정될 수밖에 없다.

5. 마르크스주의

마르크스주의란 카를 하인리히 마르크스와 프리드리히 엥겔스에 의해 만들어진 국제 공산주의 이론과 실천의 총칭이다. 1848년에 마르크스와 엥겔스가 쓴 공산당선언이 출판됐을 때 마르크스주의는 사회주의와 공산주의의 많은 흐름 중 하나에 불과했으나 19세기 말부터 국제노동운동에 이론적으로 가장 높은 권위와 대중적 영향력을 가진 이데올로기로 성장했다. 그 이유는 마르크스주의를 고귀한 인간해방사상, 독일 고전철학, 영국 고전경제학, 프랑스 사회주의사상과 체계적으로 결합 발전시켰기 때문이다. 마르크스주의는 철학적으로는 변증법적 유물론, 경제학적으로는 〈자본론〉으로 대표되는 잉여가치설, 정치학적으로는 계급투쟁과 프롤레타리아독재, 계급과 국가의 폐지에 의한 공산주의 실현 등을 전망한 것으로 구성되어 있는데, 핵심은 인류사상 최후의 적대적 사회구성체인 자본주의가 발전을 거듭하는 가운데 자본주의의 무덤을 파는 임금 노동자 계급을 만들어내는데, 이 계급이 지배 계급인 부르주아 국가권력을 타도한 뒤 프롤레타리아독재 권력을 수립하고, 그것을 기반으로 사적 자본주의적 소유와 계급 관계를 폐기하며, 전 인류를 착취와 지배에서 해방시키고, 공산주의 사회를 실현하는 역사적 사명을 갖고 있다는 것이다. 즉, 마르크스주의가 지양한 것은 평등한 자유를 누리며 평화롭게 사랑하며 사는 세상을 만드는 것이었다.

마르크스(1818-1883)는 근대적인 사회복지정책이 등장하기 이전에 활동하였으므로 오늘날의 사회복지정책에 대한 정확한 입장을 확인할 수는 없다. 그러나 자본주의 체제와 자본주의 국가에 대한 마르크스의 견해로부터 유추해 낼 수는 있는데, 마르크스는 자본주의를 프롤레타리아트에 의해 지양되어야 할 착취체제이며 자본주의 국가는 부르주아지의 계급적 이해를 수호하기 위한 위원회에 불과하다고 보았기 때문에 자본주의 국가가 행하는 일체의 활동은 사회주의 혁명에 이로운 것이 아니고 노동자계급은 이런 것을 수용해서는 안 된다고 보았다. 사회주의자들은 실질적으로 노동자의 생활을 개선할 수 있는 사회보험은 원칙적으로 찬성한다 하면서도 특히 비스마르크의 사회보험은 반대하였고 사회보험에 대한 노동자들의 재정부담을 국가와 자본가 계급만의 부담을 요구했는데 그 이유는 첫째, 노동자의 임금이 겨우 생계를 유지할 정도이기 때문이고 둘째, 노동자의 생계의 불안정이 자본주의 체제의 잘못에 기인하기 때문이며 셋째, 노동자의 급여수준이 충분하지 않고 넷째, 사용자의 부담이 커지면 커질수록 자본주의는 빨리 붕괴될 것이라고 보았기 때문이다.

자본주의 국가의 사회복지정책을 이렇게 냉소적으로 보는 입장은 19세기말에서 20세기 초까지 유럽과 미국의 공산주의자들에게 공통적인 것이었는데 이때까지도 마르크스를 신봉한 사회주의자들은 여전히 사회주의 혁명의 가능성을 믿고 있었기 때문에 사회복지정책을 노동자계급의 혁명적 의식을 약화시키는 해독제로 볼 수밖에 없었다.

사회보험의 핵심대상자인 노동자계급에 대한 마르크스의 입장은 매우 긍정적이었는데 마르크스는 프롤레타리아트는 사회의 생산의 체계에서 핵심적 위치를 점하며 기초적인 부의 생산자이며 역사상 가장 진보적인 계급으로서 사적소유의 폐절과 사회주의 혁명을 이끌어낼 역사적 사명을 가진 존재로 보았으나 룸펜프롤레타리아트는 자본주의 생산과정에 진입하지 못한 과잉인구 또는 산업예비군으로 부랑자, 범죄자, 매춘부 등을 매우 부정적으로 보았다

또한 마르크스는 그의 생전에 유럽에서 크게 유행했던 사회개량주의에 대해서도 매우 부정적이었는데 그는 '박애주의자, 인도주의자, 노동자계급 처지개선론자, 자선사업가 등 잡다하기 그지없는 좀스러운 개혁가를 부르주아 사회주의자라고 불렀고 이런 보수적 사회주의는 자본주의의 폐절을 포기하고 부르주아 사회의 존립을 보장하기 위해 사회적 폐해를 제거하고자 할 뿐이라고 보았다.

그러나 그가 사회복지정책에 대해 무조건 부정적으로만 본 것은 아니라는 견해도 있는데 19세기 중반에 있었던 영국 노동자계급의 노동시간 단축투쟁, 즉 공장법 투쟁에 대한 마르크스의 생각은 노동자계급이 치열한 계급투쟁을 통해 자본의 논리를 굴복시키고 얻어낸 사회복지정책은 의미가 있다고 보았고, 부르주아 샤회복지정책에 한계가 있다 하더라도 노동자계급은 혁명이 도래할 때까지 '팔짱만 끼고'있을 게 아니라 부르주아 사회 내에서 사회주의적 가치와 제도를 점진적이지만 꾸준히 확립해 나가야 한다고 보았다.

제 2 절 복지국가의 의의와 유형

1. 복지국가의 의의

복지국가를 좁게는 정부의 사회복지정책을 지칭하기도 하고, 정치체제 또는 자본주의 체제와 사회주의체제가 혼합된 국가 전체사회와 동일시하기도 한다.

1) 복지국가의 정의

① 복지국가란 Lowe에 의하면 첫째, 복지국가는 좁게는 사회서비스, 넓게는 시민의 복지를 위해 정부가 제공하는 모든 사회경제적 서비스를 의미한다. 둘째, 연대기적으로 정의하면, 복지국가는 1940년대의 창조물이고 즉 베버리지 보고서에도 잘 반영되어 있는데, 역사상 처음으로 모든 시민을 요람에서 무덤까지 보장

하였다. 셋째, 기능이다. 즉 이러한 새로운 실체의 핵심 기능은 무엇인가라는 것이다. 기능적으로 정의하면 복지국가는 적어도 세 가지 방향에서 시장의 힘을 교정하려는 노력을 담고 있다(Briggs).

② Briggs는 첫째, 개인과 가족에게 노동이나 재산의 시장 가치에 관계없이 최저 소득을 보장하는 것이고, 둘째, 개인과 가족이 질병, 노령, 실업 등 사회적 위험을 극복할 수 있도록 함으로써 비보장의 범위를 줄이는 것이며, 셋째, 모든 시민이 지위와 계급과는 무관하게 합의된 사회서비스를 향유하게 최선의 기준을 제공하는 것이다.

첫째와 둘째 목표는 전간 기간(1,2차 세계대전 사이)의 사회복지정책 목표와 다를 바 없다. 셋째는 보편주의와 '최적(optimum)'수준의 개념을 함축하고 있는데, 복지국가의 특징을 가장 잘 나타내고 있다.

(3) 티트머스는 사적인 시장에서는 제공될 수 없는 특별한 서비스는 모든 시민에게 제공하는 국가를 말한다고 한다.

(4) 도우네스는 자본주의적 생산 체제를 유지하면서 모든 시민에게 집단적 사회보호 보장하고, 민주적이며 정부가 지원하는 복지 제도에 의해 지원해 주는 국가이다.

(5) 윌렌스키는 모든 국민에게 최소한의 소득, 영양, 보건, 주택 및 교육 등을 자선으로서가 아니라 정치적 권리로서 인정하는 국가이다.

(6) 미쉬라는 국민 최저 수준의 삶을 보장하도록 정부 책임을 제도하한 국가로서 복지국가의 성립조건 또는 특징은 다음과 같다.

첫째, 경제 제도로서의 수정자본주의

둘째, 정체 제도로서의 민주주의

셋째, 국민 최저의 수준의 보장 넷째, 복지에 대한 정부의 책임이다.

복지국가의 특징은 다음과 같다.

첫째, 사회복지정책의 대상자를 전국민으로 확대했고 국가와 시민단체가 주체가 되었다.

둘째, 욕구는 국민최저 이상으로 확장되었으며 직업보장(완전고용)과 복지와의 관련성을 중시했다.

셋째, 전국민으로 확대된 사회보장과 시장을 보완하기 위한 케인스주의적 사회경제정책이 핵심제도가 되었으며 시민권이 완전히 보장된다. 넷째, 경제와도 거의 대등한 파트너 관계를 가지게 되었다.

2) 복지국가와 야경국가

복지국가는 최소한의 생계에 대한 부분을 국가에서 책임질 뿐 아니라 교육제도 또한 국가의 비용으로 이루어지기 때문에 국민들은 이론적으로는 사회안전망이 잘 확충된 환경에서 살아갈 수 있게 된다. 그러나 그러한 사회보장을 위해서는 매우 커다란 국가 재정이 확충되어야 하기 때문에 그 재정의 확충을 위해 소득이 있는 사람들로부터 엄청난 조세를 거둬들여야 하고 각종 사회보장비용을 위한 각종 보험비용을 국민에게 충당시키는 수밖에 없게 된다.

소위 사회주의 국가를 표방하는 나라의 기본목표는 복지국가이나 전 세계적으로 복지국가를 실현한 나라는 그리 많지 않고 오히려 공산국가로 전락해서 국민들의 생활이 오히려 궁핍해 지고 만 경우가 더 많이 발생하는 부작용을 낳고 말았다. 또한 고소득자들에게 엄청난 조세의 부담을 안기기 시작해서 대부분의 복지국가들에서는 복지비용으로 거의 소득의 50%를 담세시키기에 이르렀으며, 반면 게으른 상당수의 국민들은 일하기보다는 복지연금으로 생활하면서 국가의 안전망 속에서 무위도식하는 부작용이 생기기 시작했으며 열심히 일해서 벌어들인 많은 재산을 국가로부터 착취당한다는 느낌을 가진 고소득자들과 우량기업들은 조세피난국으로 국적을 옮기고 기업을 옮기기 시작했으며 그 결과 최근에는 국가의 조세능력은 그 한계점에 다다르게 되었다. 결국 치열한 국제 경쟁사회에서 국가의 경제적 경쟁력이 복지를 위한 분배에 우선한다는 결론을 내린 듯하다.

반면 독일의 사회주의자 F. 라살이 처음으로 사용한 용어로 복지국가와 대조적인 개념으로 사용된다. 야경국가의 경우는 사회 전체적인 복지보다는 자유로운 경쟁을 유도하고 국가는 국토의 수호나 외세로부터의 국민의 보호, 국가에 의한 최소한의 질서유지 정도에 대해서만 책임을 지고 있기 때문에 비교적 작은 정부가 가능하게 되고, 국민들은 철저한 자유시장경제에 노출되어 있기 때문에 빈부의 격차가 심화되는 문제점들이 많이 발생하게 되었다. 이들 국가들이 국민들의 생계에는 관여하지 않은 대신 철저한 자유경제체제를 유지함으로써 세계 최고의 국가경쟁력을 확보한 것이 이들 야경국가가 가진 장점이며 얻은 것이라고 할 수 있겠지만 반면에 지나치게 벌어진 빈부의 격차로 인해 엄청난 사회적 위화감을 인정해야 하는 단점 또한 무시할 수는 없다 하겠다.

이들 야경국가와 복지국가가 절충되는 추세는 피할 수 없는 흐름이라고 보인다.

또한 국가의 역할이 미치지 않는 빈곤층에 대한 많은 사회적 관심은 민간의 노력으로 상당히 증가하고 민간의 역할이 매우 중요한 위치를 차지하게 되고 있으며 그것은 민간의 엄청난 기금을 바탕으로 저개발 후진국을 위해 쓰이는 결실을 보기 시작하고 있다.

야경국가는 국가는 외적의 침략으로부터의 방어, 국내치안의 유지, 개인의 사유재산 및 자유에 대한 침해의 배제 등 필요한 최소한의 임무만을 수행해야 한다는 자본주의적 국가관으로 치안유지가 제1의 역할이다. 작은 정부, 소극적 정부, 최소의 정부로서 시민의 자유와 권리가 최대한 보장되기에 국가는 개인의 일에 간섭할 수 없고 오로지 질서유지만 수행한다는 논리이다.

개인 생활과 시장에 개입하지 않는 작은 정부가 바람직하다는 자유방임주의원리가 지배적인 소극적 국가관에 기초한 것이다. 그러나 빈부 격차 심화, 환경오염 심화, 경제 공황, 형식적인 자유, 형식적인 평등의 존재라는 여러 가지 사회문제가 대두되면서 인간다운 삶을 누리는 복지 사회 실현을 위한 노력의 필요성이 증대되었다.

2. 복지국가의 유형

복지국가 자체가 현대 사회체제의 하나이다. 그런데, 학자들은 이런 복지국가를 또 유형화시키고 있다.

1) Nirman Furniss와 Timothy Tilton의 복지국가의 가치

복지국가의 기본적 가치로서 첫째, 평등이란 교육의 권리 평등, 법 앞에서의 평등, 개인인격의 평등, 정치적, 경제적, 영향력의 평등과 같은 다양하고 구체적인 의미를 포함하는 개념이다.

두번째 가치는 자유이다. 누구든지 발전의 자유, 종교적인 자유, 신체적 기동의 자유, 직업선택, 취미, 실내장식의 자유 등과 같이 사회생활에 연관된 구체적인 자유를 누려야 한다.

셋째, 민주주의에 대한 신뢰,

넷째, 사회 가치로서의 연대의식,

다섯째, 안전성의 가치,

여섯째, 경제적 효율성의 가치를 들 수 있다.

2) Furniss와 Tilton의 복지국가 구분

첫째, 영국과 같은 지방분권의 전통 하에서 국민 최저만을 보장하는 사회보장국가

둘째, 스웨덴과 같은 유럽의 강력한 중앙집권의 전통을 유지하면서 소득, 재산 및 권력의 불평등을 제거하기 위해 정부가 적극적으로 나서는 사회복지국가

셋째, 적극적 국가는 미국과 같은 복지보다는 경제적 효율성과 시장을 중시하며 복지는 단지 시장에서 배제된 사람들을 위한 시혜적 또는 통제적 장치일 따름인 적극적 국가로 구분된다.

3) Esping-Andersen 복지자본주의의 세 가지 형태

Esping-Andersen은 개인의 복지가 시장에 의존하지 않고 이루어질 수 있는 탈상품화의 정도로 구분하고 있다. 여기서 탈 상품화란 특정의 서비스가 교환으로서가 아니라 권리로서 주어지는 것 또는 특정 개인이 시장에의 의존 없이도 기본적인 삶을 유지하게 되는 것을 의미한다. 즉, 개인의 복지가 전적으로 시장의 현금망에 의존하게 되어 있는 자유방임적 자본주의로부터 일정한 단절을 의미하는 것이다.

단순한 사회보장 또는 사회보험은 결코 탈 상품화 효과를 가져올 수 없고 오히려 상품화 효과를 강화시킨다. 왜냐하면 특정 수혜가 어떤 사회적 모욕과 함께 제공된다면 그런 조건 속에서는 대부분의 수혜자들이 필사적으로 시장에 참여하려고 하기 때문이다.

탈 상품화를 위해서 필요한 조건으로 고급수혜가 보장되는 질병보험과 충분하고 즉각적인 질병휴가, 연금, 건강보험, 임신휴가, 양육휴가, 교육휴가, 실업보험의 보장을 들 수 있다.

탈 상품화 점수란 3대 사회보험(연금, 건강보험, 실업보험)에 있어서 4가지 요건으로

첫째, 최저 급여액의 평균 임금에 대한 비율

둘째, 평균 급여액의 평균 임금에 대한 비율(소득대체율을 의미)

셋째, 급여 수급 자격요건(가입기간)

넷째, 전체 재정 중 수급자 부담의 비중 ⑤ 전체 인구 중 실제 수급자의 비율 등을 점수로 매긴 것이다.

최고점수는 사회 민주적 복지국가로서 오스트리아, 벨기에, 네덜란드, 덴마크, 노르웨이, 스웨덴이 해당되고, 중간점수로는 코포라티스트 복지국가로서 이탈리아, 일본, 프랑스, 독일, 핀란드, 스위스가 해당되고, 낮은 점수의 자유주의 복지체제국가는 호주, 미국, 뉴질랜드, 캐나다, 아일랜드, 영국 등으로 복지체제라 부른 것은 이들 국가를 복지국가라 할 수 없기 때문이다.

Esping-Andersen 복지자본주의의 세 가지 형태는 다음과 같다.

첫째는 자유주의 복지체제(the liberal welfare regime)이다.

미국이 전형적인 자유주의 복지체제로서 국가가 노동시장에서 적절한 소득을 획득하지 못하는 사람들을 대상으로 국민 최저 수준의 복지급여를 제공한다. 복지 대상자 선정에서 가장 중요한 기준은 구제가치가 있는 빈민과 구제가치가 없는 빈민인데, 그 이유는 복지 대상자의 노동 동기를 강화하기 위한 데 있다(캐나다, 오스트레일리아).

· 자유주의 복지국가(the liberal welfare regime) : 소득조사에 의한 공공부조

프로그램의 강조, 탈상품화 효과미약, 복지의 재분배 효과 미약

· 국가가 노동시장에서 배제된 사람들을 대상으로 국민최저수준의 복지급여를 제공한다. 복지대상자 선정에서 가장 중요한 기준은 구제가치가 있는 빈민과 구제가치가 없는 빈민(근로유인 강조), 미국, 캐나다, 오스트레일리아 등

둘째는 코포라티스트 복지국가(the corporatist welfare state)이다.

조합주의적 보수주의적 복지국가이다.

· 사회보험의 강조, 사회복지의 제공이 사회적 지위의 차이를 유지

· 직업별, 계층별로 다른 종류 즉 복지대상자를 직업범주에 따라 구분, 국가는 직무경력을 쌓도록 교육과 직업훈련을 적극 지원

· 소득보장은 주로 사회보험을 통해 담보. 소득보장 수준은 국민최저이상

· 오스트리아, 프랑스 독일 등 유럽대륙의 국가

· 독일이 전형적인 코포라티스트(조합주의적)복지국가로서 복지대상자가 공직자, 사무직, 노동자와 같은 직업 범주에 따라 구분되며, 국가는 이들이 직무경력을 쌓아가도록 교육과 직업훈련을 적극 지원하고, 이들의 소득보장은 주로 사회보험을 통해 담보된다. 소득보장 수준은 국민 최저 이상이다(오스트리아, 프랑스, 이탈리아).

셋째는 사회 민주적 복지국가(the social democratic welfare state)이다.

탈상품화 효과가 가장 크고 새로운 중산층까지 확대되는 국가이다. 사회적 평등과 사회연대성의 제고를 위해 국가가 적극 개입, 조세, 임금 격차 축소 정책, 각종 복지급여, 적극적인 노동시장정책 등을 통해 소득의 평등과 생활수준의 향상을 지향한다. 복지급여는 보편주의적이고 높은 수준을 유지하다.

스웨덴이 그 전형인 사회 민주적 복지국가인데, 사회적 평동과 전국가적인 사회연대성의 제고를 위해 국가가 적극 개입한다. 조세, 임금격차 축소 정책(임금연대성), 각종 복지급여, 적극적인 노동시장정책(직업훈련, 실업자를 내지 않는 기업에 대한 임금 보조 등)각종 국가정책을 통해 소득의 평등이 확대되고 모든 시민들이 평균적인 생활수준을 향유한다. 복지급여는 보편주의적이고 높은 수준을 유지한다(스웨덴을 비롯한 스칸디나비아 국가).

세 유형의 복지국가는 Esping-Andersen이 개념화한 탈 상품화, 계층화, 수혜

제공과 관련한 국가, 시장, 가족의 관계를 복지국가의 주요한 판별기준으로 뒷받침되고 있다.

3. 스칸디나비아 복지국가

스칸디나비아 또는 노르딕국가는 스웨덴, 노르웨이, 덴마크, 아이슬란드, 핀란드 등 북유럽국가를 말한다.

1) 스칸디나비아의 사회보장정책

조세방식이 본인 부담이 없는 것과 보험갹출료보다 누진적이고 진보성과 관대함 때문에 전 세계 사회복지의 절정, 복지국가의 이상형, 복지국가의 최고단계로 간주되고 있다.

직업을 불문하고 모든 시민을 보편적 대상으로 평등한 정액급여 제공, 재정을 조세에 의존하고 있다. 조세방식연금을 선택한 이유는 철저히 계급적 이기적이고 진보성과는 거리가 멀었으며 특정 계급 중 농민의 이기적 요구가 관철된 결과였다는 것이다.

보편주의적이고 평등주의적이며 연대성을 중시한다. 보수주의적 독일이나 자유주의적 영국의 사회복지정책과는 질적으로 차이가 난다.

노르딕 사회보험은 1930년대나 2차대전 후가 아니라 19세기 말에 사회보험의 입법화가 이루어졌고, 그 당시 농민들인 중간계급이 정치적 승리를 이루었고 그 시기에 사회보험이 도입되었다.

2) 덴마크(1891)

1891년 덴마크는 비록 그 대상자가 가난한 노인에 국한되었지만, 조세로 충당한다는 점에서 무갹출연금을 도입하였다. 농민들은 토지에 부과되는 지방세를 모두 부담하고 있었고, 이 조세는 빈민구제의 재원이 되었다. 따라서, 보험방식이든 조세방식이든 새로운 연금제도가 도입되면 빈민구제를 대체할 수 있었고, 이는 농민들의 조세부담이 줄어드는 것을 의미한다. 농민의 입장에서는 갹출제 사회보험보다는 조세방식의 연금이 더 유리하다. 그 이유는 덴마크가 낙농국가였고 중간계급 농민은 농업노동자를 고용하였는데, 사회보험 갹출료는 재정적 부담이 되고 생산물 가격에 전가되어 국가경쟁력을 하락시키는 반면, 조세방식은 당시 도시 부르주아지와 공업노동자들이 부담하고 있었기 때문에 빈민구제 비용을 떠맡아 왔던 농민들로는 그 짐을 도시민에게 전가하게 된다는 의미이다.

각 정당에서의 주의는 자유당은 농민들의 계급적 이익을 대변하고 조제방식 연금을 주장하였고, 보수당은 관료, 도시전문직, 제조업 계급, 귀족적 토지소유자의 정당으로 갹출제 사회보험을 원하고, 즉 사용자인 농민이 피용자인 농업노동자의 노령과 장애에 대한 보장의 책임이 있다고 간주했다.

사회민주당은 당세 확장을 위해 농촌사회의 지지를 얻는 동시에 조세방식이 노동자를 위해서도 유리하다고 판단하였다. 즉 노동자 임금은 불충분하고, 노동의 권리도 보장되어 있지 않은 상황에서 노동자가 어려움에 처했을 때 국가가 하나의 권리로서 노동자를 원조해야 한다고 것이었다. 연금방식 결정은 자유당과 사회민주당이 무갹출연금(조세방식)을 주장하여 1891년 조세방식연금으로 결정되었고, 보수당은 양보하는 대신 그 수혜층을 10년간 빈민구제의 대상이었던 가난한 노인에 국한한다는 조항을 달았다.

3) 스웨덴

1913년, 스웨덴의 연금도 노동자계급보다는 농민의 이익이 관철되었다는 점에서 기본적으로 덴마크와 같다. 스웨덴의 경우 1946년, 덴마크 경우 1964년 자산조사 폐지하고 부유층으로 그 대상을 확대함으로써 명실상부한 보편주의제도로 자리 잡았다.

1950년대 산업화가 더욱 진전되면서 농민들보다는 도시노동자의 수가 증대되고 힘이 강해지자, 사회복지정책에서도 농민보다는 도시 노동자의 입장이 더 큰 비중을 차지하게 되었다. 즉, 스칸디나비아 사회복지정책도 완전 보편주의 모델에서 탈피하여 비스마르크 사회보험을 닮아갈 수밖에 없었다는 것이다. 피용자만을 대상으로 하면서, 연금급여를 소득에 연계시킨 1958년 스웨덴의 소득비례연금이 대표적인 예이다.

스웨덴 복지의 특징 2가지는 스웨덴 모델과 렌 메이드네르 모델(Rehn-Meidner Model)이다.

(1) 스웨덴 모델

스웨덴 모델은 자본과 노동 간의 역사적 대타협이라고 하는 1938년 '살쯔요바덴 기본협정'에 기원을 두고 있다. 생산관련 결정은 자본가계급에 일임하되, 정책결정 환경은 국가와 노조가 강력하게 통제하는 체제를 만드는 것이었다. 즉 통제의 실제 내용으로서 단체협상을 통한 실질임금의 보장과 완전고용 및 소득재분배를 지향하는 사회복지정책이 수용되었다. 스웨덴 노총은 자본과의 소모적인 직접 대립보다는 자본과의 협상을 통해 자신의 요구를 관철시킬 수 있다고 판단했고, 자본 역시 강화된 노동세력을 힘으로 누를 수 없다고 생각하였다. 이러한 근본적 이유는 강력한 노동세력의 존재가 있었기 때문이다.

이런 노동과 자본의 합의 정신은 2차 대전 이후 높은 수준의 복지국가를 가져오는 데 결정적인 영향을 끼치게 되었다.

(2) 렌 메이드네르 모델(Rehn-Meidner Model)

렌 메이드네르 모델(Rehn-Meidner Model)은 1951년 경제학자 Rehn과 Meidner가 창안한 모델이며, 수요관리에 중점을 둔 케인스주의적 경제관리방식을 넘어 수요와 공급을 보다 포괄적으로 관리하는 것을 핵심으로 한다. 주요내용은 제한적 재정정책(수익성이 현저히 낮은 한계기업의 도태 인정), 동일노동, 동일임금정책(고임금 기업의 임금상승을 억제)의 적극적 노동시장정책으로 높은 수준의 사회복지정책(임금억제 대신에 보장)을 골자로 한다.

임금억제와 이윤율 압박을 추구함으로써 케인스주의 경제정책의 고질적 문제점인 인플레 방지함과 동시에 기업혁신과 생산성을 증대를 강제하는 효과를 거둘 수 있었다. 즉 성장, 고용, 복지를 동시에 달성할 수 있었다. 따라서 스웨덴 복지국가는 영국식 '요람에서 무덤까지'를 뛰어넘어 '태내에서 천국까지'의 수준 높고 관대한 복지국가를 자랑할 수 있게 되었다.

4. 복지국가와 코포라티즘

1) 코포라티즘

조합주의는 코포라티즘(Coporatism)이라고도 하는데 스웨덴을 비롯한 북유럽이 대표적인 국가 코포라티즘 국가이다. 코포라티즘은 국가 단위에서 중앙 자본가 연합(우리나라의 전경련, 경영자총연맹)과 중앙 노동자 연맹(우리나라의 한국노총 또는 민주노총 등) 그리고 국가의 3자가 존재한다. 우리나라와 다른 점은 우리나라는 한국노총이나 민주노총이 개별 노동조합에 강제적인 구속력이 없으나, 코포라티즘에선 중앙 노동연합을 주축으로 그 밑에 있는 개별 기업의 노조에 영향력을 행사할 수 있다는 점이다.

국가조합주의는 한마디로 전 국가를 하나의 기업같이 보았을 때 기업가, 노동조합, 국가 이렇게 3자들이 존재하며 각각의 계급(자본가와 노동자)을 대표하는 자들이 임금이라든가 고용과 같은 주요 문제를 개별 기업가 및 노동자들을 대표해서 협의하는 방식이다.

이런 코포라티즘 국가에서는 노동자가 강력할 수밖에 없다. 우리나라의 중앙노동연맹을 민주노총이라고 가정하면, 민주노총에서 파업을 결의하면 전국의 노동자들 전체가 파업하는 게 돼 버리는 것이기에 경제에 그만큼 엄청난 영향을 주게 되고 기업은 노동자들의 주장에 귀를 기울일 수밖에 없게 된다. 현재 한국은 노조 가입률도 낮은데다가, 노동조합이 분열되어 있고(한국노총과 민주노총), 또한 중앙노동연합은 개별 노동조합에 강제적인 구속력이 없기에 코포라티즘적인 국가가 되기 어렵다.

코포라티즘 국가에서 정부의 역할은 무엇일까?

정부는 노동자와 기업가들의 협상의 결과를 보장하는 보장자의 역할과, 협상의 결과에서 발생하는 손해를 '복지'로서 보완하는 역할이다.

미국발 금융위기로 세계경제가 경제가 어려울 때 노동자와 기업가 대표들이 임금을 동결하기로 하는 대타협을 했을 경우 정부역할은 이 타협의 결과에 따라 노동자들에게 임금 동결로 발생하는 손해를 보상하는 역할을 한다. 그 보상은 직접적인 금전적 보상도 있겠지만 보편적으로 '복지'로서 그 보상을 하는 역할을 한다는 점이다. 따라서 이러한 코포라티즘 국가가 제대로 돌아가기 위해선 정부의 역할이 중요하며, 정부가 사민당과 같은 좌파 정부여야 하지, 우파 정부가 들어서면 코포라티즘을 받치는 축이 흔들리는 것이기 때문에 코포라티즘이 유지되기 어렵다는 것이다.

그렇다면 코포라티즘 국가에서 얼핏 보면 노동자들의 파업이 수시로 일어날 것도 같지만 실제로는 그렇지 않다. 중앙노동연맹에서는 자신들이 파업을 결정했을 때 그 여파가 정말 장난이 아니기에 쉽게 파업을 하기 어렵고 또한 중앙의 기업가·노동자들의 타협은 전 국가적으로 영향을 미치기에 오히려 훨씬 안정적인 경제상황을 가져올 수 있다. 이게 코포라티즘적 복지국가의 장점이다.

단점은 코포라티즘은 하나의 국가를 범위로 하여 일어나는데 요즘과 같은 세계화 시대에서는 이주노동자들도 들어오고 외국의 기업도 들어오는 등 개별 국가 단위의 경제체제가 실질적으로 불가능하기에 순수한 코포라티즘이 어려운 현실이다.

다원주의(pluralism)의 변종으로 거대한 노조가 출현하여 사용자와 대등한 수준에서 임금, 근로조건 등 노사간의 주요 현안을 협상하고 정부가 이를 중재하며 나아가 정부와 노사간의 현안인 물가와 복지 등의 문제를 상의, 결정하는 삼자협동주의(tripartism)가 정착된 2차 대전 이후 서구 사회의 특징을 지칭한다.

유럽 각국이 정치적으로 큰 혼란을 겪었던 전간기간(1차 세계대전 종료 이후부터 2차 세계대전이 발발하기 직전까지)에 정치적 혼란의 극복방안으로 활발히 논의되었다.

1970대에 들어 서유럽 각국에 복지국가가 확대되면서 재개되었다.

2) 삼자협동주의

노조와 자본가는 평범한 압력집단에서 통치기구로 변화된 거대한 힘을 가진 조직을 말한다.

예외적인 권력을 보유하면서 그들 자신의 회원들을 자체적으로 통제하고, 대중의 소요 사태를 최소화할 수 있다.

국가적 현안이 의회 밖에서 3자에 의해 결정되자 의회의 정책 결정권한이 상당히 약화되었고 결국 코포라티즘은 복지국가의 성장과 확대를 이끌어낸 유력한 근거가 되었던 것이다.

3) 코포라티즘의 유형

① Schmitter에 의한 유형은 국가 코포라티즘, 사회적 코포라티즘으로 구분한다.

첫째, 국가 코포라티즘은 이익단체들이 국가에 종속되고, 위로부터의 권위적 권력에 의해 강제적으로 운영된다. 파시즘이 그 예이다.

둘째, 사회적 코포라티즘 국가로부터 이익단체의 자율성이 보장되고, 아래로부터의 진화 발전을 특징으로 한다. 사례는 민주적 복지국가를 말한다.

② Forder는 코프라티즘을 고전적 코포라티즘, 19세기 코포라티즘, 계약 코포라티즘으로 분류한다. 첫째, 고전적 코포라티즘은 사회를 여러 직능단체들의 집합체로 간주하며, 의회에 대해 부정적이다. 중세의 길드 사회주의가 대표적이고, 이탈리아 파시즘의 기원이 되었다.

둘째, 19세기 코포라티즘은 새로이 부상하는 노동자계급의 힘을 억제하기 위해 등장했다. 자본주의체제가 제대로 작동하지 않을 때 국가가 나서서 사회단체들을 조직하여 사회안정을 기한다. 시장을 통한 지배라는 정통적인 방법이 통하지 않을 때 일시적으로 나타나는 것으로 비스마르크 사회입법이 이에 해당한다.

셋째, 계약 코포라티즘은 자유민주주의 사회의 코포라티즘으로서 현대의 복지국가가 전형적이다. 자본가와 노동단체는 자율성을 견지한다. 삼자협동주의라 하여 국가, 노동, 자본의 대표가 참여한다. 임금·물가·복지 등 각 계급들의 핵심적 관심사를 절충·타협·결정하는 메커니즘으로 작동한다.

제 3 절 복지국가발전 이론

1. 산업화 이론

복지국가 발전은 산업화된 사회에서 발생하는 욕구(needs)에 대한 대응이 산업화로 인해서 가능해진 자원(resources)을 통해서 이루어진 것으로 보는 견해이다. 산업화는 산업재해의 문제, 대규모의 실업문제, 도시화에 따른 여러 문제 즉 주택, 범죄, 도시빈민, 밀도 높은 공간에서의 집결현상을 초래하여 사회복지에 관한 객관적, 사실적 욕구가 커져 국가는 이에 대응하여야만 하였다.

산업화는 가족구조와 인구구조의 변화를 초래하여 복지국가의 역할을 증가시켰다.

1) 사회적 관점

정보사회에서는 독립된 노인 단독세대를 크게 증가시켰다. 산업사회에서는 아동들의 노동력이 필요 없게 되고 오히려 교육이 중시되어 국가가 전면에 나서 교육과 복지를 책임지게 되었다. 그리고 여성의 사회참여 및 이혼의 증가, 여성세대주(single mother)의 증가로 사회복지 욕구가 증가하였다.

2) 경제적 관점

대규모의 피고용자층을 발생시키고, 노동력의 상품화가 이루어지고 질병, 노령, 실업, 산재로 그들의 소득이 중단될 때, 국가가 문제해결에 나서게 되었다. 그리고 잘 훈련된 노동력의 공급을 위해 국가가 개입하였다.

순수한 시장기제는 경제불안정의 가능성이 있어 불경기 시에는 국가가 나서서 실업자의 구매력을 높이고 경기회복을 이룩하여야 하였다(New Deal 정책).

노사관계 및 다양한 계층의 이해관계가 첨예해져 국가가 자본주의 경제체제의 경기규칙을 정하고 집행하게 되었다(노동시장정책, 고용 및 근로계약).

산업화는 경제성장을 가져와 국가의 복지정책을 위한 자원을 축적하였다.

복지국가 발전이 경제성장만 이루어지면 자동적으로 결정된다고 보아, 정치적 변수와 계급간의 갈등 대립의 측면을 무시하였다. 또한 사회복지제도가 나타나는 구체적인 과정의 설명이 불가능하다.

일정시기까지는 산업화 변수가 정치적 변수보다 복지국가발전에 더욱 중요한 것은 사실이나, 그 수준 이상은 스웨덴이 미국보다 앞선 것과 같은 정치변수가 더욱 중요하다.

2. 독점자본주의(신마르크스주의: Neo-Marxism)

신마르크스주의는 자본주의 사회의 속성인 생산양식, 계급관계, 노동력 재생산, 자본축적 등을 분석하여 복지국가 발전을 설명한다.

전통적 마르크시즘에 의하면, 진정한 복지는 생산수단의 사회화를 통하여 생산은 사회적 기준에 의하여 이루어지고, 분배는 인간욕구(human need)에 의하여 이루어져야 한다고 보았으며, 국가는 주어진 자본주의 생산양식 체계를 유지하고 강화하기 위하여, 지배계급(자본가)의 이익만을 위한 기능을 하기 때문에 국가에 의한 복지확대는 불가능하다고 보았다.

이차대전 이후 복지국가가 등장하게 되자, 전통적 마르크시즘을 수정 발전시켜 신 마르크스주의가 등장하여 변화된 자본주의, 고도의 독점자본주의를 분석하였다.

1) 도구주의 관점(Miliband: The State in Capitalist Society)

도구주의적 관점은 전통적 마르크스주의 국가의 역할에 관한 견해에 가장 근접한 것으로서, 국가를 자본가들의 이익을 수행하는 도구로 보아 자본가들이 경제적 조직들을 독점하고 이어 정치적 조직에도 강력한 영향력을 발휘한다고 보고 있다. 다만 대공황 등 자본축적의 위기나 노동자 연합이나 노동쟁의 같은 정치적 도전이 발생할 때, 국가가 자본가들의 문제해결을 위해 대응하는 과정에서 복지제도는 부수적으로 발달한 것으로 보는 견해이다.

다시 말하면, 복지정책은 자본주의 발전의 미래를 멀리 볼 줄 아는 대규모 기업들의 현명한 자본가들이 때로는 소규모 자본가들의 반대를 설득하여 추진한다고 보아 복지정책은 본질적으로 자본가들이 갖고 있는 자원 즉 소득, 지위, 정치적 힘 등의 변화를 초래하지 않는다고 본다. 그러나 독일의 최초 사회보장제도 질병, 산재, 노령 보험 등을 기업에게 부담시켜 설명이 어려운 부분이 있다.

2) 구조주의 관점

도구주의가 국가는 자본가계급의 이익을 결정하는 도구에 지나지 않는다고 본데 반해, 구조주의는 국가는 자본가계급의 단기적인 이익을 희생하더라도 자본주의 경제의 장기적인 안정과 강화를 위하여 어느 정도의 자율성을 가지고 자본가계급에 반하는 복지정책을 추진하고 또한 자본축적의 역할을 적극적으로 수행한다고 보고 있다. 자본가들이 국가기구에 영향력을 행사하는 것과 상관없이 자본주의에서의 국가는 필연적으로 자본주의 사회의 경제체제를 유지하고 강화해야 한다는 것이다.

구조주의 관점에 의하면, 노동자계급의 도전이 자본주의에 매우 위협적이기 때문에 노동자계급을 통제하고 분열시키는 기능이 매우 중요하게 된다. 헌데 자본가들은 계급의식도 없고 개인들의 단기적인 이익 때문에 분열되기 쉬워서 국가만이 노동자계급의 통제와 분열작업을 효과적으로 수행할 수 있다고 본 것이다. 이러한 분열작업을 하는데 협동전략상 복지정책을 자본가들의 반대에도 불구하고 확대할 수 있다는 것이다.

James O'Connor는 그의 저서 『자본주의 국가의 재정위기: *Fiscal Crisis of the State*』에서 Gough는 『복지국가의 정치경제학: *The Political Economy of the Welfare State*』에서 Claus Offe는 『복지국가의 모순: *Contradiction of the Welfare State*』에서 복지국가와 자본주의 구조를 설명하고 있다.

독점자본주의 이론은 첫째, 산업화 이론이 무시하고 있던 자본주의의 문제 즉 계급문제, 노동력 재생산 등을 분석하여 복지국가 발전을 설명하였다. 둘째, 이러한 분석을 통하여 누가 복지국가로 인해 이익을 보는가의 문제를 명확히 하고 있다. 셋째, 복지국가의 성격을 보다 거시적으로 볼 수 있게 하였다. 넷째, 국가의 역할에 관한 이해를 더 높일 수 있었다. 다섯째, 복지국가의 정책내용을 분석하는데 도움을 주고 있다.

그러나 한계점은 복지국가의 발전을 설명하는데 지나치게 자본주의 구조로부터의 경제적 결정론(economic structural determinism)에 의지하였다. 둘째, 민주정치에서의 여러 행위자들의 역할은 무시되었다(엘리트 집단, 이익집단 등). 셋째, 미국과 스웨덴 같이 고도의 산업자본주의(신자본가, 벤처 경영인, 전자산업, 전문경영인 등)에서의 복지국가발전정도나 성격의 차이를 설명하기가 어렵다. 즉 경제 구조만으로 설명하기 어려운 자유의 영역이 간과되었다. 넷째, 경험적 조사에 사용하기가 어렵다.

신마르크스주의자들은 주로 인본주의, 소외이론, 관료주의 비판, 자본주의적 산업사회의 비판, 혁명에 있어서의 지식인의 역할 등에 이론적 관심을 두고 있다. 교육의 문제와 관련해서는 주로 자본주의적 사회체제에서 지배 이데올로기의 재생산 기능, 억압적 문화의 구조, 소외의 개념, 실증주의의 도구적 합리성 등의 분석, 그리고 해방적 이성의 실현을 위한 문제 등에 관심이 주어지고 있다.

마르크스주의는 경제관계(생산자, 노동자)인 하부구조에 권력관계(지배자, 피지배자)인 상부구조가 귀속되어 있어서 하부구조에 따라 상부구조가 바뀐다는 경제 하부구조결정론의 이다. 이에 반해 신마르크스주의는 경제결정론이 상부구조가 하부구조에 대응하는 즉 경제에만 관련되어 결정된다는 점을 비판한다. 경제관계에 100% 대응되는 것이 아니라 하부구조에 상부구조가 종속되는 것을 모순된 사회구조로 보고 상부구조에 상대적인 자율성이 있다. 이러한 상부구조들은 국가, 교육, 언론, 군대, 경찰 등으로 이들이 자율성을 지니고 이데올로기 주입으로 기존 질서를 정당화한다.

3. 사회민주주의 이론

산업화이론과 독점자본주의 이론 모두가 복지국가의 필연적인 도래를 예견하고 정치는 무관하다는 입장을 가진 반면, 사회민주주의 이론은 정치를 중시한다. 사회민주주의 이론은 독점자본주의 이론에서처럼 자본주의에서의 계급갈등에 초점을 맞추지만, 독점자본 이론이 계급갈등을 자본의 일방적인 이익추구라는 관점으로 설명한 것과 달리, 사회민주주의 이론에서는 노동의 정치적 세력확대의 결과로 설명한다.

즉 복지국가는 노동자계급을 대변하는 정치적 집단의 정치적 세력이 커질수록 발전한다는 것으로 복지국가는 자본과 노동의 계급투쟁에서 노동이 획득한 승리의 전리품으로 본 것이다. 이러한 주장의 근거는

첫째, 생산수단의 소유의 문제는 별로 중요한 것으로 보지 않는다.

즉 생산수단의 국유화를 하지 않아도 소비의 국유화를 통해 자본가들을 국가가 통제할 수 있으므로 자본주의는 문제가 되지 않으며, 관리된 자본주의(managed capitalism)에서 국가가 조세정책, 재정정책, 공공투자정책 등을 통하여 소비와 투자를 적절히 관리한다면, 자본의 이익을 어느 정도 희생시키면서 자본주의를 유지할 수 있다고 본 것이다.

둘째, 독점자본주의 이론이 자본소유로부터 나오는 경제적 힘이 지배적이라는 주장을 한 반면, 사회민주주의 이론은 의회민주주의 제도에서의 정치적 힘을 강조한다.

이러한 이론에 의하면, 고도산업사회에서 힘의 근원은 시장에서 나오는 경제적 힘 즉 생산수단의 소유로 인한 노동통제로부터 나오는 힘과 정치적 힘 즉 민주제도를 통한 다수의 무산자들의 조직화에서 나오는 힘으로 나눌 수 있는데, 경제영역에서는 노동이 자본에 비해 열등한 지위에 있지만, 정치영역에서는 노동자들의 조직화를 통하여 정치적 힘을 길러 경제적 힘과 대등하게 경쟁하고 또한 승리할 수 있다고 보고 있다. 고도산업사회에서의 권력투쟁은 시장의 논리인 이윤극대화와 정치의 논리인 최다득표사이의 투쟁이고, 이러한 투쟁에서 사회권의 확대 즉 선거권의 확대 및 노동이익집단과 정당의 권력행사로 인한 복지국가의 발전이 이루어졌다고 보는 견해이다. 즉 대중민주주의 하에서는 국가와 사회의 점진적 개혁이 가능하고, 복지국가는 이러한 개혁을 수행하는 중요한 기제이다.

셋째, 독점자본주의는 자본주의의 발전에 따라 계급의 양극화가 심화된다는 데 초점을 둔 반면, 사회민주주의 이론은 계급구조가 분산 혹은 다양화되는 면을 중시하였다.

즉 자본주의가 발전하게 되면 전통적인 노동자 계급과 다른 중간층의 확대가 이루어지며, 중간층의 정치적 힘이 강해지면, 전통적인 자본대 노동의 역학관계에 변수로 작용하게 되어 중간층의 지지를 얻기 위한 정책을 지향하게 된다.

또한 자본의 소유자와 경영자가 분리되고, 경영이 복잡하여 질수록 경영자의 세력이 커져 더 이상 자본가의 단순한 순응자로서의 역할에서 벗어나 자본의 힘은 약화될 수밖에 없다. 또한 공공부문의 고용 확대도 자본의 논리를 약화시켜, 자본의 힘은 분산되고, 노동의 힘은 조직화될 수 있다고 보고 있다.

Pierson (1991)은 복지국가의 발전을 위하여 다음의 7가지 요인을 강조하고 있다.

첫째, 선거권의 노동계급으로의 확대, 둘째, 노동계급을 대변하는 사회민주당의 발전, 셋째, 강하고 중앙집권화된 노동조합운동, 넷째, 우익정당의 약화, 다섯째, 지속적인 사회민주당의 집권, 여섯째, 지속적인 경제성장 일곱, 노동자의 강한 계급의식과 종교, 언어, 인종적 분열의 약화들로 이러한 요인들로 설명하기 적합한 국가들은 스칸디나비아 국가들이다.

복지국가 발전을 설명하는데 가지는 장점은 첫째, 정치적 요소들에 대한 분석이 중요하다는 것을 보여주었다. 특히 의회민주주의 하에서 계급들간의 힘의 역학관계가 변할 수 있다는 점을 보여주었다는 점이다.

둘째, 이전 연구들과 달리 실증적인 연구에 의하여 뒷받침된다는 것이다. 이 이론에 따르면 선진산업국가들의 복지국가 발전에 관한 설명은 경제발전변수로는 한계가 있고 정치적 변수들 특히 좌익정당 혹은 강한 노동조합 조직률 등에 의해 설명하는 것이 더 적절하다는 것을 보여준다.

한계점은 다음과 같다. 첫째, 많은 나라에서의 복지국가 프로그램들은 사회민주주의 세력에 의해서보다는 그 반대세력, 자유주의자 혹은 보수주의자들에 의한 독일의 비스마르크 사회입법이나 미국의 사회보장법에 의하여 시작되었다.

둘째, 노동자들의 계급의식이 사회민주주의 이론의 가정처럼 강하지 못하고, 동질성이 약하여, 순수한 노동자계급을 위한 정당의 집권은 어렵고, 다른 계급의 이익도 반영하게 되어 타협적인 정책이 추구되게 된다.

4. 이익집단 정치이론

사회민주주의 이론이 독점자본주의 이론의 계급갈등의 정치적인 면을 강조했다면, 이익집단이론은 산업화 이론의 정치적인 면에 초점을 맞추었다고 볼 수 있다.

즉 사회민주주의 이론이 전통적인 계급인 자본과 노동의 정치적인 권력투쟁으로 사회복지발전을 설명하고 있는 반면, 이익집단 정치이론에 의하면 사회복지 발전을 다양한 이익집단들 사이에서 사회적 자원의 배분을 둘러싼 경쟁이 치열해지고, 따라서 이러한 집단들의 정치적인 힘이 중요해져서 정치가들이 이들의 요구를 수용하는 데에서 나온 결과라고 본다.

이익집단 정치이론의 논리적 근거는 다음과 같다.

첫째, 현대사회에 들어와서 전통적인 계급의 차이에 의한 정치적인 구분이 약해진다는 것으로, 이것은 많은 나라에서 우익정당과 좌익정당을 지지하는 계층이 뚜렷하지 않는 데에서 볼 수 있다. 노동자 계급에 속한 사람들도 우익정당을 지지하는 현상이 나타나고 있다.

이는 노동자계급이 부르조아화(embourgeoisment)에 따라 경제적 요인이 더 이상 정치적 갈등의 결정적인 요소로 작용하지 않는 데에서 비롯된다. 또한 고도 산업사회에서는 중간층이 확대되는데, 이것도 전통적인 노동과 자본의 구분을 흐리게 한다. 이러한 상황에서 선거에서의 승리를 노리는 정당들은 점차 중도화되는 경향을 나타낸다. 특히 전통적인 노동자계급에 기반을 둔 정당은 전통적 노동조합원의 숫자가 줄어들어 다른 세력과 연합하지 않고는 집권하기 어렵기 때문에 타협을 찾게 된다.

둘째, 현대사회에서는 비계급적인 이익집단들이 더 중요해지고 있다. 이는 인종적, 종교적, 언어적, 문화적, 성적, 연령적 귀속성에 따른 정치적 행위가 커지기 때문이다. 특히 노인의 경우 그 수적 증가와 이익의 동질화 현상이 뚜렷하며, 또한 높은 투표율을 보이고 있으며(80년대 초 스웨덴: 22.2%; 독일: 32.5%), 예를 들어 자본자인 노인과 노동자인 노인은 노인이라는 이름하에 단결하여 노인복지를 추구하는 운동을 적극 추진하고 있다.

셋째, 고도산업사회에서는 직업, 산업, 경제적 집단들이 다양화되고 이질화되어 커다란 계급 내에서도 다양한 이익추구 집단들이 형성되어 각기 서로 다른 이익들을 추구하게 되고 자본가나 노동자를 대변하는 단일 전선을 유지하기가 어렵다.

넷째, 정부의 공공정책에의 지출은 민주주의 사회 선거에서의 득표를 위한 경쟁에서 나타나는데, 일반국민은 정치적 목표에 대한 뚜렷한 생각이 없고, 많은 이익집단들은 자기들의 이익을 위한 프로그램들을 정치적 투표와 맞바꾸기 때문에 정부의 지출은 이익집단활동들의 정치적 과정으로 본다는 것이다.

이익집단 정치이론의 긍정적인 면은 복지국가 발전을 전통적인 계급관계를 넘어서 다양한 집단의 정치적 경쟁에 초점을 맞추어, 현대 산업사회에 존재하는 다양한 이익집단들 사이의 치열한 경쟁상태를 잘 설명하고, 선진 산업사회에서의 정당정치의 현실을 좀 더 명확하게 파악하고, 특히 노인 프로그램들에 대한 설명에 적합하다.

그러나, 이는 선진산업국가들 가운데에서도 미국과 같은 다원화된 민주주의 국가의 설명에 유리하며, 세계 많은 국가의 복지국가발전의 설명을 위해 일반화하기에는 많은 한계가 있다. 또한 정부의 지출도 점증적으로 변화하는 경향이 많아서 득표경쟁을 위한 정부지출의 차이는 많지 않고, 사회복지 지출은 경제적, 사회적 여건에도 한계가 있기 때문에 선거정치에 의한 사회복지 지출의 증가는 설명에 한계가 있다.

국가조직의 형태가 중앙집권적이고 조합주의적인 경우 사회복지의 추진이 용이하다. 스웨덴의 경우, 중앙집권화된 정부, 노동자집단, 자본가집단이 거시적인 국가발전이라는 측면에서 사회복지 확대의 필요성에 합의가 이루어진 반면, 미국은 지방분권적이고 다원주의적인 국가조직형태이어서 복지국가 확대에 많은 반대세력의 저항을 받았다고 해석하고 있다.

다섯째, 사회복지 정책을 담당하는 관리기구의 속성을 중시한다. 일반적으로 정부관료 기구들은 각자의 이익을 극대화하기 위하여 예산을 팽창시키려는 경향이 있어 사회복지 프로그램의 확대 혹은 새로운 프로그램의 개발들을 꾸준히 추구하는데, 그 결과가 복지국가의 확대로 나타난다는 것이다.

사회복지 정책의 공급자로서의 국가를 강조함으로써 복지국가 발전에 대한 설명의 폭을 넓혔고, 각 국가들이 갖고 있는 국가 구조적 특이성을 역사적인 맥락에서 분석하는 장점을 갖고 있다. 또한 국가의 역할을 적극적인 행위자로 보아 복지국가에 대한 이해의 폭을 넓힌 반면에, 많은 국가에 적용될 수 있는 체계화된 구체적인 가설을 정립하기가 어렵고, 사회복지에의 욕구가 어떻게 발생하였는가를 등한시하여 복지국가발전의 본질이나 근원적인 원인 파악의 한계를 가지고 있다.

이러한 사회복지정책 발달의 영향요인은 정치적 요인과 경제적 요인으로 구분된다.

정치적 요인은 정치권력의 획득을 위해서, 국민의 지지를 얻기 위한 수단으로 기능한다. 독일의 비스마르크가 실시한 사회보험제도, 루즈벨트 사회보장제도, 사회불안을 피하기 위해서 영국의 구빈법 등 다른 정책의 부수적인 영향으로 작용한다. **경제적 요인**은 사회문제를 완화시키거나 해결하는데 드는 사회적 비용을 감소하기 위해, 사회문제로 인해 일을 할 수 없거나 일하지 않는 경우 생산적 고용을 증진하기위해 작용한다. 사회복지정책을 수립은 일종의 투자이다 저소득층을 위한 탁아소 프로그램 같은 예를 들 수 있다.

사회·문화적 요인은 사회계층의 경직성을 들 수 있다. 유럽 국가들의 사회복지정책이 발달된 이유는 엄격한 계급구조에 기인한다. 그리고 사회의 인구학적 구조인데 경제활동 인구에 비해 노인인구와 같은 사회복지 수혜자 증가하는 경우이다.

그리고 도시빈민, 산업재해, 실업, 주택 등의 문제로 사회복지 욕구를 확대하는 도시화에 있다. 또한 사회를 지배해온 신념, 가치 태도 등 자원분배의 과정을 제한하는 요인으로 작용하는 사회의 문화적 유산을 들 수 있다.

복지국가에 있어서 극단적인 개인주의, 자유방임주의를 지양하고 국민의 공공복리를 중요하게 기능하는 국가를 복지국가라 한다. 일반적으로 야경국가 즉 치안유지와 개인의 자유에 대한 침해의 제거만을 목적으로 하는 국가에 대응하는 용어이다. 19세기 후반 이후, 고도자본주의의 발달에 따라 자본주의가 초래하는 많은 폐단이 각국에서 해결해야 할 문제로서 나타나게 되었다.

여기서 국가는 사적 경제에 대해 될 수 있는 한 적극 간섭하기 위하여 자유방임주의의 정책을 지양하고 적극적으로 사회의 경제 질서에 개입하는 동시에 경제적 이해의 대립을 조화시키고, 국민 생존의 실질적인 보장을 확보하려고 노력하게 되었다. 이와 같이 국가기능이 확대된 현대국가의 형태를 복지국가, 복리국가, 사회복지국가라고 부르고 있다. 특히 제1차 세계대전 후에 있어서는 행정기능의 확대의 현상을 포착하여 자유국가에서 복지국가에로의 추이라고 하는 용어로 표현되고 있다. 국민의 생활배려를 위한 방책으로서는 예컨대 근로조건의 정비, 사적독점의 금지, 사회보장 등이 행하여지고 있다.

그러나 위와 같은 현대국가의 국가기능의 확대의 현상은 현대국가의 일반적인 현상이며, 그 국가기능의 내용은 각 국가에 있어서 특징적인 차이를 나타내고 있다는 점에 주의해야 한다. 우리나라에 있어서는 헌법에서 근로자의 단결권, 단체교섭권, 단체행동권을 보장하고 있습니다. 또 경제질서의 기본과 독과점의 규제 등을 규정하고 있다. 이러한 규정에 의하여 국가는 국민의 생활배려를 위한 조치를 취하는 것이 요청되고 있으며, 실제로 제도면에서도 어느 정도 복지국가적인 실태를 구비하고 있다고 말할 수 있다.

특히 자본주의국가에서는 완전고용·최저임금보장·사회보장제도 등이 가장 중요한 시책이다. 현재는 북유럽이 잘 발달되어 있다. 역사적으로는 "짐은 제1의 공복이다"라 불렀던 절대주의 혹은 전제주의 계몽국가에서부터 시작되었다. 또한 20세기의 국가사회주의적 사상을 배경으로 하는 직능국가도 복지국가로 볼 수 있다. 복지국가를 고전적 복지국가와 현대적 복지국가로 구분하면 다음과 같다.

첫째, 고전적 복지국가이다. 근대국가의 초기에 절대군주는 "공공의 복지는 최고의 법"이라든가, "군주는 국민의 제1의 공복"이라고 칭하며, 국민의 복지실현이라는 미명하에 중상주의정책을 취하였다. 이 때 국민의 복지내용은 군주 스스로가 임의로 결정하였고, 국민복지의 이름으로 국민생활의 구석구석에까지 간섭하였으므로 경찰국가이기도 하였다. 따라서 현대의 사회복지국가와 구별하여 공공복지국가라고도 한다.

둘째는, 현대적 복지국가이다. 현대의 사회복지국가는 자본주의적 생산양식과 결부되어 있어, 계급대립의 격화는 폭력혁명에 의한 체제변화를 초래하기 때문에 19세기 후반부터 민주사회주의나 사회민주주의 등의 자본주의 수정이론이 나타나 국민전체의 사회복지를 추구하고 있다.

북유럽 지역의 근대경제학, 영국의 페이비어니즘(Fabianism), J. M. 케인스의 고용이론, A. C. 피구의 후생경제학 등은 복지국가이론에 큰 몫을 한 이론들이다. 스웨덴 · 노르웨이 · 핀란드 · 덴마크 등의 북유럽 국가들은 각기 "국가를 국민의 집으로" "개인의 성공과 관계없는 생활의 안정을" "어린이의 성(城)" 등의 구호를 내걸고 거의 모든 국민이 소득을 가지게 하는, 일찍부터 잘 발달된 복지국가로 알려져 있다. 제2차 세계대전 이후 영국도 "요람에서 무덤까지"의 구호를 실현하게 되었다. 한국의 현행헌법도 전문(前文)과 제34조 등에서 복지국가건설을 목적으로 하고 있음을 천명하고 있다.

복지국가는 적당한 수준의 경제성장에 의하여 얻어지는 국민소득총액의 증대를 바탕으로 조세정책, 일부 산업의 국유화, 완전고용, 쾌적한 의식주의 확보, 질병자 · 실업자 · 노인과 모자모부자의 사회보장, 국민연금 등에 의하여 국민들로 하여금 최저한의 건강하고 문화적인 생활을 보장하는 것이다. 여기에 덧붙여 언론 · 집회 · 결사의 자유 등과 같은 정신적 복지도 불가결한 것이다. 그러나 다른 한편에서 볼 때 국민이 체제에 지나치게 의존하거나 국가통제의 증대화를 촉진시킬 수 있다. 또 관리국가로서 관료들의 국민생활 간섭으로 소외감을 가져올 수 있고, 생활안정으로 노동자의 노동의욕이 감퇴되거나 노인자살과 비행청소년의 증대를 초래하기도 한다.

연 구 문 제

1. 탈상품화 및 계층화와 국가, 시장, 가족의 역할관계에 대하여 설명하시오.

2. 탈상품화 지수를 고안하기 위한 다섯 가지 변수는?

3. 에스핑 앤더슨의 분류에 의한 복지국가모형은?

4. 코포라티즘에서 삼자협동주의란?

5. 케인스주의, 신자유주의, 제3의 길에 대하여 설명하시오.

6. 독점자본 이론에 대하여 설명하시오.

제 4 장

사회복지정책의 분석

제 1 절 사회복지 정책분석의 의의

1. 사회복지 정책분석의 개요

사회복지 정책은 3P에 초점을 둔다. 즉 Process, Product, Performance인 정책 형성과정, 정책 내용분석, 정책 결과를 말한다. 정책 내용을 분석하기 위해 필요한 기준을 먼저 제시해야 하는 데 이에는 급여 대상, 재원, 급여 형태, 전달체계 등을 세부항목으로 나눌 수 있다. 정책분석은 최선의 정책대안을 창출하기 위해 정책과정 전체에 연관되는 체계적인 노력이다(Mayer & Greenwood, 1980).

(1) 정책목표와 정책수단의 관련을 명확하게 하려는 점에서 목적 지향적이다.

(2) 정책현상이 사회과정의 여러 가지 요인의 상호 의존을 전제로 하고 있다는 의미에 있어서 체계적이다.

(3) 정책분석은 정책실시의 예측이나 서술뿐만 아니라 필요한 행위의 제언에 이르기까지 관련된다는 점에 있어서 행위 지향적이다.

(4) 정책주체가 정책목적을 실현시키기 위한 수법의 탐구라는 의미에 있어서

조작성이 강조되고, 정책과정에 있어서 정책과제의 분야에 대응하며, 또 관여하는 주체의 성질에 대응하기 위해서이다.

(5) 다양한 성격을 가진다.

(6) 문제의 접근법도 학제적 성격이 강조된다. 또 행위 지향성이란 성격은 불확실성을 고려에 넣도록 요청하며, 사회적 행위는 통상가치에 기초를 두고 있기 때문에 정책분석은 당연히 윤리적인 함의를 가진다. 즉각적인 정치적 실행가능성은 정책분석 계획을 세울 때 매우 나쁜 기준이 될 수 있다. 정책분석 상당수가 정부의 외부에서 행해질 필요가 있다.

길버트와 스펙트(테렐, 1974)의 분석틀의 기본전제는 산출분석에 관한 분석틀을 제시하였는데 사회복지 급여의 할당에 있어 간접적, 추상적, 비경쟁적이고 선택의 여지가 없다는 측면을 강조한다. 산출분석의 4가지 틀은 다음과 같다.

첫째, 급여의 대상(bases of social allocations)으로 이에는 할당, 수급자격, 대상체계로 누구에게 급여할 것인가? 선택주의인가 보편주의인가 하는 것이다.

둘째, 사회적 공급(nature of social provisions)으로 급여, 급여종류, 급여체계로 무엇을 급여할 것인가? 현물급여, 현금급여 등을 말한다.

셋째, 전달체계(delivery strategies)로 어떻게 급여할 것인가? 중앙정부, 지방정부 등으로 사회복지급여를 제공하는 주체와 그 수급자 간의 조직체계를 말한다.

넷째, 재정(funding)으로 정책에 필요한 재원을 어떻게 마련할 것인가? 공공부문, 민간부분 재원 등을 말한다. 이와 같이 정책분석의 복합성으로 다차원성을 들 수 있다.

사회복지정책분석(재정과 급여전달:Gilbert & Terrell)으로 길버트와 스펙트(Gilbert & Specht)는 일종의 산출분석에 관한 사회복지정책의 분석틀을 제시하였다. 그들은 사회복지정책은 시장 외부에서 기능하는 급여와 할당의 메커니즘이라는 맥락에서 분석틀을 구상하였다.

누구에게 무엇을 제공할 것인가(who & what)	급여대상	사회복지급여를 누구에게 제공해야 하는가
	급여형태	어떤 사회복지급여를 제공할 것인가
어떻게 전달하고 조달할 것인가(how)	전달주체	사회복지급여를 어떻게 전달할 것인가
	재 정	재정은 어떻게 마련할 것인가

길버트와 스펙트는 사회복지정책이 급여·할당의 틀에서 누구에게(할당체계, 자격조건), 무슨 급여가(급여체계, 급여형태), 어떻게(급여전달체계, 급여의 재원 마련) 제공할 것인지를 고려해야 한다고 주장한다. 즉 길버트와 스펙트는 무엇을, 누구에게, 어떻게(재원, 전달체계)제공할 것인지를 고려해야 한다고 한다.

2. 역할분류 기준과 유형

복지공급 측면에서 사회복지의 급여대상에 대한 주체는 국가와 정부이다. 국가와 정부는 다른 개념으로 통념상 국가는 정부에 비해 보다 근본적이고 영속적인 통치기제로 간주된다. 즉 국가는 통치제도와 행정기구를 본질로 하는 제도적 실체인데 반해, 정부는 집권담당 세력을 주축으로 하는 정책 행위자의 집합체이다.

국가는 정부기관, 공공기관(공단), 사회복지협의회, 사회복지공동모금회주체이고 민간영역으로는 사회복지법인(재단법인, 인가), 비정부기관(사단법인, 자원봉사단체)을 들 수 있다.

복지공급 측면에서 역할분류의 기준과 유형으로 재정과 급여전달을 들 수 있다.

첫째, 재정부담으로 누가 비용을 지불하는가와 연관되며 사회복지정책에 사용되는 재원의 형태는 매우 다양하여 사회복지정책별로 서로 다른 형태의 재원을 가지며 지원방식에 따라 재원은 일반조세 수입, 목적세, 사회보험의 보험료 등 공공재원과 고용주 부담, 민간의료보험, 본인 직접부담하는 가계지출의 민간재원으로 분류된다.

둘째, 포괄적 행정으로서의 급여전달이다. 의도된 목표를 달성하기 위하여 결정된 사항들을 구체화하는 집행관리(Implementation)를 의미(송근원 · 김태성, 2000)한다.

입법화된 제도를 구체적으로 실행하는 단계로 실행계획(예산, 인원 등)을 수립하고 자원을 동원 · 관리하는 역할 의미(Glennerster, 1985)한다.

〈표 4-1〉 국가와 민간영역

<table>
<tr><th>급 여 / 재 원</th><th colspan="2">공 공</th><th colspan="2">민 간</th></tr>
<tr><td>공 공</td><td>A형: 완전공공재원, 공공서비스</td><td rowspan="2">C형: 부분공공/부분민간재원, 공공서비스</td><td rowspan="2">D형: 부분공공/부분민간재원, 민간서비스</td><td>E형: 완전공공재원, 민간서비스</td></tr>
<tr><td>민 간</td><td>B형: 완전민간재원, 공공서비스</td><td>F형: 완전민간재원, 민간서비스</td></tr>
</table>

〈표 4-2〉 공사 역할분담모형(구)

<table>
<tr><td rowspan="2">공공영역
(국 가)</td><td colspan="2">(순수)
정부기관</td><td>정부는 정치체의 권위적인 결정을 담당한 고위 공직자와 공공기관의 집합체임. 엄밀히 말하면 정부조직 법령이나 지방자치단체의 직제 규칙에 의하여 설립된 행정부를 의미하여 '중앙정부와 지방정부'로 구분.</td></tr>
<tr><td colspan="2">준정부기관
(공공기관)</td><td>특별 법령에 의하여 설립되는 경우가 많으며 비영리를 목적으로 함. 공적기관은 관련 법령에 기초한 법정단체인 동시에 관련된 정부기관의 지도 · 감독을 받는 정부기관을 제외한 나머지</td></tr>
<tr><td rowspan="3">민간영역</td><td rowspan="2">민간
공식부문</td><td>비영리부문</td><td>일반적으로 자조조직, 압력조직, 근린조직, 종교조직</td></tr>
<tr><td>영리법인</td><td>이윤추구를 목적으로 하는 조직</td></tr>
<tr><td>민간
비공식부문</td><td colspan="2">조직화되지 않은 사적관계에 기초한 가족, 친척, 이웃등</td></tr>
</table>

*공공영역은 포괄적 의미에서 국가를 의미하며, 그 역할은 직 · 간접적인 재정과 급여전달형태에 따라 '완전민간재원+민간서비스'를 제외한 모든 영역을 포함한다.

사회복지정책으로서 국가역할은 다음과 같다.

첫째, 국가역할 유형은 다음과 같다. 서비스 생산자, 소득이전자 그리고 규제자로 분류(Barr, 1998)할 수 있다.

〈그림 4-1〉 국가역할의 유형(사회복지정책 범위)

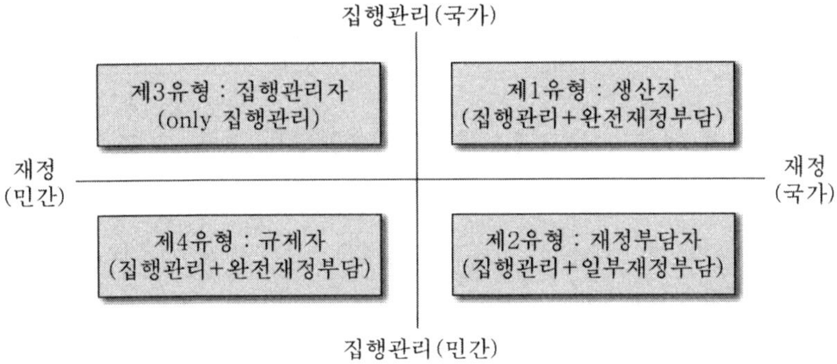

서비스 생산자로서 국가는 상품과 서비스 그 자체를 공급측면에서 생산하는, 즉 완전 재정부담과 집행관리 모두를 담당한다. 소득이전자로서 국가는 특수한 상품의 가격이나 개개인의 소득에 세금 등을 일부 지원하거나 이전지출(주거급여 등)을 공급하는, 즉 일부 재정부담과 집행관리 담당한다. 규제자로서 국가는 재정과 집행관리를 민간에 맡기면서도 국가가 수많은 규제를 통하여 시장에 개입 정당성을 확보한다.

둘째, 유형별 사회복지정책이다.

제1유형은 완전재정부담과 집행관리를 모두 담당하는 생산자로서 국가이다. 예를 들면 사회보장제도, 국민기초생활보장(의료급여)을 들 수 있다.

제2유형은 일부재정부담과 집행관리를 담당하는 재정부담자로서 국가이다. 예를 들면 사회보장제도, (지역)건강보험, 사회복지서비스: 사회복지법인 등을 들 수 있다.

제3유형은 국가는 집행관리만 담당하고, 재정은 민간이 수행하는 혼합형이다. 예를 들면 사회보장제도, 국민연금제도, 산재보험, 고용보험, (직장)건강보험, 사회복지서비스, 사회복지법인 외의 서비스를 들 수 있다.

제4유형으로 재정과 집행관리는 민간이 담당하고 규제만 하는 유형으로 민간보험을 들 수 있다.

3. 재원 충당방법

(1) 공공부문의 재원 : ① 일반예산 ② 사회보장성 조세 ③ 조세비용

(2) 민간부문의 재원 : ① 사용자부담 ② 자발적 기여 ③ 기업복지 ④ 비공식부문 재원

(3) 재원조달의 형태 : ① 이용자 부담 ② 특별세 ③ 일반세금 ④ 자발적 기부금 ⑤ 복합형태

4. 사회복지정책 분석방법

N. GIlbert & H. Specht에 의한 3P's 연구방법으로 사회복지정책의 3P 분석은 과정(Process), 산출(Product), 이행 효과(Performance)이다. 과정, 이행, 산출 분석을 통해 정책형성과 영향을 이해한다.

(1) 과정분석

사회정치적 변수와 기술적, 방법론적 변수를 중심으로 정책을 분석하고, 각종 정보 및 정치조직, 정부조직 등의 상호작용이 정책형성에 미치는 영향을 검토한다.

과정분석은 투입과 사회내 다양한 집단간의 관계와 상호작용이 정책형성에 어떤 영향을 미치는가 하는 점에 관심을 가지며 과정에 참여한 다양한 사람들의 행위, 동기, 목적 및 정책개발과정 단계 등의 문제를 취급한다.

(2) 이행분석

정책선택의 결과를 기술하고 평가하는 것과 밀접, 정책결과가 사회구조에 미치는 영향을 분석한다. 프로그램의 수행정도와 구성원의 욕구충족수준, 투입산출정도를 검토한다. 이행 및 효과분석은 결과에 대한 설명과 평가를 하는 것으로 새로운 대안적 정책을 수립하거나 기존 정책을 보완하는데 필요한 정책자료로 중요한 단서가 된다.

(3) 산출분석

정책설계과정에서 특정 대안을 선택·제외하는 근본적 가치를 연구하고, 그 사회에서 어떤 가치를 선택하느냐에 따라 정책형태와 결과는 상이하게 달라진다. 산출분석은 할당, 급여, 전달체계, 재정의 4가지 영역의 질문에 대한 가치, 이론, 대안의 3가지 차원의 분석을 통해서 한다.

제 2 절 급여대상과 형태

1. 급여대상(bases of social allocations)

급여의 대상은 누구에게 급여하는가?

급여를 받을 수 있는 자격의 문제는 누구에게 급여하고 누구에게 급여를 안 하느냐의 문제인데 급여자격의 형태는 사회적 가치의 측면에서 어떤 종류의 평등을 어느 정도까지 추구할 것인가? 그리고 사회복지정책으로 야기되는 비효율의 문제를 어느 정도까지 받아들일 것인가 하는 것이다.

급여자격의 문제는 현실적인 정책결정이나 분석에서 중요하다. 급여의 대상(bases of social allocations)으로 이에는 할당, 수급자격, 대상체계로 누구에게 급여할 것인가? 선택주의인가 보편주의인가 하는 것이다. 사회적 할당의 개념은 사회적 할당이란 사회급여를 받을 자격을 가진 사람이 누구인지 결정하기 위한 조건으로 사회복지정책의 대상을 결정하는 것이다.

급여대상자의 선택기준 즉 할당원칙은 ① 귀속적 욕구로 제도적 장치에 의해 충족되지 않는 공통된 욕구를 가진 사람 들 중에 속하는 욕구이다. 또한 가구주가 일을 하고 있으면서도 가난한 가정의 자녀보호와 같이 체계자체의 문제로 인해 충족되지 않는 욕구가 존재한다는 인식하에 대상자를 선정하는 것이다. 이것은 사회의 잘못된 개념을 가장 적극적으로 반영하는 것으로 산업사회와 정보사회에 생활한다는 것 자체가 욕구의 발생원인이라고 간주하여 모든 사람에게 사회복지대상자가 되는 자격을 부여하는 것이다. 우리나라 65세 이상 노인들에게 매월 제공되고 있는 노령기초연금이나 중학교의무교육제도는 귀속적 욕구에 근거한 대상자 선정이라고 할 수 있다. ② 보상은 특정범주의 기여도를 말한다. 보상에 근거한 대상자 선정에는 두 가지가 있다. 첫째, 퇴역군인이나 공무원, 농업종사자와 같이 사회적 혹은 경제적인 기여를 했다고 인정되는 특정 인구집단이나 종교적 혹은 인종적 편견과 같은 사회적 편견 등으로 인한 희생자집단을 사회복지의 대상자로 선정하여 사회복지서비스를 보상적 차원에서 제공하는 것이다. 우리나라의 군인연금제도와 공무언연금제도가 이에 해당한다. 둘째, 사회보험제도에 보험료를 납부한 기여이다. 사회보험의 급여대상자가 되기 위해서는 보험료를 납부해야 한다.

③ 진단적 처별은 전문가의 판단에 의존한 장애나 혼란과 같은 기준을 말한다. 어떤 사람이 특별한 급여나 서비스에 대한 욕구가 있는가 여부를 결정하는 것이다. 진단적 구분에 근거한 대상자 선정은 개별적으로 이루어진다. 사회복지급여의 대상자가 되기 위해서는 사회복지사, 의사, 행정관료, 사회복지전담공무원 등의 전문적 판단이 필요한 경우가 있다. 장애인복지법에 의한 장애인분류와 등급, 노인장기요양보험제도에 의한 등급판정은 전문가의 판단에 의해 시행된다.

④ 자산조사에 의한 욕구는 상품이나 서비스를 구매할 수 없다는 증거이다. 자산조사를 전제로 한 대상자선정이란 개인의 잘못을 가장 적극적으로 반영한 것으로 개인적으로 상품이나 서비스를 구입할 능력이 없는 빈곤계층을 증명하는 조사에 근거해서 대상자를 선정하는 것을 의미한다. 대부분 공공부조제도는 자산조사에 근거해서 대상자가 선정된다.

급여대상의 이론은 보편주의(universalism)와 선택주의(selectivity)에 있다.

보편주의는 전 국민을 사회복지의 대상자로 삼는 것을 말하는 것으로 시민권에 입각해 하나의 권리로 복지서비스를 제공하고, 복지 수혜자격과 기준을 균등화한다.

보편주의 원칙은 다음과 같다.

첫째, 모든 시민을 대상으로 한 프로그램이다. 빈민과 부자, 남성과 여성과 같은 사회적 범주에 따라 차등을 두지 않고 사회적 욕구를 보편적으로 충족시킬 수 있는 사회적 프로그램을 조직한 것이 복지국가이다.

둘째, 권리보장이 되어야 한다. 모든 시민들에게 그들의 수입에 관계없이 복지권을 보장해야 한다고 믿고 있다. 청소년을 위한 교육, 환자를 위한 보건의료, 실업자를 위한 소득 보장 등이 하나의 권리로서 보장되어야 한다는 것이다.

셋째, 사회통합이다. 보편주의자들은 또한 사회적 프로그램에서 기여자(givers)와 수혜자(receivers)를 구별해서는 안 된다고 본다.

넷째, 정치적 장점을 지닌다. 보편주의자들은 포괄성(inclusiveness)의 원칙에 입각한 복지 프로그램의 정치적 장점(political advantages)을 중시한다. 보편주의 프로그램이 비용이 많이 드는 것은 사실이지만 사회적 주변집단만을 대상으로 하는 자산 조사 프로그램보다 훨씬 더 대중적이라는 것이다.

보편주의(universalism) 장점은 최저소득을 보장함으로써 빈곤을 예방하고 수혜자에게 심리적·사회적 낙인을 가하지 않는다. 행정절차가 용이하며 시혜의 균일성을 유지할 수 있다. 또한 모든 시민의 구매력을 일정 수준에서 유지함으로써 경제적 안정과 성장에 기여한다.

보편주의(universalism) 단점은 한정된 자원을 꼭 필요한 부분에 효과적으로 사용하는 데 한계가 있다.

선택주의(selectivity)는 사회복지 대상자들을 사회적·신체적·교육적 기준에 따라 구분한 다음 복지서비스를 제공한다. 선별주의는 자산조사를 통해 원조의 필요가 있다고 인정된 사람들, 즉 결손가정, 장애인, 무능력자, 노인, 빈민 등만을 복지서비스의 대상으로 한다. 그리고 개인이나 가족의 드러난 욕구가 대상자 선정에서 최우선시되어야 한다.

선택주의(selectivity)의 장점은 서비스를 도움이 필요한 사람에게 집중시킬 수 있고, 자원의 낭비가 없으며, 비용이 적게 든다는 점이다.

선택주의(selectivity)의 단점은 자산조사 과정과 일반 시민들과의 사회적 관계에서 낙인을 피할 수 없다는 점이다.

대상자 선정의 네 가지 원칙은 다음과 같다.

첫째, 귀속 욕구(attributed need)로 특정한 집단 구성원으로서의 조건을 갖춘 사람을 대상으로 하는 것이다.

둘째, 보상이다. 제 보상은 사회보험제도의 가입조건과 보험료 납부실적을 가진 사람을 대상으로 하는 경우와 사회적 희생자를 대상으로 하는 경우이다.

셋째, 등급분류이다. 신체적 혹은 정신적 손상을 입은 사람과 같이 특정한 재화와 서비스가 필요한 개인을 대상으로 한다.

넷째, 자산조사 욕구이다. 재화와 서비스를 구입할 능력을 상실했다는 명백한 증거를 자산조사에 의해 제시하는 것이 가장 중요하다. 부여된 욕구는 제도적 개념에, 자산조사 욕구는 잔여적 개념에 대응되고, 보상과 등급 분류는 두 개념의 중간에 유치하되 보상은 제도적 개념에, 등급 분류는 잔여적 개념에 가까운 것을 알 수 있다.

또한 그동안 복지사업별로 별도로 실시하던 자산조사 방법을 2010년부터 표준화해 한번 조사하면 여러 사업에서 공동 활용될 수 있도록 하는 등 지자체에서 복지업무를 보다 효율적으로 처리함으로써 본연의 서비스 제공여력을 확보할 수 있도록 준비됐다.

2010년부터 기초수급자 근로능력판정체계 개선 시행으로 의사의 진단서 치료기간에만 의존하던 기초수급자 근로능력판정방식이 지난 1일부터 의사의 진단서와 사회복지전담공무원의 활동능력평가를 병행하는 객관적인 판정방식으로 개선됐다.

기초수급자 중 질병으로 인해 근로능력이 없는 자로 판정받기 위해서는 의사의 근로능력평가용 진단서를 시 · 군 · 구청에 제출한 후 담당 사회복지 공무원과의 상담을 통해 근로활동능력에 대한 평가를 받아야 한다. 또한 통상 3개월마다 재평가를 받도록 하던 것을 1년마다 재판정받도록 해 민원인의 부담도 줄어들 것이다. 유소견자 영 · 유아 의료급여 수급권자에게 확진비 지원과 다문화 가정을 배려한 건강검진 서비스 개선도 지속적으로 실시될 예정이다. 검진결과가 '발달장애 정밀평가'인 영 · 유아 의료급여 수급권자인 경우는 1인당 40만원 이내의 확진비 지원을 받을 수 있으며, 발달장애로 진단받은 어린이는 재활치료 바우처 사업으로 연계될 수 있다.

〈표 4-3〉 대상자선정과 욕구판단기준

구 분	대 상 자	욕구판단기준
귀속욕구	집단	규범적 판단
보상	집단	형평성에 입각한 규범적 판단
등급분류	개인	기술적 등급분류
자산조사욕구	개인	경제적 기준

'사회복지통합관리망'과 연계하여 단계별 맞춤형 지원

서울시는 "그물망 복지"를 통해 복지사각지대를 해소할 계획이다.

서울시는 2010년 1월 4일 각종 사회복지급여 및 서비스 지원대상자의 자격 및 이력에 관한 정보를 통합관리하고 지자체의 복지업무 처리를 지원하기 위한 정보시스템인 '사회복지통합관리망'을 본격 가동했다.

사회복지전달체계 효율화의 일환으로 2008년부터 추진해 온 사회복지통합관리망이 이번 달부터 본격 운영된다.

사회복지통합관리망이란 사회복지 급여·서비스 지원대상자의 자격 및 이력정보를 통합해 관리하는 시스템으로서 지자체의 복지업무 처리를 지원하는 시스템이다. 지자체에서 집행하는 약 120여개의 복지급여 및 서비스 이력을 개인·가구별로 통합관리함으로써 부정이나 중복 지원을 차단할 뿐 아니라 수요자에게 누락된 서비스가 없도록 하고 욕구에 맞는 맞춤형 서비스를 지원할 수 있도록 추진되는 시스템이다.

시는 이와 연계하여 소득·재산기준 초과로 기초생활보장 수급자 등 복지수급 대상에서 탈락된 가구 등에 대해 생계가 급격히 어려워지는 경우가 발생되지 않도록 빈틈없는 지원체계를 마련하였다.

우선 보장 중지된 모든 가구에 대해서는 직권 조사를 통해 근로능력, 재산, 소득수준 등에 따라 '저소득틈새계층지원', '긴급복지지원', 'SOS위기가정지원', '민간연계지원'에 이르기까지 단계별로 맞춤형 지원을 실시한다. 위기의 가정을 찾아가거나 사실상 최저생계비 이하의 생활을 하고 있으나, 부양의무자 기준, 소득재산기준을 초과하여 보장 중지된 가구에 대해서는 '저소득 틈새계층 특별지원'을 실시한다. 고령자 등 근로능력이 없는 가구에 대해서는 특별구호비로 19만원을 지원하고, 단순 근로능력이 있는 가구는 무단광고물 제거 등을 통해 하루 2만 1,000원을 벌 수 있도록 지원한다.

최저생계비 이하 가구는 아니지만 소득원이 없어 긴급지원을 필요로 하는 차상위계층(최저생계비 150% 이하, 재산가액이 1억3,500만원 이하)에 대해서는 '긴급복지지원법'에 의해 생계비, 주거비, 의료비 등을 지원한다.

일시적 위기상황에 처한 차차상위 계층(최저생계비 170% 이하, 재산가액 1억 8,900만원 이하)에 대해서도 'SOS 위기가정 특별지원'을 통해 생계비, 의료비, 교육비 등을 우선 지원한 후 사후에 적격여부를 심사한다.

또 이러한 지원에서 제외되는 가구의 경우, 사회복지공동모금회, 서울디딤돌사업 등 민간자원과의 연계를 통해 체계적으로 지원함으로써 취약계층에 대한 빈틈 없는 사회안전망을 구축해 탈빈곤을 촉진한다는 계획이다.

2. 급여 형태

무엇을 급여할 것인가? 사회복지급여의 의미로서 사회복지급여는 사회복지정책의 선택 결과 무엇을 사회복지 대상자에게 전달할 것인가 하는 문제에 관한 것이다. 결국 사회복지급여는 사회복지정책 결정의 최후의 소산(product)이며, 이는 사회복지정책을 통하여 달성하려는 정책목표에 따라 급여내용과 형태, 그리고 수준이 결정된다. 일반적으로 사회복지급여는 사회복지 서비스라고도 불리어진다.

급여는 단순히 서비스와는 다르게 다양한 형태의 내용을 포함하지만, 그래도 사회복지정책에서는 통상 넓은 의미에서 사회복지 서비스라고도 말하기도 한다. 사회복지정책에 있어서 급여의 선택문제는 사회복지 대상자에게 무엇을 줄 것인지에 대한 의문으로 표현되지만, 이를 좀더 분석적으로 살펴보면, 어떤 급여와 서비스라고 하는 급여의 형태 혹은 내용에 대한 선택의 문제와 그 급여를 얼마만큼 혹은 어느 정도의 수준으로 전달해야 하는가 하는 문제로 구분된다.

어떤 형태로 급여하는 것이 바람직한가, 현금, 현물(물질적 재화, 증서, 서비스), 사회복지정책의 효과(소득재분배 효과, 빈곤제거 효과)를 분석할 때 현물로 급여한 것을 어떻게 현금화할 것인가?

급여의 자격조건은 거주기간, 인구학적 조건과 같은 귀속적 욕구 즉 태어나면서 가지고 나는 속성(예: 성별, 국적, 연령)이 가장 보편주의적이며, 보상(기여, 근로능력), 진단적 차별(전문가나 행정가의 판단), 자산조사는 주로 공공부조에서 사용되며 소득, 재산 등이 가장 선별주의적인 조건들이다.

1) 현금급여

현금급여는 수급자에게 복지서비스가 현금의 형태로 전달되는 것을 말한다. 사회보장연금이나 공공부조의 현금급여 등을 예로 들 수 있다.

개인의 자유와 소비자 선택과 사회통제와 집합적 선을 중시한다.

장점은 선택의 자유를 극대화하고, 관리비용을 절감할 수 있으며, 필요한 행위를 할 수 있다. 낙인이 되지 않고 자기 결정권을 줄 수 있다. 단점은 용도 외 사용이 가능하다.

현금급여를 주장하는 사람들은 현금급여는 결정된 공공의 재정으로 개인이 획득할 수 있는 최대의 만족과 행복을 가져오는 복지의 극대화를 도모할 수 있다고 한다. 예컨대, 만일 이성적인 판단을 가진 사람이라면, 1만원으로써 중앙정부에서 일괄적으로 현물과 서비스를 제공하는 것보다는 개인이 현금급여를 받아 자신이 원하는 대로 사용하게 될 경우 더욱 효용을 극대화시킬 수 있다는 이론적 근거는 있다. 이러한 근거는 사회복지급여의 소비자들이 진실로 합리적이고 자신의 이익을 가장 극대화시킬 수 있는 선택이 무엇인지를 알 수 있는 판단력이 있는 사람들이라는 사실을 기반으로 하고 있다. 보다 중요한 점은 이러한 정책 선택이 집단적인 선호보다는 사회복지 대상자들의 이익을 위하여 일차적으로 지향되어 있다는 사실이다. 그리하여 개인의 선택이 궁극적으로는 사회 전체의 이익에 기여하는 것이라는 점에 근거를 두고 있다.

현금급여를 선호하는 입장은 먼저, 현물급여가 비용이 절감된다는 주장에 대하여 이의를 제기한다. 규모의 경제는 어떤 특정의 기술 형태에는 적용될 수 있으나, 케이스 워크(case work)나 취업상담 등과 같은 일종의 현물 개인적 서비스가 거대 규모의 조직으로부터 비용절감을 얻을 수 있겠는가 하는 점이다. 이러한 회의적인 근거는 사회서비스가 특별히 집약적인 기술(intensive technology)인 동시에 다양한 기술로써 클라이언트를 변화시키고 도와주기 위하여 클라이언트의 상태를 끊임없이 고려하면서 이용되는 경향이 있기 때문이기도 하다. 즉 각 개인의 상황에 적절하도록 변형될 수 있는 전문기술을 표준화시키는 일이 불가능하다는 것이다.

규모의 경제로 인하여 생겨나는 비용절감은 실제 사회적 급여의 형태와 성격상 어려울 뿐만 아니라 현금급여가 경쟁을 자극하여 자유시장에서 '보이지 않는 손'에 의해 더욱 비용절감을 가져올 수 있는 여지가 많다. 특히 교육부문에 있어 현물급여보다는 현금급여의 이점에 대해서 프리드만(Friedman)은 다음과 같이 주장하고 있다. "교육보조금(grant)은 가능한 다양한 교육제도의 견실한 증가와 그들 간의 경쟁을 가져온다. 민간주도와 기업은 다른 부문에서처럼 이 부문에서도 매우 빠른 진보를 예기하게 한다. 정부는 관료제도에 의한 죽은 손을 대체하지 말고, 보이지 않는 손의 기능을 개선함으로써 그것이 가진 적절한 기능을 촉진시켜야 한다."

현금급여를 가장 강력하게 주장하는 논지는 소비자 주권(consumer sovereignty)과 개인의 선택의 자유를 극대화한다는 점이다. 물론 사회적 급여를 둘러싼 양쪽의 주장은 자원의 경제적 효용을 보다 높인다는 측면에서 서로 상대적인 입장이 존재하고 있지만, 그 어느 내용도 확실하게 검증하기란 쉽지 않다. 자유시장경제가 개인의 효용과 만족을 극대화시켜 주는 메커니즘으로써 기능하지만, 시장에 진입하는 소비자인 개인, 특히 사회복지 대상자나 생산자 모두에게 상호간 이익을 극대화시키는 것으로 기능하지는 않는다. 소위 갤브레이드(Galbraith)가 말하는 '의존효과(dependence effect)'에 의하면 생산자가 유리하게 되는 측면이 없지 않다. 특히 사회복지 대상자는 시장의 정보가 어둡고 지적인 측면에서 약점을 가지고 있기 때문에 개인의 자유가 가져다주는 효용의 극대화를 달성하는 데 어려움을 가지고 있다.

2) 현물급여

수급자에게 복지서비스가 현물의 형태로 전달되는 것을 의미하며 현물급여로는 건강보험의 진료서비스, 장애인복지급여의 보장구 등이 있다. 사회통제와 집합적 선에 기반을 두고 있다. 장점으로는 대량생산과 분배를 통해 낭비를 줄이고, 꼭 필요한 곳에 현물로 지급함으로써 용도 외 사용을 막아 목표 달성에 효과적이다. 따라서 욕구나 문제를 바로 해결할 수 있다. 단점은 선택의 자유를 제한하고, 관리비용이 많이 들며, 낙인이 될 수 있다.

뮈르달은 현물급여가 현금급여에 비하여 비용이 절약된다고 하였다. 어떤 특정의 소비품목을 생산하는 데 있어 대규모의 기업활동에 의한 규모의 경제로 인한 비용절감의 효과가 있기 때문이다. 표준화된 기준, 대량생산 및 정부에 의한 중앙 집중적인 배분 등은 시장에서의 다양한 경쟁으로 인하여 발생할 수 있는 예상되는 낭비를 해소할 수 있기 때문이라는 것이다. 이 외에도 뮈르달은 현물급여가 현금급여보다 효과적이라고 하였다. 사회적 급여의 효과성은 다양한 기준에 의하여 측정될 수 있는데, 여기서 가장 중요한 기준은 사회복지정책의 급여 선택이 초점으로 하고 있는 목표에 어느 정도로 파급효과를 미치느냐 하는 것이다. 만일 사회복지정책의 목적이 아동복지의 증진이라면, 효과성의 문제는 그 급여가 어느 정도로 이러한 목적에 직접적으로 기여하는 방식으로 소비되는가 하는 문제로 전환될 수 있다. 이러한 기준에서 현금보조금의 약점은 소비라는 핵심에 통제하기가 쉽지 않다는 사실이다. 아동수당이 일반적인 가계비용(family budget)에 사용되거나, 직접적으로 아동복지의 증진이라는 사회적으로 규정된 당해 보조금의 목표에 적절하게 사용된다는 점을 확증할 수 있는 방법이 없다.

현금급여가 가지는 이상적인 측면과 현실의 한계를 반영하면서 현물급여는 소비양식을 통제할 수 있다는 점을 주장하고 있다. 의료보호, 학교급식 프로그램 등은 사회적으로 규정된 목표인구(the target population)의 욕구에 대하여 관심을 가지고 사회적 급여를 선택한 예이다.

현물급여가 가지는 이러한 특징은 사회통제의 개념과 연관된다. 물론 이때의 사회통제 개념은 사회적 급여의 선택에 있어서 현물급여의 선택이 사회복지 대상자들로 하여금 정책이 지향하는 목표에 도달하도록 한다는 점에서 통제적이라는 의미를 지니고 있다. 그러므로 현물급여는 불가피하게 집단적으로 사회의 공공선(public goods)을 위해 개인의 이익을 다소 손상시키는 사회통제의 역할도 부가하고 있다.

그러나 반면 현물급여가 개인 선택의 자유를 제한하는 점도 있다. 비용이 별로 들지 않고 가족들의 선택이 빈번히 이루어지며, 개인적인 의미가 담겨질 수 있는 품목들에 대해서는 현물급여의 사용을 제한해야 한다는 생각을 가지고 있었다. 예를 들면, 옷을 현물로 지급하는 것은 개성과 취향이 다름을 감안할 때 매우 어렵다는 점을 인식하였다.

3) 사회적 급여 형태

① 기회(opportunities) : 기회란 원하는 목적을 달성하게 만드는 유인과 제재를 말한다.

재화와 서비스와 달리 기회급여(opportunity benefits)는 시민권의 보장과 기타 기회(extra chance)의 제공을 포함한다. 기타 기회는 공무원시험에서 제대군인에게 가산점을 주는 것이나 학교 입학 시 소수인종 학생에게 특혜를 주는 것 등에서 그 예를 찾아볼 수 있다.

② 서비스(services) : 서비스란 가정보호, 개인상담, 케이스매니지먼트(case management), 직업훈련 등과 같이 수급자를 위한 제반 활동을 말한다. 구체적이고 다양한 인간욕구는 다양한 형태의 서비스를 요구

③ 재화(goods) : 재화는 식품, 피복, 주택과 같은 상품을 말한다.

재화는 현금에 비해 교환가치가 낮아 유통경로가 매우 제한적이다.

④ 상환권 및 요금감면(vouchers and tax credits) : 유가증권과 요금감면은 교환가치만 있는 급여로서 이미 짜여진 부문 안에서만 자원으로서의 가치를 갖는다.

현금급여와 현물급여의 장점을 절충한 형태가 바로 유가증권 형태의 급여이다.

⑤ 현금급여 : 공공부조, 아동수당, 사회보험 등이 현금급여에 해당한다. 현금급여는 구매력 행사에 제한이 없어 교환가치가 가장 크고, 소비자 선택의 범위가 가장 넓다는 장점이 있다.

⑥ 권력(powers) : 권력이란 재화와 자원을 통제할 수 있는 영향력을 의미한다. 권력은 유동적인 교환가치(a fluid exchange value)라고 말할 수 있다.

제 3 절 사회복지전달체계와 재원

1. 사회복지정책의 전달체계

1) 정부와 민간기관

전달체계란 서비스 제공자들 사이 또는 서비스 제공자와 수급자 사이에 존재하는 조직체계를 의미한다.

공공복지(public welfare)란 정부의 사회복지정책, 소득보장, 보건의료복지, 주택복지, 교육복지, 퍼스널 사회서비스, 핵심은 사회보험과 공공부조로 구성된 사회보장이다.

민간복지(voluntary welfare)란 개인, 비영리 사회단체, 기업 등 민간부문이 행하는 비정부 사회복지활동, 박애사업, 자선사업, 민간 사회복지기관과 시설, 기업복지(기업이 주체가 되어 자신의 종업원들의 복지를 위해 시행하는 기업복지 프로그램)를 말한다.

(1) 민영화

민영화란 공공기관이 직영하던 사회복지서비스를 민간기관에게 이양하는 것과 일정한 계약 아래 민간기관 및 비영리단체에게 운영을 위탁하는 것을 말한다. 민영화는 자유시장 이데올로기(신자유주의)의 확산과 시민참여의 확대라는 두 가지 요인의 영향을 받았다.

민영화 주창자들은 민간기관이 사회복지서비스의 공급과 전달에 강점을 지니고 있으며, 서비스 공급의 독점권을 가진 공공기관은 경쟁상대가 없어 업무 효율성이 떨어진다고 믿고 있다. 민영화가 사회서비스전달체계의 효율성을 제고하는 보증수표가 된다는 보장은 없다.

(2) 종교단체

사회복지기관의 민영화에서 종교단체가 중요한 역할을 수행하고 있으며 사회복지의 민영화와 함께 종교단체의 사회복지 역할이 크게 부각되었다. 그러나 복지국가의 등장과 함께 종교의 역할은 퇴조하고 있으나 종교의 사회복지활동은 지속되고 확대되는 추세이다.

(3) 상업화

최근 들어 사회복지서비스 전달에 영리기관들의 참여가 확대되는 추세이다. 사회복지 주창자들은 영리동기와 사회복지 정신이 양립할 수 없다는 생각을 가지고 있다. 비영리기관은 자선정신과 깊이 연관되어 있다면, 영리기관은 이익을 추구하는 기업의 자본주의정신을 따른다는 것이다.

2) 사회복지전달체계 원칙

(1) 체계적 기능분담

서비스 제공자와 수급자 사이를 연결하는 전달체계는 효율적으로 구성될 필요가 있다.

(2) 전문성에 따르는 업무분담

사회복지 전달조직이나 기구에서도 서비스와 관련된 전문 인력과 일반 행정직의 구분이 필요하다.

(3) 책임성

전달체계가 제도로서 정착되기 위해서는 정해진 절차나 사회적으로 기대되는 규범을 이행할 책임이 있다. 첫째, 사회에 대한 책임, 둘째, 사회복지대상자에 대한 책임, 셋째, 전문직 자체의 책임이 있다.

(4) 접근용이성

사회복지전달체계는 그 서비스를 필요로 하는 대상자들이 언제, 어느 곳에서도 쉽게 접근할 수 있도록 설치되어야 한다.

첫째, 지리적 또는 공간적으로 이용하기가 편리해야 한다.

둘째, 시간적으로 접근하기에 편리해야 한다.

셋째, 정서적 또는 심리적으로 쉽게 접근할 수 있어야 한다.

(5) 통합조정

대상자의 기능적 일반화를 위해서 다양한 서비스가 제공되어야 한다.

다양한 서비스를 통합하여 관리할 수 있는 책임기관을 선정하고 관계전문가나 기관들 사이에 협조와 조정을 추구할 수 있는 체계를 마련하는 기능이 절대적으로 필요하다.

(6) 지역사회 참여

지역에 존재하는 국가기관이든 민간기관이든 자체의 복지계획을 수립할 때 적극적으로 지역주민의 참여를 유도한다.

(7) 조사 및 연구

조사와 연구가 뒷받침되지 않으면 전달체계의 효과성이나 발전성은 저조하게 된다.

3) 사회복지 전달체계 평가기준

(1) 전달체계 평가기준

통합성	다양한 서비스와 재화의 조정과 통합을 통해 서비스의 중복이나 남용방지
지속성	지속적이고 안정적인 서비스를 제공하기 위해서 전달체계의 안정성이 필요하며. 정부전달체계가 유리.
효율성	수급자로 하여금 재화나 서비스에 대한 지불을 공급자에게 직접적으로 하게 하여, 중간과정의 전달체계를 없애는 것이 효율적인 배분이 이루어진다.
경쟁성	사회복지 재화나 서비스가 독점적으로 이루어지는 것보다 여러 주체에서 경쟁적으로 이루어질 때 서비스 질은 향상된다. 민간체계가 더욱 바람직
접근성	전달체계는 시간적·공간적 측면에서 수급자가 쉽게 이용할 수 있어야 한다. 일반적으로 서비스의 접근이 용이한 전달체계는 민간체계
책임성	다양해지는 클라이언트의 욕구에 신속하고 융통성 있게 대응할 수 있는 전달체계여야 하는 측면에서 민간체계가 유리
평등성	전달체계가 평등의 가치(소득재분배)와 사회적 적절성의 목표를 실현하고 있는가?
선택의 자유	시장경제에 의한 거래보다 사회복지재화나 서비스 수급자의 선택의 자유를 제한하지만 사회복지 전달체계에서 경쟁적이고 다양한 서비스를 제공하는 민간전달체계가 선택의 자유가 더 있다.
서비스의 남용과 오용의 방지	전달체계가 오용과 남용을 막는가에 대한 질문으로 수급자에게 적절한 조정과 통제능력이 있는 정부체계가 더 효율적

(2) 전달체계 유형과 평가

<table>
<tr><td rowspan="4">중앙정부</td><td rowspan="3">중요한 이유</td><td>· 공공재정적인 성격이 강한 재화나 서비스는 재원의 마련이나 급여의 측면에서 현실적으로 중앙정부만이 할 수 있다. 예) 의료나 교육서비스처럼 전 국민을 대상으로 하는 것이 전체적으로 이득일 때 정부의 역할이 더 중요·사회보험과 같이 대상집단이 많을수록 포괄적으로 관리하는데 중앙정부의 역할이 바람직함
· 사회복지정책의 가치인 평등과 사회적 적절성을 구현하는데 중앙정부의 역할이 중요하다. 정부차원에서 세금의 징수와 급여의 양 측면에서 소득분배에 영향을 줄 수 있고 정부주도의 소득분배 정책이 정치적인 저항을 줄일 수 있음
· 프로그램의 통합, 조정, 지속적으로 유지하거나 안정적으로 관리하는 데 정부의 역할이 필요</td></tr>
<tr></tr>
<tr></tr>
<tr><td>문제점</td><td>· 중앙정부의 재화는 포괄적이기 때문에 수급자의 선택이 반영되기 어려워 수급자들의 효용을 극대화하는 데 한계가 있음
· 독점적인 전달체계는 서비스의 질이 저하될 우려가 있음
· 중앙정부의 관료성으로 인한 경직성과 새로운 변화에 대한 수급자의 욕구에 대응하기 어려우며 융통성이 적다.</td></tr>
<tr><td rowspan="2">지방정부</td><td>중요한 이유</td><td>· 서비스의 접근성 증대: 지방정부는 중앙정부보다 수급자로부터 가깝고 덜 복잡하며 수급자의 욕구에 보다 탄력적으로 대응할 수 있음.
· 서비스의 질적인 향상: 지방정부간의 경쟁을 유발시켜 재화와 서비스의 질과 가격측면에서 수급자에게 유리
· 수급자의 욕구 수렴: 수급자들이 정책결정에 참여할 기회가 높아져 수급자의 입장이 반영될 가능성이 높아짐.</td></tr>
<tr><td>문제점</td><td>· 지역간의 불평등을 야기하여 사회통합을 저해함.
· 중앙정부보다 규모가 작기 때문에 기술적인 측면에서 불리함.
· 지방정부 단위의 프로그램 발전으로 단편화될 수 있다.
· 가장 취약한 점은 프로그램의 안정성과 지속성에서 불리하다</td></tr>
<tr><td>중앙과 지방의 혼합체제</td><td colspan="2">중앙정부가 지방정부에 일부 보조하여 지방정부가 재화나 서비스를 전달하는 방법에 일정한 규제를 가하는 것이다.
· 규제의 종류
① 조건적(범주적) 지원: 재원이 사용될 항목을 지정하여 재정을 지원
② block grant 지원: 프로그램의 기능별로 묶어서 지원하는 방법
③ 중앙정부의 예산 중 일부를 지방 정부에 넘겨주는 방법</td></tr>
<tr><td rowspan="3">정부 (중앙, 지방)과 민간의 혼합체계</td><td colspan="2">· 대부분의 사회복지서비스 부문에서 이루어지는 형태
· 사회복지서비스는 민간부분이 제공하고 재정적인 부분은 중앙정부 또는 지방정부에서 담당</td></tr>
<tr><td>장점</td><td>효율적이고 경제적이며 보다 선택의 자유가 있고, 접근성이 높으며 신축성</td></tr>
<tr><td>단점</td><td>공공재적 성격을 갖는 재화를 제공하는 어려움이나 평등, 규모가 큰 경제에서는 운영이 어려움</td></tr>
<tr><td>순수민간 부문</td><td colspan="2">· 복지국가에서 순수민간부문은 거의 드물다.
· 재원이나 운영에 있어 민간부문의 단점이 크게 나타날 수 있어 국가가 어떤 형태로든 민간부분에 개입해야 하기 때문이다.</td></tr>
</table>

4) 공공 전달체계의 문제점

(1) 관련부처의 분립

연금제도를 예로 들어 보면, 공무원연금은 행정자치부, 군인연금은 국방부, 사학연금은 교육과학기술부, 국민연금은 보건복지부 등 여러 개의 부서로 분리되어 관장되고 있다.

(2) 지방자치단체의 서비스 결정권 부족

대부분의 사항들이 중앙정부의 승인을 받도록 규정되어 있어 지방자치단체의 실질적인 자율성을 기대하기 어렵다. 대부분의 자치단체는 재정자립의 수준이 매우 낮아 사회복지서비스에 대한 지방자치단체의 능동성을 기대하기 어렵게 한다.

(3) 부실한 각종 위원회

실제로 정부 산하 사회복지 관련 위원회들은 거의 회의조차 이루어지지 않는다.

(4) 전문 인력의 부족

인력의 부족으로 사회복지사로서 전문적인 역할을 수행할 수 없는 실정이다.

5) 민간 전달체계의 문제점

재정의 취약성, 프로그램의 취약성, 전문성의 취약성을 들 수 있다. 그리고 취약한 지역사회 기반과 지역사회복지기관의 난립에 그 문제와 원인이 있다.

2. 재원

사회복지정책의 재원은 크게 볼 때 공공재원과 민간재원으로 나눈다.

1) 공공재원

(1) 일반세

일반세는 조세의 지출 용도를 정하지 않고 징수하는 세금으로 직접세와 간접세로 구분할 수 있다. 일반세의 장점은 일반적 증액과 신축성이 있으며, 단점은 일반세가 다른 정책목적과 경합하여 재원의 안정성은 떨어진다. 직접세의 특성은 재산이나 소득이 많을수록 많은 세율이 적용되는 누진세로 소득세와 상속세, 재산세가 있다. 직접세의 비중이 높을수록 조세 형평성이 높다. 선진국에 비해 간접세의 비중이 매우 높다. 소득세에는 개인소득에 부과되는 개인소득세와 법인의 수익에 부과되는 법인소득세가 있으며 누진세율을 적용하고, 일정 소득 이하인 사람에게는 조세를 면제해 주거나 저소득층일수록 보다 많은 조세감면 혜택을 부여하여, 소득계층 간 소득재분배 효과가 가장 크다.

재산세는 소유 재산에 부과되는 세금으로서 지방정부 주요 재원으로 누진세율을 적용하고 일정 소유 이하인 사람에게는 조세를 면제해 주거나 저소득층일수록 보다 많은 조세감면 혜택을 부여한다. 상속세는 재산의 양여(증여)에 대하여 부과하는 세금으로 세율이 가장 높다. 간접세는 소비세로 상품을 소비할 때 부과하는 세금으로 재산이나 소득에 관계없이 과세 대상에 대해 동일한 세율이 적용되는 세금이다. 목적세는 말 그대로 지출용도를 정해 놓은 세금으로 우리나라의 교육세, 미국의 사회보장세가 대표적이다. 장점으로는 사용목적이 정해져 있어 다른 정책부문과 경합하지 않으며 재원안정성으로 정부가 선호하는 세금이다. 단점은 일반적 증액과 신축성 등 재원의 확대가 어렵다. 프로그램으로부터 혜택을 받지 못하는 사람들이 조세저항을 할 가능성도 있다.

(2) 조세비용(Tax Expenditure)

조세비용은 특정집단에게 조세를 감면 · 공제 · 면제해 주는 제도로 조세감면 · 공제 · 면제는 그만큼 납세자의 구매력을 실질적으로 증가시키는 효과가 있다. 조세비용은 정부 입장에서는 세입의 감소를, 수혜자는 정부지원을 받는 것이 된다. 주로 중상위 소득계층이 조세비용의 혜택을 입는다는 점에서 소득 역진적이다.

(3) 사회보험의 재원

사회보험의 재정은 다음과 같은 특성을 지닌다.

사회보험의 재정은 주로 보험료(contribution)로 충당하며, 경우에 따라서는 목적세와 본인 부담금(user charge)으로 충당한다.

보험료는 소득비례보험료와 정액 보험료 두 가지가 있다. 소득비례 보험료는 소득(표준보수월액)의 일정률을 각출하는 것이고, 정액 보험료는 소득이나 재산에 관계없이 모든 사람이 동일한 액수의 보험료는 부담하는 것이다.

목적세는 프랑스 등 술이나 담배에 사회보험세를 물려 그 수입을 사회보험 재정에 보태는 것을 말하며, 본인부담금은 주로 건강보험에 적용되는데 진료비의 일정부분을 환자 즉 수익자에게 부담을 지우는 것이다.

사회보험과 민간보험의 보험료의 성격은 다음과 같다.

민간보험의 보험료는 보험가입자가 보험회사와 자유계약을 맺어 개인적 필요성과 자신의 지불능력에 따라 보험자에게 지불하는 돈이며 사회보험의 보험료는 개인의 의사와는 무관하게 제도의 규정에 따라 의무적으로 부담해야 하는 공동체를 위한 돈이며, 보험통계에 의해 결정되지 않는다.

사회보장세는 재분배수단으로서는 소득세보다 덜 효과적이며 사회보장세는 소득세와 달리 총소득에 적용되는 것이 아니라 주로 임금에 적용되며 소득수준에 따라 세율이 변동되지 않고 가족의 크기나 보장에 대한 고용주들의 기여분은 가격인상을 통해 소비자들에게 전가되며, 임금삭감을 통해 노동자들에게 전가된다고 지적하고 있다.

사회보험 재원의 기본 원칙으로는 삼자부담제도(근로자, 고용주, 정부)로서 사회보험의 수익자인 가입자 즉 근로자와 고용주, 정부 등 삼자가 공동으로 재정을 부담한다는 원칙을 말한다. 1911년 영국의 국민보험법에서 건강보험의 보험료를 노동자, 고용주, 정부가 각각 3:3:2 비율로 삼자부담을 하기로 했다. 그러나 점차 정부부담은 감소하여 노동자와 고용주 양자가 재정 부담하는 이자부담제로 변해가는 추세에 있다.

(4) 고용주 부담 보험료

고용주는 보험료 부담을 꺼린다. 그 주된 이유는 사회보험의 고용주 부담은 생산원가 증가를 가져와 상품가격 인상으로 이어지고, 높은 가격은 시장에서 자사제품의 경쟁력을 약화시키며, 이는 상품의 판매량을 줄여 결국 기업의 이윤을 하락시키기 때문이다.

기업은 사회보험 보험료를 노동자의 생산성을 향상시키는 것으로 간주하기보다는 고용주의 비용을 증가(=이윤의 감소)시키는 것으로 간주하는 경향이 있다. 고용주 부담 보험료는 전체 자본이 전체 근로자에게 지급하는 사회적 임금이다. 고용주 부담 보험료는 생산물 가격에 전가될 수 있다. 고용주가 부담해야 하는 보험료를 노동자에게 전가시킬 수 있다. 보험료의 고용주 부담은 고용주가 자신의 피용자를 위해 지불하는 노동비용이기 때문에 자본으로부터 노동으로의 재분배, 즉 수직적 재분배를 가져온다.

피용자 부담 보험료는 보험료 부과가 정액제인지 아니면 소득비례제인지에 따라 재분배의 효과가 다르게 나타난다. 보험료의 고용주 부담분의 성격에 관해서는 두 가지 상반된 견해가 있다. 하나는 고용주 부담 보험료를 임금과 마찬가지로 노동비용으로 간주하는 것 다른 하나는 고용주 부담 보험료와 일반 임금을 구별한다.

(5) 보험료와 조세

보험료와 조세는 빈곤 완화, 소득의 안정, 불평등의 완화 등 동일한 기능을 수행한다. 조세는 부담능력에 따라 보험료는 급여가치에 따라 부여되며 보험료는 조세에 비해 역진적이다. 보험료와 조세의 관계에 대해서는 두 가지 견해가 있으며 하나는 보험료와 조세는 본질적으로 같다고 보거나 보험료를 조세의 일부로 보는 입장이고 다른 하나는 보험료를 조세의 일부가 아니라 임금의 일부로 보는 입장이다.

보험료와 조세의 공통점은 ① 빈곤을 완화하고 ② 가족 소득의 규칙성과 안정성을 강화하며 ③ 수평적 불평등을 감소시키며 ④ 소득의 불평등을 완화한다. 보험료와 조세의 다른 점은 ① 부과되는 대상의 차이와 ② 사회보험 보험료는 조세에 비해 역진적이며 ③ 보험료는 조세와 달리 근로소득에만 부과하고 ④ 세금은 보험료와 달리 국가의 반대급부가 특정화되어 있지 않다.

2) 민간재원

(1) 자발적 기여(Voluntary contribution)

자발적 기여란 민간의 자발적인 기부금을 말한다. 여기에는 개인, 재단, 법인, 유산의 기여가 있으며 개인 기여금은 기부자 개인이 선택한 자선단체에 직접 기부하거나 공동모금단체를 통해 기부한다. 자발적 기여는 자선이나 박애활동, 정부의 조세감면정책으로 장려된다.

자발적 기여의 주된 동기는 자선이나 박애이지만, 정보의 조세감면정책, 즉 기부금에 대해 세금을 면제해 주는 정책이 큰 뒷받침이 되고 있다.

(2) 이용자부담(fee charging)

이용자부담이란 사회복지기관과 시설의 서비스를 이용한 사람이 부담하는 비용을 말한다. 시설이용자가 요금을 부과하게 되면, 서비스제공자는 서비스의 질에 대해 강한 책임감을 갖게 된다. 건강보험의 이용자부담은 불필요한 의료수요, 남용을 억제하는 데 있다.

이용자부담액에 부담을 느낄 수밖에 없는 저소득층에게는 서비스 이용에 제한을 주는 문제점 있다.

(3) 직업복지 ; 기업복지(Occupational welfare)

직업복지는 기업이 직원들에게 제공하는 임금 외 급여 또는 부가급여(fringe benefit)로서 기업연금, 민간 건강보험, 유급휴가, 주택구입비 지원, 사택제공, 무이자대출, 사내 후생시설, 출퇴근 버스 운영, 사내 취미서클 지원 등 다양한 형태로 제공된다.

기업이 직업복지를 운영하는 주된 이유는 우수한 인력의 확보와 유지, 노사관계의 안정, 기업에 대한 근로자의 충성심 강화, 생산성 향상 등에 있다. 대부분의 나라들이 직업복지로 지출되는 비용에 대해 세제상의 혜택을 부여하고 있는데 이유로는 직업복지의 확대가 국가의 사회보장 수요를 감소시키기 때문이다. 기업 입장에서도 세금이 부과되는 임금보다는 세제상의 혜택이 있는 직업복지형태로 근로자에게 급여를 제공하는 것이 유리하다. 기업복지의 급여수준은 임금에 비례하는 경향이 있기 때문에 소득역진적(regressive)인 성격이 강하다.

제 4 절 우리나라 사회복지정책 문제점

1. 의료보험 현황

의료보험은 1977년에 도입되어 12년만인 1989년 전 국민을 대상으로 확대 실시되어 국민의 생활 속에 중요한 사회보장제도로 자리잡고 있으나, 보험료의 미납계층이 의료혜택의 적용에서 제외되는 문제가 발생하고 있고, 총 진료비의 50%를 환자 본인이 부담함으로써 저소득층의 의료접근성 및 의료비 부담의 위험분산에 한계를 노출하고 있으며, 최근 5년간('94～'98) 보험급여비 연평균 증가율이 20.5%인 반면 보험료 수입의 연평균 증가율은 12.2%(국고지원 연 증가율 11.6%)에 그쳐 재정불안이 제도정착의 저해요인으로 상존하고 있다.

2. 국민연금 현황

국민연금은 1988년에 도입된 이후 11년만인 1999년 4월 전국으로 확대하는 성과를 거두었으나, 가입대상자 중 40% 정도가 실제 가입하지 못하는 소득보장의 사각지대가 존재하고, 국민연금제도의 미성숙으로 수급자가 59만 명에 불과하여 증대하고 있는 각종 사회적 위험에 대한 소득보장에는 미흡하며, 국민연금 급여수준을 현행 수준인 가입기간 평균보수월액의 60%로 유지할 경우 연금재정에 불안요인이 되므로 급여 및 보험료 수준의 적정화가 필요하며, 자영자에 대한 소득파악의 어려움 및 합리적인 보험료 부과체계의 미개발로 인해 근로자와 자영자간 부담의 형평성 문제가 대두되어 제도 정착의 걸림돌로 작용하고 있다.

3. 여성복지 현황

1) 가정폭력

그동안 가정폭력문제는 단순히 가정 내의 문제로 이해하고 이를 가족 내에서 해결하거나 인내하려는 태도로 이해서 제도권 내에서 적극적으로 상담을 통한 해결방안을 모색하려는 의도가 약했으나 여성폭력에 대한 대국민 인식개선을 위한 홍보 등 정부의 지속적이고도 적극적인 노력에 힘입어 상담건수가 대폭 증대하였다.

2) 미혼모 보호 현황

미혼모상담·예방사업은 전국의 여성복지상담소, 간이 여성복지상담소, 미혼모시설과 입양기관에서의 상담이 주류를 이루고 있다. 그러나 미혼모발생 예방을 위한 체계적인 사업은 전무한 실정이다.

미혼의 임산부 및 출산 후(6월 미만)보호가 요구되는 여성으로서 안전하게 분만토록 하고 심신의 건강을 회복할 때까지 보호함을 목적으로 미혼모시설을 설치·운영하고 있다.

또한 양육을 결정한 미혼모들이 지역사회에서 공동생활가정을 형성·생활할 수 있도록 지원함으로써 건강한 자녀양육 및 미혼모 자립능력을 제고시키기 위하여 "양육하는 미혼모를 위한 중간의 집"을 운영하고 있다.

3) 아동복지 현황

교육인적자원부는 2004. 9. 24일 모든 아동들에게 균등한 교육기회를 제공하기 위하여 2005년도 유아교육 지원예산을 345억 원에서 152% 늘어난 871억 원으로 대폭 확대 편성하였다. 유아교육 지원예산의 대부분은 저소득층 학부모들의 유아교육비 부담 완화를 통한 유아교육기회 확대 및 교육 출발점의 평등을 구현하기 위하여 저소득층 유아교육비로 지원해 오고 있다.

4) 노인복지 현황

(1) 소득지원 특별대책 강구–경로 연금 제도 도입

전 국민 연금제도가 실시될 경우에도 65세 이상 노인들은 여전히 연금수해 대상에서 제외됨으로써 대부분 노인들은 자녀들에게 생활을 의존하는 등 어려움을 겪게 될 것으로 예상된다. 이에 따라, '98.7.1일부터 경로연금제도를 도입하여 65세 이상 저소득노인들에게 일정액의 연금을 지급하고 있다. 65~79세인 생활보호대상 노인에게 월 5만원씩, 80세 이상 생활보호노인에게는 월 5만원씩을 지급하고 있고, 일반 저소득 노인에 대하여는 월 2만원씩을 지급하고 있다.

(2) 치매요양시설 및 치매요양병원 건립

'98년까지 23개소 치매요양시설 건립비를 지원하고 '99년도에는 1개소를 신규지원(예정)하여 가정 또는 일반요양원에서 보호하기 어려운 중증 치매노인을 보호하여 가계부담을 경감하고, 치매노인 가정의 안정을 도모하고 있으며, 동 시설을 2005년까지는 70개소로 확충하였다. 동시에 '98년말 9개소를 지원한 치매요양병원도 '99년에 3개소를 추가 지원하여 총 12개소로 확대하는 한편 2000년까지 각 시, 도별로 1개소씩 설치하였다. 또한, 치매 관련 전문적 연구 및 정보 수집을 위하여 국립보건원 뇌의약학센터내에 퇴행성질환 연구팀을 설립하여 치매의 원인, 예방 및 치료, 진단법 등 종합연구체계를 구축하고 있다.

제 5 절 비전 2030

2030년 1인당 GDP 4만 9천달러 목표이다.

비전 2030은 2030년까지 해마다 GDP의 9.8%씩 복지지출 규모를 늘려 2030년 복지수준을 선진국 수준으로 끌어올린다는 계획이다. 추가로 투입되는 재원은 1,100조원이다. 정부는 비전 2030이 성공적으로 달성될 경우 1인당 GDP는 2020년 3만7천 달러를 넘어 2030년 4만9천 달러로 현재의 스위스 수준에 도달할 것으로 내다봤다. 삶의 질은 현재 41위에서 2030년 세계 10위로 현재의 미국 수준을 뛰어넘는다는 계획이다.

정부가 민관 전문가 60여명을 통해 1년여에 걸쳐 최초로 국가장기 비전계획을 마련한 것은 최저수준의 출산율과 갈수로 심화되는 양극화를 방치할 경우 미래 성장 기반 자체가 붕괴될 수 있다는 위기감 때문이다. 하지만 성장과 분배논란이 다시 재연될 가능성이 높은데다, 자원조달 방식을 놓고도 증세논란이 거세질 수 있어 상당한 진통이 예상된다.

2008년도 우리나라를 살펴보면 GDP대비 복지지출 규모는 8.6%에 불과했다. 호주와 스웨덴, 미국 등 OECD국가들의 평균치인 21.2%에 비해 1/3 수준이다. 때문에 세계 10위권의 경제대국이면서도 삶의 질은 OECD국가 중에서 최 하위권에 맴돌고 있다. 이에 따라 정부는 복지 없이는 더 이상 성장도 할 수 없다는 판단에 따라 동반 성장 전략인 '비전 2030'을 발표했다.

비전 2030이 실현되면 우리나라 국민은 교육이나 주거, 의료 등 기본수요에 대한 걱정을 하지 않아도 된다. 2030년까지 공공임대주택 비율이 지난해 기준 5.1%에서 16.0%로 올라가는 데다 건강보험 보장률은 지난해의 65.0%에서 85.0%로 높아지기 때문이다. 이에 따라 우리나라의 삶의 질은 작년의 세계 60개국 중 41위에서 2030년 10위로 올라가게 된다. 국민 문화 향유율도 95.0%로 올라가고 공공도서관도 4만 명당 1관씩 생겨 가까운 곳에서 언제든지 문화생활을 즐길 수 있게 된다.

노동자는 일할 능력과 의사가 있는 노동자는 누구든 평생 배우며 일할 수 있게 된다. 현재 63.7%인 우리나라의 15~64세 고용률은 2030년까지 72.0%가 되며 일자리를 잃은 경우 누구든 재교육을 받는 제도가 정책돼 평생학습 참여율도 2004년 22.0%에서 50.0%로 올라가게 된다. 아울러 정규직 대비 비정규직의 임금 수준은 2009년 63.0%에서 2030년 85%로 올라가 비정규직 차별이 완화되며 산업 재해율은 2005년의 3분의 1 수준인 0.24%로 떨어진다. 아울러 노동시간은 연간 333시간 가량 줄어드는 대신 여가시간은 늘어난다. 또 실업자가 됐더라도 재기의 기회가 늘어나 실업자 훈련 참여자 취업률이 지난해 50.0%에서 65.0로 올라간다.

기업인은 기업규제가 줄어들고 노사관계가 협력적으로 바뀌며 대・중소기업간상생문화가 정책돼 생산성이 향상된다. 2030년에는 기업규제 완화 정도가 세계 60개국 중 43위에서 10위로 뛰어오른다. 파업으로 인한 근로손실일수는 지난해 56일에서 15일로 줄어든다. 세계 60개국 중 산학 간 지식 이전 정도가 21위에서 5위로, 기업의 사회적 책임이 30위에서 10위로 각각 향상된다. 혁신형 중소기업은 9배로, 세계일류상품은 4배로 늘어난다. 부품개발 기술수준도 향상돼 한국의 기술과 상품이 세계 어디에서나 인정받게 된다.

학생, 청소년 아이들은 훨씬 나은 공교육 환경에서 공부하게 되며 방과 후에도 사교육비 부담 없이 입시는 물론 예체능 공부를 할 수 있게 된다. 2030년 초등학교 학급당 학생 수는 23명으로 작년의 2009년 32명에 비해 크게 줄어들고 방과 후 활동 수혜율은 32%에서 75%로 높아지게 된다. 공영형 혁신학교, 자립형 사립고, 대안학교 등이 활성화돼 학생의 다양한 학교선택권이 보장되며 대학에서 사회적으로 유용한 지식과 기술을 충분히 배울 수 있게 된다.

여성, 맞벌이부부 = 일하는 여성이 성차별을 당하지 않고 능력을 인정받는 문화가 정착된다. 또 여성들은 아이를 건강하게 낳을 수 있게 되며 양육비 걱정 없이 아이를 맡길 수 있는 기회도 늘어난다.

2030년 우리나라의 여성경제활동 참가율은 65.0%로 작년의 50.1%에 비해 크게 높아지고 한국의 여성권한 척도는 UNDP 80개국 중 59위에서 20위로 올라서게 된다.

영아 사망률은 2002년 기준 5.3명에서 3.0명으로 낮아져 건강한 임신과 출산이 보장된다. 육아서비스 수혜율은 47%에서 74%로 높아지고 육아비용 부모부담률은 62%에서 37%로 줄어 보다 많은 여성들이 양육비 걱정을 덜게 된다.

남녀소득격차는 남성소득 대비 여성소득이 2003년 0.48에서 0.70으로 늘어 격차는 줄어들게 된다.

노인 경제적으로 안정되고 건강한 노후 생활이 가능해진다. 취업을 원하는 고령자에게 충분한 일자리가 제공될 수 있도록 정년 연장과 정년폐지가 추진된다. 지난해 17%에 불과한 노인 연금수급률이 66%로 올라가 노인의 3분의 2가 연금 혜택을 받게 되며 장기요양서비스 수혜율도 현행 11%에서 100%로 올라가 치매나 중풍을 앓는 노인은 누구나 가족들에 의존하지 않고도 치료를 받을 수 있게 된다.

장애인 장애인들의 이동과 정보이용이 자유로워진다. 장애인 편의시설 설치율은 작년에 72.7%였으나 2030년에는 100%로 올라가고 장애인 인터넷 이용률도 36%에서 100%로 상승한다. 아울러 장애인 실고용률이 1.3%에서 3%로 올라가고 취업 장애인의 월평균 소득도 상용근로자 대비 지난해 44.5%에서 90%로 상승해 직업을 통해 자아실현을 할 수 있는 기회가 늘어난다. 장애인 재활병원수도 지난해 1개에서 2030년에는 32개로 늘어나 치료와 재활서비스를 받기가 편리해진다.

저소득층 최소한의 생활은 국가로부터 보장받을 수 있게 된다.

최저 주거기준 미달가구가 200년 23%에서 0%로 내려간다. 생계급여를 받는 사람은 지난해 151만 명에서 173만 명으로 늘어나며, 의료급여 등으로 기본적인 건강수준이 보장된다. 근로장려체제(EITC) 도입으로 차상위층에 대한 자원도 이루어진다. 사회복지담당공무원도 늘어나 1인당 담당인구수가 3천800명에서 1천명으로 줄어든다.

농어업인 농어업이 규모화, 전문화돼 경쟁력이 확보되며 농어업인의 생활기반시설과 교육, 문화, 복지환경도 확충돼 농어촌이 살기 좋아진다. 쌀 전업농 쌀 생산비중이 지난해 30%에서 79%로 높아지고 수산 자원량도 790만t에서 1천만으로 늘어난다. 농어촌 상수도 보급률은 지난해 40%에서 80%로 올라간다.

제 6 절 유럽의 복지 국가

스칸디나비아 지역의 국가들은 불리한 자연 환경에도 불구하고 일찍부터 진취적이고 근면한 생활 태도로 환경을 이용 개발하여 왔다. 그리고 근대 이후, 중립주의를 내세워 오랫동안 평화를 누려오면서 안정적인 정치, 경제, 사회 발전을 이룩하여 세계 최고 수준의 선진복지사회가 되었다. 일찍이 덴마크는 1891-1892년에 이미 건강보험제도와 노인 연금제를 실시하기 시작하였고 결국 이 조치는 오늘과 같이 스칸디나비아 국가들이 사회복지제도를 갖추게 하는 기폭제가 되었다.

이는 바이킹 시절부터 생긴 균형잡힌 평등사회 구현이 그 바탕을 이루고 있다는 분석도 있다. 그래서 오늘날 무료의료혜택, 무료교육의 실시, 실업수당 노인 연금, 장애자 보조금, 극빈자구제, 구타당한 아내 보호, 맞벌이 부모 자녀의 육아문제, 남성에게까지 지급되는 출산수당 등의 개인에 대한 복지정책뿐 아니라 산간마을, 최북단의 고립된 마을 등 수많은 작은 마을 등에도 공익사업 및 통신시설을 제공하여 지리적인 불평등까지 해소하고 있다. 그러나 고도의 사회보장 제도를 비롯한 복지 사회를 유지하기 위하여 많은 세금과 비용을 충당해야 되는 문제점이 있다.

1. 덴마크

덴마크는 세계에서 가장 먼저 실업자, 병자, 노인, 장애인에 대한 사회보장을 법으로 규정한 나라로, 모든 국민이 폭넓은 혜택을 받고 있다 현재의 사회보장제도의 기초는 1933년에 확립되었다.

1) 사회보장제도의 개요

-성년에 달한 전 국민은 의무적으로 건강보험에 가입해야 하고, 의료비 · 입원비는 무료, 약값 · 치과치료비 · 장의비도 대폭 보조한다.
-67세 이상의 노인, 55세 이상의 미망인 및 폐질자에 대하여는 연금이 지급된다.
-미성년 자녀교육, 실업 등 생계비 지원 대상 가정에 대해서도 사회보조금이 지급된다.

그밖에 노재보험 · 아동수당 · 모자수당 등 각종 사회보장제도가 완비되어 있어서, 정부예산 중 사회복지 44%, 교육 14%, 의료 11% 등 약 70%가 사회보장비용으로 충당되고 있다. 90개의 종합병원(병상 2만 4,615개) 및 16개의 정신병원(병상 3,457개)이 있고 비교적 높은 의료수준을 보유하고 있으나, 진료를 받기 위해 많은 시간이 소요되는 탓에 사설병원이나 외국에서 진료를 받는 경우도 있다.

2) 여성복지 시스템

1924년 니나 방(Nina Bang)을 교육장관에 임용, 세계 최초로 여성장관을 배출했다. 유럽에서 가장 오래된 왕국이기도 한 덴마크의 왕은 여왕 마가렛이다. 이 두 가지 사실은 덴마크 여성들이 어떤 위치에 있는지를 상징적으로 말해주는 대목이다.

덴마크 여성들의 위상은 이 같은 상징에만 그치지 않는다. 국회의원 179명 중 68명이 여성으로 36%를 차지하며 18명의 장관 중 28%인 5명이 여성이다. 주요 정당의 당수를 맡고 있는 여성도 여러 명이다.

여성 친화적인 복지프로그램은 여성들에게 가정과 직장을 양립할 수 있는 길을 열어 놓았다. 덕분에 덴마크의 출산율은 현재 1.7%로 전통적으로 아이들을 좋아하는 이탈리아나 스페인의 1.1~1.2%보다 월등히 높다. 높은 출산율에는 덴마크의 출산휴가제도 역시 한 몫 한다. 덴마크의 출산휴가제도는 출산율 1.17%로 저 출산국가가 된 우리나라에 특히 시사하는 점이 많다.

덴마크의 출산휴가는 2002년 30주에서 52주로 대폭 늘어났다. 출산휴가는 산전 4주 휴가부터 시작된다. 산후 휴가는 출산 후 14주까지는 산모가 쓰며 2주는 아기 아빠가 사용하도록 되어 있다. 나머지 32주는 양쪽 부모가 나누어 사용할 수 있다. 52주의 휴가가 부족할 때는 양육을 위한 휴직을 신청하면 된다. 출산휴가 90일 조차도 대체인력이 없고 인사고과에 악영향을 줄까봐 제대로 사용하지 못하는 우리와는 비교도 되지 않을 정도이다.

2. 영국

1) 국민보건서비스법(NHS)

1946년 제정하여 1948년에 실시된 공적인 의료보험제도로서, 모든 국민에게 무료로 예방 의료와 사회복귀서비스를 포함하는 포괄적인 의료서비스를 국가의 예산을 통하여 전 국민에게 제공하는 제도로, 공정·평등의 욕구와 의료욕구를 충족시켜 주고, 최적수준의 의료급여를 제공해 준다. 영국에 거주하는 모든 국민은 지불능력과 직업, 지위, 수입, 연령, 성 등과 관계없이 의료를 무료로 제공받는데, 국민의 98%가 이용하고 있고, 모든 의사와 치과의가 이 제도에 참여하고 있다(2%는 제외).

2) 국민보험법

소득보장제도로서의 국민보험은 일정한 요건의 기여를 조건으로 하여 실업, 질병, 노령 등으로 소득을 상실하였을 때, 소득을 보전하는 여러 형태의 급부를 제공하는 제도로 위험에 대비하고자 보험의 원리에 의하여 마련된 제도이다. 1948년부터 시행되었고, 영국에 거주하는 의무교육수료연령을 초과한 모든 국민이 가입하였고, 피보험자는 피용자·자영업자·임의가입자로 분류되고 각출이 의무화된다. 기여금은 기본부분과 소득비례부분으로 나뉘고, 재정방식은 적립방식에서 1950년 후반 부과방식으로 이행되었다.

3) 공공부조법

보충급여부조는 가장 핵심적인 제도로 대상자의 자력조사에 따라 최저생계비를 국가가 보장하고, 16세 이상의 정규임금생활자가 아닌 모든 영국국민이 수급대상이 된다. 그리고 아동수당, 아동보조수당, 보충부조급여 대상자로 선정된 경우 공공주택에 무료로 입주하거나 임대료를 보조받는 주택부조 등이 있다.

3. 미국

미국의 사회보장법은 자조(self-help)의 원리로서 사회보장프로그램에 근로의욕에 관한 규정을 짓고, 보편주의적이라기보다는 선별 주의적 입장이다. 또한 지방분권적 특성으로 대부분의 경우 주정부에 강제적인 방법을 사용하지 아니하고 무상의 재정원조요건만을 규정하고 이를 통하여 주정부의 자발적인 참여를 도모하는 것이 특징이다. 사회보장제도의 실행이 행정조직보다 주로 전문가의 사회사업조직을 통하여 이루어지고, 통일성이 없고, 그 전달 체계가 복잡하다.

1) 노인건강보험

연방에 의하여 운영되는 유일한 의료보험으로 가입이 강제적인 입원보험과 임의가입의 보충적 의료보험이 있다. 모두 65세 이상의 노령자를 주된 대상으로 하며, 65세 미만의 중요 장애인과 중요 심장병환자도 포함된다. 재원은 입원보험의 경우 연방의 사회보장세로써 충당하고, 보충적 의료보험은 가입자의 월 보험료로 50%, 연방일반예산에서 50%를 보조한다.

2) 실업보험

실업보험은 근로의사와 능력을 가진 근로자가 비자발적으로 실업한 경우에 상실소득을 부분적으로 보전해 주는 제도로서 각 주가 운영하고 있다. 재원은 사용자에게 부과하는 세금으로 충당하고 급여는 매주 현금으로 지급한다. 급여수준은 주에 따라 상당한 격차가 있기는 하지만 일반적으로 취업당시 임금의 50~70%를 최고 26주간 지급한다.

4. 일본

1) 고용보험법

실업근로자의 생활안정도모 및 구직활동원조와 재취직 촉진을 목적으로 하는 제도로 근거법으로는 고용보험법과 특수직장을 대상으로 하는 각종 퇴직 수당법이 있다. 원칙적으로 고용규모와 관계없이 전 사업장에 적용되고, 급여에는 '구직자 급여'(-기본수당, 기능습득수당 및 기숙수당, 사병수당, 고용구직자급여금, 특례일시금 및 일고노동 구직자급여금)와 '재취직촉진급여'(-재취직수당, 상용취직지도금, 이전비 및 광역구직활동비)가 있다.

2) 산재보험법

산재보상보험은 업무재해 또는 통근재해로 인한 근로자의 부상, 질병, 사망에 대하여 피해 근로자와 그 유족을 보호하기 위한 보험제도로서, 근거법으로는 노동자재해보상보험법과 선원 등 특수직장을 대상으로 하는 각종 재해보상법이 있다. 근로자를 사용하는 전 사업장이 적용대상이 되며, 연동제가 적용이 되고 사업주가 부담하는 보험료가 재원이 된다. 급여의 종류에는 요양급여, 휴업급여, 상병연금, 장애급여, 유족급여, 장제비 등이 있다.

연 구 문 제

1. 미국의 사회복지정책에 대하여 설명하시오.

2. 일본의 사회복지정책에 대하여 설명하시오.

3. 스웨덴의 사회복지정책에 대하여 설명하시오.

4. 프랑스의 사회복지정책에 대하여 설명하시오.

5. 호주의 사회복지정책에 대하여 설명하시오.

제 5 장

복지국가의 사회복지 정책발달

제 1 절 복지국가의 의의

1. 복지국가의 정의와 특성

현재 복지국가에 대한 완벽한 정의는 어려운 부분이나 복지국가를 좁게는 정부의 사회복지정책을 지칭하기도 하고, 정치체제 또는 전체사회 즉 자본주의체제와 사회주의체제가 혼합된 국가와 동일시하기도 한다.

오늘날 대부분의 국가들은 다소간의 차이는 있을지 모르나 행정국가, 복지국가를 지향하고 있는 게 현실이다. 최초로 복지국가라는 용어가 오늘날과 같이 쓰이게 된 것은 1930년대 후반에 Alfred Zimmern이 권력국가에 대비하여 사용하였다. 복지국가라는 말에 구체적인 의미가 부여되어 사람들의 주목받게 된 것은 1942년 영국에서 비버리지가 "사회보험과 관련서비스(Social Insurance Allied Service)"라는 보고서를 발표하고, 나아가 1944년에 완전고용에 관한 정부의 백서와 비버리지의 보고서가 발표되어 광범위한 사회보장과 완전고용을 행하는 것이 국가의 책임이라고 보게 되었기 때문이다. 그 후 1945년 제 2차 세계대전 후에 정권을 잡은 노동당에 의해 이 생각이 구체화되어 영국은 복지국가의 대표적인 나라가 되었다. 그리고 복지국가라는 용어가 오늘날과 같이 보편화, 일반화된 것은 1930년대 뉴딜정책이 시행된 후의 일이며, 1950년대 후반과 1960년대 초기부터 매우 중요한 의미를 갖고서 널리 보급되게 되었다.

사회체제의 특성에 따라 복지국가에 대한 개념정의의 어려움으로 인하여 다양한 정의가 이루어지고 있다. 황진수(1996)는 "복지국가란 개인의 일상적 생활보장과 위험 및 사회적 문제를 해결하고 자유와 평등을 포함한 복지상태를 이룩하기 위하여 정부수준과 민간조직의 수준에서 복지증진에 최우선적으로 정책적 목표를 지향하고, 그의 달성을 위해 노력하는 국가"로 정의하고 있다. 여기서 야경국가와 복지국가의 차이를 알 필요가 있다. 야경국가는 국가가 외적의 침입이나 국내치안 유지 같이 시민들의 사생활이나 보호를 거시적으로 받을 수 있는 사회이다. 여기서 야경국가는 작은 정부, 소극적 정부, 최소의 정부로서 시민의 자유와 권리가 최대한 보장되기에 국가는 개인의 일에 간섭할 수 없고 오로지 질서유지만 수행한다. 복지국가는 국가가 외적의 침입이나 국내치안 이외에 사생활이라든지 시민들의 생활까지 돌보아 주는 것으로 복지국가는 좁게는 정부의 사회복지정책을 지칭하기도 하고, 정치제체 또는 전체 사회 즉 (자본주의체제와 사회조의체제가 혼합된 국가) 동일하게 다룬다.

1970년대 이후 서구 유럽국가에서 제기되었던 복지국가 확대에 대한 비판은 첫째, 복지국가는 경제성장을 저해시킨다. 둘째, 복지국가는 빈곤층을 오히려 증가시킨다. 셋째, 복지국가는 빈곤층의 도덕성의 훼손을 가져와 의존심을 높인다. 넷째, 복지국가는 가족 구조의 변화를 가져와 불필요하게 사회복지의 수혜자의 숫자를 늘린다. 이와 같이 복지국가의 비판에 대한 대응책을 제시하는 것이 복지국가의 실체를 이해할 수 있을 것이다.

베버리지 보고서에 의한 복지국가의 정의는 요람에서 무덤까지 국민의 건강과 복지에 대하여 책임져 주는 국가를 말하고 그 특징은 전 국민에게 최저한도의 생활을 보장한다는 평등주의에 있고 전 국민의 행복을 가져오는 복지사회 건설을 신념으로 여기는 것이다. 그 내용은 결국 세계전쟁은 곧 끝나고 영국은 이때까지 전 세계에 군대를 파병시켜 부를 획득해 와서는 귀족과 일부계층만이 잘 살아왔다. 이제는 개개인 국민 모두가 요람에서 무덤까지 국가 책임하에 골고루

복지가 보장되는 사회를 이룩하여야 한다는 뜻이다. 이 베버리지 보고서는 그 당시 영국민의 대대적인 환영을 받았다. 그 이유는 제2차 세계대전에 지친 영국민들의 감정에 딱 맞는 내용이었다. 보고서는 전쟁을 싸워온 사람 모두가 갈구하던 전후의 사회질서의 청사진을 제공하였고 공동의식을 고무하는 내용을 표현한 것이다.

Lowe에 의한 복지국가의 정의는 다음과 같다.

첫째, 복지국가는 좁게는 사회서비스, 넓게는 시민의 복지를 위해 정부가 제공하는 모든 사회경제적 서비스를 의미한다. 둘째, 복지국가는 1940년대의 창조물로서 베버리지 보고서에도 잘 반영되어 있는데, 역사상 처음으로 모든 시민을 요람에서 무덤까지 보장하였다.

셋째, 기능이다. 즉 이러한 새로운 실체의 핵심 기능은 무엇인가라는 것이다. 기능적으로 정의하면 복지국가는 적어도 세 가지 방향에서 시장의 힘을 교정하려는 노력을 담고 있다.

Briggs에 의하면 복지국가의 정의는 다음과 같다.

첫째, 개인과 가족에게 노동이나 재산의 시장 가치에 관계없이 최저 소득을 보장하는 것이고, 둘째, 개인과 가족이 사회적 위험인 질병, 노령, 실업 등을 극복할 수 있도록 함으로써 비보장의 범위를 줄이는 것이며,

셋째, 모든 시민이 지위와 계급과는 무관하게 합의된 사회서비스를 향유하게 최선의 기준을 제공하는 것이다. 첫째와 둘째 목표는 1·2차 세계대전 사이의 사회복지정책 목표와 다를 바 없다. 셋째는 보편주의와 '최적(optimum)'수준의 개념을 함축하고 있는데, 복지국가의 특징을 가장 잘 나타내고 있다.

티트머스는 사적인 시장에서는 제공될 수 없는 특별한 서비스는 모든 시민에게 제공하는 국가를 말하며, 도우네스는 자본주의적 생산 체제를 유지하면서 모든 시민에게 집단적 사회보호와 보장하고, 민주적이며 정부가 지원하는 복지 제도에 의해 지원해주는 국가로 보고 있다.

윌렌스키는 모든 국민에게 최소한의 소득, 영양, 보건, 주택 및 교육 등을 자선으로서가 아니라 정치적 권리로서 인정하는 국가이다.

미쉬라는 국민 최저 수준의 삶을 보장하도록 정부 책임을 제도화한 국가로 보

고 있다.

복지국가의 성립조건은 첫째, 경제 제도로서의 수정자본주의 둘째, 정치 제도로서의 민주주의 셋째, 국민 최저의 수준의 보장과 넷째, 복지에 대한 정부의 책임이 수반되어야 한다.

복지국가의 특징으로는 다음과 같다.

첫째, 사회복지정책의 대상자를 전 국민으로 확대했고 국가와 시민단체가 주체가 되었다.

둘째, 욕구는 국민최저 이상으로 확장되었으며 직업보장의 완전고용과 복지와의 관련성을 중시했다.

셋째, 전 국민으로 확대된 사회보장과 시장을 보완하기 위한 케인스주의적 사회경제정책이 핵심제도가 되었으며 시민권이 완전히 보장되었다.

넷째, 경제와도 거의 대등한 파트너 관계를 가지게 되었다.

이러한 복지국가의 구성요소는 첫째, 국가안보인 평화의 보장이다. 둘째, 중도적 성격으로서의 복지국가는 복지 자본주의하에서 수정자본주의 또는 혼합경제체제의 운용이다.

셋째, 복지국가는 정치제도에서 사회주의보다는 민주주의에서 찾는다. 넷째, 국민 개인에 대하여 국가 책임이 수행된다.

복지국가의 이념은 복지공급의 국가주의라 할 수 있다. 이것은 국가 간섭에 의해 민주주의와 휴머니즘을 달성하는 것이다. 그 이념은 인간의 존엄성, 자유, 평등, 민주주의, 사회적 유대로서의 연대성, 그리고 생활의 안정과 해방을 들 수 있다.

자본주의국가에서는 완전고용·최저임금보장·사회보장제도 등이 가장 중요한 시책이다. 현재는 북유럽이 잘 발달되어 있다. 역사적으로는 "짐은 제1의 공복이다"라 불렀던 절대주의 혹은 전제주의 계몽국가에서부터 시작되었다. 또한 20세기의 국가 사회주의적 사상을 배경으로 하는 직능국가도 복지국가로 볼 수 있다.

여기서는 연대적으로 고전적, 현대적 복지국가차원에서 살펴보기로 한다.

첫째, 고전적 복지국가이다.

근대국가의 초기에 절대군주는 공공의 복지는 최고의 법이라든가, 군주는 국민의 제1의 공복이라고 칭하며, 국민의 복지실현이라는 미명하에 중상주의정책을 취하였다. 이 때 국민의 복지내용은 군주 스스로가 임의로 결정하였고, 국민복지의 이름으로 국민생활의 구석구석에까지 간섭하였으므로 경찰국가이기도 하였다. 따라서 현대의 사회복지국가와 구별하여 공공복지국가라고도 한다.

둘째, 현대적 복지국가이다.

현대의 사회복지국가는 자본주의적 생산양식과 결부되어 있어, 계급대립의 격화는 폭력혁명에 의한 체제변화를 초래하기 때문에 19세기 후반부터 민주사회주의나 사회민주주의 등의 자본주의 수정이론이 나타나 국민전체의 사회복지를 추구하고 있다.

북유럽 지역의 근대경제학, 영국의 페이비어니즘(Fabianism), J. M. 케인스의 고용이론, A. C. 피구의 후생경제학 등은 복지국가이론에 큰 몫을 한 이론들이다. 스웨덴·노르웨이·핀란드·덴마크 등의 북유럽 국가들은 각기 국가를 국민의 집으로, 개인의 성공과 관계없는 생활의 안정을, "어린이의 성(城)" 등의 구호를 내걸고 거의 모든 국민이 소득을 가지게 하는, 일찍부터 잘 발달된 복지국가로 알려져 있다. 제2차 세계대전 이후 영국도 "요람에서 무덤까지"의 구호를 실현하게 되었다. 한국의 현행헌법도 전문과 제34조 등에서 복지국가건설을 목적으로 하고 있음을 천명하고 있다.

복지국가는 적당한 수준의 경제성장에 의하여 얻어지는 국민소득총액의 증대를 바탕으로 조세정책, 일부 산업의 국유화, 완전고용, 쾌적한 의식주의 확보, 질병자·실업자·노인과 모부자의 사회보장, 국민연금 등에 의하여 국민들로 하여금 최저한의 건강하고 문화적인 생활을 보장하는 것이다. 여기에 덧붙여 언론·집회·결사의 자유 등과 같은 정신적 복지도 불가결한 것이다. 그러나 다른 한편에서 볼 때 국민이 체제에 지나치게 의존하거나 국가통제의 증대화를 촉진시킬 수 있다. 또 관리국가로서 관료들의 국민생활 간섭으로 소외감을 가져올 수 있고, 생활안정으로 노동자의 노동의욕이 감퇴되거나 노인자살과 비행청소년의 증대를 초래하기도 한다.

복지국가의 사상은 세 단계의 이념에 기반을 두고 발전해 나가고 있다.

첫째, 케인스주의이다.

케인스는 1929년 시장실패 등의 요인으로 경제 대공황이 일어났을 때 그 원인이 유효수요의 부족이라고 생각했기에 사람들이 소비를 늘릴 수 있도록 화폐량을 늘리며 정부가 나서서 돈을 써서 댐을 건설한다든지 공장들을 짓는 등 공급과 수요의 간극을 메워야 한다는 정부 개입을 주장하여 혼합경제의 기본틀이 되었으며 전 세계적으로 큰 영향을 끼쳤다.

다음은 신자유주의인데 미국식 경제원리로 자유시장 경제 강화이며 국가가 개입을 최소화하며 지방정부에 역할을 분권화시켜 "작은 정부"를 실현하자고 주장한다. 경제대공황을 케인스주의로 극복했지만 1970년대 이후 미국은 석유파동과 스태그플레이션으로 경제 불황 속에서 물가상승이 동시에 발생하고 있는 상태인데 여기에는 경기침체 즉 스태그네이션에다 물가상승의 인플레이션으로 재정적자가 발생하게 되는데 이때 신자유주의 등장하였다.

대표적 이념으로는 대처리즘과 레이거노믹스이다.

그리고 제3의 길은 기든스가 이론적으로 체계화했고 고복지에서 고 부담 그리고 저효율로 요약되는 제1의 길과 고효율에서 저 부담 그리고 불평등으로 정리되는 신자유주의적 시장 경제노선인 제2의 길을 지양한다. 사회주의 국가가 붕괴된 이후, 1990년대에 집권한 유럽의 중도좌파정권 즉 영국의 토니블레어, 독일의 슈뢰더, 프랑스의 조스팽 총리 등이 우파정권(보수당)의 신자유주의 정책을 자신들의 노선에 맞게 수용하였다. 이상의 세 단계론은 1970년대 후반이후에 나타난 복지국가의 후퇴를 반영하지 못하고 있다. 현재, 복지국가의 주요 제도들의 틀이 유지되고 있고 또 여전히 국가재정의 상당부분이 투입되고 있다는 점에서 복지국가가 파산했다고 보기는 어렵지만 신자유주의와 제3의 길 노선에서 볼 때 2차 세계대전 이후 케인스주의적 복지국가는 더 이상 설 자리를 잃었다. 그러나 미국발 금융위기이후 실패에 대하여 신자유주의의 이념은 다시 한 번 재고해 보는 계기가 되었다.

1) 복지국가 위기의 대두

오늘날 사회복지는 산업사회와 자본주의화 그리고 도시화에 따른 필요불가결한 것으로 공인되고 있다. 또한 복지국가에 대한 기대는 인간이면 누구에게나 매우 높은 것으로 나타나고 있는 것이 사실이다. 이와 같은 인간의 기대수준과 욕구를 해결하기 위하여 국가개입주의가 대체적 복지 원리로 나타나게 되었는데 그것이 바로 국가관의 변천과정에서 '야경국가'에서 '복지국가'로 전환하는 과정에서 비롯되었던 것이다. 국민의 기대욕구충족 해결을 위한 것으로서의 국가개입(주의)의 경향은 산업화, 자본주의의 발전, 노동운동의 증가 등의 요인이 상호작용하기 때문이라고 설명하고 있다. 이와 같이 1929년 대공황과 1945년의 제2차 세계대전이 인류에게 던져준 여러 가지 문제점과 불행에 대한 해결을 국가개입(주의)을 통해서 어느 정도의 해결하게 되었고, 1950년대부터는 서구제국들이 거의 공통적으로 복지정책의 지속적 확장을 경험하게 되었으며, 급기야 복지비 지출이 국민소득의 증가를 능가하게 됨으로써 정부지출의 증가를 초래하게 되었다.

더욱이 지나친 정부개입과 증대되는 복지비 지출 때문에 발생하게 되는 국민의 조세부담률에 염증을 느낀 계층을 중심으로 복지확대경향을 재평가하는 움직임이 일기 시작하였는데 그것이 바로 '복지국가위기론'의 대두인 것이다. 이와 같은 현상은 1970년대의 이른바 오일쇼크 이후 선·후진국가를 막론하고 일반적으로 예산불균형과 고실업 그리고 고물가의 이중고에 시달리고, 복지의 효율성에 대한 회의가 나타나기 시작함으로써 마침내 관련예산의 축소조정 등을 통하여 종래의 복지국가의 진행이 '역회전'하는 현상이 나타나게 되었다.

2) 복지국가의 위기요인

복지국가위기론은 자유방임주의자나 보수주의자들에 의하여 1950년대부터 조금씩 논의되기 시작하였다. 그러나 지속적인 경제성장과 자본주의자의 경제력이 원활한 재분배를 뒷받침할 수 있었던 상황 아래에서는 그다지 주의를 끌만한 것은 아니었고 어느 정도 정치적이고 이념적인 논의의 범주를 벗어날 수 없었다. 1960년대까지만 해도 그다지 심각한 문제가 아니었던 이러한 논쟁은 1970년대의 재정·경제사정이 바뀌고 가열되면서 복지국가의 이데올로기 자체가 심각한 도전을 받게 되었다. 즉, '복지국가에 대한 기대는 인류 모두의 바라는 바이나 무제한한 복지정책의 강화는 인간을 게으르게 할 뿐만 아니라 자본축적을 저해한다' 든가 '복지비의 증가는 결과적으로 정부지출이 과대하여 다액의 재정적자가 누적되는 결과 경제의 안정 성정에 악영향을 미치고 더 나아가서 국가경쟁력을 저해하는 요인이 된다'는 이유 등으로 복지국가론에 대한 반성 및 위기론이 특히 선진국을 중심으로 학자들 간에 논의되고 있다.

복지국가위기론에서 말하는 복지국가에 대한 사회적 문제들은 다음과 같다. ① 무엇보다도 먼저 근본적으로 국가로부터 도움을 받는 사람의 범위를 확충해 나가는 것이 과연 도움을 받는 사람의 입장에서나 사회적으로나 이것을 발전이라고 볼 수 있느냐 하는 점이다. ② 국가복지기능의 확대는 상대적으로 개인의 사회적 책임을 감소시키는 결과는 가져올 수 있다는 점이며, 이와 같은 의식이 확산될 경우 시민의 '무기력화'를 초래할 수도 있다는 점이다. ③ 복지정책의 범위와 수준이 날로 확충됨으로써 국가기능이 전문성과 기술성을 독점하여 다양한 복지수요를 효과적으로 달성해 나가는 것이 과연 가능하냐 하는 점이다. 또 이렇게 될 경우 개인과 기업의 창의와 의욕을 저해함은 물론 오히려 사회계급의 유동을 저해함으로써 이를 고정화시킬 우려마저 있다는 점이다. ④ 무엇보다 복지국가를 지향하여 폭넓은 복지정책을 수행해 왔음에도 불구하고 아직도 빈곤과 불평등은 계속되고 있다는 점이며 완전고용에 위한 실업문제의 해결은 하나의 환상에 불과하다는 것이다. ⑤ 사회보장제도의 미래는 개인으로 하여금 사회·제도적 통제에서 탈피할 수 없게 만들었으며 실제로 서구 국민들이 벌어들인 소득의 4분의 1 이상은 본인의 의사와 관계없이 강제적으로 사회복지제도를 위해 저축된다는 것이다. 이것은 개인의 자유에 대한 심각한 침해이며, 이러한 상황 아래에서는 결국 개인의 창의성과 능률성이 떨어지면서 사회전체를 '정체상태'로 이끌게 된다는 것이다.

3) 복지위기의 재편 방향

복지국가의 지적 그리고 도덕적 정통성이 1970년대 이후 약화되고 있다. 그리고 특히 혼합경제의 만성적 위기와 케인즈주의 경제의 명백한 실패는 복지국가와 마찬가지로 서구적 번영의 황금기가 종말에 가까웠다는 것을 말해주고 있다. 사실 물질적 조건의 이러한 변화는 혼합경제와 복지를 둘러싼 사실상 정치적 동의의 파기를 초래했으며, 복지와 경제성장의 쟁점을 넘어선 이념분쟁을 다시 유발시키게 된 것이다. 또한 서브프라임에 의한 미국모기지론에 의한 금융위기의 여파는 신자유주의의 패러다임에 대한 실패와 패러다임에 대한 반성의 기회를 제공했다.

이와 같이 사회복지는 시기에 따라, 주어지는 특수한 상황이나 분야에 따라 여러 가지로 예측되고 전망될 수 있을 뿐만 아니라 사회적 권리로서 모든 사람에게 이용될 수 있는 사회복지급부를 위한 적격성의 본질, 서비스의 전달체계에서 책임성의 강화 및 개인적 서비스와 사회개량간의 균형의 관점에서 고려될 수 있어야 할 것이라는 것이다.

4) 금융위기와 신자유주의 위기

미국 경제가 구제금융과 같은 적절한 처방과 불안심리를 불식시키기만 하면 회복될 수 있는 것일까?

미국의 '금융위기'는 서브프라임 모기지 문제로 촉발되었다. 금융 규제완화 정책과 저금리 정책에 따라 자산 거품이 발생하였고, 주택저당증권과 같은 자산유동화 과정으로 CDO(부채담보부증권, Collateralized Debt Obligations), CDS(신용디폴트스왑, Credit Default Swaps)와 같은 첨단 파생상품을 만들어져 자산거품이 증폭되어 결국 전면적인 금융위기로 발전한 것이다. 그러나 이러한 금융위기의 가능하게 했던 배경과 근본원인에 대해 보다 주목할 필요가 있다. 물론 현상적으로 나타나는 위기의 추이와 과정도 중요하지만 금융위기를 야기했던 배경과 메커니즘에 대한 이해 없이는 경제위기에 대한 정확한 진단과 그에 따른 정책적 처방이 불가능하기 때문이다.

미국 경제위기를 한마디로 말하자면 지난 20여년간 규제완화, 자유화로 일컫는 신자유주의 정책에 따른 구조적이고 체계적 위기(systemic risk)의 성격을 가지며, 미국 경제는 새로운 금융기법과 금융 세계화에 따른 금융 불안정성이 극대화된 경제라고 할 수 있다.

미국 금융위기의 근본원인 금융위기를 해소하기 위해 단순한 구제금융의 투입이나 금융규제 시스템 도입과 같은 단편적인 정책으로는 위기를 극복될 수 없음을 의미한다.

미국 경제위기는 10여 년간의 만성적인 경상수지 적자와 재정적자를 가능케 했던 글로벌 불균형, 그리고 노동유연화와 같은 신자유주의 정책에 따른 노동과 자본의 소득불균형, 그리고 소득불균형과 새로운 금융환경에 의한 금융과 실물 사이의 심각한 불균형이 이번 금융위기의 근본 원인임을 지적하는 학자가 적지 않다.

보통 경제학을 균형의 학문이라고 한다. 경제는 불균형 상태로 지속될 수 없으며 언젠가 균형 상태로 수렴해야 한다는 말이다. 최근 미국 경제는 오래 동안 지속되어 왔던 불균형 상태의 조정 과정이다.

현재의 불균형은 전 세계에 걸쳐 있고, 역사적으로는 신자유주의 정책 추진의 결과이며, 가늠하기도 어려운 역사상 유래 없는 규모라는 점에서 사태의 심각성이 있다.

이 불균형의 조정과정은 최근 미국 정부가 처방을 시도한 긴급 구제금융과 부실자산의 매입 등으로 끝날 성질의 것이 아니다. 기존의 신자유주의 정책이 전반이 전환되어야 함을 의미한다. 즉 신자유주의 정책의 지속적인 집행은 오히려 불균형을 심화시킨다는 점에서 신자유주의는 종말의 길을 걷고 있는 것이다.

복지위기(론)에 대한 정책적인 대처방안은 다음과 같다.

① 급여의 축소·전환이다. 복지급여 대상자나 지급액의 규모를 줄이는 것이 검토될 만하다. 그러나 절대적 규모의 축소는 수혜자로부터의 개인적 또는 집단적 저항이 클 것이므로 현실적으로 어려울 것이다. 따라서 현상동결 또는 최대한의 증가억제가 실현가능성이 큰 정책방향이 될 것이다.

② 공공재생산, 배분시스템의 개편이다. 현재 복지국가가 담당하고 있는 복지국가의 생산, 배분시스템이 비효율적이므로 이를 '효율적 방향으로 개편하자'는 것이다. 좀더 구체적으로 말하면 국가가 맡고 있는 공공재의 생산, 자원조달기능 중 적어도 어느 하나를 사적 기관에 위임하는 것을 생각해 볼 수 있다.

이와 같은 관점에서 볼 때 사회복지는 일률적으로 인식, 평가할 것이 아니라 그 국가사회의 변화와 실정에 알맞은 사회복지의 체계와 모형을 개발하여 복지국가위기론 및 복지병으로까지 확대되고 있는 복지문제에 대한 정책적인 대처방안을 강구함으로써 인간의 기본적인 욕구를 최적의 상태로 확보하여 복지위기론에 대한 인식을 새롭게 하여야 한다.

제 2 절 사회복지 정책발달사

Ferge는 사회복지정책의 역사는 빈민법 단계, 사회보험 단계와 복지국가 단계로 구분하였다. 빈민법 단계에서는 유럽의 절대왕정시대에 국가, 교회, 봉건영주가 걸인, 부랑자 및 구제가치가 있는 빈민을 대상으로 최소한의 생존을 욕구로 인정하였다. 주요제도는 시설 및 거택보호, 공공부조 등이다. 사회보험 단계는 국가와 노동조합이 노동자계급을 대상으로 산업화, 도시화로 인한 사회적 위험에 최소한의 지원을 하였다. 사회보험, 공중보건, 교육, 주택복지를 시작하였다. 복지국가 단계는 국가나 시민단체가 시민이나 개인을 대상으로 국민최저 이상, 직업보장과 복지와의 관련성을 중시하였다.

사회복지가 가장 잘 발달한 영국은 잉글랜드, 웨일즈, 스코틀랜드 그리고 북아일랜드의 연방체제의 나라로 영국의 각 연방국들은 자체적으로 정책을 수립하고 운영하지만 광범위하게 유사한 서비스와 정책이 각 나라에 적용되어진다. 잉글랜드와 웨일즈에서는 보건과 개인에 대한 사회적서비스를 계획하고 유지하는 책임을 지역의 보건당국과 직접 선출한 지방당국에 두고 있으며, 교육은 지방교육당국에 두고 있다.

영국에서는 그 지역사회의 보건, 복지, 교육적인 욕구를 명확히 하고 충족시켜줄 책임을 각 해당기관에 주고 있으며, 또한 장애인은 특별한 관심을 기울여야 하는 우선적인 집단 중의 하나로서 인식하고 국가가 정책적으로 지원해야 할 책임이 있음을 명백히 하고 있다.

영국에서의 장애인 정책 및 서비스는 1948년에 국가보건서비스의 개발을 시초로 소득보장을 위한 국민보험서비스의 개발 등 수십 년에 걸쳐 발전되어 왔으며, 현재 는 광범위한 보건, 개인에 대한 사회적 서비스와 소득지원 서비스들이 이미 개발된 상태에 있다.

또한 영국은 기본적으로 자원이 허락하는 한 이러한 서비스들을 개발, 발전시키고, 욕구와 기술에 대한 변화하는 인식에 적응력을 확보하고, 그리고 교육, 주택, 교통, 고용과 같은 법을 통해 보다 광범위한 사회통합을 위해 장애인에게 기회를 증진시키고자 노력하고 있다.

영국사회복지가 가장 잘 발달된 나라중의 하나로 사회복지는 수혜대상을 국민중 일부계층에 국한하지 않고 전 국민을 대상으로 하는 보편주의의 원리(universal concept)를 채택하고 있다는데 그 특징이 있다. 오늘날 세계 모든 국가가 근대적 사회복지의 기본 틀을 구축하는 과정에서 견인차 역할을 해 왔다고 해도 과언이 아니다. 영국의 사회복지는 복지국가의 전형을 갖추고 있으며, 사회복지의 효율적 수행을 위하여 중앙정부의 부담을 덜어내는 과정을 보여주고 있다. 모든 권한이 중앙에 치중하는 것이 아닌 지방정부와 민간단체의 활발하고, 자발적인 참여로 사회복지의 시장이 형성되어 있다.

중앙, 지방정부간 관계 규정에 있어, 사회복지 수요에 대한 국가의 대응방식과 상호 영향을 비치고 있으며 이는 잠재적 수요자의 지역사회 내 사회복지 서비스에 대한 요구 또한 폭증하는 현상을 경험하고 지방정부 중심적 사회복지정책 추진하게 된다. 중앙정부 중심의 소득 보장정책과 지방정부 중심의 사회복지 서비스는 완전히 분리되어 있어 자본은 중앙, 서비스는 지방이 담당하여 집행하며, 중앙정부의 재정분담에 있어서는 제한된 포괄보조금만을 지원하는 한편, 제정지원을 위해 준수해야 하는 다양한 조건을 제시하고 각종계획 및 성과에 대한 보고의무를 부과하는 등 관리 감독과 규제를 강화하면서 주정부를 통제하고 책임성을 강조하는 프로그램 운영을 통해 사회복지의 질을 향상시키며, 책임성과 효율성을 증진하여, 영국의 복지시설들은 지방자치단체가 직영하는 것도 있고 자선단체 등 비영리단체가 운영하는 것, 그리고 민간 기업이 영리를 목적으로 운영하는 여러 가지 준거 틀로 사회복지를 추진하며 이는 지방정부 주도와 지역 사회의 활성화를 통해 사회적 기업들의 자발적인 참여를 통해 경제의 규모가 형성되면서, 중앙정부의 재정지원 규모가 축소되는 변화과정을 취하고 있다. 단적인 예로 2000년 기준으로 노인복지에서 노인보호주택인 경우 전국적으로 1만3천여 개소가 있으며, 그중 지방자치단체가 운영하는 시설은 2천1백5십 개소, 자선단체 등 비영리단체가 운영하는 것이 1천8백2십 개소인데 비하여, 민간 기업이 운영하는 시설은 9천8백 개소를 상회한다. 이것은 바로 정부보다 민간부문 확대로 사회복지 시장의 확대로 사회복지 안전망이 구축되어 있음을 인식할 수 있다. 영국은 가장먼저 산업혁명을 일으켰고, 또한 복지개념을 가장 먼저 도입하여 20C에는 "요람에서 무덤까지"라는 슬로건으로 완벽한 복지체제 형성을 주장하였으나 1970년대 후반 오일쇼크이후 신보수주의의 등장으로 복지국가로부터의 일탈을 모색한 바 있으며, 역사적으로 영국의 복지정책사에 변화와 발전의 중요한 계기가 있었다.

우리의 공통점과 차이점은 다음과 같다.

공통점은 영국의 사회복지는 중앙정부는 재정을 지방은 서비스를 제공하는 것을 확립하면서 재정과 서비스사무의 분리를 성과적으로 이루고 있다. 한국도 영국의 재정과 서비스 사무의 분리에 가깝게 법적인 테두리를 성립한 상태이며, 아쉽게도 실제적용 과정에서 어려움이 있지만 절차적으로 성립되었다고 볼 수 있다.

차이점은 재정과 서비스의 연계관계에서 한국은 중복적인 면이 일정 부분 남아 있으며, 이는 해결해야 할 과제이다. 영국은 분명하게 나뉘어서 중앙에서는 재정을 최소화하여 지방정부에 서비스를 자치단체와 민간기업의 활성화된 서비스 제공으로 전반적인 사회복지를 제공하고 있는 차이점이 있다.

중앙과 지방정부간 관계와 민간 협력의 차이에서도 한국은 아직도 해결되지 않은 법적인 굴레와 실무적인 과정에서 해결되지 않은 제정분담이 일정부분 남아 있어 민간의 협력이 점차 늘어나고 있지만 중앙정부와 지방정부간의 이해관계가 정립되어 안정적인 기반을 구축해야 할 것이다. 서구복지국가의 사회복지에 대한 경험을 우리나라의 사회적 복지제도의 기반을 구축하는데 발전적인 적용과정이라고 할 수 있는 지금의 상황에서, 법적으로 영국식 사회복지를 표방하며, 우리 사회현실에 적합한 사회복지를 구축하도록 하여야 할 것이다. 영국의 사회복지는 민간기업의 활성화를 통하여 안정적인 사회복지를 제공하고 있지만, 한국은 아직 사회복지에서 민간부문의 일정부분 성장하고 있지만, 빈약한 상황임으로 확대가 절실하다. 지방 이양에 따른 자율성, 민주성 효율성이 활성화된 영국의 사회복지는 지금에 대한민국의 있어, 그에 맞게 중앙정부의 자원과 권한을 지방정부에 부여하는 과정이 성립되면서 중앙정부가 지방정부의 보충성의 원칙에 따라 모든 공공의 사무를 기본적으로 지방정부가 담당하고 국가는 이를 보충하는 역할을 수행해야 할 것이다.

영국의 정당들이 번갈아 가면서 정권을 잡고 국정운영을 하면서 사회복지정책도 상당 부분 중첩적으로 축적된 과정에서 성립된 복지정책이 지금에 복지국가의 모습을 취하는 것을 보며, 영국의 중앙정부의 사회복지 부담의 증가와 해소과정은 긍정적인 면이 크다고 인식할 수 있을 것이다. 그렇다고 해서 우리나라도 이렇게 꼭 되어야 한다는 것은 사회현황을 인식하지 않고 이상적으로 적용하는 것과 마찬가지다. 사회복지 정책에 대한 법적인 중앙정부와 지방정부의 자원과 권한 재분배가 이루어진 지금의 상황에서 가장 중요한 것은 이양의 분명한 규정과 사무의 중복성해소이다 지방이양과정에서 중앙정부는 전국적 보편적인 사무와 통일성 있는 자원 재분배를 통하여 지방의 자율적인 복지서비스 제공과 활성화를 통한 효율성을 증진시키며, 지방정부의 사회구성에서 지방정부와 민간기업, 단체들의 자발적인 참여와 확대 활성화를 통하여 중앙정부는 지방정부에게 보충성의 원칙의 따라 이양을 성과적으로 이루어야 할 것이다. 영국의 복지는 보건, 복지, 환경으로 나누어져 비중에 따라서 계속적인 속성으로 이루어진 것이며, 이는 우리의 2010년 경우, 복지에 건설이 포함되면서 역대 최고 예산이 물가인상보다 저조한 상황이고 보장되어야 할 것들이 기금성 예산으로 책정되기도 하였다. 복지예산 분류에서 사업이 늘어나면서, 기본적인 보장도 축소되면서 정부의 복지예산의 과장은 복지에 대한 어려움을 예고한다. 또한 사회복지부분의 준비되지 않은 민간부문확대로 시장화한다고 하더라도 위험성이 높은 것으로 인식된다.

스웨덴의 사회복지 정책의 기본목표는 국내에 거주하는 모든 사람들에게 식량, 주택, 기본생활품 등에서 최저 생활수준을 보장해 주며, 기타 질병이나 실업의 위기에 처했을 때 재정적 지원을 해주고자 하는데 있다. 나아가 국민 각자의 소득을 보다 균등하게 재분배하여 주고, 사회 각 계층간의 격차를 좁혀 행복권을 공평히 누릴 수 있게 하며, 누구에게나 사회 각 분야에서 활동할 수 있는 폭넓은 선택의 기회를 제공해 준다.

스코틀랜드에서는 보건서비스는 각 지역의 보건위원회에서 관리를 하고, 개인에 대한 사회적 서비스는 지역과 위원회의 사회사업부의 책임하에 관리된다. 북아일랜드에서는 보건과 개인에 대한 사회서비스는 지방의 보건과 사회서비스위원회의 책임하에 제공되고, 교육서비스는 지방교육 및 도서관위원회에 의해 관리된다.

사회복지의 기원은 일차적으로 사유재산제도가 확립된 고대사회의 자선적 구제사상과 상부상조의 인간적인 동기에서 찾을 수 있다. 고대사회의 공동생활체 속에서 상부상조하는 가운데 자연이나 다른 집단으로부터 불안이나 위협에 대처했을 뿐만 아니라 자체내에서 생활보호대책을 가지고 생활상의 문제를 해결했을 것으로 추정된다.

중세사회는 신분적 계층과 종교의 사회적 역할이 강했던 시기로 중세사회의 특징은 자선이나 박애사업으로서 대상을 어렵고 불쌍히 여기는 동정하는 감정에 근거를 둔 것이었으며 주관적인 심적판단에 의한 종교적 감정적 동기에 의한 행위이다.

근대사회는 사회복지정책의 출발이요 사회사업의 시작으로 산업혁명의 시작과 더불어 근대자본주의제도가 시작되면서 자본가계층과 노동자계층이 생겼으며 이들 사이에 생긴 격차나 소득의 편중 등 중요한 사회문제가 대두되었다. 이 시대 빈곤의 발생은 개인적인 것에서 생긴다기보다는 사회적인 원인에 의해서 발생하는 것이라는 철학이 등장하여 사회가 책임을 져야 한다는 사상과 함께 사회사업이라는 분야가 등장하였다. 이 시기 국가정책의 대상은 당연히 받을 자격을 갖춘 자에 제한되었으며, 이들에 대해서만 최소한도의 도움을 주어야 한다고 해서 공공부조와 같은 제한적인 구제제도가 출발하였다.

현대 산업사회는 자유방임을 기초로 하였던 근대자본주의는 실업 빈곤 또는 경쟁의 부정 등으로 위기에 처하게 되었고 급격한 산업화나 도시화의 과정에서 사회복지를 필요로 하는 사람수가 급증하고 사회문제와 욕구의 증가에 따라 새로운 제도나 정책이 절실해졌다. 선진국을 중심으로 전국민을 대상으로 하는 조직적이며 계획적인 사회복지서비스가 실시되기 시작하였고 특히 사회보험이 국가에 의해 운영되기 시작하면서 사회복지정책의 역할과 범위가 급격히 증가하였다.

로메니쉰(J. M. Romanyshyn)은 사회복지의 변천을 다음과 같이 포괄하여 설명하고 있다. 즉 경제적 결핍의 산업화 이전의 사회에서 고도로 복잡하고 상호의 존적 산업화 이후의 사회로 변천해 옴에 따라 제반욕구에 대한 사회적 개입의 인식이 점점 확대되고 있다.

① 보충적에서 제도적으로 ② 자선에서 시민의 권리로 ③ 특수성에서 보편성으로 ④ 최저조건에서 최대조건의 지급이나 서비스로 ⑤ 개인에서 사회개혁으로 ⑥ 민간에서 공공지원으로 ⑦ 빈민복지에서 복지사회로의 변천을 가져온다고 한다.

1. 영국사회복지정책

1) 빈민법 시대

빈민법은 1601년 엘리자베스 시대로부터 1948년 국민부조법의 제정으로 폐지될 때까지 산업혁명기간을 포함한 347년간 지속되었다. 14세기 중엽 전 유럽을 휩쓴 흑사병으로 인한 급격한 인구 감소와 이에 따른 농업인구의 부족은 엔크로저(enclesure)운동으로 미개간지 공유지 등 공동이용이 가능한 토지에 담이나 울타리 등의 경계선을 쳐서 남의 이용을 막고 사유지로 하는 일로 주로 영국에서 볼 수 있었던 토지경영의 현대화 현상이다. 영국의 인클로저의 역사는 매우 오래인데 이미 중세 때 시작되었고 19세기까지 끊임없이 계속되었다. 가장 활발하게 시행된 것은 15~16세기와 18~19세기의 두 시기였고 이것이 크게 사회문제화된 것은 15세기 말 이후였다. 일반적으로 그 첫째시기를 제1차 인클로저, 둘째시기를 제2차 인클로저라고 한다. 제1차는 곡물생산보다는 당시 이미 농촌에서 널리 전개되고 있던 모직공업을 위한 양모생산이 더 유리한 데서 경지를 목장으로 전환, 그리고 그것을 위해 공유지와 농민보유지를 둘러싸는 일이 주류를 이루었다. 이로 말미암아 파생된 농민의 실업과 이농현상, 농가의 황폐, 빈곤의 증대는 인클로저에 대한 통렬한 비난을 불러일으켰다. 정부에서도 그것을 저지하기 위해 자주 금지령을 내렸지만 거의 효과를 거두지 못하였다. 이로 인하여 많은 농노들을 빈민으로 만들었고, 봉건무사계급의 해체에 따른 하층계급의 생활 근거의 상실, 수도원의 해체에 다른 피보호계층의 방황, 길드의 붕괴로 인한 빈민이 급격히 증가하게 되었다.

이러한 상황에서 영국의 튜더 왕조에서 실시한 일련의 구빈정책들은 급격한 봉건사회의 붕괴가 초래하는 사회적 무질서에 대한 공포로부터 비롯되었다(Fraser, 1984). 튜더왕조의 구빈정책을 집대성한 1601년 엘리자베스 빈민법(Elizabeth Poor Law)은 이미 14세기부터 나타난 빈민에 대한 제반 법령을 체계화시킨 것이다. 영국에서 최초의 빈민법적 통제는 1349년에 제정된 노동자 조례(Statute of Laborers)로 나타났는데, 이 법령은 당시 흑사병과 흉작으로 인한 인구감소와 유랑민들의 증가에 따른 봉건사회의 붕괴를 막기 위해 유랑민과 걸인 등 빈민들의 지리적 이동을 금지시키고, 자신의 교구를 벗어나는 사람들은 가혹한 체벌을 가하였다. 1338년 제정된 빈민법(Poor Law Act)은 구걸행위에 대해 일종의 면허제를 실시하였다. 따라서 노동자 조례를 비롯한 일련의 후속입법들은 봉건사회의 붕괴를 초래하는 제반 무질서에 대해 가혹한 처벌을 가하는 내용들을 담고 있다

영국의 사회복지 정책의 역사는 세 단계를 거친다. 첫째는 1601년 빈민법(구빈법) 단계로 1601년 이전은 자선적이며 교구중심이었으며, 1601년 이후는 국가가 부랑자들을 통제하기 위한 엘리자베스 빈민법이 그리고 1834년 이후는 신빈민법(수정빈민법)인 열등처우의 원칙, 작업장검사, 낙인 등의 통제적 수단을 통한 억제책이 생겨났다. 둘째, 사회보험 단계이다.

1880년대 독일의 비스마르크 사회입법(건강보험)에서 시작되었으며, 공제조합, 독일의 사회입법, 1911년 영국의 국민보험법, 1935년 미국의 사회보장법 등이 있다.

주요입법들은 1802년의 공장법은 근로시간을 제한하고 작업환경을 규제하기 위한 법이고, 1870년의 교육법은 국가가 모든 아동에게 교육의 권리를 선언하였으며 1975년의 공중위생법은 19세기 전반의 산업화와 도시의 인구증가 요인으로 인한 법이었다.

사회보험의 특징은 ① 대상자는 노동자 계급이었고 정책주체는 행정책임자인 국가와 대상자들의 대변자인 노동조합이었다. ② 욕구는 산업화, 도시화로 인한 사회적 위험에 대한 최소한의 자원 등이었다. ③ 주요 제도는 사회보험 즉 공중

보건, 교육, 주택, 복지의 시작이었다. 권리수준은 사회보험에 입각한 권리 즉 보험료를 부담함으로 생긴다. ④ 경제에 종속적이며 잔여적 복지정책이다.

셋째, 복지국가 단계이다. 영국에서 2차 세계대전직후 생겨났다. 2차 세계대전후 처칠은 "비버리지 보고서"를 입안하였으나 선거에 실패한다. 그러나 전후 영국은 물론 서유럽의 복지국가의 모형이 되었다.

빈민법의 특징은 다음과 같다. 첫째, 걸인, 부랑자, 구제가치가 있는 빈민을 국가, 교회, 봉건영주가 대상자의 욕구를 최소한의 생존에 국한시킨다.

둘째, 주요제도로는 시설 및 거택보호에 해당되며 국가가 마련했다는 점에서 공공부조의 효시였다.

셋째, 구제는 대상자의 권리와 무관했고 급여는 국가와 교회의 재량에 좌우된다. 넷째, 정책의 대상이 되는 사회문제를 경제와 무관한 주변적인 문제로 인식한다.

중세기에 빈곤에 대한 대응책은 사회성이 매우 약한 자선이었다. 영주는 착취를 계속하기 위해 자혜적 보호를 농노에게 제공하지 않으면 안 되었고 또한 농노와 직인도 지연, 혈연, 길드의 공동체에 의해서 생활의 보호를 받았다. 따라서 사회적인 구호를 필요로 한 사람은 노동능력을 갖지 않았거나 집 없는 사람들이고 그 수도 많지 않았다.

그러므로 중세기의 빈민과는 그 성격을 달리하는 노동능력을 가지면서 빈핍한 부랑인, 걸식자 등의 증가에 따라 사회불안이 격화되어 이들에 대한 대응책이 요청되었다.

1601년에 제정된 엘리자베드 구빈법은 이와 같은 사회적 불안에 대응하는 절대왕권정부의 사회적인 정책의 하나였다. 이 법령은 빈민구호의 국가책임을 인정하였으며, 국가의 징수되는 구빈세에 의해, 행정적 지지를 얻어 전개되게 된 것이다.

엘리자베드 구빈법의 중요한 규정은 빈민구제를 정부책임으로 인식, 행정적 기관의 수립, 세금의 활용, 노동능력의 유무에 따라 빈민을 구분하여 대처하였고, 요부양아동의 보호, 작업장(Workhouse)과 구빈원(almshouse)의 활용, 친족부양의 책임을 강조하는 내용이다.

구빈을 행하는 것은 국가의 의무이나 대상자의 권리는 인정하지 않으며 법의 적용을 받는 대상자는 빈궁상태에 있는 자이나 왜 빈궁상태에 빠져 있는지 그 원인은 묻지 않았다. 또한 구호는 자활하고 있는 빈민의 생활을 넘지 않는 범위 내에서 행한다. 엘리자베스의 구빈법은 구제를 국가의 책임으로 제도화하였으나 빈민구제보다는 오히려 빈민을 사회불안의 요인으로 파악하고 그들을 억압하여 사회질서를 유지한다는 사회통제적인 성격이 많이 있었다. 빈곤의 책임을 개인에게 돌리는, 더 나아가 빈곤 그 자체를 죄악시하는 풍조가 있었다고 할 수 있다. 피보호자의 자격은 노동능력 있는 빈민, 노동능력 없는 빈민, 요부양아동 등이다.

또한 노동능력이 있는 빈민이 제공되는 노동을 거절했을 때에는 형벌에 처했으며, 노동무능 빈민은 구빈원에서 보호하며, 요부양아동은 도제제도 등으로 보호받게 했다

1601년의 엘리자베드 구빈법은 산업혁명 등 사회·경제적 변화에 따라 빈곤정책도 그 방법과 원칙을 변화시키지 않으면 안 되었다. 그 변화는 엘리자베스 구빈법(1601), 정주법(1662), 작업장법(1772), 길버트법(1782), 스핌햄랜드법(1785), 신구빈법(1834) 등이다.

그 대표적인 정책은 다음과 같다.

정주법(The Settlement Act of 1662)에서의 정주란 모든 사람은 법적으로 일정한 교구에 소속하며 그 해당교구에서만 구제 받을 자격을 갖는다는 사실을 의미한다. 정주법은 빈민의 이동을 금지하기 위해 만들어진 것이다.

작업장법(Workhouse Test Act of 1772)에서의 작업장이라는 용어가 최초로 등장한 것은 '빈민을 위한 구치원 혹은 거주 및 노동의 집'을 건설할 수 있도록 한 법이 제정된 1597년이었으며 본법은 '빈민의 거주, 취직 및 구조에 관한 법률 수정을 위한 법령'이였다

작업장법은 여러 교구들이 하나의 연합체를 구성하여 공동작업장을 만들고 빈민들에게 일자리를 제공한 것으로 오늘날의 직업보도의 성격이다.

길버트법(Gilbert Act of 1782)은 구빈행정의 합리화와 빈민처우의 개선을 목적으로 작업장보다는 원외구호를 마련하였다. 또한 노동능력이 있는 빈민에 대한 시설 외 구호의 적용과 노동자의 저임금을 보충하여 주는 임금보조의 제도의 법

적 기초가 되었다

빈민들의 비참한 생활과 착취를 개선할 목적으로 노동은 가능하지만 자활능력이 없는 빈민을 작업장에 보내는 대신 자기 가정 또는 인근의 적당한 직장에 취업하도록 알선해 주는 원외구조(outdoor relief)를 인정한다.

스핀햄랜드법(Speenhamland Act of 1795)은 빈민에 대한 임금보조제도를 규정한 법으로 최저생활거주에 미달되는 임금의 부족분을 보조해 주는 것을 목적으로 한다. 이 제도는 1795년 5월 버크셔의 뉴베리 근처 스핀햄랜드에서 결정되었던 임금보조제도의 일종이었으며 임금노동자의 임금이 생계유지에 필요한 빵의 구입에도 미치지 못하는 경우에는 그 부족분을 교구가 구빈세에서 지급하여 주는 제도였다

구빈법의 비판과 아울러 19세기에 들어와서는 공적인 구빈법 조사위원회의 발족을 보게 되었다. 이로 인하여 1834년 개정구빈법(Poor Law Reform)이 만들어졌다. 개정구빈법은 다음 세 가지 원칙을 중요시하였다. 첫째, 열등처우의 원칙(principle of less eligibility)이다. 둘째, 작업장제의 원칙(principle of work-house system)이다. 셋째, 균일처우의 원칙(principle of national uniformity)을 마련하였다.

2) 신구빈법

1832년에 발족된 왕립위원회(Royal Commission)의 조사를 토대로 하여 1834년 개정구빈법이 제정되었다. 이 위원회는 다음과 같이 6가지 기본원칙을 권고했다.

① 스핀햄랜드법의 임금보조제도를 철폐할 것을 권고했다.

② 노동이 가능한 자는 작업장에 배치한다.

③ 병자, 노인, 허약자, 아동을 거느린 과부에게만 원회구호를 준다.

④ 교구단위의 구호행정을 구빈법연맹(Poor Law Union)으로 통합한다.

⑤ 구빈수혜자의 생활조건은 자활하는 최하급 노동자의 생활조건보다 높지 않아야 한다.

⑥ 왕명에 의하여 중앙통제위원회를 설립한다.

이 법은 다음과 같은 구빈행정체제의 원칙 즉 신구빈법의 3대 원칙을 마련하는 계기가 되었다.

① 균일처우의 원칙, 전국적 통일의 원칙(The principle of national uniformity)

② 처우제한의 원칙, 열등처우의 원칙(The principle of less eligibility)

③ 작업장활용의 원칙(The principle of workhouse system)

왕립빈민위원회가 제시한 신빈민법의 주요내용은 ① 열등처우의 원칙, ② 작업장 입소자격조사, ③ 행정의 중앙집권화의 통일이었다. 신빈민법 보고서는 수당이 빈민을 타락시키고 게으름에 빠지게 만든다는 것을 증명하려 애썼다. 기존의 빈민법은 관대한 급여를 통해 빈민을 조장하였다. 해결책은 노동자가 빈민에 되는 과정을 빈민에서 노동자가 되도록 역전시키는 것이었다.

봉건적·중상주의적인 국가정책인 빈민법은 봉건제의 약화와 자본주의의 진전으로 계급구조와 빈민의 성격이 변화되자 시대상황에 맞지 않게 되었다. 이는 빈민법이 사회보험에 자리를 내주게 되는 원인이 되었다.

3) 사회사업

19세기에 들어 영국에서는 빈민처우에 대한 사회적 철학과 실천에 영향을 준 활동들은 사회개량운동(차티스트운동), 자선조직화운동, 사회조사운동 등으로 활발하게 일어나면서 빈민구제에 대한 사회적 철학과 실천에 큰 변화가 나타났다. 이 시기 민간영역에서는 자선조직협회의 활동, 인보관운동 등이 등장하면서 현대 사회사업의 토대가 놓이기 시작하였다.

(1) 사회개량운동

차티스트운동은 1830년경 노동자들이 보통선거권을 비롯하여 무기명투표, 의원들의 재산자격 및 세비지급의 폐지, 평등선거구안 등의 정치적 요구를 관철시키기 위하여 전개한 운동이었으나 실패했다. 차티스트 운동을 계기로 노동자들은 그들의 관심을 정치적 목적에서 경제적 조건개선의 구체적인 수단으로 전향하였다.

(2) 자선조직협회(The Charity Organization Society:C.O.S. 1869년)

19세기 말엽의 영국에서는 도움이 필요한 사람들에게 구호를 제공하는 것에만 관심이 있었고 빈곤의 원인이 되는 사회적 조건과 구제의 체계적이고 합리적인 방법 등에 대해서는 관심이 없었다. 이와 같은 시대적 상황을 극복하고 서비스의 효과적인 제공을 촉진하기 위해 빈곤문제에 관심이 많던 사회 사상가들에 의해서

1869년 런던 자선조직협회가 창설되었다. 원조의 대상을 가치있는 자에 한정하고 도덕적·종교적 교화를 통해 빈곤의 문제에 대처하고자 하였으며 빈곤을 개개인의 도덕적 결함으로 간주함으로써 그 사회경제적 뿌리를 무시하였다는 점에서 보수주의적이었다는 비판을 받고 있다. 자선조직협회의 4대 요소는 우애방문원(Friendly Visitor), 조사(Investigation), 등록(Registration), 협력(Cooperation)이며 자선조직협회의 슬로건인 "빈민에게 물고기를 주지 말고 물고기 잡는 법을 가르쳐주자"에 나타나 있듯이 빈곤문제에 있어서 개인적 책임을 강조하여 공공의 구빈정책에 대해서는 반대한다.

(3) 인보관운동(The Settlement House Movement)

1880년대에는 자선조직협회와 이념을 달리하는 인보관운동이 발달했다. 인보관운동은 민간기관에 의한 적극적인 환경개선 사업으로 도움을 필요로 하는 사람과 함께 산다는 사상인 인도주의적인 관점에서 출발하였다. 이 운동은 실업자의 증가와 인구 도시집중화에 따라 슬럼지역이 생기는 등 사회가 새로운 도시문제로 시달리게 되자 이러한 도시문제를 해결하기 위해 일어난 운동으로 빈민지구를 실지로 조사하여 그 지구의 생활실태를 파악하고 지도층들이 빈민지구로 이주하여 구제의 필요가 있는 사람에게 원조를 해 주는 사업을 직접 전개했다. 영국런던의 토인비 홀(Toynbee Hall: 최초의 인보관)과 미국 시카고의 헐하우스(Hull House)가 대표적인 인보관이다.

〈표 5-1〉 미국과 영국의 인보관운동의 차이점

	영국	미국
목적	사회보장	사회정의
주축	엘리트남성들	여성들
주요활동	사회보장을 위한 사회개혁	문화와 교육관련활동
정책활동	사회보험, 자선기관행정	주택개량, 여성노동조건완화, 여성투표권

(4) 사회조사활동

1880년대의 찰스 부스(Charles Booth)의 런던 빈민굴 조사와 시봄 라운트리(Seebohm Rowntree)에 의한 사회조사에 의해서 빈곤은 개인적 속성에 의해서 결정되는 것이 아니고 사회구조적인 결함에 의해서 발생하는 것이라는 점이 입증되었다. 한편 이 같은 조사결과는 사회개혁을 위한 효과적 대책의 필요성과 보다 나은 사회복지정책이나 계획을 실시하기 위해서는 과학적이고 합리적인 사회조사가 선행되어야 함을 명시해 주었다

이 시기에는 부와 생산력의 향상에 가려져 왔던 빈곤의 실상을 조사하였다. 따라서 빈곤문제는 개인적인 성격결함의 문제가 아니라 경제현상에 의한 빈곤문제이었음을 깨닫게 하였다. 빈곤문제는 인도주의적인 자선에 의하여서 해결될 성격의 문제가 아니라 보다 적극적인 국가의 개입이 필요하다는 주장을 강력하게 제기한 것이었다.

4) 베버리지보고서

1941년 6월 영국정부는 당시의 사회적 서비스의 구조나 그 효율성을 조사하고 필요한 개혁을 실시하기 위해서 사회보험 및 그 관련사업에 관한 정부 부처간 조사위원회를 설치하면서 베버리지(William Beveridge)를 위원장으로 임명했다. 그 성과가 1942년 11월 「사회보험 및 관련 제반서비스에 관한 보고서」로 발간되어 국회에 제출했다. 이 보고서는 모든 사회성원들이 어떠한 경우에도 항상 빈곤으로부터 빠져나갈 수 있게 보장하기 위한 종합적 계획을 포함하는 것이었다. 이 보고서에서 강조된 중요원칙은 다음과 같다.

① 통합적인 행정 ② 적용범위의 포괄화 ③ 기여의 균일화 ④ 급부의 균일화 ⑤ 수급자의 기본적 욕구를 충족할 수 있는 급부의 적절화 ⑥ 대상의 분류화

또한 베버리지보고서에서는 사회보장의 개념, 목적을 언급하였다. 베버리지보고서를 기초로 하여 1944년 사회보장청이 설치되고 오랜 역사를 가졌던 영국의 구빈법은 마침내 폐지되고, 「요람에서 무덤까지」의 경제적인 소득보장책인 사회보장체계가 확립되게 되었다. 그 후 제정된 사회보장관계 제법률을 보면 가족수당법(1945년), 국민보험법(1946년), 국가부조법(1946년), 국민보건서비스법(NHS)(1946년), 고용·직업훈련법(1948년), 심신장애자고용법(1944년)이 있다.

5) 사회보장개혁

영국 복지국가는 1970년대까지 성장을 계속하여 왔다. 그런데 1970년대의 경제

불황으로 인해 제동이 걸리게 되었고, 복지국가의 기반마저도 동요 내지 붕괴되기 이르렀다. 이러한 경제불황의 계속과 뒤이은 재정적자의 확대로 인해 복지국가 는 위기에 직면하게 되어, 좌우익으로부터 거센 비판을 받게 되었다. 대처정부는 영국경제의 재생과 부활 그리고 국제경쟁력을 강화하는 다양한 경제정책과 더불어 제2차대전 후 영국 사회보장 40년의 결과를 재평가하는 사회보장 개혁을 단행했다. 즉 사회보장은 국가만의 역할이 아니라 「개인과 국가와의 제휴(Partnership)」에 의해서 구축되어야 한다는 인식하에 대처정부는 복지공급의 국가책임을 축소하고 복지제공의 민영화(Privatization)를 촉진하였다. 그리고 가족이 할 일과 책임의 강조, 자조와 개인책임, 영리주의의 기업활동 범위의 확대, 종래 국가가 담당해온 의료, 교육, 연금, 지역사회보호 등의 사회복지 영역에 자선단체, 자원봉사자 등 비공식 부문의 동원, 장애인, 고령자의 보호를 위한 여성노동력의 활용, 사회복지분야에의 시장원리 도입 및 확대전략, 그리고 복지 민영화에는 한계가 있다는 것을 인식하고 국가복지의 표적을 가장 복지를 필요로 하는 사람에 한정하겠다는 것을 분명히 하고 있다. 특히 대처정부는 사회복지서비스를 위한 지방재정을 통제하기 위해 지금까지의 개별적 지방자치단체 지출 대신 포괄적 방식의 직접적인 통제방식으로 전환하여 지방자치단체에의 지출을 크게 억제하였다.

이렇게 하여 영국의 복지국가는 보편주의보다는 선별주의적 복지강화와 확대를 지향하여 전후 역사에서 그 예를 찾아볼 수 없을 정도의 복지 축소정책으로 일관하였다.

20세기에 들어서고 자유당이 집권하면서 여러 가지 진보적인 개혁이 시도되었으며 1834년 개정구빈법의 원칙들을 타파하고 "사회보장"이라는 새로운 방향의 모색을 찾을 수 있었던 시기였다. 영국복지국가의 기틀을 마련하게 되었으며 "베버리지 보고서"를 기초로 1601년부터 시작된 오랜 역사의 영국의 구빈법은 폐지되고 "요람에서 무덤까지"로 일컬어지는 경제적인 소득보장체계가 마련되었던 시기이다.

영국형 복지국가는 사회보장국가라고 할 수 있다. 민간의 협력에 의하여 경제성장을 추진하여 공공사업을 통하여 완전 고용을 추구하는 한편, 개인 재산을 대신하여 국민 생활을 보장하는 복지국가를 말한다. 즉 사적 재산의 상실자에 대하여는 평등하게 국가가 보장을 하는 것이다. 그러나 모든 측면의 평등이 아니라 그 일부의 평등적 최저 생활을 보장한다는 경제적 평등인 것이다. 개인에게는 자조적 활동을 하는 여지를 남기고 그것을 장려하여야만 한다고 생각하고 있다. 이 점에서 자유주의적 사상을 기반으로 '기회의 평등'을 추구하는 것이라고 볼 수 있다

사회보험의 기본원리는 갹출방식으로 처음에는 사회보험의 재원조달에 정액방식을 채용하였다. 이는 저소득자에게 부담을 주는 역진적인 성격을 갖고 있다. 이를 해소하기 위하여 갹출 수준을 저소득자의 부담이 견딜 수 있는 정도까지 저하시키지 않으면 안 된다. 그리고 그 경우에 그 저하 분을 사용자와 국가가 보전하지 않는 한 급부 수준도 저하하지 않을 수 없게 된다. 사실 영국은 이 방식을 고집하여 1950년대 말까지는 충분한 보장 수준을 확보할 수 없었다. 급부수준을 향상시키기 위하여 소득비례방식으로 전환하든가, 아니면 정부의 국고 보조를 대폭적으로 증가시킬 수밖에 다른 방법을 없었다. 결국 정액 방식은 포기되고 1961년부터 기본연금에다가 비례연금이 추가한 이층구조의 연금 체계가 되었다.

그리고 1960년부터 1975년에 주요한 현안 문제였던 기업연금과 공적 연금의 조정문제는 기업 연금에 가입하고 있는 경우에는 공적 연금의 가입을 면제한다는 소위 '적용 제외'를 인정하는 것으로 결착되었다. 공적 연금이 정액 방식의 원칙에 집착하여 보장능력을 점차 저하시키고 있는 도안에 공적 연금의 대체 제도로서 기업 연금에 대한 기대가 높아졌으며, 공적 연금과 어깨를 나란히 할 정도의 존재로 성장하게 되었다.

또 하나의 중요한 제도는 '가족수당' 제도이다. 빈곤원인은 실업과 다자를 거론할 수 있는데, 그런 의미에서 가족 수당은 빈곤대책의 중요한 제도가 된다. 또한 취업자에게 급부될 수 있는 것이기 때문에 노동의욕도 훼손하지 않는다. 사회보험과 가족수당은 빈곤을 예방하기 위한 제도인데 이러한 노력에도 불구하고 빈곤에 처한 국민부조라고 불리는 자산 평가 프로그램으로 대응한다. 즉 영국형 복지국가의 주된 제도는 사회보험과 가족수당이지만, 이것을 보완하는 것으로서 자산평가 프로그램이 '안정망'을 두르고 있는 것이다. 영국은 자산평가 프로그램을

수급하는 자가 의외로 많아서 공적부조율이 서구 선진국에서도 가장 높은 수준에 있다. 그런데 1960년대부터 영국형 복지국가는 양면적 상황의 교착 상태를 나타내고 있다. 복지국가에 대한 원리적 신앙과 적용 상황간에 있어서의 회의와 교착상태를 가리키는 것이다.

2. 독일 사회복지정책

독일은 최초로 사회보장이 성립된 사회보장국가로서 1994년 산재보험을 시작으로 1927년 실업보험으로 사회안전망으로서의 사회보장이 완비되었다. 가장 주된 독일 사회복지의 특성은 우선 독일의 사회복지는 교육학의 영향을 받아 사회사업과 사회교육이 거의 같은 의미로 사용되고 있으며 사회복지가 실천적인 학문으로 발달되었다는 것이다. 또한 독일의 사회복지는 기독교의 역할이 컸으며 기독교를 포함한 민간복지에서 공공복지로서 관・민 협조체제가 잘 이루어지고 있으며 이런 배경을 가지고 독일의 사회복지는 국가의 절대적인 지원 속에서 민간복지가 발전 성숙해 왔다.

독일의 사회복지는 교육학의 영향을 받아 사회사업과 사회교육은 거의 같은 의미로 사용되고 있으며 사회복지가 실천적인 학문으로 발달되었다. 또한 독일의 사회복지는 기독교의 역할이 컸으며 기독교를 포함한 민간복지에서 공공복지로서 관・민 협조체제가 잘 이루어지고 있으며 이런 배경을 가지고 독일의 사회복지는 국가의 절대적인 지원 속에서 민간복지가 발전 성숙해 왔다.

사실 독일만큼 사회정책의 역사가 오래된 나라도 없다. 그 중에서도 사회보장제도는 오늘날까지도 타국의 모델이 될 만큼 그 기반이 튼튼하다. 독일은 비스마르크 이래 가부장적 전통으로 일관된 전제 주의적 국가이자 후발 자본주의국가로서의 성격을 지니면서 2차 대전 뒤 연합군 점령기간과 외세에 의한 분단, 이후의 경제부흥, 오일쇼크를 계기로 만성화된 경제의 불안정과 실업, 90년의 재통일과 통일비용 등 우리나라와 비슷한 점이 많다고 느껴진다. 또한 나아가 패전을 딛고 사회 곳곳에 뿌리 깊게 남아 있던 전제주의, 군국주의를 물리치면서 세계적인 수준의 복지국가를 이룩했으며, 내각책임제의 연방국가로서 지방자치가 잘 이루어지고 있다는 점 등도 50년만의 정권교체와 경제·정치적 불안정 속에서 국가의 새로운 방향을 모색해야 하는 우리에게 많은 시사점을 던져준다.

1) 독일 구빈정책

중세 독일의 사회복지라고 할 수 있는 16세기 독일은 상업 및 수공업 사회였으며 "노동의 집"을 운영하였다. 이곳에서는 시설 수용자들에게 열심히 일해서 스스로 운영할 능력을 키우도록 노동으로써 사람을 훈련시키려는 것이 목적으로 설립되었다. 이 "노동의 집"은 18세기 감옥소로 전용되기도 하였으며 작업시설과 부랑인 수용시설로 분리되어 빈민층에 대한 사회통제정책으로 이용되기도 했다

함부르크 구빈제도는 가난한 사람과 가난하지 않은 사람의 장벽은 허물어져야 하며 이는 시민화를 통해 이루어져야 한다 생각을 가지고 출발하였으며 시민화 교육으로 직업교육에 초점을 맞추었다. 함부르크 구빈제도는 구빈의 체계가 교회의 자선에서보다 책임적인 시민 연합체의 활동을 활성화했다.

함부르크 구빈제도는 구빈자의 욕구와 자원에 대한 개별화된 조사에 근거해서 노동가능한 사람들에게는 일자리를 제공한다는 원칙을 가지고 노력했으며 초기에는 성공을 보이는 듯했으나 후기에는 실패를 했다. 그 이유는 재정적인 취약성과 빈민의 수가 대규모화되었기 때문에 있었다.

그 내용은 다음과 같다.

① 아주 잘 조직되어 있고 걸인을 분산 수용시키는 성격에서 떠나 어려움에 빠져 있는 사람들을 도와주는 시설을 설립하였다.

② 시민이 구빈사업에 적극적으로 참여하였다. 애국시민단체 중심(상공업의 기업인 중심)으로 구빈사업을 전개해 나갔다.

③ 함부르크의 구빈원은 성인을 위한 실업학교로서 거기에 수용되어 있는 사람들은 스스로 배우려는 자세가 되어 있어야 하며 여기에서 강조되는 것은 노동인데 노동을 통하여 건강을 유지하게 되고 근심걱정을 이기게 된다는 철학을 가지고 있다.

구조는 빈민구호위원회와 빈민구호 상원위원회로 구성되었다.

그 목표는 걸식행각을 완전히 폐지, 가난한 사람을 보다 더 효과적으로 지원하

려 하였다. 걸인의 숫자를 줄이려는 것이 목표였다.

시민의 역할로서는 시민은 기부자로서, 모금원으로서, 자원봉사자로서, 구빈행정의 자원책임자로서 일하였다.

2) 사회보장제도

1880년대 독일에서 만들어진 사회보험제도는 사회민주주의의 무력화, 생산의 안정화, 경제적 효율성의 증대 등 다용도적 목적과 수단을 가지고 있었으며 철혈수상 비스마르크에 의한 "위로부터의 혁명"이라는 정치적 보험성격을 가지고 있다.

비스마르크는 1982년 프로이센 북독일의 수상으로서 철혈수상으로 철은 군비, 혈은 국민의 헌신을 의미하고 있다. 비스마르크는 독일의 통일을 추진하였으며 프랑스와의 전쟁에서 1871년 승리하여 독일제국을 이끌었으며 이후 독일은 19세기에 들어 자본주의 국가의 길을 걷게 된다. 독일의 갑작스런 신진 자본주의 국가로 성장하게 되면서 자본주의 경제가 발전함과 더불어 노동자계급의 정치운동이 표면화되기 시작하고 1875년 사회주의노동당 조직되면서 노동조합과 결합 힘이 커지기 시작하며 정치적으로 위험성을 가지게 되었다. 이때 비스마르크는 노동조합노동자계급을 탄압으로만 일관하지 않고 회유책을 강구하게 되며 당근과 채찍이라는 정책을 활용하여 노동운동을 선동하는 자에게는 사회주의 탄압법으로 탄압을 하고 말잘 듣는 노동자에게는 보험정책을 활용하게 된다. 이때 사회계량적인 법률이 만들어지고 노동자 생활을 보호하고 그들의 복지를 위해 여러 가지 사회정책이 마련된다. 1870년 이후 빈민, 노동자에 대한 입장은 자조에서 국가부조로 완전히 전환했다. 1883년 질병보험법, 1884년 근로자재해보험, 1889년 노령폐질보험과 1891년 개혁적 성격의 제국보험법 제정으로 3가지 법을 단일화시킨 형태로 가입자 범위의 확대, 과부 고아를 위한 유족보험 개발, 사무직 근로자를 위한 직원보험법 제정을 가져왔다. 독일의 사회계량 입법은 황제나 제상에 의해서 하향적으로 이루어졌으며 강제가입, 노동자 대상으로 국가가 관리하였다. 독일의 사회보장제도의 의의로는 인류 역사의 오랜 기간동안 온갖 종류의 잔여적·경제적·사회적·정치적 위험에 노출된 채 불안하고 힘겨운 삶을 살아온 보통사람들의 삶을 “강제보험”의 틀을 통해서 집합적으로 보호할 기틀을 마련하고 새로운 국가형태의 복지국가를 태동시킬 장을 열었다고 볼 수 있다

특히 사회교육중심의 독일에서 사회교육과 사회사업의 개념의 한계가 분명치 않고 오히려 동의어로 함께 사용되고 있다.

독일어의 사회교육이란 사회와 교육의 합성어이다.

사회교육의 정의는(뤠어스) 교육의 핵심이며, 넓은 의미의 사회교육의 총체로서 사회에서의, 사회를 통한, 사회를 위한 교육으로, 곤경에 처한 사람을 구제하는 교육, 삶을 지원하는 교육(평생교육)이다.

스카바스는 사회교육의 정의를 ① 곤경에 처한 사람을 돕는 교육, ② 일탈행동을 지원하는 교육, ③ 학교외의 교육으로서의 사회교육, ④ 사회학습의이론과 실제로서의 사회교육으로 따라서 사회교육은 사회교육+사회치료+사회행정이 통합된 것이라고 본다.

독일의 성인교육 발달, 역사적 요인은 ① 모든 교육은 국민을 위하여라는 역사적 추구성, ② 산업화 및 공업화로 인한 성인교육 필요성의 재인식, ③ 교육은 모든 사람을 대상으로 한다는 교육적 기회균등의 이념, ④ 재교육의 필요성 인식, 기독교사회복지의 활동이다.

뷔션은 19세기 중반 산업화로 인해 빈민, 실업자, 요보호 아동을 돕기 위해 복지시설을 만들었다. 뷔션은 모금운동전재, 시설종사자의 자질향상을 위해 교육했으며 이것은 디아콘교육의 시초로서 디아콘의 뜻은 섬기는 자라는 뜻으로 기독교사회복지사를 의미한다. 강한 신체적 고통을 주는 노동시설을 세우지 아니하고 빈민 아동들을 가정과 비슷한 공동체에 수용, 교육하였으며 1848년 내적선교 개념을 가지고 기독교사회운동을 확산시켜나갔다. “내적선교”는 지역주민이 교회에 가지 않으면 교회가 그들을 찾아가야 한다는 개념이다. 가난한 사람, 과부와 고아에게 복음이 전파되어야 한다는 믿음을 가지고 활동을 하였다. 그 결과 내적선교활동의 일환으로 약 100개의 사회복지시설이 건립되었으며 이용시설을 통해서 청소년 범죄를 예방할 수 있다고 보았다.

민간복지와 개신교의 디아코니의 활동이다.

민간복지협의회 뷰르템베르그의 개신교의 기독교봉사국의 민간복지는 곤란한

상황과 위기 속에 처해 있는 사람들을 위한 계획적인 걱정과 도움을 의미하는 것이다.

디아코니 즉 사회봉사 활동은 ① 생활의 어려움과 위기 속에 처한 사람을 위해 국가의 위임받은 업무를 자신의 목표에 따라 수행할 수 있도록 권한을 정당화한다. ② 복지활동을 조직화하고 디아코니를 스스로 관리하는 것이다. ③ 디아코니가 교회의 사업단체로 교회의 조직과 법률적인 영역에 포함되는 것이다.

1차 세계대전 후의 사회보험이다.

제1차 세계대전 패망으로 600만명의 실직자가 생겼다. 1918년 바이마르 공화국은 사회보장법규의 정비, 급여수준 개선제도 확충 등 외형적으로 독일의 사회보장체계가 완성되는 성과를 거두는 시기였다. 이때 개정된 법들을 보면 아래와 같다.

① 1920년 제국부양법제정으로 전쟁희생자, 유족자 보훈제도 마련

② 1922년 청소년복지법 제정

③ 1924년 공적부조법은 기존의 빈민구제제도를 전반적으로 재조정하여 통일시킨다.

④ 1927년 직업보도 및 실업보험에 관한 법률은 지방적으로 실시되던 것을 전국적으로 단일화시켰다.

나치당의 당수인 히틀러는 파시스트적인 독재체제를 구축하면서 노사의 자주적 결정은 거부하였다. 그는 실업자를 구출함으로써 경제적 안정을 회복하는 일에 힘을 쓰는 것에는 성공하였다. 그것은 사회간접자본과 군수산업 등 과감한 공공투자정책을 감행하여 경기회복과 실업이 감소하였으며 이 숫자는 무려 40만명에 이른다.

나치스 시대에 사회보장제도는 몇 가지 개선이 이루어지면서 사회보장의 대상이 확대되고 급부수준도 향상되었다. 그러나 이 시대의 사회보장제도는 정치적 이해관계에 따라 이루어져 후일 많은 비판을 받게 되었다.

제2차 세계대전 후의 사회보장이다.

2차 세계대전에 패배함으로써 1차 세계대전 때보다 더 많은 피해를 받았다. 1차 대전시는 200만명이 사망, 2차 세계대전에는 700만명이 사망하였다. 미・영・

프·소련에 의한 분할통치가 시작되어 국가기구는 해체되었다. 이것의 영향으로 사회보장의 개정적 기반이 붕괴되었고 1938년 이래 독일의 사회보장조직체는 자산의 70-90%를 국가채권의 형태를 보유하고 있었으나 국가기구가 해체되면서 이것도 없어지게 되었다. 서독과 동독의 정부가 들어설 때까지 4개국의 군사정부하에서 각기 상이한 형태를 띠면서 과도적으로 실시되었다.

독일연방공화국 탄생후 사회복지정책의 흐름이다.

1949년 독일연방공화국이 탄생 기독교민주당의 아데나워가 서독의 수상으로 취임하였다. 이 시기의 정책은 "사회적 시장경제"를 표방하였다.

생산량이라든가 생산물의 유통구조, 시장구조 등 여러 요인 중에서도 특히 능력에 따라 결정 분배되는 근로자들의 임금과 소비자들의 요구에 대한 생산자들과의 관련성에 의해 결정되는 "생산"이라는 것은 사회적으로 이행되기 때문에 사회적인 것으로서의 시장경제라고 말할 수 있다. 또한 자본의 독점기업의 횡포를 보충 완화함으로써 "라인강의 기적"을 만들고 국가는 그 활동을 최소한으로 한정시키고 기능을 축소, 국가에 의한 계획이나 통제 등은 거부되고 최소한의 국가 간섭만 허용하였다.

1957년 슈라이버가 구상한 "제1차 연금개혁"은 연금의 실질가치를 확보할 수 있게 하였다. 슬라이드 제도(동적연금) 채택은 인플레이션에 따라서 연금액의 실질가치가 감소되는 것을 보전해 주고, 임금상승에 의하여 발생하는 현역 노동자들과 연금수급자의 생활수준의 격차를 막을 수 있는 제도였다. 이후 1959년 연금조정법이 생겼다.

경제안정성장촉진법 제정(1967년)으로 지역단체, 노동조합, 사용자단체와 관련된 정부기관의 대표가 모여서 경제 전반에 관한 사항과 적정한 임금인상에 대한 정보교환을 위한 모임인 협조행동체가 만들어졌다.

제2차 연금개혁(1972년)은 연금보험 가입범위를 자영업종사자와 주부까지 확대, 급부수준 상향조정하고, 국민평균소득의 75%이하의 소득을 취득하는 피보험자는 평균소득의 75% 취득자로 상향조정하였으며, 연금보험 가입 기간이 35년 이상인 피보험자는 63세에서 67세 사이에 연금수급 시기를 자유롭게 선택할 수 있다.

3) 복지국가 위기와 대응

1983년 기민당의 콜수상이 집권하면서 독일내에 보수적인 경향을 점점 강하게 가지게 되었다. 우파가 주장하는 것은 사회민주주의가 지향했던 혼합경제의 한계를 지적하면서 시장경제 내에서의 국가적 간섭을 배제하며 선진 산업경제를 침체시키지 않도록 하기 위해 시장의 자율조정기능에 의존하고 기업간의 경쟁력을 강화시켜 국가경제를 원상복귀시키기 원했다. 공기업의 사기업화 경향이 짙었다. 그러나 1970년 이후 계속되는 경기불황과 실업의 문제를 가지게 되면서 1983년 기민당은 "사회적 시장경제"를 재천명하게 되었다. 독일의 연금보험에서 가장 큰 의미를 지니는 것은 사회보험 방식의 공적연금제도인 노동자, 직원, 광부에 대한 3대 연금보험이다. 이들 제도들은 구동독민도 구서독민과 함께 92년 연금개혁법에 의한 연금제도에 동일한 적용을 받고 있다.

1992년 연금개혁법의 주된 의도는 인구구조의 변화(노령인구의 증가, 출생률의 저하), 사회경제적 변수의 변화(조기연금수급, 교육기간상승)이다.

연금제도를 개혁하지 않고 그대로 두면 미래 세대가 갹출료를 두 배 정도 부담하든지 연금수급자가 현재보다 절반 정도 수준의 연금을 받게 됨으로 이러한 극단적인 상황이 일어나지 않도록 사전에 해결하고 세대간의 부담과 급여를 적정화하는 방안으로 모색된 것이 92 연금개혁법이다. 2010년까지는 안정적일 것으로 보고 있다.

의료비 증가로 인한 개호보험제도에 있어서 인간이 노령, 질병, 장애 등으로 인간다운 생활을 영위할 수 없게 될 때 직면하는 생활위험이 개호위험이다. 후기 노령인구(70세 이상)의 증가로 이러한 위험에 처한 자들에 대한 새로운 사회적 처방이 필요하게 되면서 기존의 연금보험 및 의료보험제도 개혁, 개호위험에 대한 사회복지서비스 시스템을 정비하여 1994년 개호보험법을 제정, 1995년 1월부터 실시하고 있다.

독일의 개보호험내용은 개호시설 이용자의 입소비용부담 경감시키며 고령화 사회에 대한 문제를 가정 내에서 해결하도록 유도하고 개호서비스 및 그 비용을 사회화하여 개호문제를 국민전체가 함께 지도록 하는데 의의가 있다.

특징은 개호급부는 재택개호급부 및 시설개호급부를 제공한다. 가족, 친척, 인근주민 등에 의한 개호를 사회적으로 보상해 줌으로써 이제까지 무상으로 개족개호를 해왔던 가족개호노동을 유상화시키고 여성을 비롯하여 개호에 임하는 이들에게 사적보장(연금보험 등에서 갹출기간으로 인정, 개호 중 사고 및 부상의 경우 공적재해보험이 보상)을 해주고 있다.

현대사회 사회보장제도로서 사회보험은 노령보험, 의료보험, 실직보험이 있으며 산업재해 보상보험, 연방사회부조법으로 생활보호, 특수한 상황에 있는 사람들 보호(장애인, 노인, 임산부)한다. 그 외의 주택수당, 아동수당, 출산수당의 경우 출산 전 6주, 후 8주 정부에서 의료보험 공단을 통해서 봉급전액을 지급하며, 1년까지 양육비, 3년까지 휴직 가능하다. 학업을 위한 생활보조비, 직업교육을 위한 생활보조비, 독일의 사회보장제도는 거의 완벽하며 대학원까지 학비 무료, 연금이 확실하다.

현대 사회 보장의 이념은 17~18세기의 계몽주의사상에서 그 출발을 보았다고 할 수 있다. 계몽주의는 시민 사회를 완전히 의식하고 이에 대한 이론으로 무장하여 중세적 사고에 대해서 과감히 투쟁한 사상이라고 할 수 있는데, 인류 역사상 처음으로 자유스럽고 평등한 인간 모습을 세상에 제시했다. 계몽주의 사상의 보급으로 전에 없던 새로운 빈곤에 대한 사회 문제를 해결하기 위해 사회정책이라는 통로를 통하여 근대적 사회보장 이념을 최초로 태동시킨 나라는 독일이다.

독일에서는 우리가 쓰고 있는 사회복지정책이라는 말 대신 시회정책이란 말을 대다수가 사용하고 있으며, 또한 복지국가 대신 사회국가라는 용어를 사용하고 있다. 그 이유는 영국이나 미국과 달리 독일의 독특한 사회적 배경, 역사적 배경 속에서 사회복지가 발전되어 왔기 때문이다.

다시 말하면 복지라는 말 대신 사회라는 용어를 사용하고 있다. 역사적으로 그것은 18세기 계몽주의적 절대주의 하에서 통치자의 기능이 극대화되었던 경찰국가에 대립되는 개념으로서의 사회국가, 그리고 절대 군주 국가를 무너뜨린 19세기 근대의 자유민주주의 국가의 목적 기능을 극도로 제한시키려는 한 야경국가에 대립되는 개념으로서의 사회국가, 즉 복지국가로서의 의미를 지니고 있다.

독일 사회복지정책의 특징은 사회보험 중심, 공공부조의 역할은 최종 사회안전망으로서의 제한적인 역할을 담당하고, 지역별, 직종별로 구분되어 계층을 유지하는 역할이 큰 사회보장제도 발달 그리고 남성은 가족부양자, 여성은 보호제공자 모델을 유지하면서 가족주의를 제도화하고 있다.

독일 사회보장제도의 기본원리는 다음과 같다.

첫째, 사회안전의 원리로서 생계유지, 재산형성의 안전과 건강유지의 안전, 자본주의와 시장 경제제도를 바탕으로 전 국민의 기본적인 욕구를 충족시키려는 복지서비스 체제이다.

둘째, 사회공정의 원리로서 사회민주주의 국가로서 국민의 안녕과 복지사회의 지향으로 분배공정을 제시한다.

셋째, 사회균등의 원리이다. 경제적 생활과 관련하여 공경제와 사경제의 재화공급의 조화와 의사결정의 기초하며 수요예측과 발견이 중요시된다.

넷째, 공동체의 원리로서 복지에 상호 함께 책임을 지며 상호 돕는다는 원칙이다.

3. 한국 사회복지정책

1) 근대이전

근대이전 구제활동측면에서 한국사회에서의 사회복지의 근원은 삼국시대, 고려시대, 그리고 조선시대까지 약 2000년간에 걸쳐 왕가인정(王家仁政)에 의한 민생구휼(民生救恤)에서 찾아볼 수 있다. 삼국시대에 강력한 통치체제가 확립되면서부터 국왕의 배려에 의한 구제활동이 나타나기 시작하였다. 이 시대의 대표적인 창제(創制)와 진대법(賑貸法)이 있다.

이밖에도 환과고독(鰥寡孤獨), 노인, 병자 등을 위문하고 식료품을 주어 부양케 하는 등 스스로의 독립생활을 유지할 수 없는 자에 대해 사회적 보호가 이루어지기도 했다.

고려시대의 군주는 농민의 빈곤에 대한 구빈사업을 하나의 주요시책으로 삼았다. 고려시대 구제제도에는 창제(흑창, 의창, 상평창, 유비창)가 가장 대표적이었고, 의료구제사업에 있어서 혜민국, 동서대비원 등 각양의 의료구제기관을 설치하여 질병자에 대한 치료뿐 아니라 물질적 시혜도 아울러 실시했었다.

이조시대의 민생구휼제도로는 창제와 환곡이 있으며, 비황(備荒)을 위한 제도로서 의창, 상평창, 사창이 있다. 환곡은 관가에서 곡물을 비축하여 춘궁기에 매년 민간에 반을 대부하여 다음 추곡시에 환납케 하였다.

이 밖의 제도로서 자휼전칙(字恤典則)이라고 부르는 유기 및 부랑걸식 아동보호법령이 공포되어 유기아동, 걸식아동, 부랑아동을 관가에서 보호하거나 민가(民家)에 입양토록 하였는데 이 법령에 근거하여 진휼청의 수용보호사업이 시작된 것이다.

또한 향약(덕업상권, 과실상규, 예속상교, 환난상휼)의 4개 조항을 실천함을 목적으로 삼고 있으며 그 가운데서 환난상휼에 중점을 두어 향리주민의 문제와 고난을 감소 내지 제거함에 큰 공헌을 하였다. 계(契)와 두레, 공굴도 민간조직의 활동으로서 일종의 사회사업적 의미를 내포하고 있었다.

한국에서의 사회복지적 사상의근원은 고대, 삼국, 고려, 조선시대에 걸치는 약 2000년간의 왕가의 인정에 의한 민생규휼에서 찾아볼 수 있으며 민간차원에서 행하여진 두레, 품앗이, 향약, 계 등의 상부상조활동도 사회복지의 전사로서 의의를 지니는 활동이라 할 수 있다.

2) 일정시대구호사업

한일합방 후 조선총독부에 의한 조선에 대한 구제사업은 천황(天皇)의 인정(仁政)을 강조하고 식민지 국민들의 불만을 희석시키려는 목적에서 시작되었다.

초기에는 명치(明治)천황의 임시은사금 등으로 구빈과 재해구제를 행하였으나 식민지하에 있었으므로 구호시책은 극히 부진한 것이었다. 사회복지에 관한 법령으로는 일반적인 구호에 관한 것으로서 1944년 3월 1일에 공포된 조선구호령이 있다. 이 구호령은 1961년 생활보호법이 제정될 때까지 우리나라 공적 부조의 기본법이 되어 왔다는 역사적 의의를 갖고 있다.

또한 기독교 활동이 활발해지면서 부대사업으로 근대적 의미의 교육사업, 의료사업, 고아사업, 양로사업 등의 사회사업이 나타나게 되었다. 미군정 때의 남한사회는 기아선상의 빈궁한 상태하에 있었다. 만성적인 빈궁은 일제의 총체적 경제적 침탈, 해방 후 남북경제의 단절, 국내의 농공업의 생산성 저하, 수많은 귀한동

포와 월남민의 유입 등에 의해서 더욱 심화되었다.

미군정청은 이재민, 월남동포, 빈궁자, 고아 등에 대한 기아의 방지, 최소한의 서민생계유지, 보건위생 및 치료 또는 응급주택 공급 등의 사업을 전개했을 뿐 적극적이고 획기적인 복지정책이나 사회정책을 실시하지 않았다. 따라서 미군정청의 구호정책의 기초는 일제시대의 유물인 조선 구호령의 연장선상에 있었으며, 무계획적이고 임기응변적인 것이었다고 평가하지 않을 수 없다.

3) 사회복지제도 도입기

1945-1961의 정부수립 이후로부터 1961년 5·16 군사 쿠데타 이전까지의 시기로서, 정부수립, 한국전쟁, 1·19혁명으로 인하여 국가전체가 혼란과 절대빈곤 속에 있었던 시기이다. 이 시기에 사회복지교육이 시작되었으며 이러한 진전은 한국사회복지발전을 한 단계 높인 것이라고 할 수 있겠다. 1945년 대한적십자사가 창설되었고, 1952년에는 한국사회사업연합회가 창립되었고, 1961년 사단법인 한국사회복지사업 연합회로 개칭되어 이때부터 사회복지라는 용어가 공식적으로 우리사회에 등장하게 되었다.

우리나라에서 근대적인 사회복지사업이 전개된 것은 1950년대에서 비롯된다.

특히 6·25동란으로 인해 수많은 전쟁고아와 미망인등 요보호대상자가 생기게 됨에 따라 주로 미국을 위주로 한 외국 사회사업기관의 후원하에 이들에 대한 대책을 중심으로 하는 사회사업기관이 여러 곳에 생기면서 많은 재정투입, 시설설립과 초기에 구호적 성격을 벗어나 몇몇 외원기관에는 전문사회사업교육을 받은 직원들이 파견되어 전문사회사업 기능을 수행함과 아울러 대학의 사회사업교육을 받은 인력을 고용하기 시작함으로써 사회사업 전문직의 필요성이 인식되기 시작했다.

4) 사회복지제도의 확립기

1962-1987 시기는 정치적으로 5·16군사혁명에 의하여 등장한 제3공화국으로부터 1987년까지 계속된 제5공화국까지의 기간이다. 사회적으로 급격한 산업화와 도시화로 여러 형태의 사회문제가 등장하였던 시기이다.

1960년대 초반부터 5·16군사정부에 의해서 사회복지제도가 무더기로 입법화되어 우리나라 사회복지제도의 기초를 확립하였다. 이 당시에 계정된 사회복지 관계법들은 생활보호법(1961), 아동복지법(1961), 윤락행위 등 방지법(1961), 재해구호법(1961), 국가유공자 등 특별 원호법(1962), 산업재해보상법(1963) 등의 제정으로 사회보험과 공적부조, 사회복지서비스의 제도적 기반을 구축하기 시작했다.

정부가 1970년대 중반을 기점으로 사회구조적 긴장과 불안요소를 해소하기 위하여 사회보험 중심의 사회복지제도의 도입에 착수하며 소득보장과 의료보장 부문의 제도의 정비를 시작하였다. 1970년대에 들어와 사회복지사업법(1970), 재해구제로 인한 의사상자 구호법(1970), 국민복지연금법(1973), 의료보험법(1976)이 제정되고 1960년대에 입법화된 각종 제도들이 본격적으로 시행되었다. 또한 1980년대 사회복지서비스 분야에서도 각종 입법이 행하여졌다.

198O년대에 들어와서 아동복리법이 아동복지법으로 개정되고(1981), 노인복지법(1981, 1988), 장애인복지법(1981, 1989) 등이 제정 및 개정되었으며 80년대 후반부터는 지금까지 한국의 사회복지서비스를 주도해 오던 시설수용 보호 중심에서 크게 탈피하여「지역복지와 재가복지」사상이 도입되기 시작한다.

5) 사회복지제도의 확대기

1988-1997의 기간은 노태우 정부의 제 5공화국의 출범부터 환율위기로부터 기인된 경제위기가 도래하고 IMF체제하로 들어가기 전인 1997년까지이다. 1988년부터 전 국민을 대상으로 하는 의료보험제도의 실시와 국민연금제도가 시행되었으며 생활보호 및 사회복지 서비스 전달체계에 확립을 위한 사회복지 전문요원이 배치되었다. 또한 민간복지사업에의 일환으로 사회복지간 사업의 확충과 장애인 복지의 제고가 실행되어졌다.

그리고 국민연금의 실시(1988), 최저연금제의 도입(1988), 전국민 의료보험의 실시(1989), 모자복지법 제정(1989), 탁아제도 확립을 위한 아동복지법 시행령개정(1989), 1990년대의 장애인 고용촉진 등에 관한 법률(1990), 영유아보육법제정(1991), 사회복지사업법의 개정(1992), 윤락행위 등 방지법 개정(1994), 국민연금법 개정(1994), 입양특례법 개정(1994), 국민건강증진법 제정(1994), 성폭력범죄의 처벌 및 피해자 등에 관한 법률제정(1994)등 일련의 입법조치와 사회보장기본법·사회복지 공동모금법·정신보건법·여성발전 기본법제정과 원봉사육성법 논의를 포함하여 복지행정의 확대가 이루어졌다

6) 경제 위기

1998이후 경제는 IMF관리하게 놓이게 됨으로써 경제위기는 여러 가지 문제를 파생시켰다. 이 시기에 사회복지제도 정립을 위한 가장 큰 변화 중에 하나는 사회보험제도에 정비가 시작되었다는 것이다. 대표적인 것으로 의료보험의 통합이다.

한국사회복지사의 연구는 매우 부진한 편이다.

첫째, 환국사회복지사 역사가 짧기 때문이다.

둘째, 한국사회복지학계 내에서 사회복지에 대한 개념정립이 이루어지지 않음으로써 사회복지학의 연구범위, 영역, 대상에 대한 합의점을 찾기가 어렵다.

셋째, 한국의 고대나 중세의 사회복지를 고찰하기 위해서는 그 당시의 기록들을 살펴보아야 하는데 그 기록들은 대부분이 한문으로 되어 있어서 한문에 대한 높은 지식을 갖춘 연구자가 요구되지만 이러한 자질을 갖춘 사회복지학도가 거의 없다.

넷째, 사회복지사에 대한 연구는 사회, 정치, 문화적 배경의 대한 고찰이 필수적인 작업이어서 인접학문과의 부단한 상호교류가 필요하다. 그러나 한국의 사회복지학도들과 다른 인접분야의 학도들 간에 상호교류가 부족하다.

연 구 문 제

1. 복지국가의 비판과 대응책에 대하여 설명하시오.

2. 엘리자베스 구빈법의 특징과 분류 및 처우에 관한 규정을 설명하시오.

3. 1962년에 제정된 정주법에 대하여 설명하시오.

4. 1696년에 제정된 작업장법에 대하여 설명하시오.

5. 1782년에 제정된 토마스 길버트법에 대하여 설명하시오.

6. 스핀햄랜드법(1795년)에 대하여 설명하시오.

7. 신구빈법(1834년)개정에 대하여 설명하시오.

8. 빈민의 3대 원칙을 설명하시오.

제 6 장

사회복지정책 형성

제 1 절 사회복지정책 형성과정

1. 사회복지정책 형성과정

정책은 매우 복합적이고 비교적 장기간에 걸친 일련의 연속적인 과정을 거쳐서 확정 수립되는 경향이 있다. 정책은 개인과 집단의 논리적 이성적 혹은 합목적적인 판단과 선택의 결과로 형성되는 것이며 일련의 연속적인 단계와 과정을 통하여 점진적으로 이루어진다는 뜻에서 합리주의 모형을 전제로 한다. 사회복지정책의 형성과정은 문제 정의과정, 정책아이디어과정, 정책선택과정, 정책실행과정, 정책평가과정, 정책조정과정의 일련의 연속적인 과정으로 묘사되는데 이는 정책 형성과정을 단순화시킨 것이다.

정책은 복잡한 요소들과의 연관성 속에서 형성된다는 것이고 이는 정책이 특정사회의 제반 환경과 역사적 경험을 반영한 형성체라는 것으로 정책의 형성과정과 관련한 여러 요소를 사회체계론적 입장에서 상호 연결시켜 정책 형성과정을 알고자 하는데 젠센의 도식을 보면 각각의 요소는 정책 형성을 둘러싸고 제한과 기회를 제공하며 상호연결되어 있다. 즉 환경적 요소는 사회복지 정책을 시행하려는 특정 국가의 사회, 경제, 정치 전반의 국가가 가진 역량과 복지관련 정책의 역사적 경험 등이 해당될 수 있고 이 경우 정책형성과정에 도움이 되기도 하고 제한 사항이 되기도 하는 것이다.

형성과정의 요소는 정책과정을 위주로 하면서 사회경제적 환경요인과 정치행정적 환경요인 및 역사적 요인을 환경적 요소로 분류할 수 있는데 정책 형성과정상에서 상호 연관된 요소는 정책과정으로 인간욕구의 불충족, 개인문제, 사회문제, 정책문제, 정책의제, 사회복지정책을 거쳐 정책 확정 후 법률로 표현되고 그 이후 행정과 직접적 서비스를 거쳐 사회복지 대상자에게 정책 급여와 서비스가 전달되고 평가되어 다시 환류하는 전체 과정이 하나하나의 요소가 된다.

모형별 단계를 살펴보면 정책결정과정은 정책문제 확인, 정책형성, 공공정책의 정당화, 정책실행, 정책평가단계를 거치고, 정책형성과정은 문제의 발견, 분석, 일방계층에 홍보, 정책목표 개발, 대중의 지지와 정당화를 거치게 된다. 정책과정은 인지정의, 결집, 조직화, 대표형성, 합법화, 적용, 집행한다. 사회복지정책과정은 문제의 발견, 인지, 정치적 여과, 입법화, 행정적 실행을 거쳐 새로운 문제 발견한다. 사회복지정책과정은 인간의 욕구 불충족, 개인문제, 사회문제, 사회복지정책문제, 정책의제, 정책화, 정책실현, 정책평가, 욕구불충족의 해결과 미해결의 양상을 가져오게 된다.

1) 사회복지정책 문제

문제란 어떤 상황이나 조건을 사람들이 '해결되어야 한다고 인식할 때' 문제로 등장한다. 사람들이 그것을 해결되어야 한다고 생각하지 아니하는 경우, 적어도 이러한 관점에서는 그것은 문제가 아니다. 사회가 어떤 조건이나 상황을 해결해야 할 문제로 인식하면 그것은 그 사회의 문제가 되는데, 이를 사회문제라 한다. 사회문제란 '사회를 구성하는 많은 사람들이 그것을 해결해야 할 문제라고 인식할 때' 성립한다. 사회문제는 사회적으로 만들어지는 것으로 규정된다. 사회문제는 사회에 따라 다른데, 어떤 사회에서는 사회문제로 규정되지만, 다른 어떤 사회에서는 전혀 사회문제가 아닐 수 있다. 따라서 사회복지문제는 인간으로서의 기본적인 생활을 누리지 못하여 고통을 받고 있는 사람들이 그러한 상황이나 조건을 해결해야 한다고 인식할 때 비로소 문제로 성립한다.

사회복지문제의 해결을 정부에 대하여 요청하는 구체적인 행동을 정치학적인 의미에서 요구라 한다. 그런데 정치체제에 어떤 사회복지문제의 해결에 관한 요구가 성공적으로 투입되면 그것은 정책꾼(Policy Actor)들의 관심을 받으면서 그 해결방법들이 논의되는데, 정책꾼(Policy Actor)들의 논의가 이루어지는 문제나 요구를 의제라 하며, 의제들의 모음을 아젠다라 한다. 의제란 아젠다를 구성하는 문제나 요구로 이루어진 각각의 항목들을 일컫는 것이고, 이때 정책의제로서 논의하는 과정 즉 정책의제로 채택되는 과정을 포함하여 아젠다 구성과정이라 한다. 아젠다는 새로운 이슈를 만들어서 사람들에게 알리는 것으로 예를 들면 한반도 대운하개발사업과 4대강유역 개발 같은 아젠다를 만들어서 여론을 선점한다. 설득력있는 아젠다가 뭘까를 생각해야 하며 아젠다를 어떻게 만들 것인가가 중요하다. 그러나 많은 사람들은 형성하고 평가하는 데 바빠서 아젠다에는 신경을 쓰지 못하는 경우가 많다.

문제나 요구가 일단 정책의제로 성립하면 정책꾼(Policy Actor)들에 의하여 그 해결이 논의되고 여러 가지 해결방안 가운데 하나를 선택하게 되는데, 이때의 해결방안들을 정책대안이라 부르고, 선택된 대안을 정책이라 부른다. 이때 정책대안의 선택과정을 정책결정과정이라 부르게 된다. 사회복지정책의 형성과정은 첫 단계로 문제의 형성과정, 둘째, 정책 아젠다(의제)형성과정 셋째, 정책의 대안 형성과정 넷째, 정책 결정과정 다섯째, 정책의 집행과정 여섯째, 정책의 평가의 과정을 거쳐서 이루어진다.

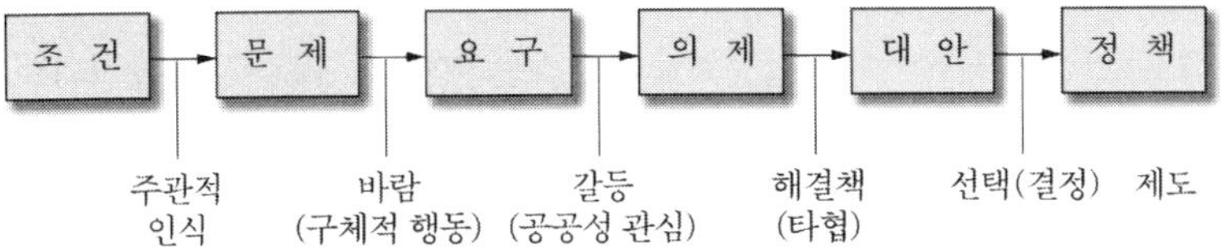

〈그림 6-1〉 문제의 정책으로의 발전과정

2) 정책 문제 이슈화

사회복지문제나 요구 가운데 어떤 것은 정치체제의 정책아젠다 지위에 오르지만 어떤 것은 정책아젠다의 지위를 획득하지 못하고 밀려나거나 억압되는 경우도 있으며, 정책아젠다 지위를 획득하는데 성공하였다고 하더라도 정책꾼들에 의하여 논의되지 않고 계속 무시되는 경우도 있다. 정책아젠다에 수록되지 못하는 이슈를 억압된 이슈(Depressed Issue) 또는 난이슈(Non-issue)라 부르며(Frey, 1971), 정책아젠다에 오르기는 하였으나 논의되지 않은 이슈를 위선 의제(Pseudo Agenda Items)라 부른다. 사회복지문제나 요구가 정책아젠다 지위에 오르도록 하기 위해서는 정치적 논점으로 부각시킬 필요가 있으며, 이때 정치적 논점으로 부각된 문제나 요구를 '이슈(Issue)'라 부르게 된다.

사회복지문제나 이슈(Issue)는 정치적으로나 경제적으로 힘이 약한 사람들의 문제이기 때문에 정책아젠다 지위에 오르지 못하고 무시되기가 쉬운데, 사회복지정책 아젠다(Agenda)의 형성과정이란 사회복지문제나 요구의 이슈화 과정이라고 할 수 있다.

사회복지문제나 요구가 이슈로 전환되어 쟁점으로 등장하는 경우, 일반 국민들이 이에 관심을 쏟게 되고, 결국 그 문제는 정책꾼들에 의하여 공공정책상의 논점으로 논의되게 된다.

광의의 넓은 의미에서 이슈(Issue)란 어떤 문제나 요구가 '공공의 관심'을 끌어 '공공정책상의 논점'으로 제시되는 경우를 의미한다. 이슈가 성립하려면 공공의 관심을 끌어야 하고, 공공정책상의 논점으로 제시되어야 하는데, 어떤 문제나 요구에 대하여 해결을 원하는 행위가 일어났다 하더라도 공공의 관심을 끌지 못하거나 공공정책상의 논점으로 등장하지 못하는 경우 그것은 이슈라 할 수 없다.

협의의 의미에서의 이슈란 어떤 문제나 요구가 공공의 관심을 끌어 공공정책상의 논점으로 제시되어 '이해갈등'이 나타나는 경우, 특히 정책결정자의 관심을 끌어 정책꾼(Policy Actor)들에 의하여 논의되고 여기에 관련된 사람들 간의 이해관계가 노정되는 경우를 뜻한다. 여기서 이슈의 크기는 여러 가지 측면에서 관찰할 수가 있는데, 이슈에 관여하는 사람이나 집단의 수, 이슈를 둘러싼 이해당사자들의 관여 정도, 그 이슈에 대한 일반국민들의 인식 정도를 파악함으로써 이슈의 크기를 측정할 수 있고, 일반적으로 이슈의 크기는 일반 국민들이 그 이슈를 어느 정도로 인식하는가에 의하여 측정하는 것이 보통이다. 이슈화는 갈등관계는 사회복지분야에서 유난히 강하며 사회복지의 전제가 재분배이기에 표출되어 있다. 즉, 기여 대 수급이 다른 경우가 많기에 그 사이 갈등 많이 발생한다.

이슈화가 되는 경우 이슈에 관계하는 수가 많거나 집단수가 많거나 이해당사자가 많을 경우에 문제의 폭이 확대된다.

이슈의 종류는 다음과 같다.

Depressed issue는 공공의 관심은 높으나 공공정책상의 논점으로 나아가지 못하는 경우 이슈가 되는 것을 통제한다. 갈등이 존재하고 언젠가는 갈등이 폭발하며 관심은 존재하나 출구가 생기면 표출한다. 이 이슈는 존재여부를 두고 학자들 간의 논쟁이 다양하다.

그리고 Non-issue는 표출되지 않는 이슈이고, Pseudo-issue는 한때는 대중의 관심을 받았으나 시간이 지나면서 관심이 사라지고 해결되지 않은 상태로 존재하며, 주기적으로 문제가 되었다가 사라지기를 반복한다.

3) 이슈화 과정

이슈화 과정이란 문제나 요구가 이슈화하여 일반 국민들의 관심을 끌거나, 정책꾼(Policy Actor)들의 관심을 끌게 되는 과정인데, 일반 국민의 관심을 끌어 공공에 의하여 그 문제나 이슈가 논의될 때 그 이슈는 공공아젠다의 의제로 등장하며, 정부의 정책꾼(Policy Actor)들이 그 해결방법에 심각한 관심을 기울이고 논의할 때 정부아젠다의 의제가 성립하게 된다.

이슈화 과정은 사회복지정책 과정에서 매우 중요한 의미를 지니는데, 사회복지문제나 요구는 사회적 약자들의 문제인 까닭에 이슈화시키지 않는 경우 정부아젠다 지위에 오르기 어렵게 된다. 따라서 대부분의 사회복지문제는 이슈화 과정을 밟아 정부아젠다 지위에 오르는 것이 보통이다.

이슈화 과정은 문제가 이슈화되면서 그 문제와 직접적으로 관련되지 않는 사람들에게까지 그 문제를 인식시켜 주는 기능을 하게 된다. 직접적인 이해당사자뿐만 아니라, 언론이나 일반 국민까지도 그 이슈에 관심을 가지게 되고 의견을 표명하게 된다.

어떤 문제나 요구가 이슈화될 때 중요한 역할을 담당하는 사람으로서는 이슈제기자(Issue Initiator)가 있고, 사건으로서는 이슈유발장치(Triggering Mechanism)가 있는데, 이슈제기자의 이슈화 노력에 의하여 또는 이슈유발장치에 의하여 문제는 이슈화된다.

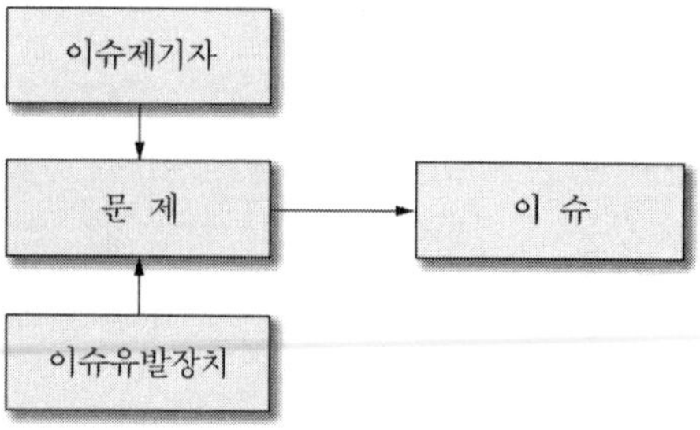

〈그림 6-2〉 문제의 이슈화 과정

이슈제기자란 어떤 문제를 해결하기 위하여 그 문제를 제기하고 국민들에게 널리 인식시키려고 하는 사람을 의미하며, 이슈유발장치란 문제가 이슈로 전화되는 과정에 도움을 주는 예기치 못한 사건들을 말한다.

사회복지문제를 이슈화시키고자 하는 이슈제기자는 그 문제로 인하여 고통을 받고 있는 클라이언트이거나 사회복지전문가인 경우가 많은데, 일반적으로 볼 때, 사회복지문제로 고통을 받고 있는 사람들은 사회적 약자인 까닭에 이슈제기자로서 활동하지 못하는 경우가 많다. 따라서 이들의 욕구를 진단하고 도움을 제공해 주는 사회복지전문가가 사회복지문제의 이슈제기자로서 활약하여야 한다.

이슈유발장치는 정치적 과정 속에서 일상적인 문제를 국민들에게 널리 인식시켜 국민적 반응을 끌어내는데 작용한다.

이슈화 과정에의 참여자들은 다음과 같다.

(1) 논쟁집단(Contending Parties)이다. 이슈를 다투는 이들은 이슈갈등에 끼어들어 직접 논쟁에 참여하는 사람들이나 집단들을 말한다. 이들의 크기는 이슈를 다투는 이들의 수, 조직화 기술, 의사전달의 강도 및 폭, 그들이 동원할 수 있는 또는 동원하고자 하는 자원의 양 따위에 의하여 측정할 수 있다.

(2) 관련 공중(Relevant Public)이다. 어떤 하나의 주어진 이슈에 대해 받아들이는 정도, 곧 그 이슈에 대하여 관심을 쏟는 정도와 중요도에 대한 비판은 사람

에 따라 따르다.

첫째는 동일시 집단(Identification Group)이다. 논쟁당사자들이 제기한 이슈에 걸려 있는 이익과 자가 자신의 이익을 동일시하는 집단으로서 이슈갈등에 가장 민감하게 반응하는 집단이다. 이슈가 확장될 때 이슈의 갈등상황 속에 적극적으로 개입하는 첫 번째 집단이다.

둘째는 관심집단(Attention Group)이다. 이슈의 즉각적으로 개입하진 않으나 어떤 특정 이슈에 관하여 관심을 가지고 있는 사람들로 구성되며, 이슈가 그들의 관심권 속에 부상되면 쉽게 동원 가능한 집단, 즉 대부분의 이슈에 관하여는 별 흥미를 느끼지 않지만, 어떤 특정 이슈에 대해서는 동일시 집단과 마찬가지로 이슈화되기 이전부터, 적어도 일반 공중보다는 일찍이 그 이슈의 논쟁에 관하여 알고 있고 계속 관심을 가지는 집단이다.

셋째, 관심공중(Attentive Public)이다. 이슈에 대해 일반적으로 알고 관심을 가지고 있는 집단을 말한다. 동질적이진 않지만 비교적 그 구성에서 안정적이며, 교육수준이 높고, 소득수준이 높은 인구층으로 구성된다. 여론의 지도자들은 대개 이 계층으로부터 나온다.

넷째, 일반공중(General Public)이다. 이슈에 관하여 잘 모르고, 별 관심도 없으며, 별로 적극적이지도 않은 인구층을 말한다. 이들을 이슈에 끌어들이려면 이슈 자체가 이슈 자체가 고도로 일반화되어야 하는데, 이들이 이슈에 관여한다 해도 그 관심은 일시적이며 반응도 비조직적인 경우가 많다.

2. 이슈화 전략 고려 요인

1) 정의방법

사회복지문제의 정의방법으로는 이슈상징의 사용과 이슈연계를 고려할 수가 있다.

첫째, 이슈상징의 사용이다. 사회복지문제를 정의내릴 때 이슈상징을 잘 사용하는 경우, 이해관계자들 사이의 이슈반응을 끌어냄으로써 이슈갈등을 증폭시키고, 국민들로 하여금 그 사회복지문제에 관해 보다 많은 관심을 쏟을 수 있도록 만들 수 있는데, 일반국민들에게 제기된 사회복지문제에 관하여 효과적으로 인식시킬 수 있다. 사회복지문제의 이슈화 과정에서 사용하는 상징은 보통 감정에 호소하는 상징과 이성에 호소하는 상징으로 나눌 수 있는데, 일반적으로 볼 때, 이성에 호소하는 상징보다는 감정에 호소하는 상징의 사용이 국민들에게 사회복지문제를 각인시키는데 유리하다.

클라이언트집단은 지식과 능력을 가지고 있다고 하더라도, 이슈화시키는데 필요한 권력자원이 부족한 계층이기 때문에 사회복지문제를 체계적으로 조직화하여 이슈화시키지는 못한다.

둘째는 이슈연계이다. 사회복지문제를 제기할 때 현저하게 쟁점으로 등장한 또는 등장할 수 있는 다른 이슈와 연계시켜 그 문제를 정의하는 경우, 문제를 보다 쉽게 이슈화시킬 수 있다.

사회복지문제의 제기시점으로는 사회복지문제를 정부아젠다 지위에 올려놓기 위해서는 정치·경제·사회적 여건을 잘 고려하여 제기하고자 하는 사회복지문제가 쉽게 이슈화할 수 있는 시점을 찾아내야 하는데, 사회복지문제와 관련된 사건이 일어났을 경우 때를 놓치지 않고 그 사회복지문제를 제기한다면 그것은 쉽게 이슈화시킬 수 있다.

정책문제의 이슈화 전략의 고려요인으로 사회복지문제의 이슈제기자를 들 수 있다. 이슈제기자는 클라이언트, 사회복지전문가, 언론, 정치인 등을 들 수 있다.

첫째, 클라이언트는 클라이언트는 사회복지정책의 대상이 되는 사람들이며, 자신이 겪고 있는 사회복지문제의 사회적 해결을 원하기 때문에 종종 사회복지문제의 이슈제기자가 될 수 있다.

사회복지의 대상인 클라이언트집단은 문제를 정확하게 파악할 수 있는 능력이나 지식이 결여되어 있는 경우도 많고, 이들을 이슈화시킬 수 있는 지식이 충분하지 못한 경우가 대부분이다. 그리고 클라이언트집단은 지식과 능력을 가지고 있다고 하더라도, 이슈화시키는데 필요한 권력자원이 부족한 계층이기 때문에 사회복지문제를 체계적으로 조직화하여 이슈화시키지는 못한다.

둘째, 사회복지전문가는 클라이언트와 늘 접촉하는 전문 집단이기 때문에 클라이언트의 문제에 대해서도 잘 알고 있고, 그 문제의 사회적 해결의 필요성에 관해서도 잘 알고 있으며, 그러한 문제의 해결을 지향하는 의지도 강한 사람들이다.

셋째, 언론이다. 일반적으로 언론은 사회복지문제의 훌륭한 이슈제기자이며, 언론은 사회복지문제를 특집으로 다루기도 하고, 사회복지문제의 해결을 위해 앞장서기도 하며, 무엇보다도 사회복지문제에 일반 국민들의 관심을 동원하는데 큰 영향력을 발휘한다.

넷째, 정치인이다.

정치인 역시 사회복지문제의 이슈제기자가 될 수 있는데, 이들 역시 언론과 마찬가지로 늘 적극적이고 능동적인 이슈제기자는 아니다.

그리고 정치인들로 하여금 사회복지문제를 이슈화시키도록 하기 위해서는 선거기간 동안에 사회복지문제를 이들에게 가지고 가는 것도 좋은 방법이다.

2) 사회복지문제 제기방법

(1) 제도화된 전달수단

사회복지문제를 선거나 합법적인 이익집단의 활동 등 이미 제도화된 통로를 통하여 이슈화시키는 방법으로 선거기간 동안에 후보자의 입을 통해 사회복지문제를 이슈화시키거나, 이익집단으로서의 대한노인회가 노인복지법 개정에 대한 청원을 하는 등의 합법적인 활동을 벌인다.

이 방법은 합법적인 정책통로를 사용함으로써 체제와의 관계에서 마찰은 없으나 이슈화의 효과성에는 문제가 있다.

(2) 비제도화된 전달수단

비제도화된 전달수단이란 체제에 의하여 합법적으로 인정되지 않는 이슈의 전달수단을 말하는데, 폭력의 사용 또는 폭력의 위협과 같은 수단을 통하여 이슈를 정부아젠다 지위에 올려놓을 수 있으며, 때로는 폭력의 위협이 폭력의 사용보다도 공공관리들의 관심을 지속시키는데 효과적일 수 있다.

이슈제기에 있어 이러한 비제도적인 수단들의 사용은 체제와의 마찰을 일으키게 되고 부작용이 나타나게 되며 일반국민들로부터 비난을 받을 여지가 크지만, 많은 사람들에게 문제를 인식시키고 정부로 하여금 그 해결책을 논의하게끔 만드는 데에는 효과적인 방법이다.

3) 사회복지문제의 이슈화 견제전략

(1) 대집단전략

대집단전략이란 전략의 초점을 집단에 두는 것을 말한다.

이 전략은 사회복지이슈를 제기한 집단의 정통성이나 문제점에 직접 공격을 가함으로써 그 집단이 원하고 있는 이슈의 확장을 저지하는 직접적 전략과 집단의 정통성이나 문제점을 우회하여 공격하는 간접적 전략으로 나눌 수 있다.

직접적 대집단전략은 직접적 대집단전략의 가장 전형적인 형태는 사회복지문제를 이슈화시키려는 집단 자체를 불신시키려는 방법이다.

간접적 대집단전략은 이슈의 반대자들이 이슈확정을 간접적으로 방지하기 위해서 이슈제지집단의 지지근거를 조금씩 삭감해 나가는 방법이다.

(2) 대이슈전략

대이슈전략이란 이슈의 확산을 방지하기 위한 전략의 초점을 이슈에 두는 방법이다.

이 전략도 제기된 사회복지이슈 자체에 직접적으로 대적하여 이슈를 제기하는 직접적 전략과, 사회복지이슈 자체의 전동성이나 필요성을 인정하지만 현 시점에서 볼 때 시급한 이슈나 심각한 이슈는 아니라는 사실을 인식시킴으로써 이슈의 심각성을 약화시키는 간접적 전략으로 나눌 수 있다.

직접적 대이슈전략에서 많이 쓰이는 방법은 이슈에 대한 상징적 보상(Symbolic Rewards)을 제공하거나 재보증(Reassurance)함으로써 이슈를 약화시키는 방법으로 제기된 문제의 극히 일부분에 대한 해결방안을 실행함으로써 무엇인가 그 이슈해결에 대해 노력하고 있다는 것을 전시하여 그 이슈가 더 이상 확대되지 않도록 하는 방법이다.

간접적 대이슈전략으로 사용되는 방법 중 하나는 상대방이 사용하는 상징, 예컨대 캐치프레이즈를 이쪽 편에서 뽑아 씀으로써 상대방의 이슈를 희미하게 만들어 버리는 방법이다.

제 2 절 사회복지정책 아젠다의 형성

1. 아젠다 형성의 의의

아젠다란 공공정책으로 전환되기 위하여 정책결정자들의 관심을 불러일으키고 논의될 수 있는 상태에 있어 문제나 이슈, 곧 의제들의 목록을 의미한다. 아젠다는 문제나 이슈로 구성된다. 문제나 이슈는 공공의 관심을 불러일으키거나 정책꾼들의 관심을 불러일으켜서 공적인 논의의 대상이 될 수 있는 위치에 제시되어 있거나 논의할 수 있는 기관 또는 사람을 말한다. 아젠다는 공공정책의 개발을 위하여 논의될 수 있도록 모아 놓은 문제나 이슈의 집합체로 구성된 목록이라고는 하지만 반드시 문자로 쓰여 있을 필요는 없다.

아젠다의 종류는 다음과 같다.

첫째, 아젠다의 주체임자에 따라 분류이다. 아젠다의 임자가 누구냐에 따라 사적 아젠다와 공적 아젠다로 분류할 수 있는데, 개인이 관심을 가지고 있는 문제나 이슈는 사적 아젠다에 속하지만, 그것이 공공의 관심을 끌거나 정부의 권위있는 의사결정자의 관심을 끌게 되면 공적 아젠다에 속하게 된다.

둘째, 아젠다의 공공정책의 임자에 따른 분류이다. 공적 아젠다가 어디에 귀속되어 있는가를 보다 구체적으로 나눔에 따라 아젠다는 대통령아젠다, 의회아젠다, 법원아젠다, 선거아젠다, 언론아젠다, 정당아젠다, 이익단체아젠다, 내무부아젠다, 군청아젠다 등 공공정책상의 논의를 개시하는 정책꾼들이 누구냐에 따른 분류방법인데, 각각의 아젠다 특성을 밝혀주는데 유용하게 쓰인다.

콥과 엘더의 분류는 체제아젠다와 제도아젠다로 분류한다.

체제아젠다는 공공아젠다(Public Agenda)라고도 부르며, '공공의 관심을 끌 가치가 있고, 현재의 정부 당국이 합법적으로 다룰 수 있는 문제라고 정치적 공동체의 구성원들이 공통적으로 인지하고 있는 모든 이슈들'로 구성된다.

제도아젠다는 정부아젠다(Government Agenda) 또는 공식아젠다(형식아젠다, Formal Agenda)로 부르기도 하는데, '권위 있는 의사결정자가 뚜렷이 적극적이고도 진지한 관심을 기울이는 이슈들의 모음'으로 정의된다.

아이스톤의 분류에 의하면 아이스톤(Eyestone, 1978)은 아젠다를 공공아젠다(Public Agenda), 공무아젠다(Official Agenda) 및 운영아젠다(Operational Agenda) 등으로 분류하였다.

공공아젠다(Public Agenda)는 사회 내 개개인의 개별적인 아젠다의 집합체로 정의되며, 문제를 단순화시켜 준다는 특색이 있고, 여론과 밀접한 관련이 있다고 한다.

공무아젠다(Official Agenda)는 정책결정이 일상적으로 이루어지는 아젠다항목으로 구성되며, 따라서 언제 그러한 이슈들이 공무아젠다에 놓였는지 이야기하기 어렵다고 한다.

운영아젠다(Operational Agenda)는 이른바 건설적인 관심을 받는 이슈들로 이루어지며, 법원의 의사 일정표나, 입법부에 상정된 법안, 제출된 보고서, 청문회 등이 여기에 속한다.

킹돈의 분류에 의하면 킹돈(Kingdon)은 정부의 관리들이 신중하게 관심을 기울이는 주제의 목록을 정부아젠다(Government Agenda)라는 정의내리면서, 정부아젠다 가운데 실제적인 결정을 위하여 놓인 주제들의 목록을 결정아젠다(Decision Agenda)라고 명명하고 이 둘 사이의 구별이 분명해야 한다고 주장한다.

아젠다항목의 관심범위에 따른 분류에 의하면 아젠다항목인 의제가 전국민적 관심을 불러일으키는 것인지, 아니면 일정 계층이나 지역에 국한된 것인지에 따라 국민적 아젠다 또는 국가적 아젠다(National Agenda), 지역 또는 지방적 아젠다(Regional or Community Agenda)로 분류할 수 있다.

2. 아젠다형성과정의 의미

첫째는 좁은 의미의 아젠다형성과정이다.

정책과정 중 좁은 의미의 아젠다형성과정은 가장 단순한 체제분석모형인 투입-체제-산출모형을 적용해 볼 때, 투입과 체제의 관계에 관한 것이라 할 수 있는데, 문제나 요구가 정치체제 속에 투입되는 과정이 아젠다형성과정이다.

넓은 의미의 아젠다형성과정은 정치체제가 가지고 있는 아젠다 지위에 문제나 요구가 올라갈 때까지의 정치적 과정이 아젠다형성과정이며, 체제 위에서 문제나 요구에 대한 해결방안을 논의하는 것은 대안구체화 과정으로 구분하는 입장이다. 따라서 시간적으로 볼 때, 아젠다형성과정, 대안구체화 과정, 대안선택과정은 연속선 위에 놓인다.

둘째는 넓은 의미의 아젠다형성과정이다.

아젠다형성과정을 정책결정이 이루어지는 시점까지로 본다면, 문제나 요구가 정치체제 속에 투입되는 과정뿐만 아니라, 정치체제 속에서 논의되는 이슈나 문제가 공공정책으로 전환되는 과정까지를 아젠다형성과정이라 할 수 있다.

아젠다형성과정과 대안구체화 과정 및 대안선택과정을 이렇게 나누는 것은 이들 세 과정의 본질적인 성격을 이론적으로 명백하게 구분하기 위한 것이다.

아젠다형성과정은 이슈를 둘러싼 이해집단 사이의 정치적 성격이 강한 과정이고, 대안구체화과정은 비교적 중립적인 입장에서 문제에 접근하여 정책대안을 개발하는 비교적 정치적 성격이 약한 과정이며, 대안선택과정은 정책우선순위를 고려하는 권위 있는 정책결정자가 관여하는 정책과정이라고 할 수 있다.

〈표 6-1〉 각 정책과정의 구별 특징

과정 특징	아젠다형성과정	대안구체화 과정	대안선택과정
내용	문제	정책대안	정책우선순위
참여자	이해관계자	관료, 학자	정책결정자
특성	미시적 관점 정치적 관점	규범적 특성 합리적 성격	거시적 관점 공익적 성격

아젠다형성과정의 특징은 정의의 문제, 이슈갈등, 정치적 과정, 이슈의 변화 등이다.

① 정의의 문제이다.

이슈는 그 이슈와 관련되는 이해관계자들에 의하여 여러 가지로 정의되는데, 곧 이해관계자들은 자신에게 유리한 입장에서 이슈를 정의하려는 노력한다.

엘더와 콥의 말처럼 이슈란 정책꾼들에 의하여 정책과정 속에서 '어떤 문제가 고려될 것인가'가 아니라, '어떻게 그 문제가 정의될 것인가'에 그 특징이 있다.

② 이슈갈등이다. 문제를 정의해나가는 과정 속에서는 이해관계자들 사이의 이해관계가 노정되고 이슈갈등이 나타나기 마련이다.

③ 정치적 과정이다. 이슈화 과정은 사회세력들 사이의 권력관계를 반영해 주며, 이슈로 등장한 문제의 해결을 위해 최종적으로 채택되는 해결방안은 문제를 정의하는 집단들 사이의 세력관계가 반영된 일종의 타협안이라 할 수 있다.

④ 이슈의 변화이다. 이슈는 처음에 정의한 대로 남아 있지는 않지만, 이슈는 재정의되어 가는 역동적 상황 속에서 여러 가지의 하위 이슈들로 구체화되거나 다양화되기도 하며, 보다 모호한 표현의 추상적인 이슈로 통합되기도 하며, 또한 이슈확장과정 속에서 재정의되고 변질되거나 다른 이슈로 대치되기도 한다.

3. 아젠다형성과정 이론모형

1) 존스의 이론모형

존스(Jones)는 정책아젠다 형성과정을 '문제의 정부귀속단계'로 표현하면서 그 과정을 다시 사건의 인지 및 문제의 정의 단계, 결집 및 조직화 단계, 대표의 단계로 나누고 있다.

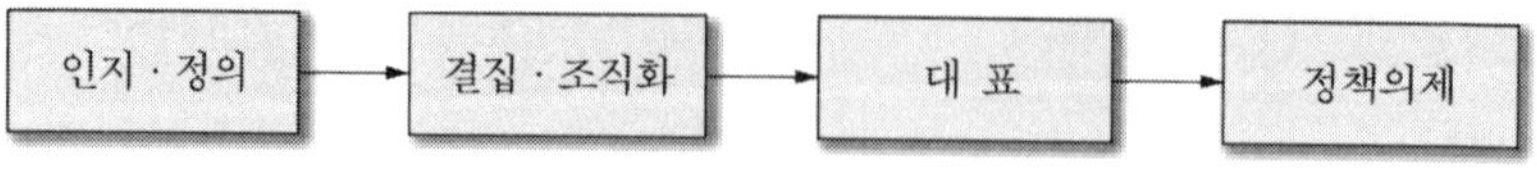

첫째, 사건의 인지 및 문제의 정의단계이다.

문제가 정부에서 다루어지기 위한 초기단계로 사건에 대한 인지 및 문제에 대한 정의단계이다. 잠재해 있던 사회문제가 어떠한 사건을 계기로 하여 국민들에게 인식되고 그것이 해결되어야 할 문제로 규정되는 경우, 그 문제는 정책의제로 논의될 수 있고, 어떤 사건에 관하여 인지하고 그것을 문제로 정의를 내림으로써 그것이 정부의 조치나 간여를 필요로 하는 문제인지 아니면 개인이 스스로 해결해야 할 문제인지가 명백해진다.

둘째, 결집 및 조직화 단계이다. 문제가 정의되면 그 문제로 인하여 영향을 받는 사람들이 결집되고 조직화가 이루어지는데, 이때의 결집 및 조직화는 이후의 정책과정에 많은 영향을 미치고, 문제로 인하여 영향을 받는 사람의 수, 그들이 결집한 범위, 그리고 조직화의 정도 및 조직형태 등이 정책과정에 영향을 미치는 중요한 요인이다.

셋째, 대표단계이다. 대표란 국민과 국민들의 문제를 정부로 연결시키는 활동이며, 문제로 정의된 모든 욕구가 다 정책의제로 다루어지는 것은 아니다. 이들 중 어떤 것은 정부아젠다로 올라가는데, 또 어떤 것은 그렇게 되지 못한다. 또한 클라이언트들이 느끼는 문제가 그대로 대표되는 경우도 있고, 그렇지 않고 왜곡될 수도 있다.

문제가 어떻게 대표되는가는 대표자와 대표된 자의 문제에 대한 인지상태 및 이들의 문제에 대한 정의내용에 따라 달라지며, 대표자와 대표된 자 사이의 감정이입이 얼마나 정확하게 이루어지는가가 이 단계에서는 매우 중요하다.

사회복지문제를 정부아젠다로 가져가는 경우에 많은 역할을 담당하는 대표자로서는 대통령, 국회의원 등의 정치인, 신문 및 방송 등의 언론기관, 그리고 사회복지전문가 및 클라이언트집단 등을 들 수 있다.

2) 아이스톤의 이론모형

아이스톤(Eyestone)은 아젠다형성과정이 다음과 같은 여러 단계로 이루어져 있다고 보았는데, 사회문제가 집단에 의하여 인지되고, 다른 견해를 가진 집단들이 관여하게 되면 사회문제가 사회적 이슈로 성립되고, 더 많은 집단들이 계속 관여함으로써 공공아젠다의 이슈가 되고, 공무아젠다의 의제로 발전한다고 보았으며, 이슈의 변화라는 관점에서 보면 다음과 같은 몇 가지 단계로 나눌 수 있다.

① 사회문제의 인식단계 : 이 단계는 어떤 문제가 관련된 사회집단에 의하여 사회문제로 인지되는 상태를 말한다.

② 사회적 이슈화단계 : 인식된 사회문제에 대해 반대의사를 갖거나, 그 해결 방법에 대하여 이견이 있는 집단들이 나타남으로써 사회적 합의점을 찾지 못하고 이해갈등이 야기되는 단계, 사회문제를 정의내리는 데 있어 다양한 견해가 나타나며, 이들 견해들 사이에 논란이 분분한 결과 사회적 쟁점으로 등장하는 단계를 말한다.

③ 공공아젠다 의제단계

사회적 쟁점으로 등장한 이슈들 가운데 대부분의 것들은 많은 사람들에 의하여 정부의 정책적 해결이 필요하다고 믿게 되는데, 이러한 이슈들이 모여서 공공아젠다를 구성하고, 아이스톤은 많은 사람들이 어떤 문제에 관하여 막연히 느끼는 불안이나 걱정을 공적 근심(Public Worry)이라 부른다.

공공의 관심이 지속적이긴 하지만 구체성이 결핍되어 있으며 정부의 행동대책을 위해 이미 일상적인 것이 되어 버린 문제들을 기회아젠다(Opportunity Agenda)라 부르면서 공공아젠다와는 구별하고 있다.

공공아젠다 이슈란 정책결정자들의 문제해결에 대한 행동이 집중되는 사회적 이슈들로 구성된다.

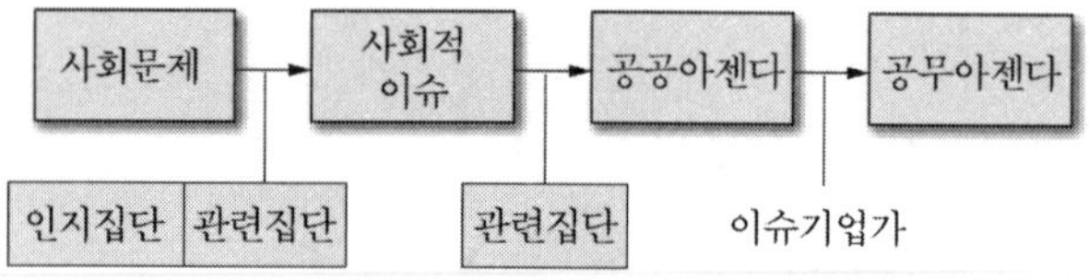

〈그림 6-3〉 아이스톤의 아젠다형성과정 이론모형

④ 공무아젠다 의제단계 : 공공아젠다 이슈들이라고 해서 전부 다 정책결정의 대상이 되는 것은 아니며, 공공아젠다 이슈들 가운데 이슈기업가들의 활동에 의하여 정책결정의 대상이 되어 정책결정이 이루어지는 이슈들을 공무아젠다에 수록된 의제라 한다.

3) 콥과 로스의 이론모형

(1) 외부주도모형

외부주도모형은 정부 밖의 개인이나 집단들에 의하여 이슈가 창출되고 그것이 공공아젠다를 거쳐 정부아젠다에 오르는 경우를 잘 설명해 주는 모형으로서 다원론을 이론적 배경으로 하고 있다.

이 모형은 여론 정치의 설명에 유용하며, 정부의 반응도가 높은 민주적 정치체제에의 정책의제를 설명해 주는데 적합한 모형이다.

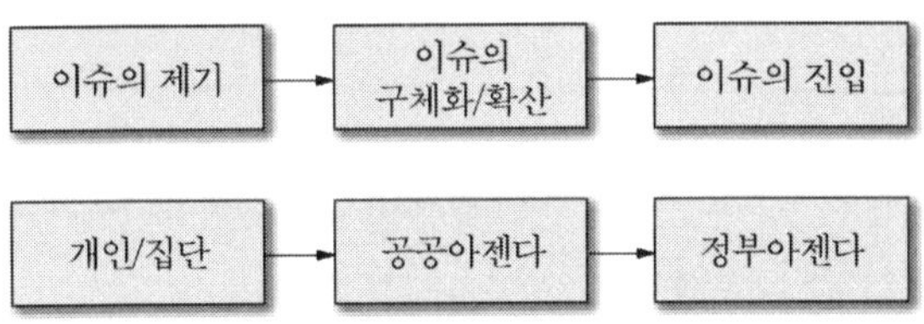

〈그림 6-4〉 아젠다형성에 관한 외부주도모형

(2) 동원모형

동원모형에서는 정부기관 내에서 먼저 이슈가 창출되고 국민들의 지지를 획득하기 위하여 공공화된다. 정부아젠다에서 공공아젠다로 이슈가 이동되는 경우를 설명해 주는 모형이다.

이 모형의 이론적 배경은 엘리트론이며 소수의 엘리트들이 문제의식을 가지며 무엇이 이슈이고 어떻게 해결해야 하는가를 알기 때문에 정부 내의 엘리트들에 의하여 이슈가 창출된다고 보고 있다.

(3) 내부접근모형

내부접근모형은 정부기관 내에서 이슈가 창출되지만, 일반 공중에게 확산되지 않고 처리되는 경우를 설명해 주는 모형이다.

정부아젠다 지위를 획득한 정책의제로 채택되지만 공공아젠다에게 이슈화하지는 않는 경우이다. 이러한 경우는 비록 소수의 특수한 이익집단이 관련된다 하더라도 이슈가 일반 국민에게 확산되지 않는다.

4) 송근원 이론모형

(1) 이슈형성단계

① 어떤 일정한 조건이나 상황이 주관적 인식을 통해 문제로 인식되고, 그것이 그 해결을 원하는 구체적인 행동으로 나타남으로써 요구로 성립하며, 이러한 요구가 공공의 관심을 끌고 이해당사자들 사이의 갈등이 노정되면 사회적 이슈로 등장하는데, 이때까지의 전 과정을 이슈형성단계라 부른다.

② 이슈형성과정은 문제가 이슈화되어 공공아젠다에 오르는 과정, 곧 어떤 문제가 발생하여 그것이 사회적 쟁점으로 이슈화되는 과정을 말한다.

(2) 이슈확장단계

① 이슈는 이슈확장과정을 거쳐 구체화되고, 다양화되며, 그 범위가 커지고, 강도가 강화되며, 가시성이 높아진다.

② 이슈의 확장은 공공아젠다에서 논의되던 이슈가 정부아젠다의 정책의제로 수록되는 과정과 정책의제가 정책대안들과 결합하여 검토되고 논의되는 과정으로 나눌 수 있다.

③ 정부아젠다로의 진입과정과 정책대안과의 결합과정으로 나눌 수 있다.

5) 아젠다 발전단계론

아젠다 발전단계론은 아젠다 시작단계와 아젠다 조정단계로 구분된다.

아젠다 시작단계는 이슈가 발견되고, 표명되고, 전파되고, 문제해결을 위한 주요 프로그램들이 개발되고 단계를 말한다. 아젠다 조정단계는 옛날의 이슈들이 정책으로 집행되어 환류되고, 그와 관련된 새로운 이슈들이 표명되고 전파되며, 관련된 기존 프로그램들이 수정되는 기간이다.

4. 아젠다 형성에 영향을 미치는 요인

사회복지정책 아젠다의 형성에 영향을 미치는 요인으로는 사회복지 아젠다형성에의 참여자, 정치체제 자체, 다른 이슈들의 존재, 기타 상황적 요인들을 들 수 있다.

첫째, 사회복지 아젠다형성에의 참여자는 다음과 같다.

(1) 이슈기업가

사회복지정책 아젠다의 형성에 가장 많은 영향을 미치는 사람이 이슈기업가이다. 이슈기업가는 사회복지문제를 이슈화시켜 일반국민들에게 인식시키고 정책꾼들로 하여금 심각하게 논의하게끔 만드는데 적극적인 활동을 하는 아젠다 형성과정에의 참여자를 말한다. 이슈기업가는 사회복지문제를 이슈화시키고자 하는 의욕을 가지고 활동하는 한 누구나 될 수 있다.

사회복지문제로 고통을 받고 있는 클라이언트 개인이나 집단이 이슈기업가가 될 수도 있으며, 사회복지문제를 다루는 사회사업가가 이슈기업가가 될 수도 있고, 신문이나 방송 등 언론매체가 이슈기업가로 등장할 수도 있다.

(2) 이해당사자들

사회복지정책 아젠다의 형성과정에 가장 많은 영향을 미치는 아젠다 참여자들이 바로 이해당사자들이다. 이들 이해당사자들은 사회복지문제로 고통을 당하는 클라이언트들과 그 문제의 해결이 비용을 부담하는 기득권자들로 나누어 볼 수 있다. 클라이언트들은 사회복지문제가 해결되는 경우 이익을 받는 사람들인 까닭에 그들 스스로 문제를 제기하지는 못하더라도 사회복지문제가 제기되는 경우 정책 아젠다형성에 적극적으로 지지를 보내며 사회복지정책의제가 어떻게 논의되는가를 주시하는 집단이다. 이해당사자들은 사회적 지위, 시간, 지식, 돈 등 권력자원이 부족한 사회적 약자인 까닭에 정책 아젠다형성에 적극적인 활동을 하지 못하는 것이 보통이다. 사회복지비용의 부담자는 크게 두 분류로 나눌 수 있는데, 많은 비용을 부담하게 된다고 느끼거나 현 체제 속에서 누리는 기득권을 빼앗기게 된다고 생각하는 기득권층과 비교적 비용부담을 느끼지 못하는 일반국민으로 나누어 볼 수 있다.

(3) 정책꾼들

정부아젠다 위에 오른 정책의제를 다루는 정책꾼들 역시 사회복지 정책아젠다의 형성에 큰 영향을 미친다. 특히 이들 정책꾼들의 의지나 성향은 사회복지 정책아젠다의 형성에 직접적인 영향을 미친다.

(4) 클라이언트

클라이언트 역시 사회복지정책 아젠다의 형성에 영향을 미치는 참여자이다. 이들은 사회복지문제를 가지고 있는 사람들이며, 문제의 해결을 원하는 사람들이기 때문에 문제를 제기하기도 하고 제기된 문제를 해결하도록 압력을 행사하기도 한다. 클라이언트의 힘은 미약하기 때문에 클라이언트 개인이 사회복지문제를 이슈화시켜 정책의제로 끌고가는 데는 한계가 있다. 이익집단의 정치가 발전한 사회에서는 클라이언트집단이 활성화되기도 하지만, 이 집단 역시 다른 이익집단에 비해 권력자원이 부족하기 때문에 문제를 이슈화시키는 데에는 한계가 있다.

(5) 사회복지전문가

사회복지전문가는 사회복지정책 아젠다의 형성과정에서 많은 영향을 행사할 수 있는 전문가들이다. 사회복지전문가는 클라이언트의 문제와 그 해결방법에 관하여 잘 알고 있을 뿐만 아니라, 언론 및 정치인들에게 이들의 문제를 가지고 가서 이슈화시키고 정책의제로 논의하도록 만드는 경우에 클라이언트를 대리할 수 있는 위치에 있다.

(6) 일반 국민들

때로는 일반 국민들이 사회복지정책 아젠다형성에 영향을 미치기도 한다. 그러나 일반적으로 볼 때 특별한 경우가 아니고는 이들이 사회복지정책 아젠다의 형성에 큰 영향을 미치는 경우는 드물다. 대부분의 경우, 일반 국민들은 사회복지정책 아젠다의 형성에 구경꾼의 역할을 하지만, 사회복지문제가 어떤 사건을 통해 크게 이슈화되는 경우 사회복지정책에 관심을 가지게 되고 정책꾼들에게 압력을 행사하기도 한다.

둘째는 정치체제 자체이다.

사회복지정책 아젠다의 형성에 영향을 미치는 요인 중의 하나로서 들 수 있는 것은 정치체제 자체이다. 어느 사회이든 그 사회의 정치체제는 사회복지문제가 어떻게 취급되는가에 영향을 미친다.

셋째는 다른 이슈들의 존재이다.

사회복지이슈는 아젠다공간을 차지하는 경우에 그렇게 유리한 속성을 띤 이유는 아닌데, 이 이슈는 국민 전체와 관련된 이슈가 아니고 일부 클라이언트에게 국한된 이슈로 인식되는 경향이 있다. 사회복지이슈는 재분배정책의 속성을 띤 이슈이며 그렇다고 해서 국민들의 흥미를 크게 유발시키는 이슈도 아닌 까닭에 국민 전체와 관련된 이슈 또는 흥미를 유발시키는 이슈가 등장하게 되면 아젠다공간에서 축출되고 곧 잊혀버리는 속성을 띤다.

사회복지이슈는 다른 이슈와 아젠다공간 차지하기 경쟁에서 살아남기 힘든 경쟁력이 약한 이슈라 할 수 있다.

넷째, 기타 상황적 요인들이다.

기타 사회복지정책 아젠다에 영향을 미치는 요인으로 들 수 있는 것은 사회적·정치적·경제적 상황에 관한 요인들인데, 사회복지와 관련된 문제가 크게 사건으로 터지는 경우 사회복지정책 아젠다형성은 보다 쉽게 이루어질 수 있다.

제 3 절 사회복지정책 대안 형성

1. 정책대안 형성의 의의

좁은 의미의 정책대안이란 문제의 해결방법에 관한 것으로 정책대안의 형성과정이란 엄격한 의미에서 주어진 목표달성을 위해 어떤 문제에 대해 여러 가지 해결방안을 모색하고 개발하는 과정을 의미한다. 정책대안을 좁은 의미로 해석하는 경우, 정책의 목표는 주어진 것으로 보기 때문에 목표설정과는 전혀 관계가 없이 목표달성을 위해 어떤 문제에 대해 해결방안을 모색하게 된다.

넓은 의미의 정책대안의 형성과정이란 '정책문제가 무엇인지를 파악하고 문제를 둘러싼 상황을 파악하여 정책목표를 세우고, 그 목표를 달성할 수 있는 정책수단으로서의 정책대안들을 개발하여, 어떠한 정책대안이 가장 바람직한 것인가를 비교하고 분석하는 과정'을 의미한다.

정책대안 형성과정의 성격으로는 정보의 산출과정, 비정치적 성격, 기술적 성격을 들 수 있다.

정책대안 형성과정의 성격으로 정보의 산출과정이다. 정보의 산출과정은 첫째, 규명된 문제 및 미래상황에 관한 정보이다. 정책대안을 제시하는 경우에는 우선적으로 그 정책에서 실제로 다루어야 하는 문제가 무엇인가를 구체적으로 명백히 규정하여야 하며, 앞으로 전개될 상황에 관하여 정확하게 예측한 정보를 제공하여야 한다. 둘째, 설정된 목표이다. 구체화된 사회복지문제를 어떻게 다룰 것인가에 대한 정책목표가 포함되어야 하며, 만약 정책목표가 둘 이상이거나 하위목표들이 있는 경우에는 이들의 관계에 관한 정보를 제공하여야 한다.

셋째, 정책수단의 제시이다. 해결방안으로서 정책대안이 될 수 있는 행동지침에는 어떠한 것들이 있으며 이들 각자의 장단점에는 어떠한 것이 있는지를 분석한 정보를 제공하여야 한다. 넷째, 정책대안의 예측된 결과이다. 정책대안이 시행될 경우 나타날 모든 결과가 포함되어야 대안들 사이의 비교가 가능하다.

다섯째, 정책결과의 평가기준이다. 정책대안이 시행될 경우 나타날 결과들을 비교할 수 있는 여러 가지 기준들을 제시하여야 한다.

정책대안 형성과정의 성격으로 비정치적 성격을 들 수 있다.

비정치적 성격은 첫째, 정책대안의 형성 및 개발과정은 이해당사자들 사이의 정치라는 현상과는 무관하게 진행되는 것이 보통이다. 사회복지정책의 대안형성은 사회복지전문가나 사회복지를 연구하는 학자 또는 사회복지문제를 일상 업무로 다루는 관료들에 의하여 이루어지며, 이들이 개발하는 정책대안들에는 물론 이들의 가치나 주관이 개제될 수는 있다.

그러나 문제를 파악하고, 목표를 설정하며, 수단을 분석하는 과정은 비교적 여러 이해관계자들과의 상호작용 없이 이루어지는 것이 보통이다. 정책대안의 형성과정은 비교적 정치성이 배제된 나름대로의 합리적 바탕 위에서 이루어진다고 볼 수 있다.

정책대안 형성과정의 성격으로 기술적 성격을 들 수 있다.

기술적 성격이란 정책대안을 개발하고 비교, 분석, 검토하는 과정은 기술적 과정이자 지적 활동이다. 정책대안의 개발 및 비교분석과정은 문제 및 상황에 대한 지적인 인식을 바탕으로 하여 그 해결방법들을 찾아내고 비교하는 과정이다. 이때 각 학문분야에서 발전시킨 여러 가지 분석기법들이 동원하며, 이런 점에서 볼 때, 정책대안의 형성과정은 지극히 종합과학적인 성격을 띠게 된다.

2. 사회복지문제와 상황의 파악

1) 사회복지문제와 상황의 파악

(1) 문제나 욕구의 원인 : 다루고자 하는 사회복지문제가 발생하게 된 원인이 그 문제로 인하여 고통을 받고 있는 사람 개인에게 있는지, 아니면 사회체제 또는 사회변동에 그 원인이 있는지에 대한 사람들의 견해를 파악하여야 한다.

(2) 문제의 영향 : 그 사회복지문제가 미치는 영향이 직접적으로 관련된 사람들에게만 국한되는 것인지, 아니면 다른 사람들에게도 영향을 미치는 것인지, 그리고 영향을 미친다면 어느 정도나 영향을 미치며, 영향을 받는 사람들이 어느 정도나 심각하게 그 문제의 형향을 받아들이는지를 파악하여야 한다.

(3) 문제의 인지범위 : 그와 같은 사회복지문제를 인식하고 있는 사람들은 어느 정도이며, 어떠한 특성을 가지고 있는가, 그리고 어떠한 해결방법을 원하는가를 파악하여야 한다.

(4) 문제의 해결능력 : 그 사회복지문제가 개인의 힘에 의하여 해결할 수 없는 것인지 여부 및 사회적 해결에 드는 비용이나 자원의 조달방법은 무엇인지에 관한 견해들이다.

(5) 문제의 성격 : 정책문제로 파악된 이슈의 크기는 범위, 강도, 가시성 등으로 나눌 수 있는데, 이들은 그 문제의 정치적 성격이나 사회적 중요성을 판단하는 지표로 사용할 수 있다.

2) 미래의 예측 및 목표의 설정

(1) 사회복지문제가 무엇인가를 파악한 다음에 해야 할 일은 미래에 관한 예측을 통한 정책목표의 설정이다.

(2) 문제와 상황의 파악이 현재 상태에 관한 파악이라고 한다면, 앞으로 다가

올 상황의 변화에 관한 예측 속에서 바람직한 미래의 상태인 목표를 설정하는 일은 미래지향적인 활동이다.

3) 대안의 탐색 및 개발

(1) 과거의 정책 : 과거의 정책이나 현존 정책은 정책분석가들이 고려하는 가장 중요한 정책대안의 원천이 된다. 특히 점증주의적 입장에 있는 정책분석가들은 현재의 정책을 약간 수정한 것이 가장 좋은 정책대안이라고 보게 된다.

(2) 외국의 정책사례 : 정책문제로 채택된 사회복지문제에 관한 이전의 정책경험이 없는 경우 외국 또는 다른 지방정부의 정책사례에서 많은 아이디어를 얻어 정책대안을 개발할 수 있다.

(3) 사회과학적 지식 : 사회복지문제 해결을 위한 정책대안은 사회복지학, 심리학, 경제학, 사회학, 정치학 등 사회과학적 지식이나 이론모형으로부터 만들어 낼 수 있다. 특히 사회복지문제의 인과관계에 관한 이론모형은 그 문제해결을 위한 사회복지정책의 대안을 만들어내는데 유용하다.

(4) 직관적 방법 : 직관적 방법은 정책대안을 주관적인 판단 하에 만들어내는 방법으로 보통 정책대안에 관한 선례나 전문지식 및 상황에 대한 정보가 부족할 때 사용하는 방법이지만, 부정확하고 공허한 대안이 될 가능성도 있다.

4) 대안의 비교분석

(1) 정책대안들이 형성되면, 이들은 여러 가지 기준에서 분석되고 대안의 시행시 나타날 결과를 예측하며 다른 대안들과 비교 평가된다. 그러나 대안분석의 여러 가지 이유로 인하여 제시된 모든 정책대안을 다 분석하는 경우는 드물다.

(2) 대안의 비교분석기준

① 기술적 실현가능성(Technical Feasibility)

이 기준은 엄격한 의미에서 정책대안이 가지고 있는 기술적 문제점들에 관한 것을 의미할 때 사용되지만, 보통 좁은 의미의 기술적 문제뿐만 아니라 집행가능성을 포함하여 사용된다.

② 정치적 실현가능성(Political Feasibility)

이 기준은 정책대안이 정치적으로 받아들여질 수 있는가에 관한 것으로 아무리 이상적이고 좋은 정책대안이라 하더라도 국회에서 통과되지 않거나, 대통령이 거부권을 행사한다면 또는 집행시에 주민들의 정치적 반대 때문에 정책집행 자체가 유야무야된다면 그 정책효과는 낮아질 것이다.

③ 능률성(Efficiency)

능률성이란 기준은 투입과 산출의 비용을 의미하는데, 이 개념은 두 가지 의미를 띠고 있으며, 투입이 일정하면 산출을 최대한으로 만드는 것이 능률적인 것이고, 산출이 일정하다면 투입을 최소화하는 것이 능률적이다.

예컨대 사회복지문제의 해결에 동원할 수 있는 자원이 한정되어 있는 경우, 그 자원을 가지고 문제의 해결을 위한 복지서비스를 최대한도로 창출・제공하는 것이 능률적인 것이며, 만약 현재 제공되는 복지서비스의 수준이 만족스러운 것이라면 그러한 복지서비스를 창출, 제공하는 것이 능률적이다.

④ 효과성(Effectiveness)

자원의 절약이라는 측면에서의 능률성이라는 기준 이외에도, 사회복지정책의 목표달성도와 관련된 수단지향적 기준으로서 효과성이라는 기준이 있다.

효과성은 문제해결에 동원되는 자원과 이로부터 나타나는 복지서비스의 관계, 곧 투입과 산출의 관계에서 투입에 상관없이 산출을 최대한으로 만드는 것을 말한다.

⑤ 사회적 효과성(Social Effectiveness)

효과성과 비슷한 기준으로서 사회적 효과성이 있는데, 사회적 효과성이란 사회복지정책의 시행결과 나타나는 사회적 유대감의 달성 등 사회복지의 사회적 통합기능에 관한 것이다.

다른 정책의 분야에서는 능률이나 효과성이 지상의 목표일 수 있으나, 사회복지정책에서는 인간의 존엄성을 전제로 하는 까닭에 능률이나 효과성보다는 사회적 효과성을 중요시하는 경우가 많다.

⑥ 사회적 형평(Social Equity)

이 기준은 사회복지정책이 시행되는 경우 사회계층 사이의 불평등이 어느 정도 시정될 수 있는가에 관한 것으로, 사회계층 가운데 특히 불리한 입장에 있는 층에 대한 정책적 고려를 통해 진정한 공정을 이룰 수 있는가에 관한 것이다.

사회적 · 경제적 · 정치적 환경이 열세인 계층에 보다 많은 양질의 사회복지서비스를 제공함으로써 인간의 존엄과 가치라는 점에서의 절대적 평등을 구현하기 위하여 제기되는 기준이다.

사회적 형평이란 수평적 형평과 수직적 형평이 있다. 수평적 형평은 복지서비스를 제공하는 경우에 그 결정기준이 되는 특성을 가진 모든 사람에게 같은 양의 서비스가 제공되어야 한다는 것을 뜻하며, 같은 조건의 클라이언트에 대한 서비스의 배분이 동일하여야 한다는 이념, 실제로 한정된 자원과 개별화하는 클라이언트의 파악에 한계가 있는 까닭에 이러한 수평적 형평은 달성하기가 쉽지 않으며, 이러한 이념이 사회복지정책에서 지향하는 목표임은 부정할 수 없다.

수직적 형평은 성별, 나이, 지리적 위치, 건강, 소득 따위에서 차이가 있는 시민들 사이의 복지서비스 배분에는 서로 다른 기준이 적용되어야 한다는 것이며, 이러한 기준의 설정은 실질적으로 매우 어렵지만, 개인이나 집단의 욕구, 납세기준, 최저생활수준 따위를 들 수 있다.

3. 사회복지정책 대안의 형성기법

1) 미래의 예측방법

(1) 유추(Analogy)

유추란 '같은 꼴' 구조를 통해서 미래의 상황이나 문제를 추정하는 방법을 말한다. 예컨대, 새로운 문제의 해결에 선례를 적용하는 경우가 그러하다.

(2) 경향성 분석(Tendency Analysis)

경향성 분석이란 과거의 경향이나 추세를 미래에 연장시켜 추측하는 방법을 통하여 미래를 예측하는 방법이다. 예를 들면, 과거 수년간의 서울시 노인정 수의 증가추세를 가지고 앞으로의 서울시 노인정 수의 증가를 예측하는 방법이다. 미래예측방법 가운데 쉽게 이해할 수 있는 방법이긴 하지만, 급격한 사회변화가 있는 경우 그 경향이나 추세가 정확한 예측을 보장해 주는가에 의문이 있다.

(3) 마르코프모형(Marcov Model)

마르코프모형은 과거에 있었던 변화를 토대로 하여 앞으로 나타날 변화를 연속적으로 예측하는데 사용되는 모형이다.

어떤 상황이 시간의 흐름에 따라 일정한 확률로 변해가는 경우에 최종적 상태를 예측하여 정책결정에 도움을 줄 수 있는 확률적 정보를 제공해 준다.

(4) 회귀분석(Regression Analysis)

회귀분석이란 변수들 사이의 인과관계를 전제로 하여 만들어낸 회귀방정식을 통하여 미래를 예측하는 방법이다. 사회복지정책의 결정요인이나 영향을 이 방법을 통하여 분석하고 미래를 예측할 수 있다.

(5) 델파이(Delphi)기법

델파이기법은 예측하려는 현상에 관한 선례가 없거나 적절한 자료가 없는 경우 전문가들로부터 의견을 모으고, 교환하고, 발전시킴으로써 미래를 예측하는 방법으로 헬머, 달케이, 고든 등에 의하여 개발되었다. 델파이기법을 사용하는 과정은 첫째, 일반적 주제를 선정하고, 둘째, 참여할 전문가를 선정한 다음, 델파이 활동, 곧 개방식 질문을 통해 전문가들로부터 익명으로 의견을 조사하며, 수집된 의견을 환류시켜 반복하는 과정을 밟는다. 그리고 전문가집단의 반응인 자료를 통계적으로 분석하여 종합화한다.

델파이과정은 다음과 같다.

첫째, 예측하고자 하는 중요 사태에 관한 설문을 전문가들에게 보낸다.

둘째, 전문가들이 예측하는 사태의 발생 시기를 추정하여 종합하고, 중위수, 1사분위수, 3사분위수 등 대표값을 산출하며 그 이유를 요약한다.

셋째, 전문가들에게 다시 환류하여 재추정하게끔 하여, 종합의 견과의 차이가 있는 경우 그 근거를 제시할 수 있도록 새로운 설문을 작성·배포한다.

넷째, 연구책임자가 만족할 때까지 이러한 과정을 되풀이하는 동안 제1사분위와 제3사분위는 매 단계마다 점점 좁혀지고 중위수도 변하게 된다.

(6) 모의실험(Simulation)

미래를 예측하거나 정책의 목표설정에 필요한 정보를 산출하며, 사회복지문제나 욕구가 어떻게 변화될 것인가를 앞으로 나타날 것으로 예상되는 비슷한 상황 속에서 분석함으로써 미래를 예측할 수 있다. 이 방법은 주로 정책결정을 위한 정보의 산출에 많이 쓰인다.

2) 대안의 비교분석기법

(1) 비용편익분석(Cost-benefit Analogy)

이 기법은 각각의 정책대안을 집행할 때 사용될 비용과 예상편익을 주로 견주어 보는 방법으로, 이 기법은 모든 비용과 편익을 화폐가치로 환산하여 기간별로 추정하고 여기에 할인율을 적용하여 전 기간에 걸친 비용과 편익의 현재가치를 계산한다.

이 기법의 사용에서 문제가 되는 것은 사회복지정책에서 화폐가치로 계량화할 수 없는 부분, 예컨대 눈에 보이지 않는 비금전적 효과 등이 간과되기 쉽고, 경제적 합리성 때문에 능률성이라는 기준은 만족시킬 수 있으나 사회적 형평이나 클라이언트의 반응성 등의 기준은 적용하기가 곤란하다는 문제점이 있다.

(2) 비용효과분석(Cost-effectiveness Analysis)

비용효과분석이란 대안의 시행시 사용되는 비용과 나타나는 효과를 비교, 분석하는 방법이다. 이 분석기법은 비용편익분석과 비슷하나, 비용편익분석에서는 편익이 화폐가치로 환산되어야 하지만, 비용효과분석에서는 효과를 화폐가치뿐만 아니라 물건의 단위나 용역의 단위 등으로 나타낼 수 있다. 대안의 선택방법은 두 가지가 있을 수 있는데, 하나는 사회복지정책에서 목표로 정해 놓은 일정한 수준 이상의 달성한 대안들을 모아놓고 각각의 대안을 시행하는데 드는 비용을 비교하여 가장 적은 비용이 드는 대안을 선택하는 방법이고, 다른 하나는 주어진 비용을 사용하는 경우인데 예컨대, 주어진 예산액을 사용하는 경우 최대 효과를 나타낼 수 있는 대안을 선택하는 방법이다.

(3) 줄서기 분석기법(Queuing)

줄서서 기다리는 시간 등의 사회적 비용과 이를 줄이기 위해 투자하는 시설투자비의 적정 수준을 찾아내기 위한 분석기법이다. 대기시간과 공공서비스의 수준을 결정하기 위해 사용하는 경제학적 분석기법의 하나이다. 줄서기 문제들은 서비스시설이 너무 한정적이기 때문에 모든 클라이언트에게 즉각적인 서비스를 제공할 수 없을 경우에 나타난다.

클라이언트의 대기시간을 줄이기 위해서는 그만큼 더 많은 시설이 필요하지만, 클라이언트의 대기시간을 완전히 없애기 위해서는 그 비용이 너무나도 엄청나게 들기 때문에 실제로는 불가능하다. 이러한 분석기법은 예컨대, 사회복지정책 프로그램에서 상담서비스를 제공하는 경우 두 명의 사회사업가를 고용하고 한 시간의 점심시간을 줄 것인지를 정책대안으로 놓고선 이들을 비교하는데 사용할 수 있다. 비록 줄서기 모형에서 모든 요소를 화폐가치로 환산하는 것이 쉬운 일은 아니지만, 만약 그것이 가능하다면 위의 예에서 클라이언트의 대기시간과 복지서비스 및 서비스수용능력에 대한 효과적인 정보를 산출할 수 있다.

(4) 모의실험(Simulation)기법

모의실험이란 사회복지정책의 대안들이 어떠한 변화를 가져올 것인가를 실제로 집행하지 아니하고 비슷한 상황 속에서 분석함으로써 미래를 예측하는 방법이다. 모의실험기법은 정책결정을 위한 정보를 산출하는데 많이 쓰인다. 수학적 모형의 적용이 어려운 경우, 실제 상황에서 실행할 때 위험이 수반되는 경우(전쟁, 투자계획 등), 실제 행동이 불가능한 경우(정치, 환경영향평가 등), 현상의 복잡성 때문에 문제의 구조나 함수관계를 찾기 어려운 경우에 유용하게 사용할 수 있다. 이 기법은 일반적으로 복잡한 수학적 이론을 사용하지 아니하므로 비교적 간단히 실행할 수 있고, 여러 가지 조건을 필요에 따라 적절히 가감하여 실험할 수 있다. 이 기법은 필요한 경우 중·장기에 관한 정책의 효과를 수시로 실험하여 보다 빠른 정책결정을 할 수 있게 해주며, 고성능 컴퓨터의 출현으로 복잡한 문제를 빠르고 싼값으로 해결할 수 있다는 장점이 있다. 반면에 변수들 사이의 상호작용이 복잡하게 얽혀 있는 경우, 모형이나 프로그램의 작성이 쉽지 않기 때문에 주관적이 되어 타당성을 떨어뜨릴 가능성이 있다고 문제점이 있다.

(5) 결정분석(Decision Analysis)기법

결정분석기법은 정책대안의 결과를 예측하기 위하여 나타날 수 있는 확률적 사건을 나뭇가지처럼 그려놓고 분석하는 방법인데, 이때 그려진 그림을 결정나무

그림(Decision Tree)이라고 하는데, 이 그림은 결정짓기에서 논리적 구조를 나타낸다. 결정나무그림(Decision Tree)을 통해 대안을 분석·비교하는 방법은 대안을 선택하는 경우 나타날 상황에 따른 결과들을 예측하고, 그러한 상황이 발생할 확률을 사용하여 기대이익을 계산하고, 각각 대안의 기대이익을 서로 비교하는 방법이다.

(6) 선형계획(Linear Programing)기법

선형계획기법은 제약점이 여러 개일 뿐만 아니라 목표를 나타내는 변수와 투입변수 사이의 관계가 곧은 줄꼴관계를 나타내는 경우 사용할 수 있는데, 일정한 제약조건 아래에서 편익의 극대화나 비용의 극소화를 달성할 수 있는 자원의 배분방법에 관해 정보를 제공해 준다.

4. 사회복지정책 대안형성의 문제점

1) 예측능력의 한계

(1) 좋은 정책대안을 개발하기 위해서는 현재의 문제와 상황을 정확하게 파악하고 목표를 설정하며, 미래상황에 관한 정확한 예측 속에서 대안의 결과를 비교분석해야 하는데, 이들에 관한 정확한 정보와 자료의 부족 및 정책분석가의 판단잘못 등의 원인 때문에 그렇게 하지 못하는 경우가 많다.

(2) 예측능력의 한계를 극복하기 위해서는 행정정보 관리체제를 체계화시킬 필요가 있으며, 행정기관 상이의 유기적인 자료교환 및 협조가 필요하고, 보고제도의 체계화 및 정책형성과정에 관한 아젠다의 기록, 보관 및 공개가 요구된다.

2) 계량화의 문제

(1) 사회복지정책의 대안들을 개발하는 경우에 특히 문제가 되는 것이 계량화의 문제이다.

(2) 그 이유는 사회복지정책 대안들이 주로 사람을 대상으로 하여 짜여지기 때문이고, 따라서 사회복지정책의 분야에서는 본질적으로 계량화할 수 없는 부분이 많이 있다.

(3) 이러한 한계를 극복하기 위해서는 사회복지목표 자체를 보다 명확하게 규정할 필요가 있고, 측정에 필요한 지표 및 척도의 개발이 요구된다.

3) 비교기준으로서의 공동척도 결핍

(1) 어떤 사회복지문제에 관한 여러 대안들을 비교하기 위해서는 이들의 장단점을 비교 교량해야 하는데, 이들을 서로 비교할 수 있는 공동척도가 없는 경우가 많다.

(2) 대안들의 결과는 알 수 있으나, 여러 대안들 가운데 어느 것이 더 좋은 대안인지 알 수 없는 경우도 있다.

(3) 그 근본적인 까닭은 사회적 가치들이 다양화해 있기 때문이고, 이러한 경우 계량화의 문제를 떠나서 주관적 판단이 작용하는 사회적 가치들을 어떻게 비교하는가는 문제점으로 지적된다.

4) 비용과 시간의 문제

(1) 정책대안의 형성에는 한정된 시간과 비용이 드는데, 이러한 한계로 인해 정책대안이 탐색되고 개발될 수밖에 없다.

(2) 무한한 시간과 비용을 사용할 수 있다고 하더라도 정책대안이 시행되는 경우 나타나는 정책결과가 투입한 시간과 노력에 상응할 만한 가치가 있어야 하는데, 그렇지 못한 경우가 대부분이다.

5) 다른 국가목표와의 관계

(1) 사회복지정책 대안형성과정에서는 단순히 정책문제로서의 사회복지문제만을 고려하여 정책대안을 만드는 경우 다른 국가목표와 대립 상충하는 경우도 있으며, 다른 분야의 정책목표들을 고려할 필요도 있다. 그러나 전문적 근시안(Professional Myopia)에 사로잡혀 국가 전체적으로 볼 때 바람직하지 않은 정책대안을 형성하는 경우도 있다.

(2) 이런 오류를 벗어나기 위해서는 사회복지분야의 전문가적 시각과 함께 인접정책분야에 관한 이해를 넓히는 것이 무엇보다 중요하다.

연 구 문 제

1. 아젠다란 무엇인가?

2. 사회복지정책의 형성과정에 대하여 기술하시오.

3. 문제의 특성에 대하여 기술하시오.

4. 요구에 대하여 설명하시오.

5. 이슈화에 대하여 설명하시오.

6. 이슈의 종류에 대하여 언급하시오.

7. 이슈화 과정의 참여자에 대하여 기술 하시오.

8. 미래의 예측방법에 대하여 설명하시오.

제 7 장

사회복지정책의 결정

제 1 절 정책결정의 의의

정책이란 '바람직한 사회상태를 실현하려는 정책목표와 이를 달성하기 위해 필요한 정책수단에 대하여 권위있는 정부기관이 공식적으로 결정한 기본방침'이라고 정의한다. 따라서 정책결정(policy-making)이란 '정책목표와 수단에 관한 기본방침을 개발하는 과정 및 행위' 또는 사회문제를 해결하기 위해 복잡하고 동태적인 과정을 거쳐 정부의 미래대안을 작성 선택하는 과정이다. 그리고 정책문제를 해결하기 위하여 달성한 목표를 설정하고, 이 목표를 달성할 수 있는 여러 대안들을 고안 검토하여 하나의 정책대안을 채택하는 활동이라고 할 수 있다. 즉 정책결정이란 권위있는 정책결정자가 문제해결을 위한 여러 대안들 가운데 하나를 선택하는 행위 또는 과정으로 정책대안의 비교분석 행위나 과정을 포함시킨다.

좁은 의미로 정책결정이란 정책결정자가 하나의 대안을 정책으로 채택하는 행위나 과정 자체를 일컫기도 하지만 그러한 행위가 일어나기 위해 이루어지는 대안간의 비교분석 행위 및 과정을 포함하는 것이 일반적이다. 이러한 정책결정의 산출물(output)이 바로 정책인 것이다.

학자에 따라서는 정책결정이라는 용어 대신에 정책형성, 정책분석 등의 용어를 사용하기도 한다. 정책결정과 정책형성은 거의 같은 의미로 사용되는데, 정책형성은 주로 정책이 형성되어지는 과정에, 정책결정은 그 과정의 결과로서 하나의 대안을 선택한다는 점에 중점을 두고 사용하는 개념이라고 할 수 있다. 한편 정책결정(정책형성)과 정책분석이라는 용어는 주로 구분되어 사용되지만, 이 두 개념은 상호 밀접한 관련이 있다. 왜냐하면 정책분석은 '보다 합리적인 정책결정을 위해 필요한 지식과 정보를 창출 제공하는 지적활동'을 의미하기 때문이다.

그 성격은 첫째, 권위있는 결정이다. 권위있는 정책결정자만 가능하고 결정된 정책은 권위를 지니고 선택된 정책대안이 구성원에 의해 받아들여진다. 둘째, 해결방안의 채택이다. 문제를 둘러싼 여러 세력사이에서 심사숙고하여 하나를 선택하고 권위를 가지고 도출한다. 셋째, 공익적 성격으로 사회전체적인 공익을 기준삼아 사회세력들의 이익을 조정하고 어느 한편의 이익을 대변해서는 안 된다. 넷째, 정치적 성격이다. 사회복지문제를 둘러싼 사회세력들 사이의 타협의 산물이다. 여기서 규범성이 강조되고 정치적 성격을 반영한다. 다섯째, 거시적 성격이다. 다른 정책과의 관계와 장래 사회적 상황변화 등 사회전체적인 입장에서 거시적 조망이 필요하다. 정책결정과정은 대안의 선택과정 또는 우선순위를 확정짓는 과정이기 때문에 다른 정책과정에서는 그 성격이 전혀 다르다. 정책과정의 참여자로 공식적 참여자는 대통령, 장차관, 국회의원, 고급 공무원 등이고 비공식 참여자는 정당, 이익단체(압력단체), 전문가와 지식인, 일반시민과 시민단체 등이다.

정책결정이란 정책의 목표를 달성하기 위하여 정책결정자가 문제해결을 위한 여러 대안들 가운데 하나를 선택하는 행위 또는 과정을 말하며 다음과 같은 특징을 가진다.

① 정책결정은 공익을 목적으로 하며 공공성, 정치성, 복잡성을 띠고 있다.

② 시간에 따라서 변화하는 동태적인 과정이다.

③ 다원적인 구성요소로 이루어진 체계적인 과정이다.

④ 정책결정은 의사결정의 한 형태이다.

⑤ 구체적인 내용보다는 일반적 지침을 결정한다.

⑥ 최선의 수단을 결정하는 합리적인 과정을 지향한다.

⑦ 불확실성한 환경에서 이루어진다.

⑧ 규범지향성, 미래지향성, 가변성, 비용 유발성을 가진다.

⑨ 행동 지향적이다.

⑩ 대부분 정부기관에 의하여 이루어진다.

정책결정과 의사결정의 양자의 관계에 대하여 개인과 집단, 일회의 선택과 일련의 결정, 일반성과 특수성으로 구분하기도 하나 일치된 견해는 없다.

① 정책결정도 의사결정의 한 유형이다. 즉 최선을 대안을 선택하려는 과정이다.

② 의사결정보다는 가치선택 즉 정치성과 공공성을 더 많이 가진다.

③ 의사결정은 단일 조직 내에서 이루어지나 공공정책은 다양한 조직이 연관된다.

④ 정책결정은 일반적인 정부활동지침을 결정하며 결정주체에 차이가 있다.

정책결정의 유형은 다음과 같다.

정책결정의 유형은 정형적 결정과 비정형적 결정으로 분류된다.

정형적 결정은 문제는 미리 결정되어 있고 해결방안도 미리 만들어져 있기 때문에 매번 새로운 결정을 할 필요가 없는 반복적인 결정이다.

비정형적인 결정은 선례가 없고 명확한 해결방안도 제시되어 있지 못한 결정으로 이를 위하려는 쇄신적인 결정을 필요로 한다.

'악화는 양화를 구축한다'는 화폐이론의 원리인 그레샴 법칙은 시간상 제약이 없이도 일상적 정형적 업무나 결정에 주력하고 비정형적 쇄신적 기획을 기피하게 된다는 것으로 그 원인은 다음과 같다.

① 자료부족, 분석능력의 부족으로 예측능력의 한계를 가져온다.

② 목표의 무형성 : 상위목표가 무형적일수록 전통 및 선례 답습에 기인한다.

③ 시간, 비용, 노력의 부족으로 상용적 기획에만 그치게 된다.

④ 환경요소 무시 즉 외부 환경 무시로 정형적 기획에 그친다.

그리고 전략적 결정과 전술적 결정으로 구분할 수 있다. 전략적 결정은 조직의 목표달성이나 존속, 발전과 관련된 결정이고 전술적 결정은 일상적 관례적 성격을 가진 결정으로 전략적 결정을 실천에 옮기는 수단적인 결정이다.

정책결정은 정책결정을 할 수 있는 권한을 가진 사람만이 할 수 있으며 제안된 여러 정책대안들 가운데 사회 여러 세력들의 이해관계 속에서 정책결정자가 최종 해결대안을 선택한다. 전체적인 공익을 기준으로 삼아야 하기 때문에 공익성을 띠며 사회전체적인 입장에서의 거시적 시각 필요하다. 또한 공익성뿐만 아니라 사회세력들 간의 타협의 산물이기 때문에 다른 정책과의 관계성 및 사회적 상황변화 등을 고려하여야 한다.

정책결정요인이론(policy determinants)은 정책산출연구(policy out studies)라 할 수 있다. 정책산출연구의 기본논리는 정치체계를 둘러싸고 있는 환경의 요구와 지지가 정치체계에 투입되고 정치체계는 이것을 정책으로 전환시켜 정책을 산출한다는 것이다. 이러기 때문에 정책환경이 어떠하냐 다시 말하면 무엇을 투입시켰느냐 하는데 따라서 산출되는 정책이 달라지게 된다는 것이다. 이는 정치, 경제, 사회적 환경이 달라짐에 따라서 산출되는 정책내용이 달라짐을 의미하는 것이다.

과정지향적 모형 (참여자중심모형)	산출지향적 모형(의사결정론모형)	
엘리트모형, 이익집단모형, 제도모형, 체제모형, 공공선택모형	합리모형, 만족모형, 점증모형, 혼합모형, 최적모형	쓰레기통(Garbage Model), 게임이론, 공익정신모형, 가두관료이론모형(Street-Level Bureaucrats)

정책결정의 이론모형이란 정책대안의 장단점을 분석하여 평가하는 분석적 틀을 의미한다. 이론모형의 종류는 산출지향모형, 과정지향모형, 경제적 합리성의 정도에 의한 구분모형, 그리고 실질적 기능적 분류로 나눌 수 있다.

(1) 산출지향 모형과 과정지향 모형

산출지향 모형은 산출지향적, 정책중심모형으로 정책결정 결과 내지 산출 분석에 중점을 두며 처방적 성격을 지닌다. 이에는 합리모형, 만족모형, 점증모형, 혼합모형, 최적모형이 있다.

그리고 기타모형으로 연합모형, 쓰레기통모형, 게임이론, 공익정신모형, 가두관료이론모형 등이 있다.

과정지향모형은 정치학자들이 가지는 모형으로 과정지향적, 참여자중심모형으로 정책결정이 이루어지는 과정을 분석하며 기술적 성격으로 주로 정치학의 영향을 받는다. 이에는 엘리트모형, 이익집단모형, 제도모형, 집단모형, 체제모형, 공공선택모형 등이 있다.

(2) 경제적 합리성의 정도에 의한 구분

① 규범적 이상적모형(Normative or Idealistic Approach: Rational Model, Optimal Model)

경제적 합리성 추구, 합리적 의사결정을 위하여 따라야 할 방법을 제시한다. 이는 처방적 실천적 모형이라고도 한다.

② 현실적 경험적모형(Realistic-Empirical Approach: Incremental Model, Satisfying Model)

정치적 합리성 추구, 현실적으로 이루어지는 의사결정을 설명하고 기술하는데 목적을 두는 모형, 인지모형의 대부분이 이에 속한다.

③ 구속적 접근 방법

규범모형과 현실모형의 혼합모형(Mixed-Scanning Model)이다.

정책결정 모형에 대한 인식은 다음과 같다.

① 정책결정 모형은 각자 정책의 한 부분만을 설명함으로서 모형간에는 상호보완적인 관계가 있다.

② 실제결정은 합리모형과 점증모형의 연속체상의 중간위치의 형태로 결정을 한다.

③ 산출지향적 모형에서는 정책분석기법을 중심으로 연구한다.

④ 정책결정모형의 적용 가능성은 특정국가의 정치·사회적 상황에 부합되어야 한다.

⑤ 과정 지향적인 모형은 다원사회에 적용 가능성이 크다

제 2 절 정책결정의 이론모형

1. 정책결정모형

1) 합리모형(Rationality Model)

(1) 개념

합리모형은 결정자가 목표의 극대화를 위하여 합리적 대안의 탐색을 추구하는 규범적, 이상적 접근방법으로서 결정자는 문제를 명확히 알고 이에 대한 해결방법을 알며 그 중에서 가장 합리적인 대안을 선택하는 접근방법이다(Anderson).

(2) 전제

① 합리적 타산적 경제적 인간형을 전제로 한다.

② 인간의 전능성을 전제로 한다. 인간의 이성과 합리성에 전제하며, 인간은 완벽하고 어떤 분야에서도 최선의 선택을 할 수 있다

③ 대안의 결과를 명확하게 예측할 수 있다.

(3) 특성

정책결정자나 분석가가 고도의 합리성을 가지고 주어진 상황 하에 주어진 목표를 달성한다.

① 문제의 명확화, 정확한 구조를 전제로 한다.

② 목표와 수단의 관계를 분석한다.

③ 바람직한 목표를 달성할 수 있는 가장 적합한 수단을 의식적, 명시적으로 선택한다.

④ 포괄적인 정책대안을 분석하는 통합된 의사결정이다.

⑤ 이론을 기초로 분석한다.

⑥ 분석에 입각한 의사결정이다.

(4) 결정과정(Lineberry의 정책결정자가 합리적이 되기 위한 기본사항)

① 문제의 인지(문제의 인식과 목적의 서열화)

② 정보의 모집과 분석(정책대안의 인식 : 경험적, 유추적, 비교적, 변호적 탐색과정)

③ 대안의 작성과 평가(비용과 편익의 예측, 대안의 편익과 비용의 비교 및 검토)

④ 정책(대안)의 선택

(5) 효용성

① 모든 접근방법의 출발점이 된다.

② 합리적인 대안선택의 가능성을 증대시킨다.

③ 합리성의 추구의 저해요인을 확인함으로써 정책과정의 개선에 도움이 된다.

④ 정치적인 과정으로서 정책과정에 경제적인 합리성을 증진시키는 역할을 한다.

(6) 합리적 정책결정의 제약요인

Lineberry와 Simon에 의해 합리성에 대한 비판 제기, Lindblom, Wildavsky, Dye 등은 합리적·종합적 모형이 지닌 문제점에 대해 포괄적으로 비판한다.

일반적 한계는 다음과 같다.

① 인간능력의 한계

인간의 능력은 합리모형에서 가정하는 것처럼 무한한 것이 아니며, 이간의 지적 능력이나 인식능력, 판단능력 등은 한계를 띠기 때문에 충분한 정보가 주어진다고 하더라도 각각의 정책대안들이 가져올 결과에 대하여 충분히 파악하지 못하는 것이 보통이다.

② 정보 및 시간의 부족

인간의 합리성이나 인간의 능력에 관한 합리모형의 가정을 인정한다 하더라도 정책문제에 대한 정보나 정책문제의 해결에 대한 방안을 강구할 수 있는 시간적 여유가 없는 경우도 있으며, 문제에 따라서는 최선의 합리적 정책대안을 찾아낼 때까지 문제가 기다려주지 않는 경우도 있고, 그 정책대안이 가장 합리적이고 최선의 것이라 하더라도 비용이 충분하지 못하여 선택되지 못하는 경우도 있다.

③ 심리적 갈등의 문제

합리모형에서 전제하는 바와 같이 정책대안을 비교·평가하는 기준이 항상 뚜렷하게 존재하는 것은 아니며, 설령 뚜렷한 판단기준이 존재한다 하더라도 복수의 기준들이 존재하는 경우 정책결정자는 심리적 갈등에 휩싸이게 된다.

④ 매몰비용의 문제

경우에 따라서는 어떤 정책대안을 최선의 것이라고 판단하더라도 매몰비용 때문에 선택하지 못하는 경우가 있다. 즉, 최선의 정책대안을 알고 있으나 과거의 잘못된 정책결정 때문에 시행 중인 정책안에 이미 많은 자원이 투입되어 있는 경우, 합리적인 새 정책대안을 선택하기보다는 현재 시행 중안 비합리적인 정책안을 계속 사용하거나 일부 수정하여 사용할 수밖에 없는 경우도 있다.

⑤ 합리모형의 한계는 목표간의 우선순위를 결정함에 있어서 개입되는 인간의 가치판단상의 문제와 대안의 완전한 비교를 어렵게 하는 사실판단상의 어려움이 있다.

⑥ 목표와 수단의 혼재, 목표의 중복에 목표와 수단간의 관계를 명확히 하기 어렵다.

2) 만족모형

(1) 개념

만족모형(satisfying Model)은 행태론, 사회심리학 등을 학문적 바탕으로 하는 모형으로 카네기학파에 의해 제시된다. 이 모형은 합리모형에게 상정하는 것만큼 인간의 완전한 합리성을 전제로 하지는 않지만 정책결정자나 정책분석가가 비교적 합리적으로 정책을 결정한다고 가정한다. 마치와 사이몬 등은 객관적으로 존재하는 상황의 복잡성 때문에 개인이나 조직은 이를 간소화하여 인지하며 최선의 대안을 찾는 것이 아니라 만족할만한 대안을 선택한다고 본다.

이 모형에서는 정책결정과정에 비합리성이 존재하지만 완전히 비합리적인 것은 아니고, 인간의 제한적 합리성(Bounded Rationality)을 전제로 하여 만족스러운 정도의 정책대안을 선택함으로써 정책결정이 이루어진다고 본다.

(2) 특징

① 제한된 합리성 : 인간이 합리적이긴 하지만 완전한 합리성을 가진다고 보지 않는다.

정책결정자는 정책목표나 과정을 간소화시킬 필요성 있다.

② 정책목표 및 기준의 불확정성 : 이 모형에서는 정책목표가 항상 명백하다고 보지는 않으며, 여러 개의 복수 목표 사이의 우선순위도 뚜렷이 매겨질 수는 없다고 본다.

③ 제한된 대안의 탐색 : 만족모형에서는 정책결정과정에서 모든 정책대안이 다 고려되지 않고 고려될 수도 없을 뿐만 아니라 고려될 필요도 없다고 본다.

④ 만족스러운 대안의 선택 : 이 모형에 의하면 정책결정자는 만족할 만한 정책대안을 찾으면 그 대안을 선택함으로써 대안의 탐색이 중단되고 정책결정이 이루어진다고 본다. 몇 개 중 대체로 만족스러운 것을 채택한다.

(3) 비판

① 만족스러운 대안의 불명확성

이 모형에서 가정하는 바와 같이 만족할만한 수준에서 대안을 선택한다고 할 때, 어느 정도의 수준이 만족할만한 수준인지에 대한 객관적인 판단기준이 없다는 점에서 비판을 받고 있다.

② 적용의 한계

실제의 정책결정과정을 볼 때, 이 모형이 합리모형보다는 현실적이지만, 이 모형을 적용할 수 없는 예외적인 경우도 많이 존재한다는 한계점이 있다. 따라서 크게 중요하지 않은 결정짓기에서는 정책결정자가 만족모형에서와 같이 행동할지 모르지만, 지극히 중대한 정책결정에서는 합리모형에서와 같은 정책결정행태가 더 설명력이 있고 바람직하다.

③ 반쇄신적 성향

만족모형에 따르면 만족할만한 정책대안이 나타나는 경우 더 이상의 대안에 대한 탐색이 중단되며, 이 경우 더 훌륭한 정책대안이 있어도 그대로 사장될 수밖에 없으므로 쇄신적 문제해결을 지향하기보다는 보수적인 성향을 나타낼 수밖에 없다. 따라서 이 모형의 적용은 발전을 위한 노력보다는 책임회피와 무사안일적인 정책결정형태를 조장할 가능성이 높다는 문제점을 지니고 있다.

3) 점증모형

(1) 개념

정책결정에 관한 점증모형은 린드블롬(Lindblom), 브레이브루크(Braybrooke), 윌다프스키(Wildavsky) 등이 주장하는 정책결정모형으로서 정치학, 사회학 등을 학문적 배경으로 하고 있다. 린드블롬(Lindblom)은 흔히 이상형으로 알려진 합리모형이 실제의 현실적인 정책결정에 적용되기 어렵다는 비현실성에 대해 비판을 제기하면서, 현실적인 정책결정행태를 훨씬 잘 설명할 수 있고 동시에 정책의 실현가능성(Feasibility)을 높이기 위한 정책결정에 관한 이론모형으로 점증모형을 제시하였다.

(2) 특징

① 비합리성 전제 : 정책결정에 관한 점증모형은 인간의 비합리성을 전제로 하여 정책결정행태를 설명한다.

② 정책목표와 수단의 조정 : 다수목표, 다수수단으로 인해 우선순위 선정 힘들며 다수목표와 상반되는 게 많으며 일관적인 체계가 없다고 본다. 정책 목표가 시간이 지나면서 변하는 것을 전제로 한다.

③ 연속적, 제한적 비교 : 점증모형에서 정책결정자는 모든 대안 비교할 수 없고 비교적 한정적인 수의 정책대안만 검토하여, 각 대안에 대하여도 한정된 수의 중요한 결과만 분석한다.(시간, 정보, 자원, 정치적 계약)

④ 정치적 성격 : 조직은 환경 또는 다른 조직과 경쟁관계에 있으며 꾸준히 이들에 맞추어 적응할 필요성이 있다. 따라서 정책대안의 선택에는 기술적 고려뿐만 아니라 다른 조직과의 상호작용 등 정치적인 배려가 포함된다.

⑤ 점증적 결정 : 현존 정책보다 조금씩 변화하여 약간 향상되어 있다.

⑥ 보수적 성격 : 이 모형에 의하면, 이전의 정책과는 전혀 다른 정책결정이란

현재까지의 정책활동이 잘못된 것임을 자인하는 것이므로 있을 수 없다고 본다.

(3) 비판

① 점증에 대한 기준 모호 : 평가기준 찾기 힘든 모형이다.

기존의 정책이 존재해야 새로운 사회문제 야기시 기준을 제시할 수 있는 데 정책방향을 설계하지 못한다. 점증모형에 대한 가장 신랄한 비판 가운데 하나는 '점증'에 대한 확고한 기준이 없다는 것이다.

② 형평성 문제 : 점증주의 채택 시 강자유리하고 약자 불리할 수밖에 형평성의 문제가 제기된다. 점증모형에서는 사회적 가치의 근본적인 재분배를 필요로 하는 정책보다는 항상 정치적으로 실현가능한 임기응변적 정책을 모색하는 데 치중하게 된다.

③ 반쇄신적 : 불확실성 강조 때문에 보다 합리적인 결정 채택 추구하지 못한다. 점증모형은 보다 합리적인 경책결정방법을 시도하지 않는 구실로 사용될 수 있다는 비판이다.

⑤ 외부압력이 약함 : 이익집단이 발달하지 못한 국가에서 채택하기 힘들다.

4) 혼합모형

(1) 개념

혼합모형은 합리모형과 점증모형의 절충이라 할 수 있는 정책결정모형으로 에치오니(Etzioni)가 주장하였다. 합리모형의 이상주의적 성격에서 나오는 단점과 점증모형의 보수성이라는 약점을 극복할 수 있는 전략으로 제시된 모형이다. 혼합모형은 종합적 합리성을 바탕으로 하여 큰 범위에서의 기본적인 결정은 합리적으로 이루어지지만, 세부적 결정은 기본적 결정을 보완·수정하여 점증적으로 이루어진다고 주장하는 정책결정모형이다.

(2) 특징

① 종합적 합리성 : 이 모형은 기본적인 결정에서는 합리성이 작용하지만 세부적인 결정에서는 점증적인 결정으로 이루어진다고 본다. 기본결정(틀)은 합리모형이, 세부결정은 점증모형으로 종합적 합리성을 추구한다.

② 결정의 구분(기본, 세부구분) : 이 모형에서는 점증적인 정책결정이 기본적

인 결정의 범위 내에서 이루어진다고 본다. 즉 합리주의 내에서 세부결정이 가능하다.

③ 사회조직의 원리 : 이 모형은 결정행태에만 국한되는 것이 아니라 에치오니가 이야기하는 능동적 사회에서의 조직원리로 발전시킬 수 있다고 주장한다.

합리모형은 개발도상국(완벽정책추구), 점증모형은 선진다원주의사회)에, 혼합모형은 능동적사회(능동적경향이 있는 사회의 자의식, 인지능력, 의지에 의해 운영)에 적용할 수 있다.

(3) 비판

두 개의 대립되는 극단의 모형들을 혼합 절충한 것에 지나지 않으며, 현실적으로 그가 주장한 바와 같이 될 수 있겠는가 하는 비판점이 나오고 있다.

5) 최적모형

(1) 개념

정책결정자개개인의 지적인 합리성뿐만 아니라 불가피하게 적극적 요인으로 초합리적인 직관, 판단, 창의 같은 잠재의식이 개입된 질적모형이다(드롤).

(2) 특징

최적모형은 합리적 요소와 초합리적 요소, 곧 경제적 합리성과 초합리성을 바탕으로 하는 질적 모형이라는 점에 그 특징이 있다.

① 질적 모형 : 최적모형은 합리적 요소와 초합리적 요소 즉, 경제적 합리성과 초합리성을 바탕으로 하는 질적 모형이라는 점에 그 특징이 있다.

② 경제적 합리성과 초합리성 : 경제적 합리성이란 합리적 결정의 효과가 합리적 결정에 드는 비용보다 많은 경우를 말한다. 따라서 경제적 합리성에 입각한 정책결정에서는 완전 분석적 합리모형의 작용이 불가능하다.

③ 정책결정단계 : 드로는 정책결정과정을 3단계의 18개 국면으로 나누고, 초정책결정단계 및 후 정책결정단계에서의 피드백 작용을 중요시한다.

(3) 정책결정과정

① 초 정책결정단계(Meta-policymarking) : 정책결정을 어떻게 해야 할 것인

가에 대한 정책결정이며, 이 단계에서는 가치, 현실, 문제, 자원에 대한 조사 및 배분, 정책결정체제의 설계, 평가, 재설계, 정책결정전략 등에 관한 결정이 이루어진다.

② 정책결정 단계(Policymarking) : 자원의 아래배분(Sub-redistribution), 우선순위에 입각한 구체적 목표 및 가치설정, 대안의 마련, 평가, 예측 및 결정이 이루어지는 단계이다.

③ 정책결정 후 단계(Post-policymarking) : 정책집행을 위한 동기부여, 집행, 집행 후의 평가, 의사전달 및 피드백에 따른 새로운 정책결정이 포함된다.

(4) 적용의 문제

① 드로의 최적모형은 그동안 간과되었던 초합리적 요소를 정책결정모형에 삽입함으로써 이들이 실제 정책결정과정에서 사용되고 있다는 것을 밝혀냈다는 점에서 중요성을 가진다.

② 그러나 초합리성의 달성방법이 명확하지 않으며, 이러한 요소를 강조하게 되면 신비주의에 빠질 가능성이 있고 주먹구구식 정책결정에 대한 변명거리로 사용될 수 있다.

6) 쓰레기통 모형

(1) 개념

쓰레기통모형은 코헤느 마치, 올슨, 킹돈 등이 고안한 모형으로서 합리성이나 협상 타협 등을 통해서 정책결정이 이루어지는 것이 아니라, '조직화된 무정부(혼란)상태' 속에서 정책에 필요한 몇 가지 흐름(정치의 흐름, 문제의 흐름, 정책대안의 흐름)이 우연히 통 안에 들어와서 정책결정이 이루어진다고 본다.

(2) 특징

① 정책과정을 구성하는 흐름 : 정책과정은 몇 가지 흐름으로 구성되어 있으며 이러한 흐름이 합쳐질 때(우연히 합쳐짐) 정책결정이 이루어진다고 보는 것이 이 모형의 특징이다.

② 독립적인 흐름 : 킹돈이 주장하는 정치의 흐름(정치인, 이익집단), 문제의 흐름(Ct, 언론인) 그리고 정책대안의 흐름(연구자, 관료, 전문가)이 각각 독자적

으로 형성되며, 그 과정의 참여자도 다르다고 본다.

③ 흐름의 결합 : 킹돈이 주장하는 쓰레기통모형에서는 정치의 흐름 및 문제의 흐름 각각에 의하여 또는 이들의 결합에 의하여 정책아젠다가 형성된다고 본다.

특징은 조직속에 갈등이나 혼란이 존재한다는 전제에 입각하고 있고, 참여자는 스스로의 선호보다는 불분명한 선호에 따라 행동하고, 시행착오를 통하여 문제해결방법을 학습하고, 부분적으로 결정과정에 관여한다.

7) 회사모형

(1) 의의

사이어트와 마취가 제시한 것으로서, 이 모형은 개인적 차원의 만족모형을 한 층 더 발전시켜 그것을 조직에서의 의사결정에 적용시킴으로써 만족모형으로 설명할 수 있는 현실의 범위를 확대하였다.

(2) 특징

특징으로는 갈등의 불완전한 해결, 불확실성의 회피, 문제중심적 탐색, 조직의 학습성향, 표준운영절차의 중시 등을 들 수 있다.

(3) 한계

사조직 중심이기에 공공조직의 적용상에는 한계가 있고, 상황이 안정적이라는 가정하에 표준운영절차가 적용되므로 보수성・현상유지성향을 지니고, 분권적・민주주의적 성격의 조직관에 입각한 것이기에 집권적・권위주의 하에서는 적용이 곤란하다.

8) 공공선택모형

Ostrom이 주장한 공공선택이론은 합리모형의 정책결정수단으로서의 성격을 인정하면서 공공재와 공공서비스의 특질은 중요시하고 공공정책을 희소한 공공재나 공공서비스를 사회에서 합리적으로 배분할 수 있는 수단으로 파악한다.

공공선택이론은 모든 다른 사회가치에 손실을 주는 일없이 특정가치를 더 많이 성취하는 이른바 파레토최적기준점에서 가장 합리적인 정책결정이 이루어진다고 본다.

2. 과정지향적 모형

이 모형은 주로 정치학자들에 의해 연구된 모형들이다. 정치학자들이 가지는 모형으로 엘리트모형, 집단모형, 체제모형, 제도모형 등이 있다.

1) 엘리트모형

공공정책은 엘리트에 의해 결정되며 엘리트의 지배적 가치관을 반영하다. 사회는 권력을 지닌 소수와 권력을 지니지 못한 다수의 대중으로 구성되어 있다. 오직 소수의 사람들이 사회의 가치와 자원을 배분한다. 대중은 공공정책을 결정하지 않는다. 공공정책은 대중의 정책을 반영하기보다는 엘리트의 지배가치를 반영한다. 공공정책의 변화는 점증적이다. 점증적 변화는 사회체제를 위협하는 사건에 대해 최소한의 체제변형을 통해 반응할 수 있게 하기 때문이다. 엘리트의 활동은 대중으로부터 직접적인 영향을 받지 않는다. 엘리트가 대중의 영향을 받기보다는 대중이 엘리트의 영향을 받기 쉽다.

2) 집단모형

정책결정이 집단간의 상호작용 내지 균형관계에 따라서 이루어진다는 이론이다. 행정기관이 압력집단의 영향을 받게 됨으로써 행정인은 공익에 부합되는 정책과 이익집단의 이익이 되는 정책을 구별하기가 어렵게 된다.

대표적 이론은 Bentley의 이론이며 다원화된 선진국에 적용되는 점증모형의 원리와 유사하다.

3) 체제모형

정책은 체제의 산출로서 인식하는 이론으로, 이 모형은 정책결정체제의 중요한 변수·구조에 관심을 가지며 투입·전환·산출·환류 등 정보이론의 개념에 의존하면서 결정과정이 순환적이라고 본다.

4) 제도모형

정책결정을 정부기관의 활동으로서 파악하고 헌법, 정부조직법, 행정법규, 직제 등을 중요시한다.

5) 게임모형

정책이란 경쟁적 상황하에서 객관적·계량적 확률분석에 의해 고도의 합리적 대안이 선택되어진다는 관리과학적 이론이다.

3. 실질적·기능적 정책 유형

과거의 정치학이 정치과정을 연구하여 산출물인 정책을 설명하려 했는데 반하여 정책학에서는 정책을 독립변수로 정책과정을 종속변수로 설명한다. 즉 정책학에서는 정책의 종류에 따라 정책과정이 달라질 수 있음을 연구한다.

실질적·기능적 분류는 현실에서 특정 기관이 담당하는 주요 기능별 분류방법으로 예를 들면 국방부는 국방정책, 외교통상부는 외교통상정책으로 장점은 간단하고 명료하며 시민들을 위한 유형분류이나 단점은 해당이 안 되는 기관이 존재하고 여러 정책에 내재하는 보편적 원리 발전에 기여하지 못하고 있다.

1) Lowi의 정책유형론

Lowi는 정책의 유형(종류)에 따라 정책과정의 참여자가 달라지고 이들의 행태가 변한다고 본다. 예를 들면, 규제정책(의약분업규제)은 다원론에 의하여, 재분배정책(복지정책)은 엘리트론에 의하여 그 형태가 달라진다.

(1) 배분정책(Distributive Policy)

국민들에게 권리나 이익, 또는 서비스를 배분하는 내용을 지닌 정책이다. 배분정책은 정부가 적극적으로 국민들이 필요로 하는 재화나 서비스를 산출·제공하는 것을 그 내용으로 한다.

배분정책의 특징은 첫째로, 구체적인 내용을 보면 여러 가지 사업들로 구성되고 이 사업들은 상호 커다란 연계없이 독립적으로 집행될 수 있기 때문에 이러한 세부사업들의 집합이 하나의 정책을 구성한다. 환언하면 정책의 내용이 쉽게 하위 세부단위로 분해되고 다른 단위와 개별로·또 일반원칙과 독립적으로 처리될 수 있다는 점이다. 둘째는 정책의 세부의사결정들은 그 결정과정이 Pork-barrel식 갈라 먹기 다툼으로 특징지어지는데 저수지 건설에서 후보지 구간의 싸움을 벌이는 것이 그러한 예이다. 셋째, 이러한 다툼이 있는 데도 승자와 패자가 정면대결을 벌일 필요가 없다고 한다.

(2) 규제정책(Regulatory Policy)

특정한 개인이나 집단의 재산권 행사나 행동의 자유를 구속하여 반사적으로 다른 사람들을 보호하려는 정책이다. 따라서 수혜자와 피해자간의 갈등이 심하고 특히 환경오염규제의 경우 피규제자인 기업주나 오염배출업소 등은 강력히 반발하는 경우가 많다.

규제정책의 특징은 ① 정책의 불응자에 강제력을 행사하고, ② 국민의 대표기관인 국회의 의결로 하는 법률형태로 하여 남용을 방지하며, ③ 정책으로부터 혜택을 보는 자와 피해자를 정책결정시에 선택하게 된다는 점이다.

① 보호적 규제정책

환경오염규제, 다수 소비자보호를 위한 공정거래업의 독과점 금지(반사적이익), 식품안전업의 식품위생법, 안전근로조건을 규정한 근로기준법이다.

② 경쟁적 규제정책

경쟁사는 특정기업 1, 2개로 제한하고 특정기업에 특권을 부여하는 대신 공공이익을 위한 의무, 규제를 가한다. 예를 들면 항공사 특권의 운영권 획득, 의무는 노선규제, 임금규제, 운항횟수 규제이다. 특징은 교차보조를 통하여 보이지 않는 소득재분배 기능을 한다.

(3) 재분배 정책(Redistributive Policy)

고소득층으로부터 저소득층의 소득이전을 목적으로 한다. 예를 들면 누진세를 통한 소득이전을 들 수 있고 특징은 계급 대립적 성격, 평등한 대우의 문제가 아닌 평등한 소유의 정책이다.

(4) 구성정책(Constitutional Policy)

헌정적 정책이라고 하며 헌정수행에 필요한 운영규칙과 관련된 정책(선거구조정, 정부조직개편, 공무원 보수 및 군인퇴직연금정책)으로서 입헌적 정책으로도 번역되며 정당이 결정에 중요한 영향을 미친다.

선거구 개장, 정부기구 신설 등을 들 수 있다.

Lowi의 분류는 일정한 논리에 의하여 연역적으로 도출된 것이 아니므로 정책의 전체를 포함하지 못할 뿐만 아니라 분류된 정책들이 상호배타적이 아니라는 약점을 가지고 있다. 즉 재분배정책과 규제 및 배분정책과 중복이 있다. 그것은 배분 및 규제정책이 정부활동이나 그 직접적인 결과를 기준으로 한 것인데 비하여 재분배정책은 이러한 활동이나 결과가 사회계층에게 어떻게 분배되는가를 기준으로 한 것이기 때문에 동일한 기준에 의한 분류가 아니다.

2) Almond와 Powell 정책분류

Almond와 Powell은 정치체제의 산출을 업적(Performance) 또는 성과라는 이름으로 부르면서 이를 배분, 규제, 추출, 상징 정책 등의 네 가지로 분류하였다.

배분, 규제정책은 Lowi와 동일하다.

(1) 추출정책(Extractive Performance)

추출정책은 자원을 민간부문에서 추출하는 내용을 지닌 정책을 의미한다.

추출정책은 인적자원을 징병제도(법률로 명시)로, 물적자원은 조세와 같은 과징금, 세금 등이고 준조세의 경우는 각종 기금, 성금을 걷어가는 무역진흥기금, 정보통신진흥기금을 들 수 있다.

(2) 상징정책(Symbolic Performance)

상징정책은 정치지도자가 역사, 용기, 과감성, 지혜 등이나 평등, 자유, 민주주의, 공산주의 등의 이념에 대해 호소를 하거나 미래의 업적 또는 보상을 약속하는 것 등을 의미하는 것이다. 상징정책은 정부의 정통성을 확보, 다른 정책집행에 대한 순응을 확보하는 국민교육헌장, 5・16광장 등을 들 수 있다.

Lowi의 경우에는 정책분류의 뚜렷한 목적이 있었다. 정책의 차이가 정책결정 등의 정책과정에서 차이가 가져올 것이라는 가정하에 Lowi의 분류는 시도되었지만 Almond와 Powell의 분류에서는 그러하지 못하다. 또한 재분배정책을 제외시킨 이상한 결과가 되었다

4. 정책결정에 영향을 미치는 요인

정책결정에 영향을 미치는 요인은 다음과 같다.

(1) 정책과정에의 참여자

정책결정에 영향을 미치는 가장 큰 요인은 인적 요인이다. 곧, 정책꾼들이 정책결정에 많은 영향을 미친다. 특히 이들 가운데 정책결정자의 의지가 가장 큰 영향을 미친다고 할 수 있다.

(2) 정책결정 구조

정책결정에 영향을 미치는 또 다른 요인으로서는 정책결정이 이루어지는 조직의 구조이다. 조직이 가지는 구조적 특성이 정책결정을 제약한다.

(3) 정책대안의 존재

사회복지정책의 결정에 영향을 미치는 또 다른 요인으로 들 수 있는 것은 정책대안의 존재이다. 사회복지에 관한 정책대안은 사회복지 실무를 담당하는 관료나 사회복지전문가, 또는 사회복지정책을 연구하는 학자들의 활동에 의하여 제시되는 것이 보통이다.

(4) 다른 정책과의 관계

경제적으로 호황인 경우에는 복지재원이 충분한 까닭에 사회복지정책이 촉진되고 경제적으로 불황이면 사회복지정책은 뒷전으로 밀리고 경제정책이 촉진된다는 학설과, 이와는 반대로 경제적으로 불황일 때 정치체제는 위기를 느끼고 그것을 무마하기 위하여 사회복지정책의 형성을 촉진시킨다는 학설이다. 또한 국방정책과 사회복지정책의 관계는 서로 경쟁적 관계에 있다고 할 수 있다.

(5) 정치, 경제, 사회적 상황

사회복지정책의 결정에 영향을 미치는 또 다른 요인들을 들 수 있는 것은 당시의 정치, 경제, 사회적 상황이다

사회복지정책은 기본적으로 사회적 가치를 재분배하는 과정이라고 할 수 있다. 이는 사회복지정책의 형성과정에는 자원배분을 둘러싸고 사회세력간의 갈등을 피할 수 없음을 의미한다. 사회복지정책 발달의 결정요인은 다음과 같다.

첫째, 사회적 요인이다.

사회복지발전을 설명하는 사회적 요인들로는 사회계층의 경직성, 사회의 인구학적 구조, 그리고 도시화의 정도 등을 들 수 있다.

미국에 비해 유럽국가들의 사회복지가 발전된 이유는 유럽의 국가들이 갖고 있었던 엄격한 계급구조에서 찾아볼 수 있다. 즉 유럽국가들에서는 전통적인 농노계급이 산업화 이후 공장노동자계급이 되고 산업화 과정에서 좌절된 이들의 계급의식이 높아져 조직화, 세력 확대 등을 통해 기존의 질서를 위협하는 힘을 갖게 되자 이 문제를 해결하는 방법으로 복지국가가 발전되었다고 보는 입장이다.

사회의 인구학적 구조의 측면에서는 보면 산업화를 사회의 인구구조를 변화시켜 경제활동인구에 비해 사회복지의 잠재적 수혜자층을 증가시켜 사회복지는 확대될 수밖에 없었다는 것이다. 또한 도시화로 인해 도시빈민, 산업재해, 실업, 주택 등의 문제가 악화되면서 사회복지의 욕구를 확대시켜 사회복지의 발전이 필요했다는 것이다.

둘째, 경제적 요인이다.

사회복지발전을 설명하는 경제적 요인들 중 가장 많은 논의가 되는 것이 경제발전의 정도이다. 경제발전이 되면 사회복지가 발전된다는 논리는 경제발전이 될수록 사회복지욕구도 증가되고 세금을 낼 능력과 의도가 커져 사회복지를 확대할 자원이 커진다는 것이다. 그러나 이러한 논리에는 많은 문제가 내포되어 있다. 보통 경제발전의 정도가 심하게 차이는 구가들을 분석대상으로 하였기 때문에 경제발전이 사회복지발전을 잘 설명한다는 결과는 단순히 통계학적, 인위적 결과일 가능성이 있다는 것이다. 따라서 경제발전의 정도가 높은 국가들만을 분석할

경우 경제발전의 요인보다는 다른 요인들이 사회복지발전을 더 잘 설명한다.

결국 경제발전이 사회복지정책을 통해 국가발전을 위한 필요조건을 되지만 충분조건은 되지 못하며 정부는 재원이 있을 때만 사회복지정책을 시행하는 일반적인 경향을 보이고 있으나 그것이 경제성장의 보편적인 불가피한 부수적인 것은 아니라는 것이다.

5. 사회복지정책결정과정

정책결정의 과정은 (1) 정책목표설정, (2) 정보의 수집 및 분석, (3) 대안의 탐색과 선택, (4) 정책의 합법화, (5) 예산의 확보 등으로 이루어진다.

(1) 정책목표설정

사회복지의제를 설정한 후 정책목표의 우선순위와 달성수준을 결정하는 과정으로 정책목표란 정책을 통하여 달성하고자 하는 바람직한 미래상태이다. 사회복지정책 목표의 우선순위를 결정하기 위해서 고려해야 할 요소는 4가지이다.

① 사회복지정책의 목표달성이나 문제해결로 얻게 되는 효과 ② 문제해결에 드는 비용 ③ 정책의 효과와 비용의 배분 ④ 목표달성가능성이나 문제해결 가능성 등을 고려하여야 한다.

(2) 정보의 수집 및 분석

정보란 정책과정 전반에 걸쳐 유용하도록 구성된 자료, 정보는 정보의 사용자에게 의미있는 형태로 처리된 자료이며 동시에 현재 또는 미래의 결정에서 실제적인 가치를 가진 것으로 정보활동은 정책과정에 필요한 정보를 수집 및 분석 보존 · 전달하는 일련의 활동이다.

(3) 대안의 탐색과 선택

대안탐색은 정보 분석과 수집 후에는 사회문제의 해결을 위한 대안을 작성하고 분석하고 평가하며 대안결과 예측은 모든 대안을 작성하여 각각의 대안이 채택되었을 때의 모든 결과를 예측하고 개발한다.

(4) 정책의 합법화과정

정책의 합법화는 정부에 의해 입법화되어 정당성을 확보하는 것으로 정책안이 최종적으로 정책으로 발전하기 위해서는 합법화되어야 한다. 실제로 수많은 정책 가운데 최종적으로 정책으로 결정되는 것은 극소수에 불과하다.

(5) 예산확보과정

우리나라는 재정경제부에서 예산을 담당하며 주된 역할은 해당정책기관들과 대통령 사이의 중간에서 의사전달과 조정을 도모한다.

해당기관들은 자신들의 정책을 뒷받침할 예산을 따내기 위해서 대통령이 정책 우선순위를 결정하도록 하는데 노력을 기울인다. 예산기관은 해당 정책기관들의 노력들을 중간에서 정보수집, 해석하여 대통령에게 정보보고 등의 활동을 하거나 대통령의 정책 결정사항을 해당기관에 전달하는 역할을 한다.

제 3 절 사회복지정책의 집행

1. 사회복지정책집행의 의의

정책집행의 의미는 관리기술의 의미와 정치적 과정으로서의 의미가 있다. 관리기술의 의미는 정치행정의 이원론적 시각에서는 정책집행을 관리 기술적 측면에서만 파악하므로, 정책집행의 경계가 분명하며, 이들이 시간적인 선후관계에 있다고 본다.

정치적 과정으로서의 의미로 정치행정의 일원론적인 시각에서 보는 정책집행은 결코 가치중립적인 것이 아니며, 단지 기술적인 과정에 그치는 것도 아니며, 정책에 규정된 정책수단을 통하여 정책목표를 달성하는 단순한 기계적 활동들만으로 구성되는 것도 아니다.

그리고 정책의 집행은 여러 사회세력들의 세력관계를 반영해 주는 과정이라고 볼 수 있으며, 정치적 성격을 띤다는 점에 그 특징이 있다.

사회복지정책집행의 성격은 정책집행자의 관료들과 클라이언트의 직접적인 상호작용을 통하여 정책목표를 구체화시켜 나가는 과정이다.

사회복지정책집행의 특징은 첫째, 관리 기술적 성격으로 정책집행과정은 주어진 목표를 구체화시키는 데 그 목적이 있으며, 이 과정은 정책의제 형성과정이나, 정책대안의 형성과정, 정책결정과는 달리 관리 기술적 성격을 띤다.

둘째, 정치적 성격으로 사회복지정책의 집행은 사회복지정책의 재분배정책에 속하는 것이므로 정치적 성격이 매우 강하게 나타난다.

2. 사회복지정책의 집행에 관한 이론모형

1) 프레스만과 윌다프스키의 정책집행에 관한 모형

1970년대에 프레스만과 윌다프스키(Pressman & Wildavsky)가 행한 '오클랜드 프로젝트'의 집행에 관한 연구는 정책집행을 정책학의 중요한 분야로 인식시키는 데 크게 공헌하였다.

정책의 목표는 집행활동에 영향을 미치고, 집행활동은 정책의 목표에 영향을 미치기 때문에 정책의 목표와 정책의 집행활동을 분리시켜 생각해서는 안 된다. 정책에 규정된 정책의 수단대로 정책을 집행한다 하더라도 정책 활동의 근거가 되는 이론상의 결함이 있는 경우 정책의 목표는 달성할 수 없다.

정책집행의 중간개입자들(Intermediaries)이 많을수록 연대행동이 필요하고, 결정점, 거부점, 청산점이 많아지기 때문에 정책목표의 달성이 어려워진다. 따라서 중간개입자들(Intermediaries)을 줄일 필요가 있다.

오클랜드 프로젝트의 정책집행을 지연시킨 요인으로는 정책집행과정에서 나타나는 기술적 문제, 조정의 결핍, 비용의 증가, 복잡한 절차, 지도자와 직원의 변동, 새로운 정치적 환경, 지지집단의 결핍 등이 있다.

정책집행의 과정 중에 책임자와 직원의 교체는 바람직하지 않으며, 성공적인 정책집행을 위해서는 지속적인 리더십이 요구된다.

2) 판미터와 판호른(Van Meter & Van Horn)의 정책집행에 관한 이론모형

판미터와 판호른(Van Meter & Van Horn, 1975)은 정책이 정책성과로 전환되는 고정을 정책집행으로 파악하면서 이에 관한 정책집행모형을 제시하였다.

정책의 기준과 목표는 조직 간의 의사전달 및 추진활동에 직접적인 영향을 미치며, 이를 통하여 집행자의 성향에 간접적인 영향을 미치며, 정책집행에 소요되는 자원은 조직 간의 의사전달 및 추진활동과 집행자의 성향에 직접적인 영향을 미친다.

조직 간의 의사전달을 통해서 정책의 기준과 목표가 전달되며, 집행기관은 전달된 정책의 목표를 달성하기 위해서 전달된 기준에 맞추어 정책을 집행하게 된다.

정책집행기관의 성격은 여러 가지로 나누어 볼 수 있는데, 집행기관의 크기와 구성원의 자질, 계층적 통제의 정도, 동원 가능한 정치적 자원의 규모, 조직의 활성도, 개방적인 의사전달의 정도, 정책결정체(Policy-making Body)와의 공식적·비공식적 연계 정도 등으로, 이러한 기관의 성격은 정책집행의 성과에 직접적으로 영향을 미치기도 하고, 집행자의 정책성향에 영향을 미침으로써 집행결과에 간접적으로 작용하기도 한다.

집행자의 성향은 정책의 전반적인 의도에 대한 정책집행자의 인식정도, 구체적인 목표와 기준에 대한 태도 따위에 관한 것으로서 정책의 성과에 직접적인 영향을 미친다.

3) 매츠매니한과 사바티에의 정책집행에 관한 이론모형

매츠매니한과 사바티에(Mazmanihan & Sabatier, 1983)는 정책집행분석의 주된 역할이 정책집행과정 속에서 정책목표의 달성에 영향을 미치는 변수들을 찾아내는 데 있다고 주장하였다.

(1) 문제관련변수 : 문제의 취급가능성

첫째, 기술적 문제점으로 정책이 해결하려는 문제에 따라 기술적 선행조건이 필요한 경우와 그렇지 않은 경우로써 미국 남부지방의 인종차별의 관행을 없애는 정책의 하나이다. 이 중 학교체제의 폐지에는 특별한 기술이 요구되지 않지만, 대기오염의 방지정책에는 기술상의 많은 문제점들이 존재한다.

둘째, 금지된 형태의 다양성이다. 정책이 규제하는 형태나 제공하는 서비스가 다양하면 다양할수록 그 집행이 어려워지고 일선 집행자들이 행사하는 자유재량은 더욱 커지는데, 이러한 자유재량은 정책집행에 상당한 영향을 미친다.

셋째, 대상 집단의 인구구성비율이다. 일반적으로 볼 때, 정책의 대상 집단이 작으면 작을수록, 규정하기 쉬우면 쉬울수록, 그 정책에 대한 정치적 지지를 얻기 쉬우며 목표달성의 가능성도 높아진다.

넷째, 요구되는 행태변화의 정도이다. 일반적으로 볼 때, 정책이 변화시키고자 하는 대상 집단의 형태의 폭이 크면 클수록 성공적 집행은 어려워진다.

(2) 정책내재변수 : 정책집행을 구조화할 수 있는 정책결정능력

첫째, 법적 목표의 명백성과 우선순위이다. 정책 자체에 정책목표들이 얼마나 자세하게 규정되어 있으며, 그 중요성에 따라 우선순위가 어느 정도로 명백한 것인가에 따라 정책집행은 영향을 받는다.

둘째, 인과이론의 법칙이다. 정책목표와 그 목표를 달성하는 방법 사이에는 인과이론이 존재한다.

셋째, 재정자원의 법칙이다. 사회적 서비스를 목표로 하는 정책프로그램에서 재정자금이 정책집행에 큰 영향을 미친다는 것이다.

넷째, 집행기관의 내부 및 상호 간의 계층적 통합이다. 조정에 관한 문제로서, 집행기관 내부 또는 집행기관들 간의 업무협조가 잘 이루어지면 정책집행은 순조롭게 진행될 수 있으나, 그렇지 못하면 정책집행은 난항에 부딪친다.

다섯째, 집행기관의 결정규칙이다. 정책집행에 영향을 미치는 또 하나의 변수는 집행기관의 공식적인 결정규칙이다.

여섯째, 법적 목표에 대한 직원들의 관여이다. 아무리 정책결정이 잘 이루어졌다고 하더라도 집행기관의 직원들이 목표달성에 적극적인 성의를 보이지 않으면, 정책의 목표달성은 어려울 것이다.

일곱째, 외부인들의 공식적인 접근이다. 정책에 규정되어 있는 정책참여자들의 참여방법이나 참여기회의 범위는 정책집행에 많은 영향을 미친다.

(3) 비정책적 변수 : 집행에 영향일 미치는 비법규적 변수들

첫째, 사회경제적 조건 및 기술이다. 사회경제적 상황의 변화는 특정 정책의 상대적 중요성에 대한 인식에 영향을 미친다.

둘째, 공공의 지지이다. 일반국민들의 관심의 변화는 정책집행에 필요한 예산의 배정이나 헌법기관으로부터의 지속적인 지지에 영향을 미치는 상황적 변수이다.

셋째, 관련 이해집단의 태도와 지원이다. 정책목표에 대한 지지자들의 태도 및 자원의 변화는 정책집행에 영향을 미친다.

넷째, 통치기관의 지지이다. 통치기관은 감독, 예산의 지원, 새로운 법규의 제정 등을 통하여 정책목표를 지지함으로써 정책집행에 영향을 미친다.

다섯째, 집행자들의 리더십기술 및 관여이다. 정책목표에 대한 집행기관의 임직원들의 태도와 기술은 정책집행 결과에 직접적인 영향을 미치는 변수이다.

4) 불록과 램의 정책집행에 관한 이론모형

불록과 램(Bullock & Lamb)은 정책집행의 성공 및 실패에 영향을 미치는 중요한 변수로서 다음의 열 가지를 들고 있다.

(1) 정책의 명확성(Clarity of the Policy) : 정책의 목표가 명백하고 구체화될수록 정책집행은 성공적할 가능성이 높다.

(2) 기준의 구체성(Specificity of Standards) : 정책순응을 평가할 수 있는 기준이 구체적으로 구비되어 있을수록 정책집행은 성공할 가능성이 높다.

(3) 모니터링(Monitering) : 정책집행에 관한 모니터링은 정책순응을 얻어낼 수 있다.

(4) 집행기관의 존재(Presence of Enforcement Agency) : 정책을 책임지고 수행해나갈 수 있는 기관이 있는가의 여부는 정책집행의 성과에 영향을 미친다.

(5) 집행자의 관여(Enforcer Commitment) : 정책목표에 대한 정책집행담당자들의 태도는 집행담당자 개인의 관심, 기관의 이해관계, 대상 집단과의 관계 등 여러 가지 요인들에 의하여 결정되는데, 이들의 태도가 정책집행의 성과에 영향을 미친다.

(6) 집행자의 상급기관의 관여(Commitment of the Enforcer's Superiors) : 대통령이나 의회 등 집행담당자의 상급기관이 실현하려는 정책의 목표를 지지하느냐 반대하느냐에 따라 정책집행은 큰 영향을 미친다.

(7) 수혜자의 태도(Attitudes of Those The Benefit from the Policy) : 수혜자의 태도 역시 정책집행에 영향을 미친다.

(8) 행정적 조정(Administrative Coordination) : 효과적인 정책집행이 이루어지지 못하는 이유 중의 하나는 중복되어 있는 정책집행활동을 조정하지 못하기 때문이다.

(9) 비용과 편익(Costs and Benefit) : 비용이란 정책불응시에 치러야 할 대가를 의미하며 편익이란 정책순응시에 생기는 이익을 의미한다.

(10) 연방정부의 직접적 관여(Direct Federal Involvement) : 연방정부가 정책의 집행에 적극적이면 적극적일수록 그 정책은 성공적으로 집행될 가능성이 높다.

5) 볼만의 정책집행에 관한 이론모형

볼만은 정책프로그램의 성과를 설명하거나 이해할 수 있는 포괄적인 분석틀을 제시하였다.

(1) 정책형성과정

첫째, 문제의 개념화이다. 정책에서 다루는 문제를 어떻게 규정하는가의 여부는 정책집행에 영향을 미친다.

둘째, 이론평가 및 선정이다. 정책에 내재해있는 인과이론이 적절한가 그렇지 않은가에 따라 정책집행은 영향을 받는다.

셋째, 목표의 구체성이다. 정책의 목표가 뚜렷하고 구체적이면 그 정책은 성공하기 쉽다.

넷째, 프로그램의 설계이다. 실제로 실행할 정책프로그램이 잘 규정되어 있느냐의 여부에 따라 정책의 성공 또는 실패가 결정된다.

다섯째, 프로그램의 구조이다. 정책집행을 담당하는 행정구조가 프로그램 속에 얼마나 잘 규정되어 있는가가 정책의 성과에 영향을 미친다.

(2) 정책집행과정

첫째, 자원의 적절성이다. 정책집행의 성공 및 실패에 영향을 미치는 요인으로서 들 수 있는 중요한 것은 자원의 적절성이다.

둘째, 관리 및 통제구조이다. 정책집행기관은 정책프로그램을 효과적으로 관리하거나 통제할 수 있는 구조를 갖추어야 한다.

셋째, 관료제적 규칙 및 규제이다. 관료제적 규칙이나 규제는 정책목표에 맞추어 집행활동을 하는 경우에 꼭 필요한 것이지만, 너무 여기에 의존하다 보면 동조과잉, 형식주의, 수단과 목표의 대치 등 병리적 형태가 나타난다.

넷째, 정치적 효과성이다. 집행기관이 가지고 있는 정치적 자원이나 기술은 정책프로그램의 성공에 필수적이다.

다섯째, 피드백 및 평가이다. 정책프로그램의 집행 및 그 영향을 평가할 수 있는가, 그리고 평가된 결과를 정책집행과정에 되돌려 반영시킬 수 있는가는 정책의 성공 및 실패에 영향을 미치는 주요 요인이다.

3. 사회복지정책의 집행에 영향을 미치는 요인

1) 정책 환경적 요인

정책 환경적 요인은 사회복지정책의 성공 및 실패에 많은 영향을 미치는 환경적 변수로서 정치적, 경제적, 사회적 상황의 변화와 관련된 변수들로 구성된다.

(1) 정치적 상황의 변화

첫째, 정치적 상황의 변화는 사회복지정책의 성공 및 실패에 많은 영향을 미친다.

둘째, 전쟁, 쿠데타, 선거주기, 대통령의 소속정당, 의회 내 보수와 진보의원들의 세력비율의 변화 등 정치적 상황의 변화는 사회복지정책의 내용과 정책꾼들의 행태에 영향을 미침으로써 집행과정에 많은 영향을 미친다.

(2) 경제적 상황의 변화

첫째, 경제적 상황의 변화는 사회복지정책의 집행에 많은 영향을 미친다.

둘째, 국민소득, 가구소득, 실업률, 물가지수, 개방화, 국제화, 세계화 추세 등은 사회복지정책의 성공 및 실패에 영향을 미친다.

(3) 사회적 상황의 변화

첫째, 사회적 상황의 변화는 사회복지정책의 집행에 영향을 미치는 요인이다.

둘째, 인구구조의 변화, 산업화 및 도시화, 교육수준의 변화, 노조조직률의 변화 등은 사회복지정책의 형성 및 정책꾼들의 태도에 영향을 미친다.

2) 정책 내재적 요인

사회복지정책의 집행에 영향을 미치는 정책 내재적 요인이란 형성된 정책의 내용과 관련된 요인들을 말한다.

(1) 정책문제의 정의와 관련된 변수

첫째, 정책목표의 타당성이다. 이 변수는 사회복지정책에서 해결해야 할 사회복지문제를 얼마나 잘 파악하여 정책목표를 세웠는가에 관한 것이다.

둘째, 정책목표의 구체성이다. 규정도니 정책의 목표가 타당하다 하더라도 그것이 얼마나 구체적으로 표명되어 있는가는 정책의 집행에 많은 영향을 미친다.

(2) 정책수단 및 절차의 확보와 관련된 변수

첫째, 재원의 확보이다.

정책집행에 가장 중요한 요인 가운데 하나가 정책집행에 사용되는 재원으로 충분한 예산의 뒷받침이 이루어지지 않는 한 정책은 성공하기 어렵고, 수립된 정책에 그 정책의 집행에 필요한 재원의 확보를 강제하는 규정이 있느냐 없느냐는 정책의 성공과 실패에 큰 영향을 미친다.

둘째, 복지서비스의 전달체계이다.

정책집행의 중요한 또 하나의 요인은, 정책의 집행에 책임을 질 수 있는 정책집행기관의 존재이다. 사회복지서비스의 제공을 담당하는 일선기관은 사회사업실천에 관한 전문지식이 요청되므로 사회복지정책의 내용에 따라 전문적인 민간사회복지기관이나 지방정부의 대민기관에 복지서비스의 전달을 위임할 필요가 있는 경우도 많다.

셋째, 복지서비스의 전달방법이다.

사회복지정책의 집행에 있어 복지서비스의 전달방법에 관한 규정이 명백하게 규정되어 있는 경우, 정책집행은 보다 순조롭게 이루어질 수 있다.

⑶ 정책산물에 관한 변수 : 사회복지서비스의 형태

첫째, 사회복지서비스의 유형은 복지서비스의 효율성에 직접적인 영향을 미친다.

둘째, 복지서비스의 형태가 현물인가 현금인가에 따라, 또는 기회의 형태를 띠는지 용역의 형태를 띠는지, 신용의 형태를 띠는지에 따라 정책의 효율성은 달라진다.

⑷ 정책행태적 요인

첫째, 정치기관의 지지이다.

정치기관의 지지여부는 사회복지정책의 성공과 관련된 행태적 변수 중의 하나로써 특히 대통령의 사회복지정책에 대한 관심과 지지는 정책의 성공에 많은 영향을 미친다.

둘째, 정책집행자의 집행기관이다.

정책의 집행자나 정책기관의 가치와 이해관계, 그리고 이들이 가지고 있는 전문성이나 능력 및 자질은 정책의 성공 및 실패에 막대한 영향을 미치며, 정책 자체에는 정책집행자나 집행기관에 관하여 자세히 규정하고 있다 하더라도, 실제로 복지서비스의 전달과정에 그 규정이 지켜지지 않는다면 정책은 실패한다.

셋째, 상급관청 및 경쟁부서의 관여이다.

정책집행기관의 상급관청과 경쟁부서의 태도는 정책의 성공 및 정책의 실패에 많은 영향을 미친다.

넷째, 클라이언트의 가치 및 태도이다.

정책 가운데에서도 특히 사회복지정책의 성공 여부는 클라이언트들의 태도와 활동에 많은 영향을 받으며, 클라이언트의 무관심과 미약한 활동은 사회복지정책의 실패를 방관하는 요인으로 작용한다.

다섯째, 이익집단, 지역사회의 주관, 일반 국민의 행태이다.

사회복지정책을 시행함으로써 손해를 본다고 생각하는 이익집단의 활동이나 지역사회주민들의 저항적 태도 및 일반국민들의 무관심 등의 사회복지정책의 성공 및 실패에 많은 영향을 미친다.

제 4 절 사회복지정책의 평가

1. 사회복지정책평가의 의의

정책평가란 정책 활동에 관한 평가를 말하는 것으로 평가란 어떤 활동에 관해 정보를 수집하고 분석하며 해석함으로써 그 가치를 판단하는 것을 뜻한다.

좁은 의미의 정책평가는 정책집행의 결과에 대한 평가, 즉 정책이 원래 의도한 문제의 해결에 얼마만큼 영향을 미쳤는가에 대한 평가활동을 의미하는 것으로 사용된다.

좁은 의미의 정책평가는 구체적인 하나의 정책이 미치는 여러 가지 영향들에 초점을 두며, 결국 그 정책이 성공하였는지 실패하였는지에 대한 평가연구를 의미한다.

넓은 의미의 정책평가란 정책과정의 전반에 걸친 평가활동을 의미한다. 정책결정 이전부터 정책집행 이후까지의 모든 정책과정 속에서 이루어지는 정책 활동에 대한 평가를 의미한다. 정책평가는 정책을 결정하고 집행하는 일에 필요한 정보를 제공한다. 정책평가란 정책을 집행한 결과가 처음 의도한 바를 얼마나 효과적으로 이루었는가를 측정할 수 있게 한다.

정책평가는 정책과정의 책임성을 확보하며, 이론을 형성해 학문적 발전을 이룰 수 있는 계기를 마련한다.

정책평가의 필요성은 다음과 같다.

첫째, 사회복지정책의 효과성 증진이다.

정책평가는 사회복지정책의 개선에 필요한 정보를 얻기 위한 것으로, 사회복지정책의 평가를 통해 시행된 정책의 성공 및 실패원인을 밝혀냄으로써 기존의 정책을 지속할 것인가 중단할 것인가 또는 확장할 것인가 축소할 것인가, 그리고 그 내용을 어떻게 변경할 것인가를 결정짓는 데 필요한 정보가 제공된다.

둘째, 책임성의 확보이다.

정책평가는 정책 활동에 대한 책임성이나 근거를 확보하기 위하여 필요하며, 정책평가를 통하여 사회복지정책프로그램의 목표를 어느 정도 달성하였는지를 파악할 수 있고, 그에 대한책임의 소재를 찾아낼 수 있다.

셋째, 연구의 기초이다.

사회복지정책에 관한 평가는 정책연구의 밑거름이 되기도 하고, 사회복지정책의 평가를 통하여 제시되는 자료를 기초로 하여 기존의 정책이론이 수정되거나 강화되기도 하며, 사회복지정책의 형성이나 집행에 관한 고유이론을 개발하는 데 이바지하기도 한다.

정책평가의 유용성 논쟁에 관하여 제기되는 문제는 다음과 같다.

첫째, 정책평가의 질적 문제이다.

정책평가의 질적 문제는 정책평가의 결과가 피드백되어 사용할 수 있도록 타당성을 띠는가의 여부에 관한 것이다.

둘째, 시간적 적절성의 문제이다.

우수한 정책평가가 이루어졌다고 하더라도 그것이 피드백되어 쓰일 수 있도록 정책담당자에게 적시에 전달되어야 하는데, 일반적으로 정책평가는 정책이 시행된 다음에 이루어짐으로써 그 시기를 놓치는 경우가 많다.

셋째, 정책담당자의 의지이다.

정책평가가 아무리 잘 된 것이라 하더라도, 그리고 그것이 적시에 정책담당자에게 전달되었다 하더라도, 정책결정자나 집행자가 그것을 사용하고자 하는 의지가 없다면 정책평가의 결과는 무용지물이 될 것이다.

넷째, 피드백장치의 문제이다.

정책평가가 피드백되어 쓰이려면 정책담당자에게 정책평가의 결과보고서가 전달되어야 하는데, 일반적으로 볼 때 정책연구자들은 정책담당자와 떨어져 있는 경우가 많으므로, 정기적인 회합이나 평가결과를 피드백시킬 수 있는 공식적인 통로를 제도화하는 경우 정책평가의 결과는 잘 쓰일 수 있다.

정책평가의 성격은 다음과 같다.

(1) 기술적 성격

정책을 평가하기 위해서는 평가기법 등의 기술을 필요로 하며, 통계기법 및 그것을 분석하는 기법들이 요구된다는 점에서 정책평가는 기술적 성격을 띤다.

(2) 실용적 성격

정책평가는 주로 정책결정에 필요한 유용한 정보의 제공을 그 목적으로 하는데, 이런 점에서 볼 때 정책평가는 기초연구이기보다는 응용연구로서의 성격을 많이 띤다.

그리고 정책평가의 연구결과는 정책의 실제에 유용하게 사용될 수 있어야 한다. 따라서 정책평가는 실용적인 성격을 띤다.

(3) 개별사례적 성격

정책평가의 결과는 정책결정자에게 제공되는데, 이 때 제공되는 정보는 구체적인 개별사례에 한정되는 것이 보통이다. 일반적으로 정책평가는 구체적인 정책프로그램이나 그 프로그램이 적용된 개별사례를 연구대상으로 하여 이루어지기 때문이다.

(4) 가치지향적 성격

정책평가의 결과는 본질적으로 무엇이 잘 되고 무엇이 잘못되었는가에 대한 가치판단을 포함하는데, 가치판단은 정책평가기준에 따라 내려지게 되고, 대부분의 정책평가에서는 평가결과를 제시할 때, 이러한 가치판단뿐만 아니라 앞으로 어떻게 하는 것이 바람직한가를 포함시키는 것이 보통이다.

(5) 종합학문적 성격

정책을 평가하기 위해서는 전문적 지식을 필요로 하며, 이 때 사용되는 전문지식은 정책문제에 관한 이론적 지식뿐만 아니라 정책평가의 실제에 사용되는 여러 가지 통계기법들이 포함된다.

(6) 정치적 성격

어떠한 정책평가든 결코 가치중립적인 입장만을 고수하면서 정책평가가 이루어지는 경우는 매우 드물며 정책평가는 정채결정자, 정책프로그램의 집행자, 정책프로그램의 자금을 지원하는 집단, 그 정책에 의해 영향을 받는 이해집단 및 클라이언트 등의 영향을 받는다.

2. 사회복지정책의 평가자와 평가기준

1) 사회복지정책의 평가자

(1) 타당한 정책평가를 하기 위해서는 정책평가자는 다음과 같은 자질을 갖추고 있어야 한다.

첫째, 정책평가의 의뢰자가 원하는 것을 잘 파악할 수 있는 능력이다.

정책평가자에게 제일 먼저 요구되는 것은 정책평가를 의뢰한 사람이 원하는 것을 파악할 수 있는 능력이다.

둘째, 정책평가기법 및 분석기법에 관한 지식이다.

훌륭한 정책평가자는 정책평가기법 및 분석기법에 관해 잘 알고 있어야 하며, 획득할 수 있는 자료에 그러한 기법을 제대로 적용할 줄 알아야 한다.

셋째, 정책문제에 관한 지식이다.

정책평가자는 정책과정에 관한 지식을 갖추어야 하고, 정책의제의 형성, 정책대안의 형성, 정책결정, 정책집행 등의 정책과정의 특징 및 각 과정에서의 참여자 등에 관하여 잘 알고 있어야 정책평가를 원활하게 수행할 수 있다.

넷째, 정책과정에 관한 지식이다.

정책평가자는 정책과정에 관한 지식을 갖추어야 하고, 정책의제의 형성, 정책대안의 형성, 정책결정, 정책집행 등의 정책과정의 특징 및 각 과정에서의 참여자 등에 고나하여 잘 알고 있어야 정책평가를 원활하게 수행할 수 있다.

다섯째, 설득능력이다.

정책평가자는 타당한 정책평가결과를 산출할 수 있어야 하며, 정책담당자로 하여금 정책평가의 결과를 사용할 수 있도록 설득할 수 있어야 한다.

여섯째, 합력을 받아낼 수 있는 능력이다.

훌륭한 정책평가자는 정책평가를 행하기 전이나 행하는 동안에 정책담당자들의 협력을 얻어낼 수 있어야 하며, 만약 평가연구에 필요한 자료를 얻지 못한다면, 그 정책평가는 잘 이루어질 수 없을 것이다.

(2) 정책평가자가 누구냐에 따라 정책평가의 유형은 자체평가, 내부평가, 외부평가로 분류된다.

첫째, 자체평가는 정책프로그램을 담당한 사람들이 스스로 하는 평가로서 정책프로그램에 고나한 정보를 많이 가지고 있고, 평가비용을 절약할 수 있으며, 장기적으로 일관성 있게 계속 평가할 수 있다는 장점이 있으나, 평가의 공정성을 확보하기 어렵고, 정책프로그램의 실패를 호도하거나 왜곡시킬 가능성이 있다는 단점이 있다.

둘째, 내부평가의 경우에도 자체평가의 장단점이 나타날 가능성이 있으나 자체평가보다는 그 정도가 약하다.

셋째, 외부평가의 경우에는 평가의 공정성이 확보하기 쉬우나, 평가비용이 많이 들며 정기적으로 일관성 있는 정책평가를 하기가 어렵고, 정책프로그램에 대해 잘 모르는 경우 적절한 평가를 하지 못할 가능성이 있다.

2) 사회복지평가의 평가기준

첫째, 정책문제의 평가이다. 사회복지문제를 정책문제로 이슈화사키기 위해 이루어지는 평가로 정책문제의 평가에는 탐색적인 기준이 사용된다.

둘째, 정책의제의 평가이다. 사회복지문제가 정책꾼들에 의하여 어떻게 다루어지는가를 평가하는 것으로, 반응성, 사회적 형평성, 공정성 등이 중요한 기준으로 나타난다.

셋째, 정책설계의 평가이다. 정책의 능률성, 효과성, 사회적 형평성, 공정성, 반응성, 정치적 실현가능성 및 기술적 실현가능성 등이 평가기준으로 사용된다.

넷째, 정책결정의 평가이다. 정책결정내용에 대한 평가와 결정과정에 대한 평가로 나뉠 수 있으며, 능률성, 효과성, 사회적 형평성, 공정성, 반응성, 합법성 따위가 주요 평가기준으로 사용된다.

다섯째, 정책집행의 평가이다. 정책이 계획된 대로 시행되느냐에 관한 평가로서 정책집행의 일관성, 공정성, 반응성, 능률성, 효과성, 사회적 형평성 등이 주요

평가기준이다.

여섯째, 정책영향의 평가이다. 사회복지정책의 효과에 대한 평가로서 효과성(목표달성도), 능률성, 클라이언트의 만족도, 사회적 효과성, 사회적 형평 등이 중요한 평가기준이다.

일곱째, 평가기능성의 평가이다. 평가기능성의 평가란 정책평가를 할 것인지의 여부를 결정하기 위해 이루어지는 평가인 까닭에 비용효과성, 정치적 제약점, 방법론적 제약점 등이 평가기준이 된다.

여덟째, 정책평가에 대한 평가이다. 정책평가가 잘 이루어졌는지에 대한 평가로서 평가가능성평가가 정책평가가 이루어지기 이전에 이루어지는 평가 전 평가라고 한다면, 이 평가는 정책평가가 이루어진 이후에 행하는 평가 후 평가이다.

3) 평가의 종류

모델	강조점
목적지향적 평가	한 조직이나 프로그램의 우월성을 명시된 구체적 목적을 성공적으로 성취하고 있는 정도와 동일하게 간주하는 평가로서 가장 의미 없는 평가가 될 수도 있다.
결정지향적 평가	결정권자들로 하여금 현명한 판단을 내릴 수 있도록 자료를 제공하는 평가이다.
반응적 평가	프로그램의 과정과 핵심 운영자들의 가치관적 입장과 최대 관심사를 기술해야 한다.
평가연구	프로그램의 효과를 설명하고 그러한 효과의 요인을 규명하며 프로그램의 효과성에 대한 일반화를 제시해야 한다.
탈 목적연구	프로그램이 자체적으로 설정해 놓은 목표달성의 여부를 염두에 두지 않고, 현재의 프로그램이 어떠한 결과를 산출하고 있는가를 규명하고자 하며, 서비스이용자의 만족도 및 욕구 충족도를 측정할 경우에 요구된다.
옹호-대립적 평가	평가수행과정이나 보고서작성단계에서 해당 프로그램에 대한 최대의 옹호적 관점 또는 상대적으로 대립된 관점을 취해보는 것이다.
활용중심적 평가	평가의 자료, 그 결과가 서비스운영자들과 이용자들에 의해서 최대한으로 활용되도록 설계된 평가이다.
영향평가	평가의 시행이나 과정보다는 프로그램의 파급효과에 대해 집중적 평가이다.
형성평가	프로그램의 개발 및 개선과정에 실시되며 기관 자체평가의 특성이 강하며, 내부 또는 외부 평가자에 의해 시행될 수 있다.
총괄평가	프로그램의 종료 후 기관 자체는 물론 기금지원기관 등 다양한 이해관계자를 위해 수행된다.

3. 사회복지정책의 평가절차

1) 사회복지정책평가의 목표설정

사회복지정책의 평가를 위해서 제일 처음 해야 할 일은 평가목표를 설정하는 일로서 평가목적이 어디에 있느냐에 따라 정책평가자가 결정되고, 평가의 기준 및 평가의 범위가 뚜렷해진다. 정책평가의 목표를 뚜렷이 할 경우 정책평가의 방향을 결정해주는 나침반의 역할을 하며, 정책평가의 목표가 뚜렷하지 않은 경우에는 혼란스런 정책평가가 될 수밖에 없다.

2) 사회복지정책의 평가범위 설정

사회복지정책의 평가목적이 결정되면 그에 따라 정책평가의 범위를 결정하여야 하며 정책평가의 범위는 정책프로그램을 분석함으로써 이루어지므로, 정책프로그램을 분석함으로써 정책프로그램이 의도하고 있는 여러 목표들을 찾아내고, 평가목적에 비추어 이들 가운데 어떤 것을 평가할 것인지를 결정하여야 한다.

3) 사회복지정책의 프로그램의 내용파악

정책평가의 목표와 범위가 확정되면, 정책평가를 받을 정책프로그램의 내용을 파악하여야 하며, 정책평가의 대상이 되는 사회복지프로그램의 목표, 정책대상, 관련이해단체 등에 관한 법적 내용과 정책결정과정 및 시행과정 등에 관한 전반적인 정보를 수집하여야 한다.

4) 사회복지정책의 평가설계서 작성

첫째, 진실험설계이다.

실험집단과 통제집단으로 나누고, 여러 변수들을 통제한 상태에서 조작화된 독립변수를 실험집단에 적용한 이후, 두 집단의 행태변화를 비교함으로써 실험집단에 미친 독립변수의 영향을 찾아내는 설계이다.

둘째, 준실험설계이다.

통제집단이 없거나 사전조사가 불가능한 경우의 설계모형이다.

셋째, 비실험설계이다.

통제집단도 없고, 사전조사도 할 수 없는 경우의 설계모형으로 클라이언트의 행태변화를 목적으로 하는 사회복지정책의 평가에는 이러한 비실험설계가 많이 쓰인다.

5) 자료수집 및 측정

(1) 자료수집방법

평가 설계가 끝나면 평가에 필요한 자료를 수집하여야 한다. 자료란 평가보고서에 직접 또는 간접으로 사용되는 일체의 정보를 말하는데, 조사를 통하여 직접 수집·작성되는 일차적 자료와 다른 사람이 다른 목적을 위하여 작성한 이차적 자료로 나눌 수 있다.

첫째, 관찰법이다.

인간의 감각기관을 사용하여 자료를 수집하는 기본적인 방법으로, 어떤 현상이 나타날 때 즉시 포착할 수 있고, 표현능력이 부족한 연구대상에게도 적용이 가능하며, 비협조자나 면접 거부자에게도 활용할 수 있고, 국외자가 관찰하는 경우 새로운 사실을 밝혀낼 수 있다는 장점이 있다.

둘째, 면접법이다.

면접법은 언어를 매체로 하여 응답자의 반응을 얻어내는 자료수집방법인데, 응답자의 상황, 특히 사회복지클라이언트를 대상으로 하는 경우, 그들이 마음속에 품고 있는 의견이나 견해를 파악하는 데 있어 질문지법보다 훨씬 유리하고 문맹자에게도 적용할 수 있다는 장점이 있다. 그러나 시간과 비용이 많이 들고, 면접기술이 필요하다는 한계점을 지닌다.

셋째, 질문지법이다.

질문지법은 평가에 필요한 자료를 획득하기 위하여 설문으로 구성된 질문지를 이용하는 방법으로, 질문지를 이용하면 설문어구 등을 표준화시킬 수 있으므로 질문의 통일성을 기할 수 있고, 응답자의 비밀을 보장해 줄 수 있으며, 응답에 시간적 여유를 줄 수 있으므로 비교적 정확한 응답을 얻어낼 수 있고, 시간·비용・노력이 면접법이나 관찰법에 비하여 적게 든다.

(2) 측정방법

첫째, 명목척도이다.

측정된 숫자가 분류와 일반화를 위해서 의미가 있을 뿐 다른 어떤 의미도 가지지 아니하는 경우의 척도이다. 예를 들면 남자는 1, 여자는 0이라는 숫자를 부여하는 것은 이들은 분류를 위하여 사용되는 명목척도에 해당한다.

둘째, 서열척도이다.

측정도니 숫자 사이의 순서가 의미를 가지지만 그 간격이 같지는 않은 경우의 척도로서 측정된 현상들의 비교가 가능하다. 예를 들면 클라이언트가 사회복지서비스에 만족하는 경우를 3, 불만족스러운 경우를 2, 아주 만족스러운 경우를 1로 표시하는 경우에 해당한다.

셋째, 간격척도이다.

측정된 숫자와 숫자 사이의 간격이 동일한 경우의 척도로서, 측정된 현상들 사이의 정도의 차이가 어느 정도인지를 파악할 수 있다. 예를 들면 온도계에 의해 측정된 온도의 경우 어제가 섭씨 30℃였고, 오늘이 섭씨 25℃라면 어제보다 오늘이 섭씨 5℃ 낮다고 말할 수 있다.

넷째, 비율척도이다.

비율척도는 측정된 숫자의 간격이 같을 뿐만 아니라 절대영역을 가지고 있는 척도로서 곱하기 나누기까지 가능한 경우의 척도이다.

6) 분석 및 해석

자료의 수집 및 측정이 끝나면 그것을 분석하고 그 의미를 해석함으로써 정책평가는 어느 정도 마무리된다. 수집된 자료의 분석은 질적인 분석과 양적인 분석으로 나눌 수 있는데, 질적인 평가분석은 객관적 입장에서의 행태론적 접근이나 체제론적 접근뿐만 아니라 정책행위의 주관적 의미를 찾아내는 해석적 접근이나 비판적 접근 또는 자연주의적 접근 등에 의한 평가를 의미한다.

7) 정책평가보고서의 작성 및 제출

정책평가과정의 가장 마지막 부분으로, 평가보고서의 작성은 평가내용의 정확성을 확보하는 것 못지않게 중요하다.

(1) 평가보고서의 작성

첫째, 정책평가보고서의 양식은 쉽게 눈에 띌 수 있도록 단순하면서도 보기가 좋아야 한다.

둘째, 정책평가보고서의 내용은 쉽고 간결하게 쓸 것

셋째, 정책평가보고서에는 그림이나 도표 등을 활용할 것

넷째, 정책평가보고서는 맞춤법에 맞추어 쓸 것

(2) 평가보고서의 내용

첫째, 평가결과의 내용 요약

둘째, 평가된 프로그램에 관한 배경설명

셋째, 평가목적 및 평가방법

넷째, 자료수집방법

다섯째, 논리적 분석결과

여섯째, 결론 및 제안사항이다.

(3) 평가보고서의 제출

첫째, 평가정보를 필요로 하는 사람들에 관하여 미리 알아둘 것

둘째, 평가결과를 취해야 할 행동대책과 연결시켜 전달할 것

셋째, 가장 중요한 정보부터 제시할 것

넷째, 발표는 재미있고 변화 있게 할 것

다섯째, 기자들에게는 보도 자료를 만들어 배포할 것

4. 사회복지정책의 평가에 영향을 미치는 요인

1) 인적 요인

사회복지정책의 평가에 영향을 미치는 인적 요인이란 정책평가활동에 작용하는 정책꾼들의 영향력을 의미한다.

첫째, 정책평가자이다.

사회복지정책을 직접 평가하는 정책평가자가 정책프로그램의 평가에 영향을 미침은 물론이고 정책평가자의 이념이나 신념 또는 가치는 사회복지정책프로그램의 평가방향을 결정하는 데에 많은 영향을 미친다.

둘째, 정책담당자이다.

정책결정자나 정책집행자의 의도나 관심은 정책평가에 영향을 미친다. 정책결정자나 정책집행자가 정책평가를 의뢰하는 경우, 정책프로그램을 존속시킴으로써 그 정책프로그램의 정당성을 인정받고 싶어하는 경향이 있다.

셋째, 클라이언트이다.

사회복지정책프로그램의 클라이언트가 정책평가의 의뢰자일 수 있다.

넷째, 주민, 일반 국민 등이다.

사회복지정책프로그램에 의하여 직접적인 영향을 받는 지역주민들이나 이해관계자, 그리고 일반국민들의 여론도 사회복지정책의 평가에 영향을 미친다.

2) 시간적 요인

정책의 평가에는 시간을 요하므로, 시간적 제약은 정책평가에 영향을 미친다. 충분한 시간적 여유가 없이 이루어지는 정책평가는 내용의 부정확성을 초래하기 때문에 실패하기 쉽다.

3) 기술적 요인

정책평가를 잘 하려면 평가를 위해 수집된 자료를 적절히 분석할 수 있는 기법이 있어야 한다. 만약 어떤 사회복지정책프로그램을 평가하는데 사용할 수 있는 좋은 분석기법이 이미 개발되어 있다면, 그 정책평가는 성공적으로 이루어질 수 있다.

4) 제도적 요인

사회복지정책의 평가가 이루어지려면 정책평가에 필요한 정보나 자료의 획득이 보장되어야 하고, 원활한 평가활동을 지지해 줄 수 있도록 행정적인 뒷받침이 있어야 하며, 평가된 평가결과가 활용될 수 있는 환류장치나 제도가 마련되어야 한다.

5) 정책 자체적 요인

정책평가가 잘 이루어지기 위해서는 평가되는 정책프로그램의 목표가 뚜렷하고 그 목표를 달성하는 연계수단이 명확하여야 하고, 평가될 내용에 관한 측정이 가능해야 한다.

연 구 문 제

1. 합리 모형에 대하여 설명하시오.

2. 만족 모형에 대하여 설명하시오.

3. 점증 모형에 대하여 설명하시오.

4. 혼합모형에 대하여 설명하시오.

5. 최적 모형에 대하여 설명하시오.

6. 쓰레기통 모형에 대하여 설명하시오.

7. 엘리트모형이란?

9. 공공선택이론이란?

제 8 장

빈곤과 공공부조

제 1 절 빈곤의 개념과 측정

빈곤의 정의는 기본적 욕구가 충족되지 않은 상태로 빈곤이란 단어를 탄생시킨 사람은 영국 사회학자 조제프 라운트리이다. 그는 최소 생활비로서의 '빈곤선'이란 용어를 처음 사용했다. 그로인해 이 개념은 이후 각국의 사회복지대상을 규정하는 데 큰 역할을 하게 되었다.

사실 빈곤이란 것이 기준은 통일되어 있지 않다. 세계은행(WB)은 빈곤의 한계를 하루 1달러 또는 2달러도 정의하고 있다. 하지만 미국에서는 65세 미만 성인의 빈곤한계가 29.58달러라고 한다. 이 수치는 당시 제대로 된 정보가 없어 공식 영양섭취권장량을 기반으로 산정됐다. 또한 EU(유럽연합) 통계청인 '유로스타트'는 각국 중간 소득 평균의 60%에 못 미치는 금액을 빈곤한계로 정하고 있다. 빈곤이란 생활하는 데 있어야 할 자원이 없거나 부족한 상태를 말한다. 그리고 그런 상태에 있는 사람을 빈민이라 한다.

일반적인 빈곤의 원인은 지정학적 원인, 사회학적 원인, 국민성의 원인, 개인의 심적 원인 등에 있고 심리주의적 관점에서는 개인의 동기 부족, 낮은 열망 수준, 무절제, 게으름, 의타심, 과다한 출산, 부적응 등에 있다.

빈곤선(poverty line)이란 육체적 능률을 유지하는 데 필요한 최소한도의 생활수준이다.

빈곤선이란 빈민과 비빈민을 나누는 기준으로 빈곤상태를 지표화한 것이다. 각 국가에서는 빈곤정책을 실시 할 때 객관적인 기준을 설정하여 보통 소득의 측면에서 정의한다.

영국의 사회학자 벤저민 S. 라운트리(Benjamin S. Rowntree)가 "빈곤, 도시생활의 한 연구 : Poverty, A Study of Town Life, 1901"에서 제기하였다.

빈곤선 이하를 제1차 빈곤, 빈곤선을 약간 상회하는 빈곤을 제2차 빈곤이라 하여 구별하였다. 그는 실제로 빈곤선을 끌어내기 위해 비용의 명목을 음식물·집세·가계잡비로 구분하고, 음식물에서는 연령·성별·노동의 종류 등에 따라 가족의 각 구성원이 필요한 양을 결정하여 전체의 경비를 구하였다.

빈곤은 인간사회에서 가장 오래된 사회문제이고, 사회복지학에서 가장 전통적인 소재이다. 그런데, 빈곤의 실태, 원인, 그리고 빈곤을 해결하는 방안에 대해서는 이론적 관점에 따라서 다르다. 즉, 대표적인 사회이론인 기능주의, 갈등주의, 상호작용주의에 따라서 빈곤을 보는 관점이 다르다.

기능주의는 빈곤을 개인의 게으름이나 노동력의 상실로 인한 당연한 결과로 인식하였다. 어려서 노동력이 약하거나 늙어서 노동력을 상실하는 사람은 보호자가 없을 경우 가난하게 살 수밖에 없다. 비록 노동력이 있더라도 게으른 사람은 자신에게 필요한 소득과 재산을 얻지 못하기 때문에 가난하게 된다. 따라서, 빈곤은 나태와 영양결핍과 같은 문제를 일으킬 뿐만 아니라, 빈곤으로 인한 도둑질, 청소년의 탈선, 낮은 교육, 불량한 주거, 질병 등 다른 사회문제의 원인이 되기도 한다. 빈곤의 원인을 주로 개인적 요인에서 찾고 그 해결책도 도덕적 훈계, 노동의욕의 고취, 기술교육, 취업알선 등에서 찾는다.

갈등주의적 관점은 빈곤을 사회의 경제제도와 복잡하게 관련되어 생긴다고 본다. 빈곤은 사회의 어떤 계층과 집단들이 빈곤으로부터 이익을 얻기 때문에 발생한다는 것이다. 즉, 어떤 사람이 가난한 것은 정당한 노동력의 대가를 받지 못한 저임금 때문이거나, 계절적 실업과 같이 노동시장의 요인에서 비롯된다는 것이다. 빈민이 가난한 원인을 개인적인 요인에서 찾기보다는 저임금과 장시간 노동으로 인한 노동력의 피폐, 노동자의 잉여노동력을 착취하는 자본주의 등에서 찾는다.

한 사회가 가지고 있는 자원을 공평하게 분배하지 않으면 빈곤문제를 해결할 수 없다고 보기 때문에, 계급간·계층간 소득의 분배와 재분배를 통한 빈곤의 해결을 강조한다.

한편, 상호작용주의는 빈곤이 사회문제가 되는 것은 한 사회의 영향력 있는 집단이 문제라고 규정하기 때문이라고 본다. 현재 한국에서 '가난한 사람들'이라고 불리는 사람의 생활수준은 30여년 전 일반 국민의 수준보다 낮지 않고, 저개발국가의 평균적인 수준에 비교하면 '풍요로운 수준'일 수 있다. 그럼에도 불구하고 빈민으로 규정되는 것은 현재 우리 사회 내에서 풍요롭게 사는 사람들과 비교를 통해서 빈곤을 규정하기 때문이다. 따라서, 상호작용주의 이론가들은 경제적 빈곤선과 같은 절대적인 기준에는 별 관심이 없고, 한 사회에서 어떤 사람들을 빈민으로 규정하는지, 그리고 이들에 대한 사회적 낙인감에 관심을 갖는다.

빈곤에 대한 객관적인 정의는 '절대적 빈곤'과 '상대적 빈곤'으로 나누어진다. 절대적 빈곤은 좀더 낮은 생활수준을 나타내고 상대적 빈곤은 절대적 빈곤보다는 높은 생활수준을 나타낸다. 구체적으로 절대적 빈곤(Absolute poverty)이란 '전체 소득이 신체적 효율성을 유지하는데 필요한 최저수준을 획득하지 못한 가정'을 의미한다(영국, 라운트리(Rowntree)). 여기서 최저 수준은 생계비 또는 영양에 의해 측정되며, 빈곤선(poverty line), 즉 최저생활의 기본수요를 추정함으로써 정의할 수 있다.

최저생활의 기본수요의 3가지 단계(Streeten & Burki, 1978) 첫째, 최저생활수준은 '최저생존(bare survival)'을 위한 수준이다. 둘째, 최저생활수준은 '지속된 생존(continued survival)'을 위한 수준이다. 셋째, 최저생활수준은 '생산적 생존(productive survival)'에 필요한 수준이다.

상대적 빈곤(Relative poverty)이란 '지역사회의 소득수준으로 볼 때, 소득이 상대적으로 낮은 계층'을 의미한다. 즉 지역사회 내의 자원이나 생활양식에 의한 상대적 관점으로서 불평등과 불균등한 배분의 결과인 상대적 박탈로 규정한다. 상대적 빈곤의 빈곤선 구분도 순수상대빈곤은 전체 사회의 계층별 소득 순서에서 하위층에 해당하는 일정한 비율을 빈곤층으로 보는 방식과 유사상대빈곤은 전체 사회에서 평균소득에 해당되는 일정한 비율을 빈곤층으로 보는 방식이다.

1. 빈곤 유형

절대빈곤이란, 빈곤의 기반하에 아무리 노력을 해도 그 빈곤을 극복하지 못한 데서 지속적으로 대물림하는 것을 말하고, 상대빈곤이란 사회의 발전속도에 따라 개인의 생활수준 또한 더불어 성장하나 상대적으로 다른 계층의 부의 한계를 뛰어넘지 못한데서 자신이 가난하다고 느끼는 것을 말 한다

1) 절대적 빈곤

사회경제학상 빈곤은 절대빈곤과 상대빈곤으로 분류를 한다. 우리가 흔히 가난은 가난을 부르고, 부는 곧 부를 부르는 게 자본주의 생리라는 통념상에는 변함이 없을 것이다. 절대적 빈곤으로서 객관적으로 결정한 절대적 최저한도보다 미달되는 상태를 말하는데, 흔히 의식주 등 기본적 욕구를 해결하지 못하는 상태로 보고, 절대빈곤선 개념을 토대로 생존의 의미를 강조한다. 따라서 절대적 빈곤은 실질경제성장이 계속되어 그 사회의 전반적인 생활수준이 향상되면 빈곤선 이하의 생활을 하는 사람의 숫자도 감소하게 된다. 기본적 욕구인 주거, 음식, 의복을 해결하지 못하는 상태를 말한다. 건강하고 문화적 혹은 표준적 생활을 유지할 수 있는 생활물질의 구입비용을 화폐 척도로 바꾸어 "최저생활비"를 산정한다. 많은 국가에서 공적빈곤의 기준으로 이용된다.

2) 상대적 빈곤

상대적 빈곤으로서 동일 사회내의 다른 사람과 비교하여 적게 가지는 것을 말하는데, 이는 특정사회의 전반적인 생활수준과 밀접히 관련된 개념이어서 경제·사회발전에 따라 정책적으로 중시되며 상대적 박탈과 불평등의 개념을 중시한다. 따라서 상대빈곤선은 특정사회의 구성원 대다수가 누리는 생활수준에 못 미치는 수준을 말하는데, 이것은 특정사회의 사회적 관습과 생활수준에 따라 크게 달라진다. 타운젠트의 상대적 박탈개념으로 물량적 소비수준과 독자적인 개인의 생활양식에 관련시켜 빈곤수준을 측정하는 방법으로 그 의미는 사회의 다른 사람들

보다 적게 가지는 것이다.

상대적 빈곤은 전반적인 생활수준과 밀접한 관련 속에서 상대적 박탈과 불평등의 개념을 중시한다. 주로 특정 사회의 평균 혹은 중간수준의 생활을 영위할 수 없는 상태이다.

3) 주관적 빈곤

주관적 빈곤은 사회적으로 사용하기 어려운 지표여서 주로 절대적 빈곤과 상대적 빈곤개념을 사용한다. 한국은 절대적 빈곤개념을 사용하고 있는 반면, 유럽 등은 상대적 빈곤개념을 사용하고 있다. 주관적 빈곤으로서 자신이 충분히 갖고 있지 않다고 느끼는 것을 말하는데, 이는 제3자의 판단에 의해 어떤 객관적인 수준이 정해지는 것이 아니라 개인의 주관적인 판단 수준에서 결정된다. 빈곤에 대한 대책으로는 사회보장정책 · 기회평등대책 · 노동시장정책 · 조세정책 등이 있다.

빈곤인구의 개념은 다양한 용어의 해석된다.

첫째, 저소득층은 소득계층구조에서 하위를 차지하는 계층집단을 지칭하며 저소득층은 그 자체로서 긍정적이고 부정적인 함의를 지니는 것이 아니며, 단지 통계학적인 구분에 의한 규정이다

둘째, 영세민은 빈곤정책과 흔히 관련되어 사용되어 지는데 영세민이란 빈곤의 문제를 개인의 책임으로 귀결시키려는 이론적인 전제가 깔려 있다.

셋째, 도시빈민은 영세민에 대한 비판으로서 영세민이라는 용어 대신에 자본주의 사회가 갖는 사회구조적 결함 때문에 생활난을 겪고 있는 자이다.

2. 빈곤 측정방식

빈곤층을 구분하는 개념이 명확하지 않으므로, 주로 어떻게 빈곤인구를 정하느냐 하는 기준을 통하여 빈곤을 설명하는 것이 전통적 빈곤의 개념규정 방식이다.

이러한 방법에는 학자에 따라, 산정방식에 따라 몇 가지로 구분할 수 있다. 절대적 빈곤의 측정방법은 전물량 방식, 반 물량 방식이 있으며 전 물량방식은 최저의 품위수준을 유지하는데 필요하다고 합의된 품목을 작성하고 이에 대한 최

저지출비를 모두 합하여 빈곤선을 결정한다. 반 물량 방식은 최저 품위수준을 유지하는데 필요하다고 합의된 품목 중 하나를 선택한다. 이에 대한 최저 지불비를 중심으로 빈곤선을 결정하는 방법이다.

빈곤수준의 책정방법은 크게 두 가지로 분류된다. 기본적인 욕구방식과 음식비 비율방식이 그것이다.

전자에 의하면 빈곤이란 의식주에 해당하는 기본적인 욕구를 해결하지 못하는 것으로 이해하며 따라서 이 욕구를 해결하는 데 드는 비용을 산정한 것으로 빈곤층을 가려낼 수 있다고 본다. 이는 역사적으로 오랜 전통을 지닌 빈곤수준추정방식으로서 영국의 부스(C. Booth)가 1899년에 런던의 빈민들을 대상으로, 라운트리(S. Rowntree)가 1901년에 요크시를 대상으로, 그리고 비교적 최근에는 오샨스키(M. Oshansky)가 미국사회를 대상으로 각기 사용함으로써 발전되기도 하였다. 이 방식은 기본욕구가 무엇이냐가 핵심인데 어떤 특정시기, 특정사회에서의 생존에 필요한 의식주에 대한 욕구를 중시하나 일반적으로 음식에의 욕구를 가장 기본으로 삼는 경향이 있다. 이에는 라운트리방식이 해당된다. 반면, 후자의 방식에 의하면 음식비가 소득에서 차지하는 일정한 비율을 그대로 빈곤의 기준으로 삼는다. 이 방식은 전자방식이 전문가의 인위적인 기준에서 범하는 오류가 있음에 비하여 실제 사람들의 소비관행을 토대로 접근한다는 장점이 있다. 그러나 엥겔방식 또는 오샨스키방식이라고 불리는 이 방법도 어떤 비율이 빈곤의 기준이 되는 음식비율인가라는 점에 대하여 객관적이고 과학적인 근거를 제공하지는 못하고 있다. 둘째로 상대적 빈곤이란 한 사회의 생활수준이 향상됨에도 불구하고 사회구성원들이 갖는 상대적인 불평등의식과 박탈감이 엄연히 존재한다는 것에서 빈곤의 개념에 접근하고 있다. 이 개념은 특정한 사회에서 구성원 대다수가 누리는 생활형태에 접근하지 못한 자가 있다면 이들 자신은 자신의 생활수준에 대하여 상대적인 열등감을 느낄 수밖에 없다는 점에서 타당성을 지니고 있다.

그러나 이러한 접근은 사회구성원 대다수가 누리는 생활형태가 무엇인가에 대하여 객관적인 정의나 측정이 거의 불가능하여, 매우 인위적인 성격을 지닌다는 한계가 있다.

전형적인 측정방식을 개발한 사람은 타운젠드(P. Townsend)인데 그는 박탈감을 유발하는 60개의 지표를 통하여 소위 박탈점수를 계측하는 방식을 취하였다. 그러나 대개는 중위소득자나 평균소득의 일정 비율 아래에 있는 자들을 빈곤 이하의 인구로 보는 방식이 택해지기도 한다. 셋째로 절대적 빈곤이나 상대적 빈곤이 빈곤의 기준이 과학적이든 정치적이든 제3자의 판단에 의하여 어떤 객관적인 수준이 결정된다는 점에서 객관적 빈곤개념인 데 비하여, 빈곤을 사람들이 직접 느끼고 체감하는 수준에서 결정되어야 한다는 생각을 기초로 접근하려 하는 주관적 빈곤의 개념이 있다. 결국 빈곤은 개인의 행복과 안녕, 만족도와 직결된다는 점에서 개인의 주관적 판단을 무시할 수 없고 따라서 직접 당사자들의 생각을 토대로 빈곤의 수준을 결정하는 것이 가장 합리적이라는 주장이다. 이에는 여론조사방식과 라이덴방식이 가장 대표적인 방식이다.

1) 절대적 빈곤선

빈곤을 과학적으로 측정하려는 부쓰(Booth, 1886년 영국 런던)와 라운트리(Rowntree, 1901년 영국 요크시)의 연구로부터 처음 사용된 빈곤 개념으로 사람이 생활하는데 필요한 최소한의 의식주라는 기본적인 관점에서 최저생계비인 빈곤선을 정하는 것을 의미하며 Market basket 방식이라고 한다.

기본적 욕구측정 방법은 첫째, 빈곤은 음식, 주거, 의복 등 기본적 욕구의 미해결이다.

둘째, 기본적 욕구를 해결하는데 드는 비용을 밝히는데 주력은 빈곤선이다.

대표적인 학자는 부스(1899), 라운트리(1901), 오샨스키(1965) 등이다.

(1) 라운트리(Rowntree)의 방법

라운트리 방식은 전물량방식 또는 마켓 바스킷 방식으로 총수입이 육체적 효율성의 유지에만 필요한 최저수준을 획득하기엔, 불충분한 가구를 제1차적인 빈곤으로 정의하고 이를 음식물, 옷, 연료비 기타 잡다한 지출과 주택임대료로 계산한다. 라운트리방식은 최저한의 생계에 필요한 물품의 목록과 양인 마켓 바스킷을 결정하고, 그것을 구매하는데 필요한 시장가격을 곱해서 최저생계비를 계측하는 방식이다.

현재 우리나라에서 최저생계비를 계측하는 방식으로 최저생계비 계측조사에는

11개 품목을 조사하는데 이에는 식료품비, 주거비, 광열수도비, 가구집기, 가사용품비, 피복신발비, 보건의료비, 교육비, 교양오락비, 교통통신비, 기타 소비, 그리고 조세 및 사회보험료 등 비소비지출 등이 있다.

1899년 당시 젊은 부유한 상인독지가로서 인구 7만 5,812명의 York시 인구를 2년 간 철저히 조사하여 Rowntree가 밝힌 빈곤 발생 원인에서 일차적 빈곤은 ① 주소득원의 사망(15.63%) ② 주소득원의 사고·질병·노령으로 인한 무능력 ③ 주요 소득원의 실직 ④ 오랜 동안의 불규칙한 일거리 ⑤ 가족의 수가 많음(22.16%) ⑥ 저임금(51.96%)으로 나타났고, 이차적 빈곤은 음주, 도박, 소홀한 가정관리, 낭비적인 지출 등이 상호 영향을 미쳐 발생하며 가장 주된 원인은 음주이다. 한계점은 음식비 산출은 칼로리라는 과학적 근거가 있으나 다른 기본욕구비들은 산출하는 근거가 불명확하다.

오늘날에는 한계 극복을 위해 국민기초생활조사 등을 통해 평균적 생활수준 측정하며 일본은 국민기초생활조사, 미국은 소비자 가계조사, 한국은 한국인의 영양 권장량, 도시가계연보, 기본통계조사 등이다.

(2) 오샨스키(M. Orshansky)의 방법(미국의 빈곤선 설정)

오르샨스키 방식은 반물량 방식으로 생필품의 목록을 모두 구하기가 어렵기 때문에 가장 합의가 쉬운 기본적인 적정 표준 영양량을 구하여 이것을 섭취할 수 있는 식품량과 이것의 최소구입 가격에 의하여 최저식품비를 구하고 여기에 엥겔지수의 역을 곱하여 전체 최저생계비를 추정하는 방식으로 미국의 사회보장청에서 사용하고 있다.

라운트리의 방법을 수정한 것으로 음식물비에 평균 엥겔계수의 역을 곱하는 방법으로 산정하며, 엥겔계수는 음식비가 전체소득에서 차지하는 비율로서, 이 계수가 빈곤선 책정에 사용되는 이유는 음식비와 소득이 뚜렷한 상관관계를 가지기 때문이다. 즉, 소득이 증가할 때 음식비 지출은 상대적으로 감소한다는 가정(역의 상관관계)에 근거를 두고 있다.

(3) 음식비 비율 방법

프리드만의 방법으로 음식비가 소득에서 차지하는 비율로 (미국의 경우 1/3)

이 빈곤선이 된다. 따라서 음식비가 소득의 1/3을 초과하는 가구의 경우 빈곤가구가 되며, 음식비가 소득의 1/3을 초과하는 경우 빈곤이라 정의 한다. 그러나, 음식비에 대한 과학적 근거가 없다. 즉, 외식비의 포함여부는 사람들마다 음식에 대한 취향이 다르므로 한계가 있다. 절대적 빈곤의 개념은 생존수준의 문제이지 불평등을 고려하지 않는다. 따라서 경제성장 등으로 소득이 증가하면 소멸되는 빈곤이다.

2) 상대적 빈곤

특정 사회의 전반적인 생활수준과 밀접한 관련하에 상대적 박탈과 불평등의 개념을 반영한 빈곤의 개념이다. 타운젠트는 빈곤은 절대적인 것이 아니라 다른 사람들과의 비교를 통해 심리적으로 박탈감과 빈곤감을 느끼게 되는 것이 중요하다. 유럽국가의 대부분은 상대적 빈곤개념을 주로 채택하다. OECD는 중위 가구소득의 40, 50, 60% EU는 평균 가구소득의 40, 50, 60% 등에 해당한다.

우리의 경우 전체 가구 중에서 소득이 중간을 차지하는 가구의 절반 이하의 소득을 의미하는 상대적 빈곤율이 2000년 이후 최근까지 점차 증가하고 있다. 특히 이 비율은 소득불평등 정도를 나타내는 지니계수 증가세보다 더 빠르게 악화되고 있다.

우리나라의 상대적 빈곤율은 1982년에서 1992년까지 감소했지만 1993년부터 1999년까지 다시 증가하다가 2000년 소폭 하락한 뒤 최근까지 증가추세를 보였다. 특히 2000년 이후 최근까지 상대적 빈곤율의 증가폭은 지니계수 증가보다 더 빠른 것으로 나타났다.

2008년 경제협력개발기구(OECD) 보고서에 따르면 우리나라의 소득불평등도는 회원국 평균 정도였지만 상대적 빈곤율은 평균보다 높은 나라로 분류되고 있으며 "최근으로 올수록 분배보다도 빈곤 문제가 심각해지고 있다.

한편 일정한 기준의 빈곤선 이하 가구비율을 의미하는 절대적 빈곤율은 외환위기 당시 16%까지 상승했지만 2002년 8.5%로 하락하는 등 최근까지 9%대에서 정체되고 있다.

사회적 전반적인 생활수준에 미치지 못하는 경우 불평등을 느끼는 수준은 물질적 빈곤뿐만 아니라 비물질적 빈곤까지 포함될 수 있다.

(1) 평균 혹은 중위 소득의 비율

여기에는 두 가지 방식이 있다. 국민평균소득 또는 중위소득의 일정비율(예; 50%, 66%, 80%)을 빈곤선으로 설정하여, 그 이하를 빈곤계층으로 보는 방법이다. 여기에는 평균소득으로 할 것이냐, 중위소득으로 기준을 잡을 것이냐 논란이 있을 수 있다.

최하위 소득의 일정비율(예; 10%)을 빈곤선으로 설정하여 그 이하를 빈곤계층으로 보는 방법이다. 이는 공식적인 빈곤선으로 사용하기 어렵다. 그러나 이러한 상대적인 빈곤선이 국제사회에서는 중요성을 갖는다. 세계은행은 선진국의 경우 평균소득의 50%을 설정한다. 개발도상국의 경우는 33% 이하를 빈곤으로 잡고 있고, OECD는 40%를 정하고 있다.

(2) 타운젠트(Townsend)의 상대적 박탈이론

현대 빈곤을 이해하는 데 큰 시사를 준다. 원래 박탈(deprivation)이란 박탈당하고 있다는 "감정"을 의미하는 것이지 상대적으로 박탈되어 있는 "상태"를 의미하지 않는다. 그런데, 타운젠트는 박탈을 "상태"의 개념으로 발전시켰다. 타운젠트의 빈곤이란 상대적 박탈이라는 개념의 관점에서만 객관적으로 정의되고 모순없이 일관되게 사용될 수 있다. 개인이나 가족, 집단은 소속되어 있는 사회에서는 관습으로 되어 있는, 혹은 적어도 널리 장려되거나 인정되는 수준의 식사를 하고, 사회적 활동에 참가하며, 생활의 여러 필요조건이나 쾌적성을 확보하는데 필요한 생활자원이 결핍되었을 때, 빈곤상태에 있는 것으로 이해된다. 그는 빈곤을 측정하기 위해 "생활자원"과 "생활양식"이라는 개념을 도입하였다. 소득은 빈곤의 유일한 기준이 될 수 없다. 즉, 모든 "생활자원"을 고려하고, 사람들이 당연히 여기는 관습이나 활동 등도 고려. 즉, "생활양식"을 고려한다. 생활양식을 측정하기 위한 지표를 작성(이것이 유명한 타운젠트의 박탈지표-60개)하고 그 지표들 가운데 어느 하나를 결핍하고 있으면 박탈점수 부여하며 박탈 점수가 많으면 많을수록 생활수준이 떨어진다.

비판점은 어떤 사회에서의 일반적인 생활양식을 측정하는 지표를 만들어내기가 어렵고 소득과의 연계가 이루어지지 않을 수 있다. 즉, 개인의 취향문제, 서로 다른 가족간에는 서로 다른 지표적용의 문제도 있다. 따라서, 현실적으로 적용하기 어렵다. 또한 정책을 만들어내기도 쉽지 않다. 불평등을 측정하는 지니계수에 비해 상대적으로 덜 알려져 있지만, 중요한 사회지표인 상대적 빈곤율이 있다. 상대적 빈곤율은 전체가구 중위소득 50%이하의 소득을 가진 인구의 비율을 가리킨다.

한국에서는 최근에 와서야 전체 가구의 상대적 빈곤율을 발표하기 시작했다. 한국의 상대적 빈곤율은 사상최고를 기록해 2007년 기준으로 17.5%에 달했다. 경제협력개발기구(OECD) 평균 비율은 약 11%이다. 멕시코와 미국은 17%가 넘는 반면 덴마크와 스웨덴은 6% 수준에 불과하다.

이렇듯 소득재분배의 효과가 낮은 상황에서 경제불황이 닥치면 엎친 데 덮친 격으로 계층격차는 더 심해진다. 실업자 이외에도 비정규직, 영세자영업자의 고통이 커진다. 특히 상대적 빈곤선 이하 소득으로 생활하는 사람들의 어려움은 더욱 심각하다. 이들은 주로 어린이, 한부모 가정, 노인, 장애인 등 소득수준이 낮거나 노동 능력이 없는 취약 계층이다. 2007년 전체 가구 가처분소득 기준 아동빈곤율은 11.8%인데, 이 가운데 여성 가구주의 아동빈곤율은 더 높아 17.6%에 달한다.

2009년 정부는 감세로 인한 세수의 감소에도 불구하고 29조원에 달하는 추경예산을 편성했다. 하지만 추경예산의 사용처로 건설과 토목 분야 예산이 대폭 커졌다. 4대강 살리기 예산만 14조원이 넘는다. 이에 비해 교육, 보육, 의료 등 복지예산의 확대는 기대에 크게 미치지 못했다. 게다가 정부는 추경에도 불구하고 2009년 경제성장률이 마이너스 1.9%로 하락할 것이라고 전망했다. 이처럼 경제침체가 계속된다면 빈곤율도 더욱 증가할 것이다.

정부는 경제가 성장하면 고용이 증가하고 빈곤도 줄어든다고 주장한다. 그래서 경제를 살려 일자리 몇 개를 늘리겠다는 수치는 내세우지만, 정작 빈곤율을 얼마나 낮추겠다는 정책목표는 제시하지 않는다. 한나라당, 민주당, 민주노동당, 진보신당의 정책도 빈곤율을 낮추기 위한 구체적인 공약을 제시한 적이 없다. 하지만 이미 유럽의 정당들은 빈곤율을 낮추는 정책을 중요한 정치적 목표로 간주한다.

1999년 영국의 노동당 정부는 유럽에서 가장 높은 영국의 아동빈곤율을 평균 수준으로 낮추겠다고 발표한 후 야심적인 아동복지정책을 추진했다. 정치적으로 큰 성공을 거둔 것은 두말할 나위가 없다. 이제 한국 정부와 정당도 빈곤율 저하를 위한 구체적인 정책목표를 제시하고 노력해야 한다.

3) 주관적 빈곤선

사람들의 주관적인 평가를 토대로 빈곤을 정의한다. 욕구조사의 결과를 토대로 빈곤선을 계산하며 주로 빈곤연구에서 사용할 뿐, 실제 정책에서는 사용하기 어려운 한계 있다.

네덜란드 라이덴대학의 학자들에 의해 개발된 라이덴 방식을 이용하며 사람들에게 자신의 상황을 고려할 때 그럭저럭 살아가는데 필요한 최소소득을 묻고, 이를 바탕으로 그들이 판단한 최소소득과 그들의 실제소득과의 관계를 분석하여 결정한다. 첫째, 여론조사에 의한 방법은 조사대상자 개인의 상황에 따라 좌우된다. 둘째, 라이덴 방법은 개인이 살아가는데 그런 대로 필요한 최소소득 조사(여론조사)로서 이를 바탕으로 그들의 최소소득과 실제소득과의 관계를 분석한다. 그래서 실제소득이 높아지면 주관적 판단소득도 높아진다는 사실에 바탕을 두고 실제소득보다 주관적 판단소득이 높은 경우, 실제소득보다 주관적 판단소득이 낮은 경우가 있다. 교차점이 생기고 주관적 최소소득이 실제소득보다 낮아지기 시작하는 점 발생한다. 주관적 판단에 따라 실제소득이 주관적 소득보다 낮은 사람은 빈곤자로 간주한다.

4) 사회적 배제

유럽을 중심으로 많이 사용되고 있으며, 추상적이고 이론적인 개념을 넘어서 정책과 프로그램의 실질적 원리가 되고 있다. 사회적 배제는 기존의 빈곤개념과 비교했을 때, 빈곤의 역동성과 동태적인 과정에 초점을 맞추며, 소득의 문제에 국한되지 않는 다차원적인 불리함을 의미하며, 사회적 관계에서의 배제도 관심을 기울이고 있다.

5) 권리박탈이론

아마르티아 센(Amartya Sen)의 주장이며 1933년 인도태생으로 경제학자, 윤리학자, 정치철학자, 하버드대 경제학, 철학 교수이다. 『빈곤과 기아』라는 저서에서 주장하였으며 소유권 구조의 불평등, 권리의 박탈상태, 기아가 일어나면 한쪽에서는 그 만큼 식량을 많이 손에 넣는 계층이 있다는 것이다. 그 예로서 식량생산이 많아도 기아가 발생한다는 점을 들 고 있다. 재화나 소유의 지배권은 하나의 수단이다. 따라서 궁극적으로는 인간의 기본적 잠재능력을 개발하는데 집중되어야 하며, 사회체제도 그렇게 나아가야 한다. 즉, 복지서비스도 개인의 잠재능력을 개발하는 방향으로 전환되어야 한다는 것이며, 빈곤해소를 위한 방향으로서 민주적 정치구조, 정부의 공공적 개입을 강조한다.

6) 조지길더의 빈곤의 본질

신보수주의적 빈곤관이며 빈곤은 나태의 산물이고 빈곤자는 창의력 부족, 노력부족, 복지혜택에 빠져 있다. 빈곤정책은 부자에 대한 감세와 빈곤자가 자신들도 열심히 일하여 부자들처럼 되고 싶다는 유인을 가지게 해야 한다는 것이다. 한계점은 빈곤자의 대다수를 이루는 여성, 아동, 장애인 등을 설명하지 못하고 일하는 빈곤자에 대한 설명도 하지 못한다.

빈곤에 대한 이론적 관점에서 사람들은 왜 가난해지는 것일까? 사람들의 가치판단이나 정치적 이념에 따라 답이 달라진다. 빈곤의 원인을 설명하는 이론은 다양하다. 이론별 차이는 살펴볼 수 있으나 빈곤대책에 대한 세부적인 내용을 구분하는 것은 쉽지 않다.

빅죠지와 폴 윌딩의 사회복지 이데올로기 구분법에 따라 비교해 보면 먼저 극우파인 반집합주의자의 주장이다. 학자는 프리드리히 하이예크와 밀턴 프리드만이다. 이들은 복지에 대해 부정적인 태도를 갖고 있으며 자산조사에 근거한 최소한의 급여를 선호한다.

둘째 중도우파인 소극적 집합주의자의 주장이다. 학자는 비버리지와 갈브레이드이다. 국가복지를 인정하고 지지한다. 비버리지는 가난해진 이유와 상관없이 최저생활을 보장받아야 한다고 생각했다. 그리고 최소한의 투자가 우선적으로 이루어져야 한다고 보았다. 단 정부가 최저수준 이상을 제공하는 것은 개인의 자유를 침해하는 것으로 보고 반대하였다.

끝으로 극좌파인 마르크스주의자의 주장이다. 킨케이드는 사회주의적 사회보장체계는 보편적인 것이어야 하며, 일반조세로부터 재정을 충당해야 한다고 주장했다. 그리고 보험방식과 자산조사 방식 모두 폐지되어야 한다고 주장했다.

3. 현대 빈곤

이상의 빈곤에 대한 정의와 논의들을 토대로 오늘날의 빈곤은 고전적 빈곤에서 새로운 빈곤으로 변화되고 있다고 본다.

1) 고전적 빈곤

노동현장에서의 지위 확보가 빈곤을 막는 조건으로서 저소득, 저임금, 실업 등의 생활 환경악화, 질병, 다자녀 등에 의한 빈곤, 그리고 교육부재 등으로 인한 차세대 빈곤을 낳은 순환구조였다.

2) 오늘날의 빈곤

생산과 소비의 사회적 확대로 인한 개인생활의 자율성 상실과 생활의 사회화의 진행의 결과 생활의 외적 수요를 위한 재화, 서비스 비용의 확대되고 대량선전에 의한 소비의욕의 자극에 소비자 금융과 신용이 편승하여 수입은 올라가도 생활상태는 그다지 나아지지 않는 결과를 빚는다. 장시간 과밀노동으로 원거리통근이나 부부노동(맞벌이)으로 인한 가족관계, 가사, 양육의 곤란, 부담, 이로 인한 과로사나 가정붕괴도 가져온다.

빈곤이 노동(퇴직금 문제, 정리해고 등 변형근로제, 비정규직) 뿐만 아니라 소비, 가족생활 면까지 확대하여 주택, 교육 등 생활기반문제로까지 확대된다.

오늘날의 빈곤은 다양화되고, 확대됨과 동시에 상시적 성격을 내포하고 있다. 특히, 개발도상국의 기아, 궁핍문제로 아시아에서만 10억명이 절대빈곤에 허덕이고 있으며 세계빈곤계층의 2/3가 아시아에 밀집하여 하루 1달러미만(세계은행에서 지정한 빈곤선)으로 생활하고 있고 또한 선진국의 실업, 무주택자(홈리스)의 대량 발생하고 있다.

일반적으로 빈곤의 개념은 '절대적 빈곤'과 '상대적 빈곤'으로 구분하여 이야기 할 수 있다. 절대적 빈곤은 객관적으로 결정한 절대적 최저한도보다 미달되는 상태를 말하는데, 흔히 의식주 등 기본적 욕구를 해결하지 못하는 상태로 보고, 절대빈곤선 개념을 토대로 생존의 의미를 강조한다. 따라서 절대적 빈곤은 실질경제성장이 계속되어 그 사회의 전반적인 생활수준이 향상되면 빈곤선 이하의 생활을 하는 사람의 숫자도 감소하게 된다. 상대적 빈곤은 동일 사회내의 다른 사람과 비교하여 적게 가지는 것을 말하는데, 이는 특정사회의 전반적인 생활수준과 밀접히 관련된 개념이어서 경제·사회발전에 따라 정책적으로 중시되며 상대적 박탈과 불평등의 개념을 중시한다. 따라서 상대빈곤선은 특정사회의 구성원 대다수가 누리는 생활수준에 못 미치는 수준을 말하는데, 이것은 특정사회의 사회적 관습과 생활수준에 따라 크게 달라진다. 우리나라의 빈곤계층은 크게 도시빈곤층과 농촌빈곤층으로 나누어 볼 수 있다. 우리나라의 농촌 빈곤가구는 생활능력이 없는 거택보호대상자와 경작농지를 가지고 있지 못하거나 경작규모가 영세한 농민 또는 농업노동자 가구들로 구성되어 있다. 도시빈곤층은 농촌의 경우와 같이 생활능력이 없거나 생계에 미치지 못하는 저소득을 갖는 국민기초생활수급자 가구들, 1960~1970년대에 도시로 이입해 온 영세농민층 이입민들, 낮은 중산층에 속해 있던 가구와 가구주의 사망, 가구원의 질병, 살고 있던 집을 팔거나 전세금을 빼 영세민으로 전락한 가구들, 그리고 차상위 계층이 있다. 차상위 계층이란 특정의 기준시점에서 소득이 최저생계비 이상인 계층이며 따라서 공공부조에서 배제되는 집단이다.

4. 빈곤발생원인

빈곤은 개인의 책임인가, 사회의 책임인가, 그것은 사람들의 가치판단, 정치적 이념에 따라 크게 달라질 수 있다. 보수적 입장에서는 빈곤은 무능력, 나태의 산물이다. 빈곤발생 원인을 설명하는 몇 가지 이론들 중에서 빈곤발생의 개인적 원인들은 빈곤발생 원인을 개인적 원인에서 찾는 이론이 존재하는 데 이에는 인적자본이론, 개인선택이론, 상속이론 등이 있다. 인적자본이론은 자신의 인적자본이 낮기 때문에 저임금에 종사하게 되고, 이에 따라 빈곤하게 된다. 개인선택이론은 노동과 여가 중 여가를 선택한 개인들이 빈곤하게 되고 상속이론은 유전적 요인, 부모의 양육, 사회적 교류 등의 상속이 부재하여 빈곤이 발생하게 된다.

빈곤발생의 사회적 원인들은 노동시장분절론, 사회적 배제론 등이 있다. 노동시장분절론은 분절된 노동시장 속에서 낮은 임금과 열악한 노동조건에 종사하게 되는 집단들의 빈곤이 발생(여성, 장애, 학력 등)한다. 사회적 배제론은 경제적 소득뿐만 아니라 정치적 요인, 사회적 관계에서 특정 집단의 사람들이 배제되어 빈곤이 심화되고 해결되기 어려움이 있다.

빈곤은 왜 발생하는 지에 대하여 개인의 나태함으로 빈곤의 원인을 설명하는 이론은 현실설명력이 떨어진다. 오히려 노동시장분절과 사회적 배제를 중심으로 빈곤발생 원인과 현황을 검토하는 연구가 주도적이며 특히, 사회적 배제이론은 빈곤층의 생애사적인 변화를 추적한다. 즉 청소년기의 교육기회배제가 이후 노동시장에서의 배제로 연결되며, 이것이 이후 절대빈곤과 노숙의 길로 연결될 수 있다.

빈곤의 발생경로는 소득의 감소뿐만 아니라 지출의 증가, 사회보장체계를 동시에 고려해야 하며 특히, 빈곤의 악순환에 있어서 사회보장체계, 소비의 지출이 중요한 영향을 미친다.

김영삼 후보가 대통령에 당선되던 1992년. 그 당시 우리나라는 전체 가구의 75%가 중산층이었다. 중위소득의 50~150%(월 200만원이 국민 전체 소득의 중간치일 경우 100만~300만원)를 버는 가구를 중산층으로 분류하는 일반 기준을 적용한 결과다. 100명 중 75명은 남들과 비교했을 때 아주 잘 살지는 못해도 그렇게 못 살지도 않았던 셈이다. 하지만 이때를 정점으로 국내 중산층 비중은 꾸준히 하향 곡선을 그렸다. 김 전 대통령 집권 말기에 벌써 68.5%(1996년)로 떨어졌고 외환위기 때인 1998년에는 65%, 2006년에는 58.5%로 내려앉았다. 1996년 이후 감소한 중산층의 3분의1은 상류층으로 이동했지만 나머지는 고스란히 빈곤층으로 추락했다. 특히 자영업자 줄고 비정규직 증가가 주요인이 되고 있다.

소득 기준이 아닌 주관적 귀속 의식 측면에서도 중산층의 감소세는 가파르다. 서울대 사회발전연구소 조사에 따르면 자신을 중산층이라고 생각하는 사람의 비율은 외환위기 직전인 1997년에는 41%였으나 2007년에는 28%로 줄었다.

이렇게 빠른 중산층 감소와 빈곤층의 증가는 비단 우리나라만의 문제는 아니다. 세계화와 기술 진보 등이 맞물리면서 전 세계에 공통적으로 나타나고 있는 현상이다. 하지만 우리나라는 그 속도가 다른 어느 나라보다 빠르다. 외국에서도 중산층 비중이 감소하고 있지만 한국처럼 급격히 진행된 나라는 찾기 힘들다. 그 주된 원인 중 하나로 높은 자영업 비중을 들었다. 2005년 33.6%에 이르던 자영업자 비율이 최근 25%로 급감했고 퇴출 자영업자의 상당수가 실업자나 저임금 근로자로 전환돼 빈곤층으로 떨어졌다는 것이다.

일용직 등 중하층이 복지 사각지대로 내몰리고 있는 것도 그 중 하나이다.

외환위기 이후 비정규직이 늘어 저임금(정규직 대비 85%) 근로자가 급증한 것도 중산층 감소를 부채질했다. 2009년 우리나라의 비정규직 비율은 경제협력개발기구(OECD) 30개국 중 스페인에 이어 두 번째로 높았다. 과도한 사교육비 부담도 우리나라만의 독특한 위험 요소다. 교육비 가운데 사교육비 비중이 1982년 13.5%에서 지난해 63.6%로 4.7배가 됐다. 단기적으로는 중산층의 경제력에 타격을 주고 장기적으로는 학력의 양극화를 낳는 이유가 되고 있다. 이런 가운데 2008. 9월 발생한 글로벌 경제위기는 중산층을 더욱 배겨내기 힘든 상황으로 몰아가고 있다. 임시·일용직과 영세 자영업자 등 취약 계층을 중심으로 일자리와 소득이 줄면서 중산층에서 빈곤층으로 빠른 속도로 전락하고 있다. 소득불평등도를 나타내는 지니계수는 지난해 도시가구 기준 0.325로 통계청이 관련 자료를 보유한 1990년 이후 최고치를 기록했다. 중산층이 엷어지면서 개인들의 삶이 불행해지는 것은 물론이고 사회 전체적으로도 발전동력이 약화되는 문제가 나타나고 있다. 중산층은 사회 안정과 균형 발전의 기반으로 개혁, 개방, 자유화를 이끄는 근간으로 중산층의 위기는 변화의 통로를 막아 사회의 활력을 떨어뜨리는 요인이 된다.

중산층, 그 중에서도 임시·일용직과 영세 자영업자 중심의 중하층(중위소득의 50~70%)은 사회로부터의 보호 수준도 다른 어떤 계층보다 취약하다. 현재의 사회안전망이 공공부조(빈곤층)와 사회보험(중간층 이상) 중심이어서 중하층은 복지의 사각지대에 놓여 있기 때문이다.

한국의 빈곤이 상상을 넘는다. '98년 외환위기 이후 적나라한 모습을 드러낸 계급불평등은 우려의 수위를 넘어선지 오래다. 21세기에 들어 800만 명이 생계도탄에 빠져 있다. 상위 10% 사람들은 소득이 높아지는 반면, 하위 40%는 소득이 점점 줄어들고 있다. 5년 전보다 향후 10년간의 절대빈곤층이 더 많을 걸로 전망하는 아프리카처럼 경제구조가 거꾸로 후진하고 있다. 한편, 전세계의 가장 부유한 사람들 1% 소득이 가장 가난한 사람들 60% 소득과 같다는 통계이다. 사람의 능력이 어떻게 60배나 차이가 날 수 있는지, 착취경제가 아니면 이해할 수 없는 일인지 의문이다.

낮은 사회계층일수록 사망률이 증가한다. 육체노동자의 사망률이 비육체노동자에 비해 높다. 남자보다는 여자가, 대졸자보다는 무학력자의 사망률이 훨씬 더 높다. 또 물질적 결핍수준이 높은 지역일수록 사망률이 증가한다. 물론 건강불평등은 당대에만 그치지 않는다. 낮은 사회계층에서 영아사망률이 높다. 부모의 사회계층 차이에 따라 출생체중의 사회 계급적 차이가 갈수록 증가하고 있다. 특히 1998년 이후, 아버지의 교육수준과 직업수준의 차이에 따른 출생아 체중의 간극은 더욱 벌어지고 있다.

자살은 불안정노동의 증가, 실업의 증대 및 저임금의 확산과 밀접하게 연관돼 있다. '가난은 나라님도 구제 못 한다'는 봉건적 사고에 젖어 시혜정책의 한계를 지적하는 것은 사회적 책임을 회피하자는 것과 같다. 은근히 선진국형임을 자랑하는 하루 8명의 자살자 가운데는 생계자살이 3명이나 된다. 기실 8명 모두가 사회적 타살이겠으나, 생계형은 보통 사회폭동 직전에 발생하는 현상이기에 문제가 더욱 심각한 것이다. 지난해 대한민국 인구 10만 명당 25.2명이 스스로 목숨을 끊었다. 경제협력개발기구(OECD) 국가 중 최고다. 전체 사망자의 4.7%가 자살이다. 사고로 숨진 사람보다 많다. 목숨을 건지기는 했으나 자살을 시도했던 사람은 이보다 훨씬 많을 것이다. 당사자는 안타깝고 지배체제는 부끄럽다. 매일 1.3명이 한강에 투신하고 있다. 10년 전에 비해 2.4배나 늘었다. 자살자 가운데 한창 일할 나이인 30~50대가 전체의 62.7%에 이른다. 특히 가장의 짐을 지고 있는 남성의 자살 사망률이 여성의 2~3배에 달한다.

제 2 절 공공부조와 사회보장

공공부조는 사회보험과 함께 '사회보장제도'의 한 유형이다. 공공부조는 자본주의 사회의 모순이 심화됨에 따라 그 구조적 산물로서 빈곤이 발생됐다는 역사적 인과관계를 인정하여, 국가의 책임하에 일정한 법령에 따라 공공비용으로 경제적 보호를 요구하는 자들에게 개인별 보호 필요에 따라 주게 되는 최저한도의 사회보장을 일컫는다. 공공부조는 1891년에는 최초로 덴마크에서 탄생하였다. 공공부조는 나라마다 상이하게 표현되고 있다. 우리나라와 일본, 미국에서는 법률상 공공부조 또는 공적부조(Public Assistance)로, 영국에서는 국가부조(National Assistance)로, 프랑스에서는 사회부조(Social Assistance)로 표현한다.

우리나라에서는 종래에는 공적부조라는 용어를 사용하였으나, 1995년 12월 30일 제정된 사회보장기본법에서 공공부조라는 용어로 변경하였다. 우리나라의 사회보장기본법 제3조 제3호에 의하면, 공공부조라 함은 국가 및 지방자치단체의 책임하에 생활유지 능력이 없거나 생활이 어려운 국민의 최저생활을 보장하고 자립을 지원하는 제도를 의미한다고 정의하고 있으며, 현재 공공부조와 관련해서는 '국민기초생활보장제도'가 실시되고 있다.

우리 나라의 공공부조법인 국민기초생활보장법상에는 공공부조의 목적에 대해 헌법상 국민의 생존권 보장이념에 그 근거를 두며, 생활유지의 능력이 없거나 생활이 어려운 자에게 필요한 급여를 행하여 이들의 최저 생활을 보장하고 자활을 조성하는 것을 목적으로 한다.(국민기초생활보장법 제1조)

공공부조제도는 생활이 곤란한 자의 최후의 안정만으로서 '최저생활'을 보장하는 데 일차적인 목적이 있다. 여기서 '최저생활'이란 헌법 34조의 '인간다운 생활', 국민기초생활보장법 제4조의 '건강하고 문화적인' 최저생활을 의미한다.

공공부조제도는 최저생활을 보장하는 것만이 아니라 궁극적으로 생활이 어려운 자의 자립을 조장하는 것을 목적으로 한다. 자활조성이란 경제적 의미에서의 자활뿐만 아니라 인격적 의미에서의 자활을 동시에 의미한다.

1. 공공부조의 의의

공공부조의 대상은 부양의무자가 없거나 혹은 있어도 부양능력이 없거나 부양을 받을 수 없는 자로서 소득인정액이 최저생계비 이하인 자이며 급여의 종류는 총 7가지 급여로 그 중 해당되는 사항에 대해서만 지급한다. 생계급여, 주거급여, 의료급여, 교육급여, 해산급여, 장제급여, 자활급여가 있으며 자활제도는 기초법 대상자 중 노동능력있는 대상자는 근로능력자로 산정해 자활에 의무 참여하도록 하고 있다.

공공부조의 목적은 최저생활보장의 목적, 자활조성(자립조장)에 있다.

공공부조는 국가와 지방자치단체 및 관련 공공기관이 국가의 일반조세수입을 재원으로 하여 생활유지능력이 없는 곤궁자와 무능력자의 최저생활을 보장하고, 자립을 지원하는 제도로서 공공부조의 기본원리는 다음과 같다.

(1) 생존권보장의 원리

국민기초생활보장법 제 1조 규정은 전체가 생존보장의 원리는 나타낸다. 기초생활보장제도는 국민의 생존권을 보장하기 위한 제도로서의 의의 내지 역할을 지니고 있다는 취지의 원리를 나타낸다.

(2) 평등보장의 원리

우리 나라 헌법에서는 "모든 국민은 행복을 추구할 권리를 가진다"(제10조). 그리고 "모든 국민은 법 앞에서 평등하다"(제11조)라고 규정하고 있다. 또한 국민기초생활보장법에서는 본법의 수급권자의 범위를 규정하고 있다(제5조). 모든 국민에 대해여 생활의 어려움에 대하여 포괄적 보장을 해야 할 생존권보장의 이념에 입각하여 모든 국민은 공공부조의 법률적 요건을 충족하는 한 원인, 인종, 신조, 성별 및 사회적 신분의 여하를 불문하고 평등하게 보장을 받을 권리가 있다. 각각의 최저한의 생활보장상 의미 있는 생활조건의 차이를 인식하며, 이를 고려한 급여의 결과로서 보장되는 최저 생활수준이 실질적으로 동일하게 급여가 이루어지는 것을 의미한다.

(3) 최저생활보장의 원리

생존권 보장을 그 제도가 보장하고 있는 생활내용 면에서 본 원리인데, 이 제도에 의하여 급여를 받는 자는 최저한도의 수요가 충족될 수 있는 정도의 생활을 모든 국민에게 한결같이 보상하는 것이다. 모든 국민이 최저한도의 생활이 객관적으로 보장될 수 있도록, 그리고 이러한 보장을 위협하는 원인을 배제하는 조치를 취하는 원리이다.

(4) 보충성의 원리

본 법의 급여를 받으려고 하는 사람은 그 전제조건으로서 개인적으로 가능한 모든 자원을 동원하여 생활유지에 최대한 노력해야 하고 그렇게 노력한 하더라도 부족할 경우에, 그 부족한 부분을 본 법의 제도를 통해 급여하자는 원리인 것이다(국민기초생활보장법 제3조 1, 2항).

(5) 국가책임의 원리

공공부조의 재원은 국민의 세금에 의해 충당됨으로써 당연히 궁극적인 책임을 국가가 진다. 우리나라 헌법에 생활능력이 없는 국민은 법률이 정하는 바에 의해 국가의 보호를 받는다고 되어 있다.

1970년대 후반 이후 현재까지 OECD 주요 국가들은 기초보장에 대한 사회적 · 국가적 지지가 후퇴되는 현상이 뚜렷하였다.

실업자에 대한 실업급여기간을 단축하는 것이 가장 전형적인 방법이며, 독일, 이태리, 덴마크에서 그 예를 찾아볼 수 있으며, 극단의 경우로서 미국 AFDC program은 연방정부 재원에 의한 수급기간을 평생에 걸쳐 5년 이내로 제한한다.

다양한 형태의 노동을 요구하는 Workfare, 일정 수준의 학교교육 이수를 요구하는 Learnfare, 적극적 구직활동을 요구하는 Active Labor Market Policy 등 명칭과 프로그램의 내용은 상이하지만 이들의 공통적인 목적은 공공부조를 수급하는데 번잡한 과정과 조건이행을 요구함으로써 가능한 수급을 기피하도록 유도하는데 있다.

미국의 공공부조의 특징은 분립형 공공부조체계이며 대상 및 욕구에 따라 다양한 개별제도로 분리·운영된다는 점이다. 제도별로 선정기준, 급여방식 및 수준, 전달체계, 운영주체 등이 다르나 일부 제도간에는 급여의 중복 등을 방지하기 위한 상호연계장치가 마련되어 있다.

영국의 공공부조는 비기여형 급여 혹은 보편적 급여(국민보험 기여금의 납부기록이나 자산조사 없이 욕구에 기초하여 지급되는 급여), 자산조사급여(자산조사(means-test)를 거쳐 수혜대상자를 선별하는 급여)라는 점이다. 비기여형 급여의 종류로는 질병 및 장애로 인한 신변처리의 어려움을 돕기 위한 장애생활수당(Disability Living Allowance), 아동수당(Child benefit), 보호자수당(Guardian's Allowance), 고용주가 지급하는 법정상병급여(Statutory Sick Pay) 및 법정해산수당(Statutory Maternity Pay), 산재보상급여(Industrial Injuries Scheme benefit), 장애인 보호수당(Invalid Care Allowance), 중증장애인수당(Serve Disablement Allowance), 요보호 노인의 보호수당인 개호수당(Attendance Allowance)등이 있다. 자산조사급여의 종류로는 소득보조(Income Support), 가족공제(Family Credit), 주택급여(Housing Benefit), 지방세금공제(Council Tax Benefit), 사회기금(The Social Fund) 등이 포함된다. 자산조사를 통한 공공부조 급여 중 가장 대표적인 것은 소득지원(Income Support)로서 이 제도는 1988년 4월에 도입되었으며, 기존의 보충급여(Supplement Benefits)가 변경된 것이다.

독일의 공공부조는 1962년 연방사회부조법(Bundessozialhilfegesetz : BSHG)에 법적 근거를 두고 있으며, "문화적이면서도 인간다운 생활을 할 가능성이 없는 자의 생계지원"을 사회부조의 목적으로 한다. 독일의 공공부조급여에 있어서 기본 전제는 위기로부터 일정기간동안 개인을 보호한다는 것이고 그 중심적인 원칙은 자조(Hilfe zur Selbsthilfe)를 위한 원조(Vorges and Rohwer, 1992)이다. 독일 공공부조에 있어서 중요한 특징은 다른 사회복지제도와는 달리 개별화(Individualisierung)와 보충성(Nachrang)의 두 가지 원칙이 근간을 이룬다. 개별화는 부조의 방식 및 형식 그리고 정도가 각 개인의 특수성에 따르는 것을 의미하며 각 개인은 자기가 처한 특수 상황에 맞게 도움을 받는다. 공공부조의 기본형태는 수급자가 희망하는 특정 부조가 적절할 경우 최대한의 부조를 급여 받을 수 있도록 규정 또한, 사회복지관, 수용시설 혹은 관련시설에서 지원을 받고자 하는 경우에는 지원 내용과 지원금 지급은 해당기관과 협의에 의하여 이루어지도록 한다. 보충성의 원리는 자립할 수 없거나 필요한 도움을 다른 이로부터 받을 수 없는 사람만이 지원받는 것을 의미한다. 독일의 공공부조의 기능은 생계유지를 위한 부조(Hlife zum Lebensunterhalt), 특별한 생활환경을 위한 부조(Hilfe in besondern Lebenslagen)로 구분된다.

생계유지를 위한 부조(Hlife zum Lebensunterhalt)는 법적인 수급자격을 갖춘 사람에게 제한되지 않은 기간동안 일정한 급여를 제공하는 것으로 기본급여, 부가급여, 주택급여, 광열비 등이 포함되며 의복이나 가구 등과 같은 현물을 위한 일괄지급(Lump-sum payment)도 이에 포함된다. 특별한 생활환경을 위한 부조(Hilfe in besondern Lebenslagen)는 장애인, 노인, 의료보험이 없는 사람이나 기타 다양한 형태의 특별한 욕구가 있는 사람들을 위한 지원으로 그것들 중 일부는 법으로 정해져 있으며 일부는 임의규정이다.

2. 국민기초생활보장제도

경제 위기로 인하여 생계유지가 어려운 저소득층의 생활안정을 위하여, 생활보호, 실업급여, 공공근로, 노숙자보호, 한시생활보호, 생업자금융자 등 사회안전망 사업을 실시하고 있다. 단순생계지원이 아닌 수급자의 자립생활을 촉진하는 생산적 복지 지향의 종합적 빈곤대책이 필요하다.

급여의 기본원칙은 첫째, 최저생활보장의 원칙으로 생활이 어려운 자에게 생계, 주거, 의료, 교육, 자활 등 필요한 급여를 행하여 이들의 최저생활을 보장한다.

둘째, 보충급여의 원칙이다. 급여수준을 생계, 주거, 의료, 교육 급여액과 수급자의 소득인정액을 포함한 총금액이 최저생계비 이상이 되도록 지원한다. 즉 가구별 최저생계비와 소득인정액의 차액을 급여로 지급한다.

셋째, 자립지원의 원칙이다. 보장기관은 근로능력이 있는 수급자에게 자활사업에 참여할 것을 조건으로 생계 급여를 지급한다.

넷째, 개별성의 원칙이다. 급여수준을 정함에 있어서 수급권자의 개별적 특수상황을 최대한 반영한다.

다섯째, 가족부양 우선의 원칙이다. 급여신청자가 부양의무자에 의하여 부양될 수 있는 경우에는 기초생활보장급여에 우선하여 부양의무자에 의한 보호가 먼저 행해져야 한다.

수급자 선정기준의 변화로서 소득인정액 도입에 따라 수급자 선정기준이 소득평가액 기준, 재산기준, 부양의무자기준에서 소득인정액 기준, 부양 의무자 기준의 2개 기준으로 통합한다.

여섯째, 타 급여 우선의 원칙이다.

급여신청자가 다른 법령에 의하여 보호를 받을 수 있는 경우에는 기초생활보장급여에 우선하여 다른 법령에 의한 보호가 먼저 행해져야 한다(TV시청료, 주민세, 건강보험료 등).

소득인정액기준이 변경 전('02년까지)에는 소득평가액기준인 재산기준, 금액기준, 실물기준(주택, 농지, 승용차)에서 '03년부터 소득평가액으로 재산의 소득환산액(실물기준 폐지)으로 변경되었다. 소득인정액 기준은 수급권자 가구의 소득인정액이 가구별 최저생계비 이하인 경우이다.

2010년 최저생계비는 다음과 같다.

〈표 8-1〉 2010년 가구별 최저생계비

(단위 : 원/월)

1인가구	2인가구	3인가구	4인가구	5인가구	6인가구
504,344	858,747	1,110,919	1,363,091	1,615,263	1,867,435

소득인정액 산정방식은 다음과 같다.

7인 이상가구는 1인 증가시마다 252,172원씩 증가(7인가구:2,119,607원)

부양 의무자 기준으로 소득인정액은 다음과 같다.

= 소득평가액 + 재산의 소득환산액 여기서 소득평가액= (실제소득-가구특성별 지출비용-근로소득공제)이다. 재산의 소득환산액은 ((재산 - 기본재산액-부채) × 소득환산율)이다.

부양의무자 기준은 부양의무자가 없거나 부양의무자가 있어도 부양능력이 없거나 또는 부양을 받을 수 없는 경우이다. 부양의무자의 범위는 수급권자의 1촌의 직계혈족(부모, 아들 · 딸 등) 및 그 배우자(며느리, 사위 등)이다. 단, 재산특례는 부양의무자 가구에 근로능력이 있는 가구원이 없거나 또는 재산이 주택에 한정되어 있는 경우에만 적용한다.

예외적인 사항은 다음과 같다.

부양의무자가 출가한 딸, 배우자와 이혼 · 사별한 딸인 경우는 부양의무자 가구의 재산은 고려하지 않고, 실제소득이 'B의 130%'를 넘는 경우에도 부양능력 미약에 해당 부양의무자가 출가한 딸에 대한 친정부모: 부양의무자 가구의 실제소득이 'B의 130%'를 넘는 경우에도 부양능력 미약에 해당한다.

부양능력 미약자에 대한 부양비 산정은 다음과 같다.

부양능력이 미약한 경우 수급권자에 대한 부양비 지원을 전제로 부양능력이 없는 것으로 인정한다. 부양비 = (부양의무자 실제소득 - 부양의무자가구 최저생계비의 130%) × 부양비 부과율이다. 여기서 부양비 부과율은 수급권자와 부양의무자의 관계에 따라 15%, 30% 차등 적용한다.

부양능력 있는 부양의무자가 있어도 부양을 받을 수 없는 경우는 부양의무자가 병역법에 의해 징집 · 소집되거나 해외이주, 교도소 · 구치소 · 보호감호시설 등에 수용, 또는 행방불명에 해당되는 경우 인정이 가능하며, 가족관계 단절 등을 이유로 부양을 거부하거나 기피하는 경우에도 인정이 가능하다.

각종 특례로서 개인단위 보장에 따른 수급권자 범위의 특례는 다음과 같다.

첫째, 의료급여 특례는 다음 요건 충족시 지속적인 의료비 지출을 요하는 가구원 개인에 한하여 의료급여를 실시한다. 즉 소득인정액에서 6개월 이상 지속적으로 지출되는 의료비를 공제하면 수급자 선정요건에 해당하나, 수급자 선정 이후에는 공제 대상 지출이 발생하지 않아 소득인정액기준을 초과하는 가구에 의료급여를 실시한다.

둘째, 교육급여 특례는 소득인정액에서 중고등학생 학비(입학금, 수업료)로 지출되는 비용을 공제하면 수급자 선정요건에 해당하나, 수급자 선정 이후에는 공제대상 지출이 발생하지 않아 소득인정액기준을 초과하는 가구에 대하여 해당 학생 개인에게 교육급여를 지급한다.

그리고 자활급여 특례는 수급자가 자활근로, 자활공동체, 자활인턴 등 자활사업에 참가하여 발생한 소득으로 인하여 소득인정액이 선정기준을 초과한 경우 해당자 개인에 대하여 자활근로, 자활공동체, 자활인턴 등에 참가할 수 있도록 자활급여를 계속 지급한다.

외국인에 대한 특례는 출입국관리법 제31조에 따라 외국인 등록을 한 자로서 다음에 해당하는 경우이다.

대한민국 국민과 혼인 중인 자로 대한민국 국적의 미성년자녀인 계부(모)자관계 및 양친자관계를 포함하여 양육하고 있는 자로 대한민국 국민인 배우자와 이혼하거나 그 배우자가 사망한 자로서 대한민국 국적의 미성년 자녀를 양육하고 있는 자(미성년 자녀는 만20세 미만인 자를 의미)이다.

급여 개요에 있어서 급여의 종류는 생계급여, 주거급여, 자활급여, 교육급여, 해산급여, 장제급여, 의료급여이다.

생계급여는 일반생계급여로 대상자는 의료 · 교육 · 자활급여의 특례자, 에이즈쉼터거주자, 노숙자 쉼터 또는 한국갱생보호공단시설 거주자 등 정부로부터 생계를 제공받는 자를 제외한 모든 수급자이다. 보장시설수급자는 별도의 급여기준에 의해 지급된다.

급여액은 주거급여 제외 대상자를 제외한 모든 수급자에 대하여 최저생계비 중 최저주거비를 분리하여 주거급여로 지급, 주거급여는 가구별 0원~최저주거비까지 정률급여로 지급하며, "자가가구 등"에 해당하는 수급자에게 가구별 현금급여액에 해당하는 금액을 차감한 나머지를 주거 현금급여로 지급된다. 가구별 생계급여액=현금급여기준액-가구의 소득인정액-주거급여액이다.

현금급여기준은 최저생계비에서 현물로 지급되는 의료비 · 교육비 및 타법지원액(주민세, TV수신료 등)을 차감한 금액으로, 소득이 없는 수급자가 받을 수 있는 최고액의 현금급여수준이다. 주거급여는 대상자가 주거급여 제외 대상자를 제외한 모든 수급자이다. 주거급여 제외 대상자는 주거급여가 불필요하거나, 타 법령 등에 의하여 주거를 제공받고 있는 수급자로서, 의료 · 교육 · 자활급여 특례

수급자 및 보장시설에 거주하는 수급자 등이 포함된다.

급여액은 주거급여 제외 대상자를 제외한 모든 수급자에 대하여 다음의 기준에 의한 현금급여를 제공한다.

자가가구 등(수급자 본인 소유주택에 거주하는 자 등)에 해당하는 수급자에게 가구별 현물급여액에 해당하는 금액을 차감한 나머지를 주거 현금급여로 지급하며, 교육급여는 고등학생에게 입학금 · 수업료 · 교과서대(112.3천원/인), 학용품비(46.6천원/인)를 중학생에게 부교재비(34천원/인), 학용품비(46.6천원/1인)를 지급한다.

해산급여는 출산시 500천원, 장제급여는 사망자 1구당 500천원을 지급한다.

3. 자활사업프로그램

자활사업은 국민기초생활보장 수급자 중 근로능력이 있는 자의 근로의욕저하 방지 및 근로의욕 고취를 위하여 실시하는 모든 사업을 통틀어 자활사업으로 자활능력배양을 통해 스스로의 힘으로 살아갈 수 있도록 하여 궁극적인 목적은 탈빈곤화에 있다. 자활사업의 프로그램에는 자활근로사업, 사회적응프로그램, 노동부 취업지원 프로그램(직업훈련), 생업자금 대여 등이 있으며 이를 흔히 통틀어 '자활사업' 또는 '자활근로사업'이라는 명칭으로 사용하고 있다.

자활사업대상자는 ① 조건부수급자 : 자활사업 의무참여자(불참시 생계급여 중지), 근로능력이 있는 자

② 일반수급자 : 근로능력이 없는 자 중 희망자

③ 자활급여특례수급자 : 자활사업 참여로 인하여 수급자 선정기준을 초과한 자

④ 차상위 계층 : 가구의 소득인정액이 수급자 선정기준의 120% 이하인 자

위의 ①, ②, ③은 국민기초생활보장 수급자이며, ①은 의무참여자로 참여하지 않을시 생계급여를 지급하지 않는다.

자활사업내용은 다음과 같다.

첫째, 취업대상자는 노동부 고용안정센터를 통한 취업알선 및 직업훈련 등 실시한다.

둘째, 비취업대상자는 지역자활센터 등을 통한 자활근로사업 등을 실시한다.

① 시장진입형 및 사회적일자리형 : 지역자활센터 등 5개소 실시

② 자활공동체사업 : 지역자활센터 등 4개소 실시

③ 근로유지형 : 사회복지시설 등 실시

④ 인턴형 : 인턴업체와 연계실시

⑤ 사회적응프로그램 : 동신대종합사회복지관 실시

근로능력자는 현재취업자, 조건부수급자, 조건부부과제외자, 자활특례자로 구분하고 조건부수급자는 다시 자활능력정도에 따라 비취업대상자와 취업대상자로 구분한다.

비취업대상자는 복지부 소관의 자활사업에 참여하고 취업대상자는 노동부소관의 자활사업에 참여하게 된다. 다만 자활특례자와 근로 무능력자 중 희망자에 한해 복지부 소관자활사업에 참여할 수 있다. 현재 취업자의 경우에도 자신이 희망하면 노동부소관자활사업에 참여할 수 있다. 문제점은 전체수급자의 2.8%에 불과한 대상자 규모에 집중되어 있고, 강제참여는 불가능하며 자발적 희망자에게 국한될 수밖에 없는 데 참여자가 미미하다. 또한 현 제도의 보충급여방식이 자신의 소득을 낮춰 신고할 수 있는 가능성이 있거나 노동참여로부터 단순한 소득획득이상의 의미를 구현하고 있다. 따라서 국민기초생활보장법은 수급권의 권리성 강화, 국가의 책임성 규정 등 법정신의 현대성으로 인해 한국의 공공부조제도를 격상시켰다.

자활급여를 위한 종합자활 지원계획은 국민기초생활보장법 시행('00.10월)에 따라 근로능력이 있는 수급자 등 근로빈곤층의 자활을 체계적으로 지원하기 위해 자활지원 수요, 자활사업 실시 및 재원조달, 자활사업 실시기관 육성, 지원 등에 관한 계획을 수립한다. 법적근거 는 국민기초생활보장법 제28조, 동법시행령 제13조 및 제37조에 의하여 자활사업 대상자의 근로능력 · 욕구에 따라 자활프로그램을 제공한다. 이 경우 복지부는 사회적응, 지역봉사, 자활근로, 자활공동체, 창업지원 등을 지원하고, 노동부는 직업적응훈련, 직업알선, 취업촉진사업 등을 실시한다.

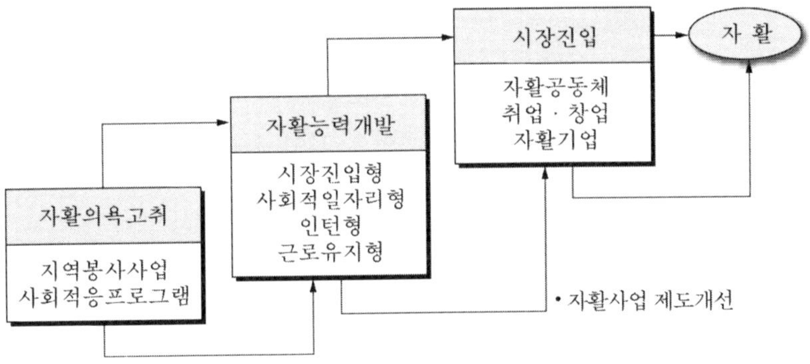

〈그림 8-1〉 자활사업단계별 추진전략

1) 사회적응프로그램

사업대상자는 근로의욕 미약자 또는 사회적응에 필요한 자활의욕 회복이 필요한 자(수급자) 프로그램 내용은 근로의욕 고취 및 사회적응교육, 사례관리 및 집단프로그램, 지역연계활동 등이다.

2) 지역봉사사업(2005년 지방이양)

사업대상자는 근로능력이 낮아 지역사회 자원봉사활동 등을 통해 근로의욕 유지가 필요한 자로 사업실시기관은 지자체 또는 자원봉사센터, 복지관 등 민간위탁기관으로 사업내용은 교통지도, 지역환경정비, 공원관리 등 지역실정에 맞는 사업추진을 말한다.

3) 자활근로사업

기본방향 및 사업규모는 저소득층에게 자활을 위한 근로의 기회를 제공하는 사업으로 간병, 집수리, 청소, 자원재활용, 음식물재활용의 5대 전국표준화사업과 지역실정에 맞는 특화된 사업 개발을 추진하고 있다(86개 업종).

자활급여는 수급자 및 차상위계층으로 시장진입형(기술자격자), 인턴형, 사회적일자리형, 근로유지형 복지도우미와 자활공동체 참여자는 시장진입형(일반참여자 기준)이다.

자활급여는 사업종료후 지체없이 계좌입금(신용불량 등의 경우 현금지급 가능)한다.

자활근로사업 유형은 다음과 같이 분류될 2수 있다..

첫째, 시장진입형 프로그램으로 대상사업은 투입예산의 20%이상 수익금이 발생하고 일정기간내에 자활공동체 창업을 통한 시장진입을 지향하는 사업이다.

시장진입형사업의 해당여부 판단기준은 기존사업인 경우 전년도 수익금이 발생액이 있는 경우이고, 신규사업은 사업실시 6개월 후의 수익금 발생액이 있는 경우이다. 사업 추진은 사업단 구성 후 2년(1년 연장가능)이내에 자활공동체 창업이 가능한 경우이다. 자활후견기관은 자활근로사업의 25%이상을 반드시 시장진입형으로 실시한다.

둘째, 사회적일자리형 프로그램이다. 사회적 일자리형 프로그램 대상사업은 수익성은 떨어지나 사회적으로 유용한 일자리 제공으로 자활능력 배양 후 시장진입을 지향하는 사업으로 사업단 및 도우미 형태이다.

사업종류는 자활근로사업단형태로 기존 공익형 자활근로사업단 방식(무료간병, 집수리 등)이다.

자활사업도우미는 자활사업실시기관(참여자 40명 이상)에 근무하고, 복지도우미는 시, 군, 구 또는 읍, 면, 동 사회복지담당 보조로 참여한다. 이에는 보육지원도우미, 급식도우미, 복지시설도우미 등으로 사회적일자리형도 참여자 10인 이상시 전담관리인력으로 참여자의 활용이 가능하다.

복권기금 가사, 간병 방문도우미사업은 '복지서비스 제공'에다가 '사회적일자리 창출' 동시달성이 가능하다.

참여자는 근로능력이 있는 저소득층(실제소득이 최저생계비의 150%이하인 자)이고 수혜자는 가사, 간병서비스가 필요한 저소득층으로 근무조건은 주5일, 1일 7시간 근무이다.

셋째는 인턴형 프로그램이다.

인턴형 프로그램의 대상사업은 노동시장에서 자활인턴사원으로 근로를 하면서 기술, 경력을 쌓아 취업을 통한 자활을 도모하는 취업유도형 사업이다. 사업추진은 참여자의 기술, 경력 습득가능 업종의 업체(회사, 개인)를 선정하여 민간에 위탁하는 것으로 이・미용, 요리, 전기, 용접, 정비, 운전, 제과, 제빵 등이 있다.

6개월 단위 계약, 사회보험료(사업주분)는 업체부담, 업체에서 추가급여 지급이 가능하다.

시, 군, 구의 업체 및 신청자의 수요를 조사 후 시, 도에서 조정 후 광역단위로 사업을 실시한다.

넷째는 근로유지형 프로그램이다.

근로유지형 프로그램 대상사업은 현재의 근로능력 및 자활의지를 유지하면서 향후 상위 자활사업 참여를 준비하는 사업으로 지자체가 직접 시행한다.

사업추진은 차상위계층의 참여가 가능하며, 노동강도가 낮은 지역사회복지서비스 분야를 중심으로 추진하되, 별도의 사업예산으로 추진하는 분야에 자활사업예산의 집행이 불가하며 근로유지형사업은 전체 자활근로사업의 45%미만(인원, 예산)으로 추진한다.

4) 자활소득공제(자활장려금) 사업이다.

자활근로소득의 일정비율을 '자활장려금'으로 지원하여 수급자의 근로의욕을 고취함으로써 일을 통한 복지(Work fare)의 실현에 있다. 자활소득공제 대상 및 공제율은 30%이며 직업재활사업 참여 장애인 수급자이다.

자활소득공제 대상은 자활근로 및 자활공동체 참여 수급자, 학생(휴학생은 1년간 공제)으로 평생교육법의 규정에 의한 원격대학에 등록된 학생(사이버대학생)도 '06.7.1부터 소득공제 적용을 받는다. 개인별 자활장려금 = 자활참여소득 ×30%-생계급여 기준초과 소득

4. 의료급여

의료급여법이 정하는 바에 따라 의료급여 선정기준은 다음과 같다.

의료보장은 크게 국민건강보험과 의료급여 2가지이다. 국민건강보험은 국민들이 낸 보험료를 중심으로 운영되고 의료급여는 저소득층의 의료이용을 보장하기 위하여 국가와 지방자치단체가 국민의 세금으로 운영하는 제도이다.

1) 의료급여 수급권자 유형

의료급여수급권자의 유형은 다음과 같다.

의료급여수급권자(1종)

- 국민기초생활보장수급권자(근로무능력세대)
- 이재민, 의사상자, 국가유공자, 무형문화재보유자, 북한이탈주민, 광주민주화 보상자, 입양아동(18세미만), 행려환자

의료급여수급권자(2종)

- 국민기초생활보장수급권자(근로능력세대)

수급권자 유형별 선정기준 은 다음과 같다.

- 1종 - 국민기초생활보장법에 의한 수급자
- 2종 - 국민기초생활보장수급권자 중 의료급여 1종수급권자 기준에 해당되지 않는 자

보건복지가족부는 의료급여 2종 수급권자의 본인부담 완화를 내용으로 하는 의료급여법 시행령 개정안을 '09.2.12일부터 입법예고하였다. 의료급여란 저소득층에게 국가가 조세로 의료서비스를 제공하는 공공부조제도, '09.2월 현재 약 185만 명이 대상자이다.

개정안의 주요 내용은, 의료급여 2종 수급권자의 본인부담 상한선을 매 6개월간 120만원에서 60만원 수준으로 하향 조정하고('09. 1월 소급적용), 본인부담 상한제란 일정 기간동안 법정본인부담금이 기준금액을 초과할 경우, 초과금액은 전액 의료급여기금에서 부담하며 의료급여 2종 수급권자가 의료급여기관에 입원할 경우 본인부담률을 현행 15%에서 10%로 인하('09. 6월 시행)하는 것이다.

의료비 중 본인부담 비율은 1종 8.3%(비급여 7.8%), 2종 20%(비급여 12.4%), 2종 수급자의 입원 본인부담 비율(비급여 포함)은 건강보험 가입자와 유사한 수준(2종 29%, 건강보험 32%)이다.

2) 수급권자 선정절차

수급권자의 선정절차는 다음과 같다.

- 수급권자 유형별 선정 절차는 국민기초생활보장수급권자 또는 차상위 의료급여 수급권자
- 신청주의 원칙 : 신청(수급권자) → 조사(읍, 면, 동) → 결정(시, 군, 구) → 자격상실 사유 발생시 자격상실 조치(시, 군, 구)에 의한다.

(1) 행려환자

행려환자 발생 → 시, 군, 구에서 응급진료 조치 → 경찰관서의 무연고자 확인 → 행려환자 관리번호 부여(시, 군, 구) → 건강이 회복되거나 퇴원시 의료자격상실 조치(시, 군, 구)를 취한다.

(2) 타법 의료급여 대상자

타법 관할 행정기관으로부터 "법정요건충족자"로 확인(해당 행정기관) → 의료급여 지원 명단을 관할 시, 군, 구에 통보(해당 행정기관) → 의료급여 기준 충족 확인 및 결정(시, 군, 구) → 법정요건 상실시 의료급여 자격 상실 조치(시, 군, 구)를 취한다.

(3) 급여개시 및 종료

가. 의료급여 개시일

의료급여수급권자는 원칙적으로 수급권자로 결정된 날 다만, 행려환자, 의사상자는 진료를 시작한 날부터 급여 실시한다.

나. 의료급여 종료일

의료급여 수급권자는 의료급여 수급권자 요건에 해당되지 아니하게 된 때부터 종료한다.

(4) 의료급여증

의료급여증 발급은 수급권자를 선정한 때 의료급여증을 발급하며, 의료급여 종료일은 1종에서 2종으로 또는 2종에서 1종으로 수급권자 자격이 변경된 경우, 기

존 의료급여증 회수 및 새로운 의료급여증 발급에 의하여 종료된다.

3) 의료급여 지원범위

· 지원내용, 진찰, 검사, 약제, 치료재료의 지급, 처치, 수술과 그 밖의 치료
· 예방, 재활, 입원, 간호, 이송과 그 밖의 의료목적의 달성을 위한 조치

(1) 의료급여 수급권자 본인부담

1종 기금부담 급여비용범위내 본인부담 없다. 단, 입원식대비용 1식 680원을 부담(단, 정신과 정액수가 적용 환자 및 행려환자 제외)한다.

2종 외래 본인부담금이 없는 진료이다.

보건소, 보건지소 및 보건진료소에서 진료하는 경우, 보건소, 보건지소 및 보건진료소의 처방전으로 약국에서 의약품을 조제하는 경우에는 본인부담금이 없다.

2종 외래 1,000원 부담하는 본인부담금 내용이다.

1차의료급여기관에서의 외래 진료(의료법에 시, 군, 구청장에게 개설신고된 의료기관, 보건의료원), 2차의료급여기관에서 보건복지부 고시 만성질환자에 대해 그 질환에 대한 외래진료

※ 복지부 고시 만성질환자(의료급여수가의기준및일반기준제17조)

(1) 만성신부전증 환자가 인공신장투석 또는 계속적 복막관류술 실시 당일 외래진료, 복막관류액 수령 당일 외래진료

(2) 혈우병 환자가 항응고인자, 동결침전제제 등의 약제 및 기타 혈우병 치료를 받은 당일 외래진료

(3) 대사장애 환자가 해당 상병으로 의료급여를 받은 당일 외래진료

(4) 암 환자가 해당 상병으로 치료를 받은 당일의 외래진료

(5) 근육병환자가 그 상병으로 자율신경제 또는 면역억제제 투여를 받은 당일의 외래진료

(6) 장기(신장, 간장, 심장, 췌장)이식환자가 조직이식거부반응 억제제(간이식 환자의 경우에는 간염예방 치료제 포함)를 투여 받은 당일의 외래진료

4) 보장시설

(1) 보장시설의 의미

기초생활보장의 급여는 수급자의 주거에서 행하는 것이 원칙이나, 수급자가 주거가 없거나 숙식을 제공하는 시설에서 생활하기를 원하는 경우에는 보장기관이 해당 수급자에 대한 급여지급 업무를 사회복지사업법에 의한 사회복지시설에 위탁할 수 있으며, 이와 같이 급여지급 업무를 위탁받은 시설을 보장시설이라고 한다.

(2) 보장시설의 범위

생계급여 등 국민기초생활보장법에 의한 급여를 행하는 사회복지사업법에 의한 사회복지시설이다.

(3) 보장시설 수급자 선정기준

일반수급자 선정기준에 해당하는 자로서 주거가 없거나, 주거가 있어도 그 곳에서는 급여의 목적을 달성할 수 없거나, 본인이 희망한 경우이다.

단, 보장시설의 자체기준에 의하여 입소한 자로서 수급권자 본인의 소득인정액 기준은 충족하나 부양의무자 기준으로 수급자로 선정될 수 없는 자에 대하여는 부양의무자 기준특례 또는 부양의무자 조사특례 적용 여부 검토(세부내용을 본문 참조)한다.

(4) 보장시설 수급자에 대한 급여

생계급여는 기초생활보장수급자 선정기준에 의한 선정절차를 거쳐 수급자로 책정된 입소자에 한하여, 「보장시설 수급자 1인당 급여기준」의 지급기준에 의거 주식비, 부식비, 연료비, 피복비 등을 현금 지급한다.

보장시설에서 주거를 제공받고 있으므로 주거급여는 지급하지 않으며, 기타 급여 일반수급자와 동일, '03년부터 보장시설에 대하여도 정부양곡 할인공급(정부수매 일반미 판매가격의 50% 할인)한다.

(5) 보장시설 수급자 자립촉진 지원방안

근로소득이 월 136천원을 초과하는 보장시설수급자에 대하여 근로소득평가액의 70% 이상을 저축하는 경우 이를 "자립적립금"으로 인정하여 근로소득에서 공제함으로써, 보장시설수급자의 근로의욕을 제고하고 향후 경제적 자립 기반을 마련 지원한다.

(6) 주거가 일정하지 않은 취약계층에 대한 특별보호

비닐하우스, 판자촌, 쪽방 등에 거주하는 자, 노숙자 등으로서 주민등록상의 문제로 인하여 기초생활보장 수급자가 될 수 없었던 자에 대한 보호대책이다.

수급권자가 실제거주지 내에서 최소거주기간(1개월) 이상 지속적으로 거주하고 있음이 확인되는 경우, 주민등록 확인 또는 '기초생활보장번호 부여'를 통하여 실제 거주하는 지역의 시장 · 군수 · 구청장이 보호한다.

(7) 교정시설 출소예정자에 대한 특별연계보호방안

교정시설 출소자 중 생활이 어려워 국가의 보호가 필요한 자가 기초생활보장제도에 대한 이해부족 등의 사유로 보호가 필요한 시기에 적절히 보호받지 못하여 사회적응 곤란, 재범유혹, 노숙자로 전락 또는 사망에 이르는 문제 해소를 위하여 「급여신청의 특례」 부여한다.

교정시설 출소예정자 중 생활이 어려운 자에 대하여 출소 전에 소득 및 재산조사를 통해 수급자격을 확인한 후, 출소 즉시 수급자로 결정하여 생계급여 등을 지원함으로써 보호가 필요한 시기에 기초생활 보장을 한다.

(8) 지역사회 자원활용을 통한 민간 연계보호체계 운영방안

지역사회의 민간 사회복지사, 유관 공공기관 등의 협조를 받아 기초생활보장제도에 대한 이해부족 등으로 국가의 보호를 받지 못하고 있는 저소득 주민을 적극 발굴하는 '찾아가는 복지' 실천을 위한 대책이다. 민간 사회복지사 등에게 국가의 보호가 필요한 저소득 주민에 대하여 관할 보장기관에 보호 의뢰할 수 있도록 권한을 부여 하였으며, 보호의뢰를 받은 보장기관을 수급권자 여부를 즉시 확인하여 조치한다. 보장기관이 전기, 수도, 가스 등 공급기관으로부터 요금체납 등으로 서비스 공급이 중단되는 저소득 가구에 대한 명단을 통보받아 생활실태 등에 대한 조사를 통해 수급자 선정 여부 검토한다.

5. 빈곤을 결정하는 요인들

일반적 이론을 배경으로 빈곤을 결정하는 구체적인 요인들을 분석하면 다음과 같다.

가족배경, 능력, 교육, 노동시장 분절 요인 등을 들 수 있다.

1) 가족배경

좋은 가족배경에서 태어나고 자라난 사람이 나쁜 가족배경의 사람보다 성인이 되어 빈곤하게 될 가능성이 적다는 사실이다. 논점은 가족배경이 빈곤을 결정하는 정도가 과연 얼마이며, 가족배경이 빈곤 여부를 결정하는 구체적인 메커니즘은 무엇인가?

가족배경에 있어서 빈곤을 결정하는 변수는 ① 부모의 교육수준(특히, 아버지) ② 부모의 직업 ③ 소득수준이다.

가족배경이 빈곤 여부를 결정하는 구체적인 메커니즘은 직접적인 재산과 소득의 이전 혹은 부모의 영향력 행사, 부모로부터의 상속이나, 증여 받은 재산 혹은 소득의 영향이다. 상위 5%의 사람이 전 민간보유토지의 62.5% 소유, 토지무소유자가 전국민의 70% 정도, 사회이동성이 약하거나 혈연관계를 중시하는 사회에서 효과가 크다.

빌 게이츠는 580억 달러에 달하는 재산 중 1,000만 달러 정도만 세 자녀에게 물려주고 나머지는 '창조적 자본주의'를 실현할 재단에 출연하기로 공약했다. "부에는 항상 책임이 따른다"는 신념을 실현하기 위해서다. 삼성에버랜드 불법 전환사채 발행이나, e-삼성의 부실을 계열사가 떠안게 된 것도 승계를 염두에 둔 것이었다는 것이 세간의 평가이다. 이는 현대그룹도 비슷하다. 현대가 역시 비자금 조성 혐의로 곤욕을 치르고 있다. 하지만 워렌 버핏은 부를 다음 세대에 넘기는 것에 대해 명백한 반대 입장을 표명한 바 있다. 그는 부의 상속에 대해 자녀들이 뭔가를 할 수 있다는 것을 느낄 정도의 돈만 물려줄 것이라고 천명해 왔다. 그는 상원 금융위원회에서 "나 같은 부자의 유산을 조금 더 빼앗아가는 것이 사회적으로 필요하다"며 상속세 옹호론을 펼치기도 했다.

부의 상속과 이전은 동서양에서 가장 큰 차이가 난다. 부의 세습은 세금을 제대로 낸다면 아무 문제가 되지 않는다. 문제는 세금을 제대로 내고 나면 재산 상당 부분이 날아가 버릴 수 있다는 점이다. 부자로서는 배가 아프지 않을 수 없다.

삼성특검을 받은 삼성그룹의 이건희 회장은 2008. 6월 경영 일선에서 퇴진했다. 이병철 전 회장이 1938년에 삼성상회를 설립한 지 꼭 70년 만이다. 최근 불거졌던 삼성의 차명계좌 문제도 이재용에게 부와 경영권을 동시에 승계하려는 과욕이 원인이었다.

우리 사회에서 태어난 아이의 미래를 결정하는 가장 강력한 요인은 '어떤 부모로부터 태어났느냐'이다. 돈 있고, 교육수준이 높은 부모에게서 태어난 아이와 돈 없고, 교육수준이 낮은 부모에게서 태어난 아이의 미래는 극명하게 갈린다. 뿐만 아니라, 태어난 아이의 건강도 부모의 사회경제적 수준에 따라 큰 차이를 보인다. 태아기와 영유아기를 어떻게 보냈느냐에 따라 청소년기, 성인기, 노년기의 삶이 결정적인 영향을 받게 된다. 그렇기 때문에 산모와 영유아에 대한 강력한 사회적 개입은 논리적으로 매우 중요할 수밖에 없다.

우리 사회의 빈곤아동 문제는 현재 심각한 상태에 이르고 있다. 2008년 아동청소년 실태조사에 따르면, 우리 사회의 아동·청소년 중 최저생계비 이하의 절대빈곤층은 7.8%, 상대빈곤층은 11.5%였다. 이는 2006년 통계청 가계조사로 측정한 아동가구 중 절대빈곤층 5.0%, 상대빈곤층 8.4%에 비해 크게 높아진 수치이다. 더군다나, 경제위기의 영향 하에 놓여있는 2009년에는 아동빈곤의 문제가 더욱 커질 것으로 예상되고 있다

이러한 상황에서 교육을 통한 신분 상승은 설득력을 더욱 잃어 가고 있으며, 그 정도는 점점 더 심화되고 있다. 부모의 소득과 재산 등 경제적 부에 따라 자녀의 교육 기회와 능력이 좌지우지되고 있다. 따라서 교육을 통한 가난의 대물림 차단은 이미 그 효력을 거의 상실해 가고 있는 것이다. 게다가, 최근 연세대학교 사회발전연구소의 발표에 따르면, 한국의 어린이와 청소년이 느끼는 행복감은 경제협력개발기구(OECD) 국가들 중에서 가장 낮았다.

둘째, 유전적인 능력(지능지수, 인지능력)은 논란의 여지가 있다.

어떤 학자들은 유전적인 능력이 소득결정에 80%, 어떤 학자는 50% 영향이 있다 본다.

그렇다면, 개인들의 유전적인 능력을 동일하게 만들지 않는 한 빈곤대책의 효과는 매우 제한적이 된다. 개인의 능력이 과연 유전적으로 얼마나 결정되는가? 해결이 안된 상황이므로, 유전적 능력이 과연 빈곤 여부를 얼마나 결정하느냐를 따지는 것은 무의미할 수 있다.

셋째, 환경적 능력이다.

아동양육환경(양육 혹은 사회화 방법 등)의 차이에서 나타나는 아동들의 비인지적 능력 즉, 동기, 성격 등의 차이에서 결정된다고 본다.

이러한 아동양육환경의 차이에서 자본주의 사회에서의 '성공' 혹은 '실패'할 능력이 있다.

다섯째, 교육성취 기회의 차이에 있다.

가족배경의 차이는 교육성취 기회의 차이를 가져오며 이는 결국 경제적 지위의 차이를 가져온다. 즉, 유전적 능력과 환경적 능력은 그 자체보다는 '교육'이라는 매개 변수를 통해 효과가 나타난다. 가족배경의 효과는 교육을 통한 간접효과가 2/3이고, 나머지 1/3이 가족배경의 직접효과이다. 여성세대주 가족은 불리한 가족배경의 대표적인 형태로서 빈곤가능성이 높다. 실제로 빈곤계층에서 차지하는 숫자가 급속히 증가하고 있다

즉, 여성세대주 아이들이 교육수준, 인지능력이 떨어지고 결국 성인이 되어 사회경제적 지위가 낮은 것으로 조사된다.

2) 능력(ability)

능력이란 흔히, 인지능력(cognitive ability) 즉, 측정된 지능지수(I.Q)에만 초점을 맞추는 경향이 있다. Lydall은 능력의 4D 즉, 추진력(drive), 역동성(dynamics), 끈기(doggedness), 결심력(determination)을 말한다. 이러한 4D가 인지능력(I.Q)보다 더 중요하다고 주장한다.

능력이 어떠한 과정을 통하여 소득(빈곤)을 결정하는가? 즉, 아무리 능력이 우

수한 사람도 교육수준이 높지 않으면 그 사람은 낮은 소득을 가질 수밖에 없다고 본다.

일반적으로, 능력이 높은 사람일수록 높은 학력을 가질 가능성이 높고, 학력이 높을수록 소득이 높아진다. 즉, 능력과 학력과 소득(빈곤)은 높은 상관관계가 있다.

3) 교육

가장 중요한 빈곤의 원인으로 지적되는 변수로 교육수준이 낮을수록 빈곤할 가능성이 높다는 것은 상식이다. 그러나 왜 낮은 교육수준이 빈곤을 유발하는가에 대해서는 논의가 많다

(1) 인적자본이론(human capital theory)

① 낮은 교육수준을 가진 사람은 낮은 생산성을 보인다. 따라서, 빈곤에의 파급효과 크다. 그러나 순수한 교육효과는 아니며(순수히 학교에서 얻은 기술이 생산성에 미치는 효과), 가족배경과 능력의 효과를 고려해야 한다. 즉, 학교교육에서의 성공이 중요하며, 그러한 정책이 중시된다. 가족배경과 개인적 능력이 교육에 미치는 영향을 배제해도 교육의 직접효과는 크다.

② 가족배경이 가장 중요하며 다음은 능력이고 그 다음은 교육 순이다. 가족배경이 개인적 능력의 일부를 결정하고 이 능력이 학교에서의 성공을 결정한다. 만약, 교육이 가장 중요하다면, 학교를 보낼 수 있는 정책이 필요하다. 가족배경이나 능력이 중요하다면, 학교교육 이전 단계에서의 정책적 개입이 필요하다.

노동에서의 인적자본이론은 다음과 같다.

① 노동의 질의 차이를 강조한다.

② 왜 서로 다른 노동자가 서로 다른 생산성을 가지느냐는 문제에 초점을 맞춘다.

③ 그 이유는 미래의 더 많은 소득을 기대하여 현재의 이익을 어느 정도 희생하여 자기 자신의 개발에 투자하면 기계설비에 대한 투자와 같이 생산성의 향상을 가져오기 때문이다.

④ 즉, 이러한 인적자본에의 투자는 생산성의 향상을 가져오고,

⑤ 결국, 빈곤은 낮은 생산성의 결과이고 이것은 인적자본에 대한 낮은 투자 때문이다.

(2) 선발이론(screening theory) 혹은 학력주의(credentialism)

인적자본 이론의 가정을 반대하면서 논리를 전개한다.

① 이 이론은 사용자가 노동자를 채용할 때 또는 임금을 결정할 때 교육수준을 기준으로 생산성의 높고 낮음을 판단하기 때문에, 높은 교육수준은 고임금, 낮은 교육수준은 저임금으로 빈곤에 빠질 가능성이 높아진다는 것이다.

② 만약, 생산성과 교육수준이 지속적으로 유지되면, 학력주의가 정착된다.

③ 특히, 한국에서는 대졸 학력수준에서는 학력주의의 효과가 크다. 대졸자와 고졸자의 임금 격차가 아직도 크다. 학력이 높을수록 임금이 높다는 것은 학력과 임금의 정의 관계는 널리 수용되는 사실이다. 문제는 선발효과는 사용자가 근로자의 생산성에 관한 정보를 더 많이 알수록 사라지며 선발효과는 영원히 지속되고 임금과 교육수준의 관계는 선발효과에 기인하고 학력이라는 것은 일생에 걸쳐 따라 다니는 사회적 지위를 대표한다.(학력주의)

(3) Marxist 계급이론에 의한 설명

① 학교교육은 자본주의 생산관계를 고착화시키는 도구이다.

② 학교에서는 자본주의 질서에의 복종과 규율을 훈련시킨다.

③ 자본가가 선호하는 행동양식을 강화하는 형태로 교육이 진행되며, 이것이 결국 시장에서의 소득활동을 하게 만들고 소득을 높이게 된다.

Marxist 계급이론은 자본주의 경제의 생산방법 그 자체에서 빈곤을 설명하며 생산수단의 소유유무에 따른 생산의 사회적 관계가 소득을 결정하는데 근본적 역할을 한다.

① 자본주의경제의 생산방법 자체로 인하여 빈곤발생하며 생산의 사회적 관계가 각 계급들의 소득을 결정한다.

② 자본가들은 생산수단을 소유하여 노동자들의 노동력을 사용하여 잉여생산을 착취할 수 있는 위치에 서며, 높은 소득을 누린다. ③ 관리자는 생산수단은

없지만 노동을 통제할 수 있는 권위가 있다. 자본가와의 협상력을 높일 수 있는 위치(경영능력)에 서서 자본가 다음의 높은 소득을 가진다.

④ 노동자는 노동을 팔아서 소득이 나오므로 소득은 낮을 수밖에 없다.

⑤ 계급의 차이가 소득결정하며 교육과 같은 개인적 특성에 따른 소득차이는 동일 계급 내에서만 영향을 미친다.

(4) 노동시장 분절 요인(segmented labor market theory)

노동시장 분절이라는 개념의 정확성에 대해 유념해야 한다. 과연 측정가능한가 아직도 뚜렷한 결론이 없는 상태이다. 그렇다면, 노동시장분절의 단위는 무엇인가? 산업, 기업, 직업인데, 산업, 기업, 직업에 따른 임금차이가 빈곤의 원인이다.

① 산업의 경우 시장집중 산업, 자본집약도가 높고, 경제규모가 큰 사업에 종사하는 노동자들은 그렇지 않은 노동자 보다 빈곤에 빠질 가능성이 적다.

② 기업의 경우 기업규모와 기업의 자본집약도에 따라 종사하는 노동자들의 빈부의 격차가 생긴다.

③ 직업의 경우 산업 또는 기업의 임금의 차이는 직업에 따라 달라진다.

전문직 혹은 기술직 노동자들에게는 높은 임금을 주는 산업이나 기업이 단순 근로자들에게는 높은 임금을 주지 않는다는 것이다.

인적자본이론의 노동시장에 대한 가정은 한 지역(나라)에서의 노동시장은 본질적으로 하나의 동질적인 시장으로 이루어져 있으며, 자유경쟁의 힘에 의하여 노동시장 분리현상은 곧 사라져 한계생산성의 논리는 보편적으로 적용된다. 이에 대한 반론은 노동시장은 분절이 되어 있고, 분절된 노동시장에서의 임금결정과정은 서로 다르다. 분절된 노동시장들에 속한 근로자들 사이에는 매우 제한된 이동이 있을 뿐이다.

(가) 내부노동시장이론(internal labor market theory)

① 내부노동시장과 외부노동시장으로 분리되며 내부노동시장은 경제변수(수요, 공급, 한계생산)에 의해 지배되는 경쟁시장과 분리된다. 임금결정방식은 특정한 행정적 규칙과 절차에 의해 결정된다. 즉, 외부시장에서의 경쟁적 요소들에 의해 직무가 영향받지 않는다는 것이다.

② 내부시장의 형성

첫째, 특정기업의 독자적인 직무관련 기술이 존재한다. 다른 기업에서 기술이 사용되기 어려워 근로자들은 기술훈련을 위해 투자 어렵다. 따라서 사용자가 훈련비를 부담하고 근로자 이직은 사용자에게 부담이 된다. 결국, 사용자는 고용안정을 추구한다.

둘째, 기술은 현장훈련에 의해 전수. 동료 근로자들에 의해 비공식적으로 전수. 이러한 형태는 고용안정을 더욱 중요하게 만든다. 근로자를 보호하게 된다. 외부노동시장의 영향을 받지 않는다.

셋째, 고용안정이 장기간 이루어지면, 근로자 사이의 장기간의 비공식적 작업규칙이 생기고 사용자는 외부의 경제적 변화에 더욱 대응하기 어렵게 된다. 즉 외부노동시장과 차별화 되고 내부노동시장은 더욱 유지된다.

(나) 이중경제이론(dual economy theory)

자본주의의 속성(자본 축적)에 초점을 맞추어 노동시장 분절을 설명한다.

첫째, 자본가들은 노동으로부터의 잉여가치를 착취한다.

둘째, 다른 자본가들과의 경쟁을 통하여 끊임없이 자본을 축적한다. 자본은 점차 소수의 자본가에게 집중되어 두 가지의 서로 다른 경제부문이 형성하게 된다.

(5) 직무경쟁이론(job competition theory)

노동자들이 일자리를 찾을 때 이미 상당히 개발된 기술들을 가지고 서로들 간의 임금 경쟁을 통하여 특정의 직무가 결정된다(인적자본이론)는 것을 비판하는 이론이다. 즉, 근로자들은 취업기회를 두고 경쟁한다. 직무경쟁의 기본적 요소는 다음과 같다.

첫째, 특정 사회의 일자리 숫자는 사회의 기술발전 정도로 결정된다. 둘째, 근로자들의 기술과 그들의 임금제시는 실제로 충원되는 일자리에 영향 주지 않음. 대신, 사회적 관습이나 제도에 의해 결정된다. 셋째, 이러한 임금은 직무별로 엄격히 고정되어 있다. 따라서, 상대적 임금의 개념이 중요하다. 넷째, 누가 어떤 직무를 차지하느냐는 근로자들의 훈련성과 적응성에 의해 결정된다.

임금을 높이기 위하여 가난한 사람들에 대한 투자를 높이는 것만으로는 빈곤을 해결할 수 없다. 그들의 근로자 서열상의 위치를 높여주어야 하지만, 주어진 기술발전 상태 하에서 '좋은 일자리의 숫자는 고정되어 있다.' 또한, 가난하지 않은 사람이 상대적 위치(기득권)를 유지하려고 노력한다.

(6) 빈곤문화론(culture of poverty)

① 오스카 루이스(Oscar Lewis, 1959)가 만들어내고 마이클 해링턴(Michael Harrington)이 발전시켰다.

② 가난한 사람들은 사회의 지배문화와 질적으로 다른 하위문화에서 산다는 것이다.

③ 태도, 가치, 행동 등이 다르며 이러한 형태는 사회화 과정을 거쳐 세대를 통해 세습하여 문화로 된다.

④ 빈곤문화의 특징은 다음과 같다.

첫째, 학교, 교회, 정당, 노동조합 등 사회의 주된 제도에 참여하는 것을 막아 사회의 지배적인 가치의 수용을 거부한다.

둘째, 특이한 가족관계 : 모 중심적인 가족의 선호, 어린 나이의 성 관계 경험, 동거형태의 가족, 쉽게 만나고 헤어진다.

셋째, 절망감, 의존심, 열등감 등을 배양하여 쉽게 체념하고 운명주의자가 된다.

넷째, 출세에 대한 동기가 매우 약하고 충동을 억제하지 못하고 현재 중심적인 생활을 한다.

다섯째, 직업이동이 빈번하고 약물남용자가 많다. 찰나적인 삶을 살아간다.

한국에서의 빈곤화 요인은 (1) 빈곤자 개인의 자기 평가 (2) 자신의 개인적 원인뿐만 아니라 경제, 사회의 구조적 문제로 보고 비판하는 사람도 증가하고 있다. (3) 따라서 개인적 요인과 사회구조적 요인이 모두 영향을 미치고 있다.

신자유주의와 함께 전 세계의 복지기조로 자리 잡은 노동연계복지는 복지의존성 문제를 통한 재정지출 축소, 광범위한 산업예비군 형성을 통한 노동신축화를 가져올 수 있기 때문에 신자유주의 하에서 복지 확대 요구는 단순한 재정확충과 적절한 분배 문제에 그칠 수 없다. 사회보장정책은 자본주의 생산관계와 사회 유지를 위한 노사합의에 의하여 이루어져야 하며 근로자의 통제전략이자 피지배계급의 저항으로 달성되는 기본적 생활 보장이라는 양면성을 지녀서는 안 된다. 따라서 미국발 서브프라임제도로 인한 금융위기로 촉발된 경제위기하에 급증하는 빈곤층의 생존권적 요구는 단순히 재정측면에서의 가능성을 넘어서 사회복지의 방향성을 바꿔내기 위한 장기적 전망, 현실의 심각한 빈곤문제의 해결을 위한 성장과 분배의 공존, 공동체적 사호 연대감 의식과 참여 구조적인 소득재분배가 핵심이다.

제 3 절 국민기초생활 보장제도의 문제점

IMF 이후 대량 해고와 금융위기 이후 비정규직화는 절대적 빈곤인구의 증가와 더불어 '일해도 가난한' 노동빈곤층의 증가로 이어졌다. 이에 가난의 문제가 특정한 소수의 문제로 머물 수 없게 되면서 빈곤 문제가 전사회적 과제로 떠올랐다. 초유의 경제위기를 맞는 지금, 실업 증가와 임금 하락 추세와 함께 빈곤율도 증가하고 있다. 2007년에 보건사회연구원과 노동연구원 보고서에 따르면 절대빈곤율, 즉 한 달 소득이 최저생계비에 미치지 못하는 절대빈곤가구의 비율은 2003년 10.2%에서 2006년 11.36%로 증가했다. 또한 도시지역 상대빈곤율, 즉 OECD 기준에 따라 중위소득 50%에 미치지 못하는 가구의 비율은 2000년 13.51%에서 2006년 16.42% 기록했다. 도시 이외의 가구들까지 포함하는 2006년 전국가계조사 결과에 따르면 전국 상대빈곤율은 18.45%에 달했다. 2007년 도시가구 기준 상대빈곤율이 17.5%로 또 증가했으니 현재 전국적으로는 5명 중에 1명꼴로 상대적 빈곤상태에 처해 있다고 추정할 수 있다. 최근 상황을 보여주는 몇 가지 통계를 살펴보자면, 올해 5월 소득분배 불균형수치인 지니계수가 0.325로 증가했다. 이는 수치 발표 이래 최고 수준이다. 또 2009년 1분기 소득 5분위 배율(최상위층과 최하위층의 소득 격차)이 8.68배로 2000년 이후 최대치를 기록했다.

2008년 기획재정부는 고용불안과 자산 감소로 인해 앞으로 빈부격차는 더 심해질 것으로 예상했다. 일차적으로는 임시 일용직 등 비정규직의 대량해고, 영세자영업자의 도산으로 서민층의 근로소득이 급감하는 것이 원인이다. 그런데 격차를 더욱 확대하는 것은 근로소득보다는 금융소득이다. 대출금이 많은 서민층이 어려울수록 주식, 부동산 등 자산시장이 급락하는 과정에서 어쩔 수 없이 자산을 내다 팔아 손실을 확정한 반면 상위층은 연초 저점에서 주식과 부동산을 매입해 자산증식 효과를 보게 될 것으로 예상되기 때문이다.

비정규직, 실업, 영세자영업자의 실질소득 감소와 일자리 상실은 갑자기 빈곤의 상태로 내몰리는 인구의 증가로 이어진다. 주로 어린이, 한부모 가정, 노인, 장애인 등 소득수준이 낮거나 노동 능력이 없는 취약 계층은 가장 큰 어려움에 처한다. 경제위기로 인한 신빈곤층 증가에 대한 대책이 시급하다. 빈곤대책으로 제기되고 있는 복지재정 확대와 기본소득 보장 등이 지속적으로 검토되어야 할 것이다.

1. 한국에서 빈곤과 소득보장 정책

한국에서 빈곤층 소득보장 정책의 필요성이 제기된 것은 외환위기 이후다. 대량 실업, 노숙 급증, 신용카드 남발로 인한 금융채무불이행자(신용불량자) 500만 명 양산 등 빈곤 문제의 사회적 충격이 정부의 책임 있는 정책을 강제한 것이다. 빈곤문제가 강력한 사회문제로 떠오르고 한국의 사회안전망 부실이 심각하다는 OECD의 문제제기가 맞물려 김대중 정권 시절인 2000년 국민기초생활보장제도가 시행되었다. 국민기초생활보장제도는 빈곤선 아래에 있는 사람들을 대상으로 소득을 보장해 주는 제도로 소득보장 정책의 주요 틀이 되었다.

기존의 생활보호법(1961년 12월 제정, 2000년 폐지)이 빈곤을 개인의 문제로 치부하고 시혜적 태도를 취했던 데 비해 기초생활보장제도는 '국민이 빈곤에 대한 권리로서 최저 생활을 보장받아야 한다'는 수급자의 법적 권리를 보장하는 제도이자 한국에서 '빈곤선'을 공식적으로 표명했다는 점에서 어느 정도 의의가 있다. 하지만 비현실적인 최저생계비 수준과 엄격한 선정기준, 소득발생유무와 관계없는 추정소득부과 등으로 소득보장효과가 미미하고 광범위한 사각지대가 존재하는 등 문제가 많다. 특히 조건부 수급 조항을 두어 최소한의 생활도 불가능한 일자리를 조건으로 수급권 여부를 결정한다. 이는 단순히 이 제도만의 문제가 아니다. 질 낮은 일자리 창출과 각종 노동유인정책을 통해 노동의 질을 저하시키고 사회정책의 위상을 낮추려는 노동연계복지가 신자유주의 사회정책의 핵심방향이기 때문이다. 먼저 빈곤층 소득보장 정책의 가장 기본적 틀인 국민기초생활보장제도의 문제점 개선과 발전방안이 제시되고 실천되어야 한다.

빈곤층 소득보장정책으로서 국민기초생활보장제도

국민기초생활보장제도는 연령, 근로능력과 관계없이 가구소득 및 재산 환산액이 최저생계비 이하인 가구에 대하여 소득을 보전해주는 정책으로 노동시장 정책이 혼합되어 있다. 급여 내용은 생계급여, 주거급여, 의료급여, 교육급여, 해산급여, 장제급여, 자활급여 7종이 있고, 급여액과 수급자의 소득인정액 총합이 최저생계비 이상이 되도록 하는 것이 급여의 원칙이다. 또 근로능력이 있는 수급자에게는 자활사업 참여를 조건으로 생계급여를 지급하며 부양의무자가 있는 경우에는 부양의무자에 의한 보호가 선행되어야 한다. 다른 법령에 의해 보호받을 수 있는 경우 타 법령에 의한 보호가 선행되어야 한다. 현재 이 제도가 포괄하고 있는 인구 범위는 국민의 2~3%를 상회하는 153만 명 수준이다.

2. 국민기초생활보장제도의 문제점

1) 비현실적인 최저생계비 수준

최저생계비는 국민기초생활보장제도의 수급자 선정과 지원수준이자 의료급여, 모부자가정 선정기준, 노인장기요양보험의 무료대상자 기준 등 여타 사회복지서비스에서도 기준이 되는 '한국의 공식적인 빈곤기준선'이다. 현재 최저생계비는 절대빈곤개념의 계측방식인 전물량방식으로 3년 주기로 계측한다. 비계측년에는 기존 최저생계비에 물가상승률을 반영해 갱신한다.

1988년부터 계측되고 1999년부터 실제 공적부조에 적용된 최저생계비의 상대적 수준은 점차 낮아지고 있다. 1999년 근로자가구 소득(4인 가구)의 38.2%였다가 2008년 30.2%로 하락했다. 최저생계비는 대부분의 사회복지서비스 선정기준으로서 작용하기 때문에 최저생계비가 낮은 수준으로 계측되는 것은 사회복지

대상의 축소와 폭넓은 사각지대의 존재를 의미한다. 책정 방식에 있어서도 전물량방식의 문제점, 연구자의 자의적 판단 문제, 계측을 하고 나서도 예산에 맞춰 재조정할 수 있는 문제 등 최저생계비 수준을 하락시키는 요인들이 많다. 최저생계비 수준이 낮아지면서 절대적 빈곤율은 상대적으로 낮게 측정되고 있다. 이로 인해 국민기초생활보장제도의 보장수준은 2000년 시행 이후 2007년까지 2.8~3.2% 수준에 머물러, 절대빈곤층조차 보장하지 못하고 있는 수준이다. 상대적 빈곤율과 소득격차가 점점 커지고 있고 경제위기 하에서 늘어날 빈곤층의 문제를 고려한다면 국민기초생활보장제도의 보장 수준과 대상 확대가 중요한 시점이다.

2) 부양의무자 부양능력 판별기준 문제

기초생활보장제도의 사각지대를 만드는 주요 문제 중의 하나는 부양의무자 기준과 재산기준이다. 현재 최저생계비 미만의 조건에 있지만 재산기준 및 부양의무자 기준으로 수급을 받지 못하는 비수급 빈곤층이 3.7%로 수급자 2.8~3.2%보다 많다. 부양의무자 기준은 수급자의 1촌 직계혈족(부모, 자녀)과 직계혈족의 배우자(며느리, 사위)로 규정되어 있다. 수급신청 탈락자 가구 중 25.7%가 부양의무자 기준에 의해 탈락되지만 이들 중 56.2%는 부양의무자로부터 사적이전소득을 전혀 받지 못하고 있으며 이들 대부분이 장애인, 노인, 한부모 가정, 소년소녀 가정 등 취약계층인 것으로 나타났다.

3) 재산기준 등 문제

재산기준 및 자동차기준도 수급권 박탈의 주요 사유다. 현행 제도에서 기본재산액 기준이 2004년 수준대로 동결되어 있기 때문에 생활수준 및 물가상승률을 반영하지 못하고 있다. 또 수급자의 생활수준 파악을 위해 도입한 소득 인정제도인 소득과 그리고 재산의 소득환산액은 전세금, 통장, 자동차 등이 모두 포함되어 수급권이 박탈되는 문제가 있다. 특히 다른 기준에 부합하더라도 자동차가 있으면 수급권을 박탈당하는 상황이 허다하다. 그 사례로 화제가 되었던 '봉고차 모녀'가 바로 그 사례다. 보육료 지원, 장애수당, 의료보장, 사회서비스 지원, 시설지원 서비스 등에도 자동차기준은 똑같이 적용되고 있다. 한국 전체 가구의 59.4%가 자동차를 보유하고 있는 점에서 자동차를 일반재산이 아니라 보고 과도한 소득환산율을 적용하는 것은 현실에 맞지 않다.

4) 추정 소득의 문제

추정소득은 수급자들의 실제소득 발생여부와 상관없이 소득파악이 용이하지 않은 가구원(일용직, 파트타임, 노점 등)에게 부과하는 것이다. 실업상태에 있는 수급자는 물론 근로조건유예자(근로경험 있는 중증장애인, 3세 미만의 유아를 탁아소에 맡긴 경험이 있는 한부모 가정의 부모) 등에게도 자활을 강요하거나 추정소득을 부과하며, 경제 불황으로 인해 실업상태인 수급자들에게 추정소득을 부과해 이를 생계급여에서 제외하고 지급한다. 실제 수급당사자가 임금활동을 하고 있는지, 소득수준이 얼마인지 고려하지 않고 임의로 추정소득을 부과해 수급권을 박탈하거나 생계급여를 낮추는 것이다.

5) 노동을 강제하는 조건부과 등

조건부과 기준은 사회복지사가 연령, 외형상의 건강상태, 전직 및 자격 등을 기준으로 책정하는 것으로, 자의적인 근로능력판단으로 노동할 수 없는 수급자에게 노동을 강제하거나 추정소득을 책정해 생계급여를 낮추는 문제가 심각하다. 만성질환이 있어도 진단서를 제출할 수 없거나, 정신장애와 같이 장애진단을 받을 수 없는 경우, 3세 이상 미취학 아동의 부모 등에게도 노동을 강제하는 것이다. 또 사회적 일자리나 공공서비스 일자리와 같은 수준의 노동을 하지만 노동자로서의 권리를 행사하지 못하도록 법적으로 규정하고 있다.

3. 국민기초생활보장제도 개선

국민기초생활보장제도의 대상선정과 지급기준이 되는 최저생계비는 그 비현실성으로 인해 '국민이 건강하고 문화적인 생활을 유지'라는 말이 무색하게 광범위한 사각지대를 형성하고 있다. 핵심은 법의 취지대로 보장성 확대가 절대적으로 필요하다.

장기적으로는 상대적 빈곤선을 도입하고 그에 동반하여 최저생계비 인상해야 하며(중위소득 50%, 평균소득 50% 등 여러 기준이 제기된다), 그와 연동해 기초법 대상자를 확대하고 수급액을 인상해 절대 빈곤층조차 포괄하지 못하고 있는 제도의 보장성을 확대해야 한다. 단기적으로는 절대 빈곤 상태에 놓여 있지만 부양의무자 기준, 재산기준, 추정소득 조항으로 인해 발생한 사각지대를 해소하기 위해 독소조항을 폐지, 완화해 가야 한다.

'근로연계복지'라는 방향 하에서 생계급여 수급 조건으로 자활사업 참여가 강제되는 문제, 즉 조건부 수급 조항은 폐지되어야 한다. 자립지원의 원칙에 근거한 조건부 수급 제도는 생계급여를 줄이려는 시도에 그칠 뿐 실제 자활을 통해 적정한 소득을 얻기 어렵고 자활 참여 이후 수급자의 자립을 위한 기반이 없는 현실에서 그저 강제에 그칠 뿐이다. 나아가 복지와 노동을 연계해 노동시장 신축화에 부응하고 수급 대상을 줄여 재정을 절약하고자 하는 시도도 필요하지만 우선 제대로 된 일자리와 사회정책의 확대를 요구해야 한다.

또 하나 기초법은 수급대상이 되면 7가지 급여를 모두 받을 수 있고, 탈락되면 아무 것도 보장받을 수 없는 구조다. 그간 급여 분리, 선별적 확대를 요구해 왔는데, 노무현 정부 시절부터 정부 차원에서 급여분리를 시도하고, 자활급여는 별도의 법이 제정되기도 했다. 사각지대 해소와 보장성 확대를 위한 주창자의 취지와는 달리 정부의 급여분리는 생계급여를 긴축적으로 운영하려는 의도가 다분하기에 그간의 요구를 재정비하기 위한 논의가 필요하다.

연 구 문 제

1. 빈곤과 빈곤의 유형에 대하여 기술하고 절대빈곤과 상대빈곤에 대하여 설명하시오.

2. 공공부조에 대하여 설명하시오.

3. 국민기초생활보장제도 급여의 기본원칙은 무엇인가?

4. 근로장려세제(EITC: Earned Income Tax Credit)란 무엇인가?

5. 국민기초생활보장제도의 문제점은 어디에 있는가?

제 9 장

사회복지정책의 주체와 전달체계

제 1 절 사회복지정책의 주체

인간은 사회적 동물이라 한다. 특별히 예외적인 경우를 제외하곤 대부분 그가 살고 있는 시대적 조건과 자신의 신분적, 계층적, 신체적 조건에 따라 자신의 삶의 형태와 복지수준이 결정되었다고 할 수 있다. 현재 복지의 대표적 공급주체는 국가와 사회복지 관련 비영리민간단체(NPO), 비정부기구(NGO), 그리고 광범위한 종교기관들이 있다. 80년대 이전에는 대부분이 자선단체 등에 의해 시혜적 공급이 이뤄졌다. 1997년 외환위기 때는 많은 서민들이 경제적 어려움으로 거리로 내몰릴 때 한시적이기는 했지만 국가가 공적자금으로 대규모로 복지를 공급했고, 실업극복국민운동본부와 같은 민간에서도 전 국민적으로 부응했다.

소비주체는 시대마다 변화해 왔다. 2000년 이전에는 신체장애인, 독거노인, 요보호아동 등으로 칭하는 특정계층과 세대를 소비주체로 파악하고, 공급자가 그들을 위해 일방적으로 계획해 공급하는 경우가 많았으며, 근래에 이를수록 사회보험 즉 국민연금, 건강보험, 고용보험, 산재보험, 노인장기요양보험과 복지정책 등을 통해 전국민을 복지의 소비주체로 파악하려는 흐름이 강하다.

거시적 입장에서 복지의 소비와 공급주체를 상기와 같이 논할 수 있겠지만, 미시적 입장에서 보면 아직도 복지문제는 개인의 문제로 치부되는 경우가 많다. 복지현장에서는 당사자 주의라는 말이 설득력 있고 흔하게 통용된다. 장애인문제는 장애인이, 노인문제는 노인이 나서서 복지권을 쟁취해야 한다는 전제하에 강력한 행동을 수반하는 요구들이 복지정책들의 우선순위를 선점하는 경우가 많았다.

이런 당사자주의는 장점이 있지만, 여러 가지 이유로 사회행동에 나서기 힘든 요보호대상자들에겐 남의일이 될 수 있다. 예컨대, 후천성면역결핍증환자나 정신장애인 등의 경우가 그러하다.

다음은 한 개인을 중심으로 복지의 소비와 공급을 말해 보고자 한다. 한 개인은 사회활동을 하는 순간 간접세든 직접세든 복지의 거시적 공급주체인 국가를 위해 세금을 납부한다. 선거 등을 통해 복지정책에 간여하고, 자원봉사와 민간복지단 등에 후원함으로써 복지의 공급자로서의 역할을 수행한다. 소비자로서는 건강보험이나, 기초노령연금, 기타 복지급여, 국민연금, 교육제도 등을 통해 복지수요자로 살아가고 있다고 할 것이다.

한 개인이 사회적 삶을 살아간다는 의미는 사회복지적인 공급과 소비를 동시에 수행한다고 할 수 있을 것이다. 장애인이어서 국가로부터 여러 혜택을 받으면서 한편으로는 자원봉사에 나서는 장애인, 연금을 받으면서 봉사활동에 참여하시는 노인들, 그리고, 공공이익과 취약계층의 권리옹호를 위해 일하는 시민들을 볼 때 소비자이면서 공급자로서의 조화로운 모습은 우리사회를 밝게 하는 빛이다. 2010년 현재의 어려운 경제상황 속에서 정부가 정책적으로 시행하고 있는 희망근로, 사회적 서비스와 같은 고용과 복지효과 모두를 충족시키려는 시도는 사람을 수혜대상으로 하는 휴먼서비스가 대부분이다. 제공자로 참여하는 사람들 역시 복지의 수혜자이다. 이는 개발시대의 취로사업이 자연재해 복구와 예방 등이라는 경제적 성과를 주로 추구했던 것과는 차이가 있다.

지방자치시대에 선거는 복지에 중요한 역할을 한다. 주권이 국민에게 있고, 선거를 통해 본인이 생각하는 복지에 대해서 실천해줄 만한 믿음직한 정당이나 정치인을 선출할 수 있는 민주주의 통로가 열려야 한다. 그래야만 복지소비자의 선량한 의지가 복지공급자에게 정확히 전달될 수 있을 것이다. 그러나 세금에 의존하는 국가의 복지정책 공급만으로는 재정상의 한계가 분명하다. 결국, 복지주체는 국민 전체가 될 수밖에 없고, 개개인이 자신의 처지에서 선택해 할 수 있는 복지공급의 생산과 소비의 주체로 균형있고 조화롭게 살아가는 것이 복지사회로 가는 길이다.

사회복지정책의 구성요소는 주체, 객체, 영역이다. 사회복지정책의 주체는 국가, 지방자치단체, 공공복지기관, 민간복지기관이며, 사회복지정책의 객체는 권리를 주장할 수 있는 대상자로 클라이언트이다. 사회복지정책의 영역은 좁은 의미로는 소득보장, 건강, 주택, 대인적 사회서비스를 의미하고, 넓은 의미로는 소득보장, 건강, 주택, 대인적 사회서비스, 교육, 조세정책, 노동시장정책 등을 들 수 있다. 정책주체란 정책을 책임지고 실행하는 주체로서 사회복지정책주체는 공공부문과 민간부분으로 나누고 공공부분은 중앙정부와 지방정부로 구분되고 민간부문은 가족, 친족, 종교, 기업, 상호부조 등이다. 복지국가위기 이후에는 민간부문의 확대와 공적 복지부문의 축소경향으로 다양한 공급주체인 국가, 시장경제가 혼합되어 변화하면서 다양한 공급주체 발생되어 자조집단, 자원봉사조직, 소규모 직업활동 집단, 협동조직, 사회단체, NGO, 기업, 종교단체 등이 활성화되고 있다. 이와 같이 공공부문과 민간부분인 두 부분의 혼합형태인 제3부문에 대한 논의가 부각되고 있으며 주체와 재정의 측면에서 공공과 민간을 나누지 않고 다양한 주체들이 개발되고 협력적으로 함께 해야 한다는 복지혼합 또는 복지다원주의가 점차 주목되고 있다.

1. 공공부분 주체역할과 필요성

자본주의에서는 시장 논리에 맡겨두면 최적의 균형점이 달성된다고 가정한다. 그래서 19세기 이후 자유주의적 기반에서 국가의 역할을 최소화하자는 야경국가론이 주도적이었다. 이때 시장은 완전경쟁시장을 가정한다. 완전경쟁시장은 ① 무수한 다수의 공급자 및 수요자 존재 ② 동질의 상품 ③ 완전한 정보 ④ 시장진입과 퇴거가 자유로움 등을 전제로 한다. 즉 이런 상태에서는 특정 소수의 공급자 혹은 수요자가 가격을 조작하지 못한다는 조건이다.

그러나 완전경쟁시장의 조건이 깨질 때 즉 불완전경쟁시장 논리에만 맡기면 부작용이 크므로 정부가 개입해야 한다. 또한 완전 경쟁시장이라 할지라도 ① 공공재나 ② 외부효과가 큰 경우 및 ③ 규모의 경제를 적용해야 하는 경우에는 국가가 개입해야 한다. 국가개입 필요성을 주장한 대표학자로 케인즈가 있으며 대공황 이후의 재건 논리로 등장하고 있다.

2차 대전 이후 국가의 개입과 영역이 크게 확대된 경우가 복지국가인데 관료주의 비효율성 등 정부의 실패가 나타나면서 70년대에는 경기 침체의 영향으로 다시 국가의 영향을 줄여야 한다는 주장이 대두된다. 신자유주의로 불리우는 신고전주의 경제학, 하이예크, 밀턴 프리드먼 등을 들 수 있다.

시장의 실패 유형으로는 시장의 불완전성(불완전한 자기조절 기능), 외부효과, 공공재공급의 실패, 소득분배의 불공평, 정보의 비대칭성, 도덕적 해이, 역선택, 규모의 경제 등을 들 수 있다.

공공복지의 필요성은 자칫 시장의 실패로 인한 비효율이 발생할 수 있으므로 국가가 나서서 정책 실현의 주체가 되어야 한다. 그래야 평등 즉, 소득재분배, 사회연대와 시민통합과 사회적 적절성 달성에 유리하고 일정 정도의 거시적 효율성을 추구할 수 있다. 우선 사회복지를 시장에 맡겼을 때 문제점이나 시장에서 사회복지를 제공할 때 비효율성이다. 따라서 공공복지가 필요하다는 것이다.

1) 공공무문의 필요성

자유시장 경제에서 시장의 불완전성, 외부효과, 공공재 공급의 실패, 소득분배 불공평, 규모의 경제, 정보의 비대칭성 등 때문에 시장의 실패가 발생하므로, 이를 바로잡기 위해 정부의 역할이 필요하다.

(1) 시장의 불완정성이다. 시장의 실패를 말한다. 자유시장 경제에 의해 자기조절기능이 1930년대 나타난 대공황 등의 경험을 통해 외부에서의 개입이 필요하며 조정이 필요하다는 인식이 확산되고 있다. 대공황이후 시장의 권한이 크면 효율적인 자원배분 및 소득분배 실현이 어렵다는 것을 인식하게 되었다. 따라서 시장개입의 필요성이 제기되었고 시장에 대한 외부조정자로서 국가의 역할이 필요하게 되었다.

(2) 외부효과(external effect)이다. 경제활동과 관련하여 제3자에게 의도하지

않은 혜택이나 손해를 가져다주면서도 이에 대한 대가를 받지도 지불하지도 않는 상태이다. 사회복지의 재화, 서비스는 외부효과를 많이 만들어낸다. 외부효과는 한 사람의 행동, 활동이 타인에게 영향을 미치는 현상, 상황을 말한다. 외부효과가 발생한 경우에 시장이 실패하였다고 본다. 긍정적 외부효과는 K지역의 복지인프라를 확충하면, K지역뿐만 아니라 지역 외 사람들도 혜택을 누릴 수 있어 긍정적 외부효과가 나타나다. 부정적 외부효과는 M지역에 공장이 설립되었는데 공장에서 나온 매연과 오염물질로 K지역의 환경은 오염되었다. 이런 외부효과는 시장에서의 실패라고 하며 따라서 외부효과에 공공부문이 개입하는 것이 바람직하다는 것이다. 즉 환경오염이나, 가난한 사람들이 이웃의 누군가의 도움에 의하여 빈곤을 벗어나게 된다면 전혀 그런 행위에 기여하지 않은 많은 사람들도 빈곤이 감소함으로써 범죄율의 감소, 집값상승 등과 같은 여러 이익을 볼 수 있다 이를 이웃효과라고도 한다.

(3) 공공재(public good) 공급의 실패이다. 공공재란 어떤 집단의 구성원들이 생산한 유형·무형의 재화로서 구성원 각자가 그 생산에 기여했는지 여부에 관계없이 모든 구성원들이 활용할 수 있는 재화로서 재화와 서비스가 소비에 있어서 비경쟁성, 비배재성을 지닌다. 공공재는 비경쟁성(non-rival consumption), 비배재성(non-exclusiveness:비배타적)인 성격을 지니고 있기 때문에 시장에 맡겨둘 경우 효율적으로 제공되지 않는다. 그러나 공공재의 공급을 시장에 맡겨둘 경우 다른 사람의 부담에 의해 생산된 공공재를 공짜로 소비하는 무임승차가 발생하기 때문에 비용을 지불하지 않고 혜택을 보는 문제가 생겨 시장의 실패가 발생한다.

(4) 소득분배의 불공평 : 시장경제에서는 가치가 큰 자원을 가진 사람이 있는가 하면 가치가 별로 없는 자원을 가진 사람이 있기 때문에 소득의 분배는 불공평해진다. 이의 해결을 위해 누진과세제도, 최저임금제도 등 소득재분배정책 실시하여야 한다.

또한 규모의 경제이다. 대중교육, 대량의 공공주택, 건설, 전 국민의료서비스 등이 이에 해당하며 단위당 비용이 적게 들고 재화나 서비스가 민간부문의 여러 공급자들에 의해 제공되는 것보다 필요한 거래비용을 줄일 수 있다.

(5) 정보의 비대칭성이다. 시장에 참여한 거래당사자 간에 쌍방이 동일한 양의 정보를 가지기보다는 여러 거래에서 어느 한쪽이 더 많은 정보를 가지기 쉬우며 공정한 경쟁과 교환을 위해서는 쌍방이 동일한 정보를 가져야 한다. 시장에서의 공정한 거래를 위해서는 정보의 양과 질이 공급자와 수요자에게 충분히 확보되어야 한다. 충분한 정보가 없다면 비효율적인 배분이 될 가능성이 크다. 여기서 국가가 재화에 대한 정보를 더 많이 갖고 있다면 국가가 주도하여 재화를 제공하는 것이 더 효율적인 배분이 될 수 있다. 정보의 불완전한 현상은 역의 선택과 도덕적 해이 현상을 가져온다.

(6) 도덕적 해이(moral hazard)이다. 일반적으로 보험회사가 가입자의 형태를 완벽하게 감시·감독할 수 없으므로 가입자는 보험회사가 생각할 때 최상이라고 생각하는 만큼 노력을 기울이지 않는 현상, 즉 보험가입자가 위험 회피 노력을 적게 하여 위험발생이 높아지는 현상이다. A가 B기업의 건강보험에 가입했을 경우 특정 질병이나 사고시 보험료가 나오게 된다. A는 보험에 가입했다는 생각에 사고나 질병예방의노력을 덜 하게 되고 지나치게 병원을 자주 찾아다닐 우려가 있다. 이것이 도덕적 해이이다.

(7) 역의 선택(adverse selection)이다. 보험과 관련되어 있는데 위험이 발생할 가능성이 높은 사람들이 보험에 집중적으로 가입하게 되어 평균적인 위험확률과 보험료가 높아지는 악순환이 생겨서 위험분산이 되지 않는 문제이다. 시장에서 판매하는 보험만 있다고 했을 때 시장에서는 보험원리에 따라 위험발생률이 높을수록 보험료가 높아지게 된다. 위험발생률이 낮으면 보험료가 부담이 되어 가입을 하지 않게 되고 자연히 위험발생률이 높은 사람들만이 주로 가입하게 된다. 따라서 위험분산은 되지 않고 보험료도 높아지게 된다.

(8) 위험발생의 상호의존성이다. 어떤 사람의 위험발생과 다른 사람의 위험발생이 관련되어 있을 때 보험회사의 재정안정은 이루어지기 어렵다. 따라서 민간 시장에서는 이런 위험에 대한 보험상품이 제공되기 어렵다.

2) 민간부문의 필요성

(1) 정부의 실패

시장의 실패를 교정하기 위한 정부의 정책적 개입이 원래의 목표를 달성하지 못하고 오히려 효율적인 자원배분을 저해하는 상황이다. 정부실패가 발생하는 원인에는 규제자의 불완전한 지식·정보제공, 규제수단의 불완전성, 규제의 경직성, 근시안적인 규제, 규제자의 개인적 편견이나 권한확보 욕구, 정치적 제약 등을 들 수 있다.

서비스 독점권을 가진 공공기관은 경쟁상대가 없어 비경쟁적이며 이에 따라 업무의 효율성이 떨어진다. 또한 강한 관료성으로 인해 경직되어 융통성이 결여되어 있다.

(2) 사회복지 서비스를 민간부문에서 제공해야 하는 이유

공공부문은 경제체계가 이루어지기 어렵기 때문에 독점화로 인한 여러 가지 문제가 발생할 수 있다.

민간부문은 공급자간의 경쟁을 통해 비용을 낮추고 서비스의 질을 향상시킬 수 있다. 또한 서비스대상자들의 선택권이 보장된다. 공공부문보다 덜 관료적이며 효율성이 높고 서비스대상자들에게 더 쉽게 접근이 가능하다.

(3) 가족 결함이나 사회적 문제

가족 결함과 해체 등으로 인한 욕구 발생 (독거노인, 조손가정 등)이나, 가족이 있음에도 불구하고 사회발전에 따라 발생하여 해결이 안 되는 실업, 산재, 노령 등은 누군가 사회발전의 혜택을 입었기에 그 해결도 사회적 책임으로 연대해서 한다는 의미이다

(4) 국민의 기초적, 보편적 욕구와 관련된 때

기초소득 보장이나 의료 보장 등 최저한의 생존권은 국가의 목표이다.

2. 국가 공급주체

1) 중앙정부

사회복지 정책 주체로서의 중앙정부의 특성은 첫째, 사회보험과 공공부조 등과 같은 기초적 서비스의 포괄적 제공이다. 이는 국민전체의 생존권 보장과 일괄적이고 통일적으로 책임성있게 제공하며, 막대한 재원조달을 중앙정부가 제공할 수 있다. 둘째, 국가 보조금의 지원으로 원래 국가책임인데 지자체나 민간에 위탁한 것이기에 보조금 지불하는 것이다.

셋째, 규제자로서의 역할이다. 각종 법원과 행정지침을 통해 지방정부나 민간부문을 통제해서 정책목표의 달성을 유도한다. 넷째, 공적기구의 고용자로서의 기능으로 사회복지전담공무원 외에도 민간조직에 대한 위탁도 고용자로서의 기능을 한다.

전달체계로서 중앙정부의 장점은 다음과 같다.

① 사회복지재화나 서비스 가운데 의료나 교육서비스와 같은 것은 그 속성상 공공재적인 성격이 강하여, 모든 국민들을 대상으로 하는 것이 전체 사회의 이득의 관점에서 유리한데, 현실적으로 이것은 중앙정부만이 할 수 있기 때문이다.

② 어떤 재화는 대상이 되는 사람이 많을수록 기술적인 측면에서 유리하다.

③ 사회복지정책이 추구하는 가장 중요한 목표인 평등(소득재분배)과 사회적 적절성의 두 가치를 구현하는 데 중앙정부가 유리하다.

④ 다양한 사회복지에 대한 욕구를 체계화하여 다양한 프로그램을 통합, 조정하거나, 이러한 정책들을 지속적이고 안정적으로 유지하는 데 유리하다.

중앙정부의 기능상 한계는 다음과 같다.

문서제일주의 등으로 대변되는 폐해, 엄격한 위계 형성으로 결정 지연과 상명하복 문화에서의 하향식 결정구조 등의 관료주의 폐해로 현장의 지역적 시간적 탄력적 욕구 해결에 미흡하고 소비자에게 소외감으로 인해 비공식부문에 의한, 자원봉사에 의한, 민간에 의한 역할 증대가 요구되고 있다.

국가 주도로 했음에도 불구하고 사회문제와 욕구가 불충족되고 복지욕구는 점증하며 계층간 갈등이 키워지는 한계가 노정된다는 점이다.

① 자원의 비효율적인 배분의 문제가 발생할 수 있다.

② 불필요하게 재화 가격이 비싸거나 혹은 재화의 가격이 통제된 상황에서는 재화의 질이 낮아질 수 있다.

③ 새로운 욕구나 변화된 욕구에 대한 재화나 서비스의 형태, 양의 변화가 늦다.

2) 지방정부

지방자치단체의 장점으로 사회복지서비스 분야에서 지방이 가진 특수한 욕구에 신속하고 전문적으로 대응할 수 있고, 재량권을 활용하면 지역 간 경쟁을 통해 전체적으로 국민복지가 증진될 것으로 본다.

① 지역주민들의 욕구를 더 효율적으로 해결할 수 있다는 점이다.

② 지방정부 단위로 제공하게 되면 지방정부들 간의 경쟁을 유발시켜, 경쟁논리에 의하여 재화의 가격과 질의 측면에서 수급자에게 유리해질 수 있다.

③ 중앙정부에 비하여 비교적 창의적이고 실험적인 서비스 개발이 용이하여 수급자들의 변화되는 욕구에 적극적으로 대처해 나갈 수 있다.

④ 수급자들이 정책결정에 참여할 기회가 높아져, 수급자의 입장이 반영될 가능성이 높아진다.

지방자치단체의 한계점은 다음과 같다.

지방정부는 주민을 만족시키기 위해 더 나은 복지를 제공하려 노력하겠지만 지방 간에 ① 재정상태 ② 기술, 능력 ③ 규모의 차이로 인한 정책과 서비스의 효율성, 경제성, 지속성 등의 불평등은 결국 사회통합을 저해하고 불안요소가 된다. 그런 차원에서 자치체 간에 무한 경쟁이 바람직한 것만은 아니고 중앙에서의 조절이 필요하다 하겠다.

① 우선 지역 간의 커다란 불평등을 야기 시켜 사회통합을 저해하는 점이다.

② 지방정부 단위는 중앙정부에 비해서 규모의 경제 효과가 적어, 사회보험의 경우 기술적인 측면에서 불리하다.

③ 지방정부 단위의 프로그램 발전은 단편화할 가능성이 크다.

④ 프로그램의 안정성과 지속성의 측면에서도 불리하다.

3) 중앙정부와 지방정부의 혼합체계

중앙정부가 지방정부에 재원을 일부 보조하여, 지방정부가 재화나 서비스를 제공하는 방법에 일정한 규제를 하는 것이다.

(1) 재정적 규제

중앙정부가 지방정부에 재정지원을 하는 방법은 크게 세 가지이다.

① 조건적 지원이다.

범주적 지원이라고도 하는 데 재원이 사용될 세부적인 항목을 지정하여 제공한다. '무제한 matching'의 방법으로 중앙정부가 지원하는 액수의 일정한 비율을 지방정부에 부담시키는 것과 '제한적 matching'의 방법, 주어진 항목에 사용하도록 단순히 일정한 액수를 주는 방법으로 세 가지가 있다.

② 중앙정부의 재정적 규제방법이다. 이른바 'block grant'로서 일괄보조금이다. 프로그램의 기능별로 크게 묶어 지원하는 것으로 이는 지방정부의 독립성을 다소 높이고 지방정부의 특수한 욕구들에 대해 보다 융통성 있게 대처할 수 있다.

③ 중앙정부의 예산 가운데 일정 부분을 지방정부에 넘겨주는 것으로 지방정부의 독립성을 가장 높여주는 장점이 있다.

(2) 프로그램 규제이다.

중앙정부가 지방정부에게 재정보조를 할 때 프로그램의 세부적인 내용 즉, 대상자 자격, 급여의 형태와 액수, 세부적인 전달방법에 관하여 규제한다. 이는 지방정부의 독립성이 크게 줄일 수 있으며, 지방정부 전달체계의 장점들이 나타나기 어려운 반면, 중앙정부 전달체계가 갖고 있는 단점들만 부각될 수 있다.

(3) 수급자 숫자나 욕구에 따른 규제이다.

어떤 프로그램들은 지방정부의 수급자의 숫자나 혹은 욕구를 가진 사람들의 숫자에 따라 차등 지원한다. 지방정부의 인구숫자나 욕구가 많다고 판단되는 경우에 더 많은 재정을 지원하는 것이다. 지역간 불평등의 문제를 극복할 수 있는 반면, 중앙정부의 재정부담은 상대적으로 커질 수 있는 단점이 있다.

(4) 절차적 규제이다.

중앙정부가 지방정부에 재정지원을 할 때 어떤 프로그램에 대해서는 운영에서 일정한 절차를 요구한다. 이는 프로그램을 운영할 때 지방정부의 남용과 오용을 막고, 중앙정부가 바라는 가장 기본적인 목표 인권의 존중, 시민참여 등을 이루고 있는가를 조사하기 위해서이다.

4) 민간공급주체

자원조직, 종교조직, 기업, 비공식부문 및 영리부문이 있다.

(1) 자원조직

제3섹터로 표현되는 자원조직은 국가, 시장 및 가족 사이에 존재하면서 공식적, 비영리적, 사적기관이다. 과거에 국가가 나서기 전에 사회복지적 역할을 수행했고 현재도 활발한 활동 중이다. 단 미국이나 일본같이 자유주의 전통국가에서 더 활발하고 사회민주주의 전통이 강한 노르딕 국가에서는 많은 부분이 국가 혹은 공공부분이 담당하고 있다.

(2) 비공식부문

비공식부문으로 가족, 친구, 이웃 등 비조직, 무형식으로 사회복지서비스 공급하는 데 그 이점은 욕구의 다양성에 쉬운 대응과 적응, 전달체계에서 시간, 노력, 비용 발생이 적어 효율의 극대화를 도모하고 특별한 접근 어려움이 없어 서비스 효과성 높아진다.

비공식보호의 쟁점으로는 여성의 역할이 크기 때문에 비공식부문 역할 확대는 여성 권익 저해를 낳는다. 또한 인구 및 경제 지정학적 구조변화로 비공식부문 서비스 제공자가 줄어들고 있다. 기존의 비공식부문 체계를 공식제도로 대체하면 다시는 회귀할 수 없다. 예로 들어 요양보호체계가 비공식부문에서 공식부문으로 제도화되면 가족위주 보호로 돌아갈 수 없다는 점이다.

(3) 영리조직

기초적, 포괄적 욕구 이후의 부가적이고 일상적인 보육이나 재가서비스 등 사회복지 관련 욕구를 해결할 필요성과 국가에 기대하는 복지수준이 높아져서 재정난 발생하는 등의 배경을 들 수 있다.

시장원리에 의존, 요금부과, 이윤추구가 특징이며 노르딕 국가는 역할 비중이 낮고 미국은 상대적으로 역할 비중이 크다.

(4) 국가와 민간의 혼합체계

오늘날 사회복지 공급주체는 공사 혼합체계로 변화되어 가고 있다. 사회복지재화나 서비스들 가운데 어떤 것들은 정부와 민간부문의 혼합체계를 통하여 제공되기도 한다. 이러한 전달체계는, 특히 오늘날의 '복지국가의 위기'의 시대에서 이른바 '민영화'의 이름하에 강조되고 있는 경향이 있다.

정부와 민간부문의 혼합체계가 필요한 가장 중요한 기본적인 이유는 이러한 혼합체계를 통하여 민간부문의 시장원리에서의 장점들인 효율성, 경쟁성, 선택의 자유, 접근성, 대응성, 융통성 등을 중앙정부와 지방정부의 혼합체계에 비하여 더 크게 살릴 수 있기 때문이다. 그러나 다른 한편으로는 정부와 민간부문의 혼합체계는 민간부문의 한계와 단점들인 공공재적 성격을 갖는 재화 제공의 어려움, 평등추구의 어려움, 규모의 경제에서의 단점 등도 상대적으로 크게 나타날 수 있다.

3. 사회복지 정책의 대상

사회복지 정책의 대상은 사회복지정책의 객체로 사회문제를 해결하거나 욕구를 가지고 있는 사람들의 욕구를 충족시키기 위한 것이다.

1) 기본욕구

Richards & Thomson은 기본욕구는 모든 개인에게 공통적으로 존재하며 무차별 평등의 원리로서 특정의 개인의 사회경제적 지위나 그 외 개성과 관계없이 한 인간으로 동일하게 지니는 욕구이다.

기본욕구는 필수불가결한 욕구로서 인간이 사회적 존재로 생활을 유지하는데 필요한 없어서는 안될 욕구이다.

개인에게 최소한의 수준으로 있어야 하는 욕구로 한 개인으로써 생활을 할 수 있을 만큼의 적절한 수준 즉 국민 최저수준이나 사회적 최저수준으로 충족되어야 할 욕구이다. 그러므로 사회적 시대와 상황에 따라 구체적 수준이 변화한다.

2) 사회적 욕구

인간이 가지고 있는 기본욕구가 개인적 차원에서가 아닌 사회적 차원에서 발생가능하다는 인식으로 브래드쇼는 사회적 욕구를 ① 규범적 욕구(normative need: 빈곤선, 최저생계비 등, ② 느낀 욕구(felt need: 욕구감촉적 욕구로 사회조사를 통해 파악됨), ③ 표현된 욕구(expressed need) ④ 비교욕구(comparative need: 상대적 빈곤)로 분류하고 이런 사회적 욕구는 특정 사회에서 사회복지를 통해 해결해야 하는 인간의 기본적 욕구라고 인식하여 규정한 것이다.

규범적 욕구는 전문가가 주어진 상황에서 욕구라고 정의한 것으로, 즉 바람직한 수준이 정해지고 실제적으로 존재하는 수준과 비교하여 개인이나 집단이 바람직한 수준에 미치지 못하면 그들은 욕구 상태에 있다고 본다.

느낀 욕구는 욕망(want)과 동일시되는 것으로서, 주관적 지각에 초점을 두고 그것은 통상 관련된 사람들에게 특정 서비스가 필요하다고 느끼고 있는지 여부를 물음으로써 사정된다.

표현된 욕구는 사람들이 어떤 서비스가 필요하다고 느끼면서 욕구가 충족되기를 요청하거나 요구하는 행동을 취하는 경우의 욕구를 말한다.

비교 욕구는 서비스 대상자들을 연구함으로써 얻어지는 욕구로서, 만약 비슷한 상황에서 어떤 사람들은 요구호자이고 다른 사람은 아닐 경우 후자는 욕구 상태에 있는데. 이때의 욕구를 의미한다.

사회적 욕구로는 매슬로의 욕구 5단계로서 생리적욕구, 안전의 욕구, 애정의 욕구, 자기존중의 욕구, 자아실현의 욕구가 있다.

사회적 문제는 개인들의 기본적인 욕구를 충족하지 못하여 사회적으로 문제화되는 것, 사회적 불평등, 사회적 부적응, 사회해체 등이 있다. 사회보장기본법은 질병, 장애, 노령, 사망, 실업 등의 사회적 위험의 보장에 있으며 현대사회의 4D는 Destitute(빈곤), Disease(질병), Deliquency(비행), Dependence(의존), 베버리지 보고서의 5대 사회악은 질병, 궁핍, 무지, 불결, 나태이며, 노인의 4고는 빈곤, 질병, 무위, 고독이다.

사회문제는 많은 사람에게 영향을 주고, 그 영향이 바람직하지 못하고, 이런 상태에 대하여 대책이 행하여지기를 요구하며, 그것은 집단적 사회행동에 의한 사회개입이 존재하는 것을 말한다.

공공문제(사회문제)의 특징(Mills)은 다음과 같다.

① 크기와 범위에 있어, 상당수 사람이 공유한다.

② 고유성에 있어, 연령, 성별, 인종 등 일부 집단에 공통적이다.

③ 시간에 있어, 결과가 수년간 비교적 장기간 나타나는 것

④ 문제의 원인이, 제도나 정책의 역기능에서 발발한다는 특징이 있다.

개인문제 관점에서는 사람들 생활에 어떻게 개입을 할 것인가가 중요하고 공공문제 관점에서는 사회의 제도적 여건의 구조적 변화에 시사점을 갖는다.

개인문제와 사회문제의 차이점은 다음과 같다.

개인문제는 개인이 지닌 다양한 욕구에 대한 충족이 이루어지지 않는 상태를 말한다. 따라서 사회성에 있어서는 개인의 욕구 충족이 어려운 사건과 상태가 특정 문제에 직면한 개인의 책임보다 사회적 제도나 구조상의 결함과 실패로 인해 야기된다.(환경문제)

보편성에 있어서는 사회문제가 지닌 부정적인 영향력이 특정 개인에게만 한정된 것이 아니라 사회구성원 전체에게 보편적으로 미칠 수 있는 영향력이 높다는 것을 의미한다. (노인문제)

3) 할당

사회복지정책에서 그 대상을 어떤 사람, 어떤 집단으로 할 것인가에 대한 논의를 할당이라 한다. 즉 사회복지급여를 누구에게 제공할 것인가에 관련한 질문으로 수급자의 자격요건을 어떻게 설정할 것인가도 연관된다. 길버트는 사회적 할당이란 사회급여를 받을 자격을 가진 사람이 누구인지 결정하기 위한 조건으로 결혼여부, 고용상의 지위, 거주, 가계규모, 아이큐, 건강, 연령, 교육수준, 군복무기간, 인종, 종교, 소득이 있고 유럽연합의 경우 ① 수급자의 수 ② 일반조건으로서 거주기간, 국적, 거주조건, 연령, 노동의사, 다른 급여와의 관계 ③ 자산조사 ④ 지역간의 차이를 포함하고 있다.

할당원칙은 다음과 같다.

사회복지정책을 사회구성원 중 누구에게, 어떤 문제를 해결하기 위해 제공할 것인가를 정확하게 파악하여 필요한 사람들에게 사회급여를 정확하게 전달하려는 다양한 원리 사이의 선택을 의미하고 이런 할당원칙에 따라 사회복지정책의 대상이 결정된다.

전통적 할당원칙은 보편주의와 선택(선별)주의가 있다.

보편주의는 사회적 급여가 모든 국민에게 하나의 사회적 권리로서 인정되며, 인간의 존엄성 유지와 사회통합, 평등의 원칙(노령보장, 의무교육으로 선별주의가 효용의 극대화를 주장하지만 제도 유지를 위한 비용투입 면에 있어서 보편주의가 오히려 우수하다고 주장한다.

선별주의는 사회적 급여가 소수의 사회적 약자를 대상으로 제한적 이루어지며, 전체사회의 비용효과와 총 효과(정책 목표 효과성이나 대상 효율성)를 높이고 효용의 원칙(사회부조, 영구임대주택)으로 빈민에게 선별적으로 할당하는 것이 불평등을 감소시켜 평등 이행에 더욱 효과적이라 주장한다.

양자의 차이는 소득자산 조사가 있느냐(means test = income test)에 있다. 보편주의는 특정한 인구학적 특성에 맞으면 급여하므로 demo grant(수당제도)라 하고 이때는 소외나 stigma가 없다. 선별주의는 소득자산조사를 하는 것에 해당한다.

길버트와 스펙트의 할당원칙은 다음과 같다.

① 귀속적 욕구는 충족되지 않은 공통요구를 가진 집단에 속하느냐에 따라 자격요건이 좌우된다. 즉 욕구의 규범적 준거에 기반을 둔 범주적 할당에 기초한다(working mom, 아동).

② 보상은 사회경제적으로 공헌을 했거나(재향군인, 사회보험 가입자), 사회적으로 고통을 당한(인종피해자, 도시이주자) 자와 같이 특정한 범주나 혹은 집단에 속하느냐에 따라 자격요건이 결정된다.

③ 진단적 차별은 특정상품이나 서비스가 필요한지를 전문가의 판단에 의존한다(장애 아동).

④ 자산조사에 의한 욕구는 상품이나 서비스를 개인이 구매할 수 없다는 증거

에 의해 좌우되며 (빈민) 경제적 기준에 근거를 둔 개인적 할당에 기초한다.

월렌스키와 르보의 전통적 사회복지개념 모델과 비교하면 위에서 귀속적 욕구쪽으로 갈수록 사회복지 제도적 개념에 가깝고 위의 자산조사에 의한 욕구쪽으로 갈수록 보충적 개념과 가깝다

4) 사회복지제도의 재원

사회복지정책의 재원으로는 공공재원으로 정부의 일반예산, 사회보장을 위한 조세, 조세지출(조세비용)이 있고 민간재원으로 사용자 부담금, 자발적 후원·모금, 가족내·가족간 이전 등이 있다.

사회복지재원의 조달에 있어서 공공 대 민간 재원의 비율을 보면 19세기 말까지는 민간 재원 위주였으며 사회복지발전에 따라 공공 재원이 훨씬 더 크게 변했다. '70년대 이후 신자유주의에 따라 공공지출이 줄어들고 민간의 역할이 커지게 되었지만 서구 복지국가에서는 여전히 공공 재원의 비중이 압도적이다. 유럽국가는 90% 이상이 공공 재원이고 영연방도 80% 이상이며 미국은 전통적으로 민간의 역할이 상대적으로 큰 나라지만 공공 재원이 65% 선인데 비해 한국은 이제 60%에 도달해 있어 공공 재원을 더 늘려야 할 과제가 있다.

한편 공공재원 중에서도 일반조세에 의한 조달과 사회보험료에 의한 조달 비중을 비교해 보면 스칸디나비아는 조세비중이 90%를 상회하여 절대적으로 조세에 의존하고 있고 영연방 쪽도 조세 비중이 높은데 비해 다른 유럽 국가들은 보험료 비중이 더 크다. 한국도 보험료 비중이 70% 수준으로 조세보다 더 크다.

공공재원조달 방식은 조세, 사회보험료, 조세지출, 수익자 부담 등이 있다.

첫째, 조세는 ① 소득재분배를 통한 평등가치 구현이다. 그 이유는 (a) 조세부과 방식이 누진적 성격이라서 그렇고 (b) 기초생활급여처럼 한정 대상자에게 집중해서 급여하기에 소득재분배에 유리하다.

② 급여 내용이나 대상에서 보편화를 이룰 수 있다. 사회보장성 조세 재원을 사용하는 복지정책은 대상이 한정되고, 민간 재원은 수혜자가 제한될 수 있는 것과 대비된다. 아울러 대상만이 아니라 서비스 질도 보편화를 구현할 수 있다.

③ 지속성 측면에서 안정성이 있다. 한편으로는 조세저항으로 인한 정치적 부

담이 존재한다.

④ 대상자 제한 없는 보편적 프로그램의 재원으로 적합하며, 대표적으로 기초생활보장제도가 있다.

조세를 사회복지정책의 재원조달 방식으로 선택하는 배경에는 ① 생존권에 대한 국가의 책임이 있고 ② 사회적 문제의 사회성과 보편성을 볼 때 그 비용을 국민 모두가 부담해야 하며, ③ 문제 축소와 해결에 의해 발생하는 외부성 효과 때문이다. ④ 누진세에 의해 소득재분배를 높일 수가 있다.

단점으로는 ① 행정의 자의적 개입 여지 ② 낙인 발생 ③ 조세 재원 확보를 놓고 다른 정책분야와의 경쟁으로 재원조달 안정성에 손상을 가져올 수 있다.

중앙정부의 지방정부에 대한 재정지원 방법으로는 항목별 보조금방법으로 사용처를 구체적으로 지정해서 보조하는 것으로 예산을 다른 용도로 사용하지 못하는 장점이 있다.

matching grant는 중앙정부가 일정정도를 지원해 주면 지방정부도 일정정도 사용을 부담한다. non-matching grant는 단순히 일정 액수 지급하는 것으로 지원 상한액의 제한이 없다.

그리고 기능별보조금과 특별보조금이 있는데 기능별 보조금은 전반적인 기능의 범위 안에서 지방정부의 재량대로 사용하도록 하며, 서비스 제공에서의 기능 및 역할을 분담한다.

특별 보조금은 중앙정부 예산 중 일정부분을 지방에 넘겨줌으로써 지원한다.

둘째, 사회보장성 조세(사회보험료)는 다음과 같은 특성을 지니고 있다.

① 대상자가 보험료 납부자로 제한되는 특성이 있다.

② 보험의 성격으로는 수지 상등의 원리, 다 기여자에 대한 다급여 보장을 반영하면서도 얼마간의 소득재분배 기능을 한다.

③ 목적세처럼 용도가 분명해서 유럽의 경우 조세저항이 적어 정치적 측면에서 절대적으로 유리하다. 목적세와 유사한 측면을 지적한다면 부담과 수익이 개별적으로 대응관계가 없다. 일반적으로 능력비례원칙에 따라 징수하고 강제적으로 징수한다는 점이다.

④ 소득재분배 효과가 조세보다 역진적 효과(경제적 능력이 클수록 부담이 적

게 되어 부자가 더 유리한 효과)가 클 가능성이 높다. 그 이유는 (a) 사회보험료율 정률제가 많아 빈민에게 상대적으로 보험료가 크게 느껴진다. (b) 대부분 소득상한액을 설정하기에 상한액 이상의 소득에 대해서는 보험료를 물지 않기에 부자에게 유리하다. (c) 보험료 부담이 근로자와 사용자의 2자부담 방식인 경우 사실상 사용자(부자) 부담은 근로자(빈민) 노동비용으로 대체되기에 역진적이다.

⑤ 소득재분배 효과가 조세보다 떨어지지만 대상자가 많기 때문에 재분배의 총량적인 면은 효과가 크다.

조세재원의 장점은 다음과 같다. 소득재분배 효과가 더 크고, 사회적 평등화에 더 기여, 소득역진성을 원천 차단, 각종 서비스 프로그램간에 상호조정이 가능, 보험료 인상요인이 되므로 무책임한 급여인상을 억제한다.

사회보장성조세의 장점은 급여의 권리성과 낙인이 없으며, 보험운영에 참여하고, 사업주(사용자) 부담으로 인한 책임과 주의를 부과하고, 징수비용처럼 조세저항 낮으며, 적립금의 공공적 활용이 가능하다는 점이다.

셋째, 조세감면(조세지출)이다.

① 개인에게 각종 공제와 감면을 해주는 사회복지성격과 기업체에게 투자나 기술개발에 대한 세금 감면을 해주는 경제활성화 성격을 지닌다.

② 원취지로는 정부가 세금을 받았다가 사회복지 급여나 서비스의 형태로 돌려주는 형태인데 과정을 쉽게 하려고 세금 계산시 소득공제나 세액감면의 방법을 취한다. 그래서 소득세 납부자만 해당된다.

③ 소득재분배 효과에서는 매우 역진적이다. 그 이유는 (a) 사용자에게 주는 혜택(투자나 기술에 대한 감면)이 근로자에게 주는 혜택보다 크다. (b) 고소득자가 감면받는 것이 저소득자보다 크다. (c) 소득이 높을수록 공제 대상이 많은 것이 현실이다(의료비, 교육비, 보험료, 기부금 등).

④ 신자유주의에 따른 정부 비대화 비판을 피하기 위해 직접 급여나 서비스를 제공하기 위한 조직을 피하려고 조세감면 방법의 비중이 커져 미국은 재원의 35%를 차지할 정도로 큰 비중을 차지한다. 하지만 누진적 세금을 정당히 거둬 본래 목적에 맞는 급여와 서비스를 제공하는 것이 소득재분배 효과와 대상의 효과성을 높일 수 있다

넷째, 수익자부담이다. 수익자부담은 서비스 남용억제 효과가 있으며, 사회복지 재정부담을 완화할 필요(신자유주의 이후 사회복지서비스에 자유시장 경제원리 도입)가 있으며, 새로운 사회복지 욕구 출현에 따라 필요해질 수 있다.

민간재원조달 방식은 민간사회복지기관이 대부분은 재정적인 면에서 공공과 민영의 혼합 형태. 수익자 부담, 모금, 기부금, 회비, 후원금, 수익사업 이익금, 비공식 부문 형태가 있다.

사회복지정책 일반예산과 민간부문 재원의 장점을 비교하면 다음과 같다.

첫째, 일반예산재원의 소득 재분배성이다.

소득재분배성, 누진성이다. 소득이 낮은 사람에게 급여시 재산이 적고, 높은 사람일수록 납부를 많이 한다. 평등측면으로 급여대상이 넓고 급여 내용이 보편적이며, 재원의 안정성과 지속성인데, 국가의 공권력에 의해 조세 부과가 이루어진다는 점이다.

민간부분 재원은 융통성이 있다.

사용자부담금이라는 면에서 일정액수 본인 부담(예-의료서비스의 본인부담금)으로 이루어지고, 자발적 기여금으로 특히 개별적 사회서비스(예-불우이웃돕기성금)가 있고 기업의 복지지출면에서 다양한 프로그램 존재(예-기업연금, 기업의료보험)한다. 그리고 비공식 부분의 지원으로 가족, 친척, 이웃(예-노부모에게 자녀들이 용돈제공 및 보험제공)이 있다.

재원조달정책 선택의 기준은 중립성 기준, 공평성 기준, 안정성 기준, 간소성 기준이 있다.

재정관리방식이란 개별의 사회복지제도들이 조세, 보험료 그리고 기타의 운영수입 등으로 조달하게 되는 재원을 어떠한 방법으로 관리를 하도록 할 것인가 하는 문제와 관련된 사안이다.

일반적으로 조세를 운영재원으로 하는 사회복지제도들이나 질병·실업·산업재해 등 주로 단기성의 위험을 담당하고 있는 사회보험제도들의 경우 재정의 수지균형은 매년을 단위로 이루어지고 있다. 구체적으로 개개의 제도들이 매년도 국가나 사회보험의 가입자들로부터 조달하게 되는 재정수입의 규모는 같은 해의 재정지출을 충당하는 수준에서 결정이 된다. 따라서 이러한 방식으로 운영이 되는 사회복지제도들의 경우 긴급한 상황에 대비한 최소한의 기금을 제외하고는 별도의 적립기금이 필요로 하지 않게 된다. 반면 장애, 노령 또는 장기성의 위험을 담당하고 있는 공적연금제도의 경우 다양한 종류의 재정관리방식이 존재할 수 있다.

재정관리방식유형으로는 적립방식과 부과방식이 있다.

적립방식은 장차 발생하게 될 연금급여의 지급에 대비하여 사전에 그에 상응하는 기금을 축적하는 방식을 의미한다.

부과방식은 매년도 연금 급여의 지출총액은 전적으로 같은 해의 보험료 수입으로 충당된다. 이에 따라 순수한 부과방식의 경우 아무런 적립기금이 존재하지 않게 된다. 여기서 노후소득보장의 기능은 근로세대가 노인세대를 부양하고, 향후근로세대의 노후생활에 대해서는 미래세대가 책임을 지도록 하는 소위 '3세대 간계약'을 바탕으로 이루어지게 된다. 부과방식의 이러한 세대 간 부양의 기능에 따라 연금제도는 도입 초기 이미 나이가 들어 연금제도에 가입할 수 없게 된 노령계층에 대해서도 노후소득을 보장해 줄 수 있는 장점을 갖는다.

제 2 절 사회복지정책과 전달체계

1. 전달체계의 의의

복지정책 급여대상자의 측면에서 그를 둘러싼 일체의 공사 복지기관과 이들 기관의 서비스 전달망으로 전달체계가 적절하게 구성되어 있어야 급여대상자에게 급여가 최종적으로 효과적으로 전달될 수 있다.

예를 들면 중앙정부 사회복지 관련 부처, 지방정부 사회복지 관련 부서, 사회보험관련 관리공단, 민간복지기관 및 시설 등에 의한 전달체계를 말하며, 사례를 통한 전달체계의 문제는 알코올 중독의 실업 여성가장이 딸을 보육시설에 맡기고 재활치료와 직업훈련을 받아야 하는 경우에 어린이집, 알코올 치료센터, 재활

시설, 직업훈련기관 등이 서로 거리가 떨어져 있고, 운영시간이나 프로그램이 중복되거나 조정이 어려운 경우에 있다.

기관들 사이에 편리한 교통수단이 부재하고, 기관간 의뢰나 협조가 없는 경우나, 가까이에 이용 가능한 어린이집이나 재활 기관들이 별로 없는 경우, 있어도 대기자가 많거나 차별받는 경우 그리고 클라이언트의 어려움에 대해 지역사회 사회복지기관들이 무심한 경우 등이 문제가 될 수 있다.

전달체계는 사회복지정책에서 제공하는 급여나 서비스를 제공하는 조직적 장치를 말하며 전달체계를 통해 서비스 대상자들의 욕구를 효과적으로 충족할 수 있다.

전달체계의 이상적인 목표는 사회복지 서비스가 필요한 개인이나 집단에게 제대로 전달하여 정해진 정책목표를 효율적이고 효과적으로 달성하는 것으로 전달체계는 이를 위해 ① 서비스가 통합되고 지속적이어야 하고 ② 서비스에 대해 클라이언트가 손쉽게 접근할 수 있어야 하며 ③ 그 활동과 결정에 대해 책임성을 유지할 수 있어야 한다.

전달체계의 이상적인 기능으로는 ① 투입기능 ② 책임기능 ③ 서비스제공 기능 ④ 계획 및 통제 기능이 있다.

2. 사회복지 전달체계의 원칙

전달체계 구축에 있어서의 원칙은 우선 행정적인 측면에서 ① 기능분담의 체계성 원칙 ② 전문성에 따른 업무분담의 원칙 ③ 책임성의 원칙 ④ 접근 용이성의 원칙 ⑤ 통합조정의 원칙 ⑥ 지역참여의 원칙 ⑦ 조사 및 연구의 원칙이 있다.

서비스제공과 관련된 원칙으로는 ① 평등성의 원칙 ② 재활 및 자활목표의 원칙 ③ 적절성의 원칙 ④ 포괄성의 원칙 ⑤ 지속성의 원칙 ⑥ 가족중심의 원칙

전달체계 구축에 있어서의 원칙은 다음과 같다.

(1) 책임성(accountability)의 원칙

사회욕구에 신속하고 융통성있게 대응함으로써 소정의 기능수행을 다해야 하는 전달체계의 책임성이다. 급여대상자에 대해 최대한 욕구해결을 도모해야 하는 전문가의 책임성을 말한다. 전달체계에 맡겨진 사회적 위임과 과제를 어느 정도 적절하게 수행하는가에 대한 의문을 말 한다. 책임성 확보방안으로는 행정적 청문회의 호소절차와 올바른 과정, 책임성 전략으로서 클라이언트에게 권한을 부여한다.

(2) 접근용이성(accessibility)의 원칙

서비스를 요할 때 용이하게 접근할 수 있어야 하며 시간적, 공간적, 문화적 접근성 등이 높아야 한다. 사회복지 대상자가 필요로 하는 서비스와 급여를 제공받기 위해 나아가는 과정이 쉬워야 한다는 의미이다.

접근성 확보방안은 ① 유사한 경험을 가진 워커의 채용, ② 의뢰서비스 전문기관, ③ 특수인종을 취급하는 기관이어야 한다.

(3) 지속성 원칙

연속성의 원칙으로 욕구 충족이 이루어질 때까지 지속적으로 그리고 안정적으로 급여가 제공되어야 한다.

(4) 통합조정(coordination)의 원칙

다양한 서비스를 통합 관리함으로써, 급여대상자에게 서비스가 중복되거나 혹은 단편적으로 수급되지 않도록 해야 한다.

여기서 통합적인 서비스란 사례관리(case management)로서 복잡하고 다양한 욕구를 가진 클라이언트가 개별 기관이나 전문가 등의 지역사회내의 서비스 제공자들을 일일이 찾아다니지 않고, 필요한 서비스들을 효과적으로 받을 수 있도록, 사례관리자가 자원을 활용하여 클라이언트로 하여금 지역 사회 내에서 독립적인 생활을 할 수 있게 도와주는 통합적인 서비스 전달방법이다.

통합성이란 문제를 가진 사람들이 전달체계를 통하여 사회복지 서비스를 받게 될 때, 복합적이고 다양한 문제해결에 필요한 각종의 서비스가 질서정연하고 체계적으로 제공되어 문제를 해결하고 욕구 충족을 충분히 달성할 수 있는 것을 말하고 지속성은 사회복지 대상자에게 필요한 서비스를 문제를 해결하는 동안 일정 기간 지속적으로 제공하는 것이다. 사회복지정책을 통한 해결해야 하는 문제나 욕구는 복합적이고 정책의 급여나 서비스는 전문화, 세분화 되어 있기 쉬우므로 통합성과 지속성의 확보는 매우 중요하다.

통합성과 지속성 확보방안은 중앙집중화(직원의 상호교환, 동일지역내 업무제휴, 합동 전달, 출장소 직원 파견, 협의체 활용 등), 사례관리 (사례관리자 한 사람이 일련의 서비스를 전달하기 위한 권한과 조직의 조정을 함으로 통합성을 증진시키고 단편성의 문제를 극복하는 중요한 전략중 하나이다.)

(5) 경쟁성의 원칙

복지급여의 질 향상과 수급자의 다양한 선택권을 보장하기 위해서 독점보다는 전달 체계간 경쟁의 원리가 필요하다.

(6) 전문성

전달체계간 기능의 분담과 전문화를 말한다. 사회복지 전달체계는 인간욕구와 관련된 다양한 문제를 취급함으로 공공정책의 전달체계와 다른 특성을 가지는데 추상적이고 획일적인 사회복지 정책내용을 클라이언트의 여건에 맞추어 적절하게 전달하는 일은 전문적인 기술과 방법을 필요로 하기에 전달체계는 조직의 구조와 인력배치 등에 있어 전문성을 지닐 수 있도록 설립되어야 한다.

(7) 효과성

전달체계가 가져야 할 핵심적인 설립의 기준으로 조직이나 전달체계가 목적한 바를 얼마만큼 달성하였는가에 대한 물음으로 제공하는 서비스가 대상이 가지고 있는 문제해결이나 지역사회 욕구를 어느 정도 충족시켰는가 하는 개념으로 자원의 적합성, 욕구의 적합성, 과정의 적합성, 목적달성, 클라이언트나 지역사회의 변화 등이 포함된다.

(8) 효율성

최소한의 비용으로 정책목표를 달성할 수 있도록 전달체계를 구성해야 한다. 정책목적을 실행하기 위해 투입한 비용과 산출된 서비스나 프로그램의 비용을 비교하는 개념으로 가용자원의 활용도, 투입인력의 생산성, 산출물 단위당 비용

등의 측정치로 효율성을 파악하는데 전달체계는 적은 투입비용으로 최대한의 정책목표 달성을 할 수 있도록 설립되어야 한다.

3. 전달체계 유형

전달체계의 유형은 공급주체에 따라 공공전달체계, 민간전달체계로, 제도적·기능적 분야에 따라 사회보험, 공공부조 및 사회복지서비스 전달체계로 구분된다.

(1) 공공전달체계는 국가 또는 지방자치단체가 수립과 운영주체인 경우를 말하며 우리나라의 경우 각종 사회보험은 중앙정부 차원에서 전달을 책임지고 공공부조와 사회복지서비스 전달체계는 중앙 및 지방자치단체에서 분담하고 있다. 노동부(산재보험, 고용보험), 보건복지부(국민연금보험, 의료보험), 행정자치부(공공부조, 사회복지서비스)가 있다. 산재보험, 고용보험, 연금보험 및 의료보험은 중앙정부가 직접 관장하되 산하의 공단과 같은 행정실무조직을 통해 바로 보험업무를 하고 있다. 이처럼 공공전달체계는 사회복지제도별로 각기 소관부서가 상이할 뿐만 아니라 중앙정부와 지방정부의 조직이 약간씩 다르다.

(2) 민간전달체계는 거의 대부분 사회복지 서비스 부문에 집중되어 있고 정부에서 일부분의 재정지원과 행정적 지도 감독을 받으면서 다양한 형태와 방법으로 전달체계를 수립 운영하고 있다.

1) 중앙정부

중앙정부가 주체가 되는 사회복지 전달체계이다. 여기에는 조세를 사용하여 중앙정부 조직을 통해 사회복지정책의 집행하는 것으로 영국의 NHS 전달체계, 고용보험급여의 노동부, 지방노동청, 고용지원센터의 전달체계가 있다.

국가가 공법인을 설립하여 사회복지정책의 집행으로는 국민연금관리공단의 연금급여, 근로복지공단의 산재급여, 국민건강보험공단의 건강보험급여, 노인장기요양급여 등을 들 수 있다.

중앙정부 전달체계의 의의는 다음과 같다.

첫째, 전 국민을 대상으로 하는 가치재의 전달에 바람직한 의료, 교육, 주택, 국방, 교통 등이 있다.

둘째, 기술적 측면에서 전국 단위의 전달이 바람직한 정책의 시행에 유리한 사회보험 등을 들 수 있다.

셋째, 소득재분배를 통한 평등과 사회적 적절성 달성에 유리하다. 즉 사회복지정책이 추구하는 가장 중요한 목표인 평등(소득재분배)과 사회적 적절성의 두 가지를 구현하는 데 중앙정부가 유리하다.

넷째, 정책의 계획과 조정, 통합 기능에서 효과적이다. 다양한 사회복지에 대한 욕구를 체계화하여 다양한 프로그램을 통합, 조정하거나, 이러한 정책들을 지속적이고 안정적으로 유지하는 데 유리하다.

다섯째, 확실한 재정 확보로 정책의 안정적 공급에 유리하다.

여섯째, 공공재적인 성격이 강하여 모든 국민들을 대상으로 하는 것이 전체 사회의 이득의 관점에서 유리하다. 이는 중앙정부만이 할 수 있다.

일곱째, 대상이 되는 사람이 많을수록 기술적인 측면에서 유리하다.

중앙정부 전달체계의 문제점은 다음과 같다.

첫째, 수급자 효용의 극대화에 있어서 제한적이다.

둘째, 독점체제로 인한 재화나 서비스의 질 저하이다.

셋째, 관료주의로 인해 환경변화와 수급자에 대한 반응성 낮다.

넷째, 수급자의 정책에 대한 접근용이성 낮다.

2) 지방정부

지방정부가 주체가 되는 사회복지 전달체계로 우리나라 지방자치단체의 자체 복지사업들이다. 미국 주정부의 교육, 산재보험, 실업보험 집행이나 영국 지방정부의 교육, 개별적 사회복지서비스집행이 이에 해당한다.

지방정부 전달체계의 의의는 다음과 같다.

첫째, 지역주민의 욕구에 부응할 수 있다. 지방정부가 제공하는 것이 지역주민들의 욕구를 더 효율적으로 해결할 수 있다.

둘째, 지방정부간의 경쟁을 통한 재화나 서비스의 질 향상에 있다. 지방정부들간의 경쟁을 유발시켜 경쟁논리에 의하여 재화의 가격과 질의 측면에서 수급자에게 유리해질 수 있다.

셋째, 중앙정부에 비해 창의적이고 융통성 있는 정책 개발에 용이하다. 중앙정부에 비하여 비교적 창의적이고 실험적인 서비스 개발이 용이하여 수급자들의 변화되는 욕구에 적극적으로 대처해 나갈 수 있다.

넷째, 수급자의 정책참여 가능성이 크다. 수급자들이 정책결정에 참여할 기회가 높아져, 수급자의 입장이 반영될 가능성이 높아진다.

지방정부 전달체계의 문제점은 다음과 같다.

첫째, 지역간 불평등을 야기하고, 사회통합을 저해할 수 있다.

둘째, 규모의 경제 효과가 적어 중앙정부에 비해 불리하다.

셋째, 프로그램의 통합성과 안정성, 지속성 면에서 중앙정부에 비해 불리하다.

3) 중앙정부와 지방정부의 혼합체계

중앙정부와 지방정부의 혼합체계 유형은 다음과 같다.

중앙정부가 지방정부에 재원을 일부 보조하여, 지방정부가 재화나 서비스를 제공하는 방법에 일정한 규제를 하는 것이다.

(1) **재정적 규제** : 중앙정부가 지방정부에 재정지원을 하는 방법은 크게 세 가지이다.

① 조건적 지원(범주적 지원) : 재원이 사용될 세부적인 항목을 지정하여 제공한다. '무제한 matching'의 방법으로 중앙정부가 지원하는 액수의 일정한 비율을 지방정부에 부담시키는 것과 '제한적 matching'의 방법, 주어진 항목에 사용하도록 단순히 일정한 액수를 주는 방법으로 세 가지가 있다. 중앙정부가 재정적 규제를 통해 지방정부 조직을 활용하는 사례로는 조건적 지원으로 범주적 보조금으로 재원의 세부 사용항목을 지정하여 matching 또는 일정액을 지원한다. 이에는 우리나라 국고보조사업에 해당한다.

② 중앙정부의 재정적 규제방법은 이른바 'block grant'로서 일괄보조금이다. 프로그램의 기능별로 크게 묶어 지원하는 것으로 이는 지방정부의 독립성을 다

소 높이고 지방정부의 특수한 욕구들에 대해 보다 융통성 있게 대처할 수 있다. 즉 총액보조금(block grant)으로 프로그램 기능별 지원이나 일정 예산을 지방정부에 할당하는 경우에 해당한다.

③ 중앙정부의 예산 가운데 일정 부분을 지방정부에 넘겨주는 것으로 지방정부의 독립성을 가장 높여주는 장점이 있다.

(2) **프로그램 규제** : 중앙정부가 프로그램 규제, 절차적 규제를 통해 지방정부 활용에 적용하는 사례이다. 중앙정부가 지방정부에게 재정보조를 할 때 프로그램의 세부적인 내용 즉, 대상자 자격, 급여의 형태와 액수, 세부적인 전달방법에 관하여 규제한다. 이는 지방정부의 독립성이 크게 줄일 수 있으며, 지방정부 전달체계의 장점들이 나타나기 어려운 반면, 중앙정부 전달체계가 갖고 있는 단점들만 부각될 수 있다.

(3) **수급자 숫자나 욕구에 따른 규제** : 어떤 프로그램들은 지방정부의 수급자의 숫자나 혹은 욕구를 가진 사람들의 숫자에 따라 차등 지원한다. 지방정부의 인구 숫자나 욕구가 많다고 판단되는 경우에 더 많은 재정을 지원하는 것이다. 지역간 불평등의 문제를 극복할 수 있는 반면, 중앙정부의 재정부담은 상대적으로 커질 수 있는 단점이 있다.

(4) **절차적 규제** : 중앙정부가 지방정부에 재정지원을 할 때 어떤 프로그램에 대해서는 운영에서 일정한 절차를 요구한다. 이는 프로그램을 운영할 때 지방정부의 남용과 오용을 막고, 중앙정부가 바라는 가장 기본적인 목표 인권의 존중, 시민참여 등을 이루고 있는가를 조사하기 위해서이다.

그러나 프로그램 규제의 경우 대상자격, 급여수준, 세부적 전달과정 등에 관해 지방정부의 자율성부재 등을 들 수 있다. 예를 들면, 국민기초생활보장제도는 국고 보조사업으로 중앙정부의 프로그램 규제 등을 받는다. 그리고 노인, 장애인, 정신요양시설 운영에 대한 분권교부세(한시적 총액보조금 형태) 지급 등이 해당된다.

4) 정부와 민간부문의 혼합체계

오늘날의 복지국가의 위기의 시대에서 이른바 '민영화'의 이름으로 강조되는 경향이 있다. 대체적으로 사회복지 프로그램의 운영은 민간부문이 하도록 하되, 정부가 민간부문에 재정지원을 하면서 일정한 조건들을 붙여 여러 가지의 규제를 한다. 이는 민간부문의 시장원리에서의 장점들을 중앙정부와 지방정부의 혼합체계에 비하여 더 크게 살릴 수 있다는 장점이 있다.

민간 전달체계를 활용한 공공 사회복지정책의 집행으로 그 유형은 첫째, 계약방식으로 재원은 정부가 지원하고 행정이나 운영은 민간이 담당하는 사회복지시설의 위탁운영과 같은 것이다. 즉 정부와 민간부문과의 계약형태이다. 정부와 민간부문의 혼합체계 가운데 대표적인 형태는 정부가 제공할 재화나 서비스를 민간부문이 제공하도록 하는 대신, 그것에 소요되는 비용을 정부가 부담하는 것이다. 둘째, 재정보조 방식으로 정부가 민간 사업비의 일정액을 지원한다. 정부의 민간부문에 대한 재정보조형태이다. 정부가 민간부문 사회복지기관에 단순히 재정보조만 해주고 어떠한 규제도 하지 않는 것이다. 무조건적으로 서비스를 지원하는 형태이다.

셋째, 단순관리 방식으로 재정지원 없이 민간에 대해 정부가 규제나 관리하는 것으로 퇴직금제도 등이 이에 해당한다.

정부와 민간 혼합체계의 장점은 민간부문 장점들 즉 창의성, 융통성, 효율성, 선택의 자유, 접근성을 살릴 수 있으며, 규모의 경제, 평등의 달성 등의 면에서 불리하다.

5) 순수 민간전달체계

재원과 운영을 모두 민간이 담당하는 체계로서 민간복지법인이나 시설, 기업복지 등이나 현대 복지국가에서 정부의 재정지원 없는 순수한 형태의 민간부문은 매우 적다.

순수민간부문은 사회복지 재화나 서비스들 가운데 재원과 운영 모두를 민간부문에서 책임지는 것은 극히 드물다. 이는 복지국가의 목표상 재원과 운영 모두를 민간부문에 맡길 경우 전술한 민간부문의 단점들이 너무 크게 나타나기 때문이다.

순수 민간 전달체계의 장점은 창의성, 융통성, 효율성, 선택의 자유, 접근성 등 높으나 평등의 달성, 규모의 경제, 정책의 안정성 및 통합조정 가능성 등의 면에서 불리할 수 있다.

6) 전달체계의 전략

전달체계 선택의 기본요소는 정책목표와 이념, 급여내용, 재정여건, 기술과 인력 등이 전달체계 선택에 영향을 미칠 수 있는 요소이다.

전달체계 선택의 본질은 합리적인 전달체계의 선택과정은 객관적인 검토요인은 물론 주관적인 정책결정권자의 의지와 가치관, 그리고 관련 집단의 영향력이 중요한 변수가 되기도 한다. 따라서 전달체계의 전략은 미시적 차원에서 바람직한 전달체계 구성에 관한 쟁점이다.

(1) 의사결정의 통제와 권한 배분

① 조정(coordination)

전달체계가 보다 통합적, 포괄적으로 발전되는 것을 목표로 이에는 행정적 단일화(centralization), 기관과의 연합(federation), 사례별 협동(case-level collaboration) 등을 들 수 있다.

② 시민참여

기관과 클라이언트간에 의사결정의 권한을 재분배하는 것을 목표로 허위참여(pseudo-participation), 명목적 참여(tokenism), 재분배적 참여(redistributive participation)로 나눌 수 있다.

(2) 전달체계의 수와 단위 형태 구성

① 전문화된 접근구조(specialized access structure)

전달체계의 권한이나 역할을 바꾸지 않고, 클라이언트가 좀더 전달체계에 쉽게 접근할 수 있도록 이를 돕는 전문화된 기구를 새로이 만들거나, 사회복지서비스 안내소 또는 안내 네트워크를 구축한다든지 할 때 전문화된 구조가 요구된다. 그러나 서비스의 단편화와 복잡성을 증가시킬 우려가 있으며, 기존 기관에서의 의뢰와 발굴서비스 등을 감소시킬 우려 등이 존재한다.

② **의도적 중복**(purposive duplication)

기존 전달체계에서 이용 가능한 서비스를 중복해서 제공함으로써 서비스의 효과성과 발전을 도모하는 전략으로 비용 부담의 문제, 쓸데없는 갈등과 단편성 증가의 우려가 존재한다.

(3) 전달체계의 평가기준

재화나 서비스는 다양하고 또한 이러한 재화나 서비스는 서로 다른 속성들을 갖고 있다.

① 사회복지 재화나 서비스들은 그것들의 공공재적인 성격의 정도와 외부효과의 크기에 있어 차이가 있다. 주로 어떤 재화나 서비스들은 공공재적 성경이 강하고 외부효과(내가 부담하지 않고도 남이 부담함으로써 나도 이득을 볼 수 있는 것)가 크기 때문에 세금의 형태로 모든 사람에게 강제로 부담시켜야 할 필요가 있는 것이다. 대표적으로 의료서비스나 교육, 아동복지를 위한 재화나 서비스들이 있다.

② 어떤 재화나 서비스들은 또한 소비자들이 합리적으로 선택할 수 있는 가능성에서도 차이가 있다. 소비자들의 합리적 선택이 어려운 속성을 갖는 재화나 서비스를 민간부문에서 제공하게 되면 비효율적인 배분이 일어나게 된다. 대표적으로 의료서비스가 있다.

③ 어떤 사회복지 재화나 서비스들은 대규모로 혹은 강제적으로 제공하는 것이 기술적인 측면에서 바람직할 수 있다. 대표적으로 사회보험이 있는데 보험 프로그램은 가입자가 많을수록 보험의 대상위험에 대한 분산효과가 커져 재정안정이 되기 때문에 보험료는 적어지고 보험금은 커진다. 따라서 이러한 보험은 정부에서 제공하는 것이 바람직하다.

④ 어떤 사회복지 재화나 서비스들은 여러 전달체계에서 보완적으로 제공되는 것이 바람직할 수 있다.

전달체계의 측면에서 그 전달체계가 얼마나 바람직한지 판단하는 기준은 다음과 같다.

① 전달체계가 얼마나 평등(소득재분배) 혹은 사회적 적절성의 목표를 이룰 수 있는가?

② 얼마나 통합적인가?

③ 얼마나 지속적인가?

④ 얼마나 효율적인가?

⑤ 얼마나 경쟁적인가?

⑥ 얼마나 재화나 서비스에 쉽게 접근할 수 있는가?

⑦ 얼마나 수급자의 욕구에 대응적이고 책임적인가?

⑧ 얼마나 수급자의 선택의 자유를 넓힐 수 있는가?

⑨ 얼마나 수급자들의 서비스에 대한 남용과 오용을 막을 수 있는가?

전달체계의 유형과 평가는 재원을 누가 부담하는가, 재화나 서비스는 누가 제공하는가, 누가 조정하는가에 따라 분류할 수 있다.

연 구 문 제

1. 역의 선택에 대해 설명하시오.

2. 공공재 (public goods)의 두 가지 특성은 무엇인가?

3. 공공재원조달 방식은 어떤 것이 있나요?

4. 도덕적 해이와 역의 선택에 대하여 설명하시오.

5. 전달체계의 측면에서 그 전달체계가 얼마나 바람직한지 판단하는 기준은?

6. 전달체계의 유형에 대하여 설명하시오.

7. 전달체계의 원칙에 대하여 설명하시오.

제 10 장

사회복지서비스 정책분석

제 1 절 아동 · 청소년 복지정책분석

1. 아동복지에 관한 이론적 고찰

1) 아동복지의 의의

아동에 대한 정의는 시대 및 문화적 배경과 관련학문 분야에 따라 다르다.

아동을 성인의 축소판으로 보는 관점, 미래의 시민으로 보는 관점, 성선설, 성악설, 아동을 백지로 보는 관점, 종족의 발생학적 순서에 따른다고 하는 반복설 등 과거의 아동관으로부터 심리적 욕구 및 인격과 존엄성을 지닌 독립된 개체로 인식하게 된 현대의 아동관까지 다양하다.

아동문제를 노출할 개연성이 큰 가족들을 보면, 결손가족, 빈곤가족, 부재가족, 갈등가족, 부도덕 가족, 애정결핍 가족 등을 들 수 있다.

아동에게 지대한 영향을 주는 가장 근본적인 요소인 가족과, 가족에 속한 아동, 그리고 이들이 포함되어 있는 사회 등은 모두 각자의 역할을 지니고 있다. 그리고 현대사회에서 아동문제의 유발과 직접적으로 관련성이 높은 가족의 기능을 약화시키는 원인은 첫째, 기술산업과 정보의 발전이다. 둘째, 저출산율 문제이다. 셋째, 가족제도의 변천이다. 넷째, 열악한 생활환경 발생 현상이다. 다섯째, 인터넷 등 공중매체의 영향이다.

아동복지란 첫째, 목적 면에서 아동의 생존과 생활에 대한 복지권의 기본 이념에 입각하여 아동의 행복과 성장을 도모시키고자 하며, 둘째, 주체 면에서 아동을 포함한 가족과 사회구성원 전체가 되며, 셋째, 대상 면에서 아동이 되며, 넷째, 수단 면에서 제도적, 정책적, 기술적 서비스 등 조직적인 제반 활동이 되며, 다섯째, 범위 면에서 사회복지의 한 분야가 되고 있다. 그리고 아동복지에서 고려해야 하는 기본요소들은 첫째, 부모의 계몽과 교육 둘째, 가정생활의 강화 셋째, 경제적 안정 넷째, 심신건강의 증진 다섯째, 교육 여섯째, 종교 일곱째, 놀이 및 오락 여덟째, 노동으로부터의 보호 아홉째, 특수보호 등이다.

아동은 계속 성장·발달하는 존재로서 아동발달의 특성인 기초성, 적기성, 누적성, 불가역 성 등의 원리가 아동복지 실천에서 매우 중요하게 강조되고 있으며, 아동에 관한 과학적 연구는 물론 이러한 연구결과를 토대로 아동의 복지를 추구하는 사회적 노력이 꾸준히 전개되고 있다. 첫째, 법적 관점에서의 아동의 정의로 아동복지의 근간이 되는 아동복지법에서는 아동을 18세 미만의 자로 규정하고 있다. 둘째, 발달적 관점에서의 아동의 정의로 발달상의 구분은 학자에 따라 다르지만 시기적인 공통적 특징을 기준으로 연령별로 구분한 아동의 발달단계는 다음과 같다. 첫째, 태아단계로 수정에서 출생까지의 아동, 둘째, 영아단계로 출생에서 2세까지의 아동, 셋째, 유아단계로 3세부터 6세까지의 아동, 넷째, 아동단계로 7세부터 12세까지의 초등학교 시기의 학령기 아동, 다섯째, 청소년단계로 13세부터 18세까지의 중고등학교 시기의 아동으로 구분할 수 있다.

아동발달의 특성으로는 의존, 성숙, 민감성을 들 수 있다.

첫째, 의존이다. 아동의 가장 큰 특징 중의 하나로 아동은 출생과 더불어 신체적·지적·정서적·사회적 발달을 타인의 보살핌에 의존하게 된다. 이러한 보살핌의 역할은 주로 부모에 의해서 이루어지나 경우에 따라서 부모가 아닌 다른 성인에 의해 이루어지기도 한다.

둘째는 성숙이다. 아동은 지속적으로 발달하는 존재이다. 이러한 발달은 성숙이라는 과정을 통해서도 이루어지는데, 아동 누구나 보편적으로 거치는 자연스러운 변화의 과정이다.

셋째는 민감성이다. 아동은 감정이 매우 예민하고 강렬한 시기이며, 욕구에 대한 만족을 즉각적으로 얻기를 원하다. 뿐만 아니라 성인의 사랑과 보살핌에 대해 매우 민감하며, 환경 적 상황 모든 것에 민감하다.

아동의 경우 지나치게 간섭하는 과보호가 두뇌 발달을 저해한다. 우리 두뇌에는 인간답게 행동하도록 만들어주는 전두연합야라는 영역이 있다. 전두연합야는 활동을 증가시키기도 하고, 활동을 약화시키기도 하는데 우리 몸의 흥분과 억제는 바로 이 전두연합야에서 담당한다. 인간에게 의지력이 있는 것은 동물과 달리 전두연합야가 발달되어 있기 때문인데 어려서부터 부모의 간섭을 많이 받고 자라게 되면 전두연합야의 억제력이 충분히 발달하지 못한다. 요즘 아이들이 사소한 불편도 참지 못하고 무기력해지는 이유도 바로 여기에 있다.

사고, 기억, 판단, 의욕 등을 담당하는 두뇌의 전두엽은 9살까지 완성된다. 전두엽을 자극하는 데는 칭찬이 큰 효과가 있다. 그러나 바르지 못한 행동을 할 때는 꾸중을 가미해야 균형 있는 자극이 된다. 오감 자극을 통한 두뇌력 키우기가 이때 이루어진다.

우리나라의 요보호아동 보호정책은 가정보호 우선정책으로 일관되었으며 입양은 요보호아동을 위한 중심적인 보호 방법이 되었다. 정부가 추진한 가정보호 우선정책은 첫째로 요보호아동의 발생예방정책, 둘째로 국내 입양 및 위탁보호 활성화 정책, 셋째로 국외 입양억제정책으로 분류될 수 있다.

정부는 국내 입양이 부진한 이유로 혈통을 중시하는 유교적 가족관, 부모중심의 입양, 비밀 입양으로 인한 까다로운 아동선정 조건, 국내 입양 전문기관의 부족과 국내 입양 지정기관의 전문 종사자 부족, 입양 알선기관의 국외 입양에 대한 선호와 입양 상담원의 적극적인 국내 입양성사 의지결여를 제시하고 있다.

한편 국외 입양이 지속되는 사유로는 국내시설보호와 국내 입양의 한계, 입양상대국 양부모의 한국 아동에 대한 선호(적응, 지능, 학교성적 등이 우수) 인구문제 및 사회문제의 부분적 해결, 양부모의 친한국인사로의 전환, 입양아동의 해외진출로 인한 민간외교 증진 및 장래의 잠재적 국력신장에의 기여를 들고 있다. 대대로 혈연을 중요시해 온 우리나라는 세계 어떤 나라보다 입양에 대해 부정적인 시각을 가지고 있는 나라 중에 하나일 것이다. 우리나라에서 입양 문제가 본격적으로 시작된 것은 6·25전쟁 때부터이다. 이때 생겨난 많은 수의 전쟁고아를 대상으로 현대적인 의미의 국내 입양이 시작된 것이다. 전후복구라는 힘든 사회 상황에서 많은 수의 고아는 해외 입양의 길에 오를 수밖에 없었다.

아동복지는 우리나라 사회복지의 여러 분야 중 가장 오랜 역사와 전통을 가진 분야이다. 고대사회에서부터 요보호아동은 진궁구제와 애민혜휼의 제도하에 국가 시책의 일환으로서 우선적으로 구호되었고 공적뿐만 아니라 민간차원에서도 민가수양 등의 형태로 그 생명이 보호 육성되어 왔다. 이조시대와 와서는 이러한 보호시책 등이 법제화되어 대상 아동의 분류 및 감독 관리운영 등이 관에 의해 집행되었다.

진정한 의미에서 우리나라 아동복지가 언제 시작되었는가에 대해 각기 다른 견해를 가질 수 있을 것이다. 일반적으로 우리나라의 아동복지가 정착된 것은 1950년도에 이르러서 시작되었다는 견해를 갖는 것 같다. 그것은 일시 보호적이며 구호적인 성격을 띠어 왔고 아동복지적 차원에서 종합적이며 통합적으로 모든 아동에게 복지혜택이 주어지는 제조적인 성격이 결여되었다고 생각되기 때문이다.

아동복지의 정의는 학자에 따라 역사성을 중시한다든지 대상에 중점을 둔다든가 또는 프로그램이나 서비스를 강조하는 데에 따라 차이가 있다. 아동복지는 빈곤, 방치, 유기, 질병, 결함을 지닌 아동 도는 환경에 적응하지 못하는 비행아동들에만 관심을 두는 것이 아니다. 아동복지란 모든 아동이 신체적, 지적, 정서적 발달에 있어서 안전하며 행복할 수 있도록 위험으로부터 보호하기 위하여 공사의 제기관에서 실시하는 사회적, 경제적, 보건적인 제활동들인 것이다(W. A. Friedlander). 따라서 아동복지란 특수한 장애를 가진 아동은 물론 모든 아동들이 가족 및 사회의 일원으로서 육체적으로나 정신적으로 건전하게 성장 발달할 수 있도록 지역사회나 사회복지 서비스 분야에 있는 공사단체와 기관들이 협력하여 아동의 복지에 필요한 사업을 계획하여 실행에 옮기는 조직적인 활동으로서 아동의 전반적인 복리는 물론 아동의 복리에 공헌하는 정책과 이념 및 사업이 다 아동복지에 들어갈 수 있다.

활동분야로서의 아동복지는 아동들이 행복하게 살며 그들의 생활에서 잠재능력을 최대한도로 발휘할 수 있는 건강하고 건전한 개인으로 성장발달할 수 있도록 하는 것을 목적으로 하는 광범위한 노력을 내포하고 있다. 코스틴(Costin)은 아동복지를 아동과 그 가족의 복지를 증진시키는 한편 모든 아동과 청소년의 복리증진을 위한 것이라고 하면서 그러기 위해서는 아동복지사업의 근본목적이 달성되도록 가정생활을 강화해야 한다고 주장한다. 아동복지법의 목적은 "아동이 건강하게 출생하여 행복하고 안전하게 자라나도록 그 복지를 보장함"으로 아동의 건강권과 아동복지에 관한 국가의 보장의무를 분명히 하고 있다.

아동보건을 위해서는 아동의 건강 진단과 보건 지도의 정기적 서비스, 좋은 영양 서비스, 적절한 병원 보호 및 외래 진료 서비스, 정신 보건 및 아동상담서비스 등이 제공되어야 한다.

아동복지란 아동이 지니고 있는 잠재능력을 최대한도로 발휘시키며 충실하게 현재를 살아가게 하는 동시에 아동의 건전한 성장과 발달을 도모하는 활동을 의미한다. 이는 아동의 권리이며 아동이 건전하게 성장하고 발달하는 데 대한 권리이다. 권리란 제반욕구에 대한 사회적 인식이므로 권리의 내용은 욕구로 간주될 수 있는 것이다.

아동복지를 일반적으로 정의하면 아동들에게 혜택을 주기 위한 사회복지프로그램과 아동복지서비스를 제공해 주는 사회사업의 실제를 의미한다고 정의할 수 있다. 아동복지란 아동이라고 규정한 연령층에 속하는 사람들에게 영양, 교육, 보호의 과정을 통하여 적절한 신체적, 정신적 및 도덕적인 발전을 기하도록 하는 데 있다. 아동의 심신발달에 영향을 주는 여러 가지 환경조건의 장애를 제거하고, 그것으로부터 아동을 보호하도록 하는 여러 가지 방법을 아동복지라고 한다.

한편 2010년 3월 10일부터 보건복지가족부로부터 청소년·가족 관련 업무를 이관 받게 된 여성부가 여성가족부로 이름을 바꾸어 새롭게 출범했다.

여성부는 복지부 소관이었던 여성정책 기획·종합, 여성의 권익증진 등 지위향상, 청소년·가족업무(다문화가족과 건강가정 사업을 위한 아동업무 포함) 등 종합적인 가족정책을 수행하게 된다.

2) 아동복지의 대상과 전제조건

아동의 욕구와 문제 해결을 위한 치료적 대책과 일반 아동에 대한 예방적, 보호적 대책으로 구분하고 광의 및 거시적인 대상으로 아동이 속해 있는 가정과 일반사회도 대상이 될 수 있다고 하고 있다. 아동복지사업은 대상과 성격에 따라 원칙, 내용, 방법이 달라진다. 아동에게 두는 경우 일반아동과 특수아동으로 나누며, 부모에게 두는 경우 부모역할을 지지하거나 대리하는 경우로 나눌 수 있다. 아동들의 정상발달을 가로막는 상태는 첫째, 사회적, 경제적 파산으로 가정의 정서적 문제, 둘째, 수입보장, 교육, 고용 기회 등 사회적 대비의 결함의 문제, 셋째, 아동들의 특수한 문제나 부모가 예기치 못한 아동자신의 탈선 등이다.

아동복지의 전제조건은 아동복지의 기본전제요소로서 가족생활, 부모의 보호, 건강과 의료보호, 적절한 가정경제와 주거, 윤리적 표준, 이념과 가치, 교육적 직업적 보도, 법적 보호 등을 들고 있다. 프레더릭슨(Fredericksen)은 다음과 같은 기본전제를 들고 있다.

첫째는 가정생활의 강화이다. 1차적 인간관계인 부모·자녀관계는 애정관계일 뿐만 아니라 권위와 복종관계 또는 지도관계로 볼 수 있다. 부모와 자녀와의 관계에서 직접적인 것으로는 부모의 상벌, 칭찬, 훈계 등에 따라 자녀의 가치체계와 행동양식이 규정된다. 이와 같은 관계의 적절한 유지가 존속될 수 있어야 한다. 아동의 발달 과정은 총체적으로 환경의 영향과 연결되어 있는데, 그 중에서 가장 중요한 환경이 부모환경으로 "건강가정기본법"에서는 '건강가정'을 구성원 모두의 요구가 충족되고 인간다운 삶을 영위할 수 있는 건강하고 안정적인 가정으로 정의 내리고, 건강가정이 아동복지의 최우선임을 강조하고 있다. 오늘날 우리나라는 가족 체계의 구조적 변화와 기능적 변화를 경험하고 있다. 이러한 변화 속에서 건강가정과 바람직한 부모의 역할을 유지하기 위해서는 개별 가정에서의 노력뿐 아니라, 국가와 지방자치단체의 노력과 지원이 요구된다.

둘째, 부모의 계몽과 교육이다. 부모로서 자녀양육의 책임에 대한 준비 및 이를 위한 상담과 지도 프로그램이 부모에게 제공되어야 한다. 또한 아동발달의 원리, 자녀와의 대화기법, 부모역할 등에 대한 부모교육이 필요하다.

셋째, 경제의 안정이다. 오늘날 빈곤의 개념은 상대적 개념으로서 최저생계비 이하의 상태를 의미하는 것이 아니라 교육, 건강, 비행, 불평등, 기회 등의 사회적 조건 또는 자원의 결핍상태를 의미하는 것이다. 그러므로 절대적 빈곤과 상대적 빈곤을 망라한 전체적인 빈곤문제를 해결할 수 있는 각종 복지대책이 마련되어야 한다. 아동에게 안정감을 주기 위해서는 가정에서 생활에 필요한 최저한도의 물질적 욕구가 충족되어야 한다. 가정의 빈곤은 아동의 사회적 혜택을 제한하기 때문에 아동의 건전한 육성을 위해서는 가정의 경제적 안정이 필수적이다. 이것은 아동에게 가정의 빈곤이 정상적인 발달의 가능성이 제한된다는 의미이다. 따라서 국가는 빈곤가족에게 고용 기회를 확대하여 탈빈곤할 수 있도록 지원해야 하며, 빈곤가정의 아동들이 공적 부조, 사회보험, 아동수당제도 등을 통해 경제적인 안정 속에서 성장하도록 지원해야 한다.

넷째, 심신건강의 증진이다. 아동건강분만 아니라 모체의 건강 유지증진은 아동복지의기본이다. 신체적 건강뿐만 아니라 정신건강이 증진되어야 하는 데 이는 자신에 대한 긍정적인 자아개념을 형성하도록 자신의 능력에 대한 자신감을 갖도록 해야 한다. 보건은 아동보건과 모자보건의 두 가지를 의미한다고 할 수 있다.

다섯째, 놀이와 오락이다. 아동놀이는 단순한 장난이 아니라 귀중한 학습의 기회이고 발달의 기회이다. 놀이를 통해서 아동들은 자신의 경험을 재구성하고 자기 생명과 감정을 나타낸다. 또 창의적인 생각을 표현하고 발달시키기도 하고 억압된 감정을 해소시키기도 한다. 그러므로 아동들은 여가활동을 건설적으로 활용할 수 있도록 지도를 받아야 하며 취미를 발전시키고 운동 등에 능동적으로 참여하도록 기회와 지도가 수반되어야 한다.

여섯째, 교육이다. 모든 아동들은 개인이 타고난 잠재력을 최대한 신장시키며 이렇게 계발된 능력을 최대한 발휘할 수 있도록 사회적 기회가 부여되는 것을 민주주의 이상으로 하고 있다. 따라서 아동은 그의 능력필요 흥미에 따라 교육의 기회가 부여되어야 하며 자기충족을 얻으며 불안에서 벗어나기 위해 배우려는 욕구를 충족할 수 있어야 한다. 일곱째, 노동으로부터의 보호이다. 아동은 연소노동이나 유해야 환경으로부터 보호되어야 한다. 아동은 사회규정상 아직도 성장발전하고 보호받아야 하는 미성숙한 대상이기 때문이다. 뿐만 아니라 연소노동은 신체적 발달을 저해하며 건강을 위태롭게 하고 지능의 발달과 장애를 초래하며 인격발달에 나쁜 영향을 미친다. 우리나라 근로기준법에 13세미만자의 근로자 사용의 금지, 여자와 18세미만자의 위험한 사업에의 사용금지, 13세이상 18세미만자의 1일 7시간, 1주 42시간 근로금지 등이 규정되어 있다. 다음으로 특수보호이다. 아동복지가 모든 아동을 대상으로 그들의 복리를 증진시키기 위한 것이라면 욕구를 가진 아동을 위한 개별적인 특수보호가 실시되어야 한다. 즉 신체적, 정신적, 심리적 장애를 가진 아동에 대한 교육 및 치료 보호, 취업모 자녀에 대한 탁아보호 및 방과후 보호, 빈곤아동에 대한 교육, 보건, 오락 및 문화설비 등의 제공이 이루어져야 한다.

3) 아동복지의 원칙

(1) 아동 책임과 권리의 원칙

아동복지의 주체로서 아동에게도 일련의 책임이 있다는 원칙이다. 이것은 권리의 주체임을 주로 내세웠던 종래의 입장에서 진일보한 것인데, 아동관의 변화에 영향 받은 바 크다. 즉, 아동은 단순히 성인의 보호를 필요로 하는 의존적이고, 수동적인 존재가 아니라 독립된 개체로서 자신의 생을 능동적으로 받아들이고 행동하여야 한다는 점을 의미한다.

예를 들면, 우리나라 청소년기본법(1991)에서는 청소년은 자신의 개발과 건전한 가치관의 확립에 힘쓰고, 가정, 사회, 국가의 구성원으로서의 책임을 다하도록 힘써야 한다고 명시하고 있다, 이것은 영유아나 아동과는 다소 다르게 자신의 발달에 책임질 수 있는 연령이라는 발달적 관점이 전제되어 있음을 알 수 있다.

(2) 부모의 권리와 책임의 원칙

오늘날, 아동복지에 대한 책임이 사회나 국가로 많이 이양되긴 하였으나, 자녀양육에 대한 1차적 책임은 부모에게 있다. 또 이 책임은 사회주의 성향의 사회보다도 자본주의 성향의 사회에서 더 높은 비중으로 부여되어 있다. 세계 아동의 권리선언 (1959)에서도 "아동은 가능한 한 양친의 보호와 책임 아래서 자라날 권리가 있다"고 선언한 바 있다.

부모의 양육책임 범위는 매우 광범위하다. 궁극적으로는 이상적인 아동발달을 목표로 하는 일련의 내용이 포함되겠지만, 적어도 기본적인 사회생활을 유지할 수 있는 범위 내에서의 양육책임이 포함되어진다. 그러한 예로 우리나라의 아동복지관계법에서 부모와 가정의 책임을 규정하고 있다. 즉, 아동복지법(제3조 제2항)에서는 모든 보호자는 아동을 건전하게 육성할 책임을 진다고 명시하고 있으며, 영유아보육법(동법 제3조 제2항)에서 모든 보호자는 영유아를 건전하게 보호할 책임을 진다고 명시하고 있다. 그리고 청소년기본법 제1장 총칙에서 가정은 청소년이 개성과 자질을 바탕으로 자기 발전을 실현하고, 가정뿐 아니라 국가와 사회의 구성원으로서 책임을 다하는 후계상대로 성장할 수 있도록 노력해야 된다고 명시하고 있는 데서 알 수 있다.

(3) 사회 및 국가 권리와 책임의 원칙

"한 사회의 미래는 그 사회가 아동을 어떻게 보호하고, 교육하느냐에 의해서 예측 할 수 있다."(Moyniham, 1986)는 말은 아동복지에 대한 사회와 국각 책임의 중요성을 단적으로 나타낸 것이라고 볼 수 있다.

아동복지사업의 전개에서 사회와 국가의 책임은 아동과 가정이 처한 상황에 따라 달라진다. 원칙적으로는 부모역할의 지지, 보충하는 입장에 서며, 책임의 정도도 최저한도의 생활보장을 기본선으로 하고, 궁극적으로는 이상적인 생활을 목표로 삼는다. 예를 들면, 우리나라의 아동복지법에서는 모든 국민은 아동을 보호양육하고 사회생활에 적응하도록 육성할 책임을 지며, 또 국가와 지방자치단체는 보호자와 더불어 아동을 건전하게 육성할 책임을 지며, 또 지방자치단체는 영유아를 건전하게 보호할 책임을 진다고 명시하고 있으며, 그리고 청소년육성법에서는 모든 국민은 청소년의 사고와 행동상식의 특성을 인식하고, 사항과 대화로서 청소년을 이해하고 지도해야 하며, 청소년의 탈선을 방임하거나 포기하여서는 안 되며, 모든 국민은 청소년을 대상으로 하거나 청소년이 쉽게 접근할 수 있는 장소에서 그들의 정신적, 신체적 건강에 해를 끼치는 행위를 해서는 안 될 뿐만 아니라, 청소년에게 유해한 환경을 정화하여야 한다고 명시하고 있다. 또 국가는 청소년이 올바를 국가관과 건전한 가치관을 가지고 나라와 겨레의 앞날을 이어갈 훌륭한 국민이 되도록 청소년의육성에 대한 책임을 진다고 명시하고 있는 데서 알 수 있다.

(4) 보편성과 선별성의 원칙

보편성의 원칙이란 어떠한 조건이나 제한을 두지 않고 모든 아동에게 같은 종류의 사업을 동일한 수준에서 제공한다는 것이다. 그러므로 이 원칙은 평등의 이념과 함께 건강하고 건전한 육성을 통해 아동문제 및 사회문제를 예방하려고 하는 가정이 전제되어 있다.

이 원칙은 아동복지 접근방법 중에서 특히 정책적 저근의 궁극적인 목표라 할 수 있을 만큼 의미있는 원칙이다. 즉, 아동양육을 위한 최저 소득의 보장, 기본적 의료조치, 최소한도의 사회생활을 영위할 수 있도록 하기 위한 생활훈련과 기초교육 등이 이 원칙하에서 실시되기 때문이다. 따라서 이 원칙은 앞서 기술한 예방의 원칙에서 제기된 국가재정의 부담이라는 문제와 깊은 관련이 있으므로 비교적 경제수준이 높고, 사회보장제도가 발달한 구미 선진국에서 많이 활용되고 있다. 그렇지만 복지 국가를 지향하고자 하는 모든 나라에서는 이 원칙의 실제적 적용을 목표로 하고 있다. 구체적인 실례로서 영국의 아동수당제도를 들 수 있다.

선별성의 원칙은 선정성의 원칙이라고도 하는데, 이 원칙은 여러 가지 조건이나 기준에 의해 아동복지사업을 대상을 제한하는 것을 말한다. 대부분의 경우, 부모의 양육능력의 정도가 기준이 된다. 즉, 부모가 양육책임을 다하기 어렵거나 또는 거의 불가능한 경우로서, 이른바 요보호아동이 그 대상이 된다.

역사적으로 볼 때, 아동복지의 대상은 주로 요보호아동이었다. 지금도 많은 나라에서 요보호아동을 우선적인 정책대상으로 간주하고 있으며, 점차적으로 일반아동으로 확대하여 실시하고 있다. 이러한 양상은 우리나라에서도 비슷하다. 그 이유는 국가재정의 부족에도 원인이 있지만, 적어도 자유주의 성향의 나라에서는 아동복지에 대한 책임을 부모에 더 많이 둘 뿐만 아니라, 책임수준을 고려하기 때문이다. 선정성의 원칙이 적용된 예로서 특수교육대상자에 대한 무상교육, 저소득층의 맞벌이 부부의 자녀를 위한 무료 탁아를 들 수 있다.

(5) 개발성의 원칙

아동이 가진 능력을 최대한 발휘할 수 있도록 하자는 것으로 모든 아동이 이 원칙의 적용을 받는다. 그렇지만 특히 아동발달상의 편차가 심한 장애아동과 우수아동, 결손된 양육환경에서 자라는 고아나 빈곤가정 아동이 주 대상이 된다. 따라서 이 원칙에는 아동의 사회적 자립과 함께 사회적 기여라는 관점이 내포되어있다. 특히 사회적 자립은 경제적 자립의 의미가 강하게 함축되어 있다. 그것은 장애아동의 경우, 그가 가진 잔존능력이 개발되지 않으면 사회적 자립이 거의 불가능하기 때문이며, 우수 아동의 경우는 아동 자신과 사회의 유익을 위해서 손실일 뿐만 아니라 나아가 사회 부적응을 초래할 가능성이 있기 때문이다. 또 빈곤가정의 아동인 경우에는 실조된 환경이 학업성취를 저해하고, 이로 인해 직업적 성공이 어려워서 빈곤의 악순환을 되풀이할 가능성이 크기 때문이다. 더구나 개인의 능력을 중시하며, 업적 지향적인 현대사회에서 개발의 원칙은 실제적인 의미가 크다. 따라서 장애아동을 대상으로 한 직업재활과 빈곤가정의 아동을 대상으로 한 직업훈련이 우리나라에서도 매우 강조되고 있다.

(6) 포괄성의 원칙

아동문제에 대처할 때 여러 가지 유형의 서비스를 고려해야 그 효과를 거둘 수 있다는 것이다. 그것은 아동발달이 서로 유기적인 관련을 가지고 전개되므로 한 영역의 발달손상은 다른 영역에 파급되며 아동의 문제는 여러 가지 요소가 결합된 복합적인 양상을 띠기 때문이다.

이 원칙은 아동을 전인으로 파악하고 있음이 전제되며, 대표적인 예로서 심신장애아동을 대상으로 한 복지대책을 들 수 있다. 즉, 장애아동의 사회적 자립을 위해서 의료재활, 교육재활, 심리재활 및 직업재활이 종합적으로 제공되는 점이 그것이다. 그러므로 관련 영역간의 상호 유기적인 이해와 협조는 아동복지의 증진에 기여한다고 볼 수 있다.

(7) 전문성의 원칙

전문성의 원칙이란 아동복지 사업이 전문가와 전문기관에서 이루어져야 한다는 원칙이다, 왜냐하면 아동의 문제는 복잡하고 다양하므로 전문적인 지식과 기술이 필요하기 때문이다.

이 원칙은 전문적 접근에서 중요하게 고려되는 원칙으로서 예전보다 더욱 세분화되고 있다. 예를 들면, 종래의 개별이나 집단 사회사업가에서 의료, 학교, 교정, 산업 등을 전문적으로 다루는 사회사업가가 등장하게 되었다.

이러한 경향은 종래의 동정심에 호소하는 실제적인 자선에서, 아동복지를 기술과학의 입장에서 파악하게 해준다. 나아가 아동복지의 수준을 향상시키는 데 기여하는 동인이 되고 있다. 최근에는 정책적 접근에서도 강도있게 고려되고 있는데, 아동복지 정책 결정과정에 전문가가 참여하는 것이 그것이다.

2. 아동복지시설

1) 지역사회시설

사회복지서비스는 국가의 단순한 시혜가 아니라, 국민의 권리이다. 사회복지사업법은 2003년에 이미 복지서비스를 필요로 하는 사람에게 신청권을 인정하고, 당자자의 요구와 상황을 고려하여 개별화된 복지서비스를 제공하는 자세한 절차를 규정하였다. 즉 ① 사회복지서비스를 필요로 하는 자가 관할 기관에 사회복지서비스 제공을 신청하면, ② 관할 기관은 당사자의 복지요구를 자세히 조사한 후, ③ 복지서비스 제공 여부와 그 유형을 결정하고, ④ 대상자별 복지서비스 제공계획(보호계획)을 작성하며, ⑤ 그 보호계획에 따라 보호를 실시하여야 한다.

그런데 장애인, 노인, 버림받은 아동을 지역사회와 분리하여, 시설에서 단체생활을 하도록 하고, 오로지 보호의 대상으로만 살게 하는 것 자체가 문제이다. 이런 삶은 보편적 삶이라고 할 수 없다. 그들도 지역사회에서 이웃과 함께 살면서 친구도 사귀고, 재활이나 교육을 받을 수 있도록 하는 것, 이러한 자립생활이야말로 헌법이 보장하고 있는 인간다운 삶이라고 할 수 있다. 그렇기 때문에 선진국에서는 오래 전에 시설 중심의 복지정책을 폐기하고 지역사회 안에서 자립생활을 지원하는 정책으로 전환했다. 그러나 우리 정부는 시설 중심의 정책을 버리지 못하고 있다. 정부는 예산을 핑계로 시설정책을 유지하고 있으나, 시설에 지원하는 예산이면 자립생활 지원을 하는데 부족함이 없다는 것이 선진국의 경험이며 전문가의 연구결과다.

탈시설, 자립생활의 권리는 헌법이 보장하고 있는 '인간다운 생활을 할 권리'에 부합되는 것이다. 사회복지사업법은 시설 중심의 복지정책이 아닌 지역사회, 재가복지, 자립생활의 원칙을 천명하고 있다. 특히 사회복지사업법에는 시설 입소에 우선하여 재가복지서비스를 제공할 것을 명백하게 문구로 의무화하고 있다. 장애인복지법도 탈시설, 자립생활이 시설보다 우선되어야 한다고 여러 규정에서 명시되어 있다.

요약하면 시설에서 지역사회로의 방향은 노멀라이제이션(Nomalization)과 탈시설화(Deinstitutionalization)의 사상이다.

첫째는 노멀라이제이션(Nomalization)이다. 이는 정상화, 통상화 등으로 번역되는 노멀라이제이션은 1952년 덴마크에서 창립된 정신지체아 부모모임이 그 발상지로 장애인, 노인, 아동도 같은 사회의 일원으로서 존재하는 사회가 정상이며 일상생활에 있어 이들의 욕구가 보통사람들의 욕구와 마찬가지로 자연스럽게 충족되는 것이 당연하다는 의미이다. 아동, 장애인, 노인이라고 특별하게 여기지 않고 기본적으로 보통 인간으로서 처우하자는 것이다. 따라서 모든 아동들에게 기본 욕구는 보장되어야 한다.

둘째, 탈시설화(Deinstitutionalization)이다. 이는 기준의 거대, 관리시설이 기본적 권리인 자유, 인권, 프라이버시가 침해되기 쉬우며 비민주적 운영으로 시설 이용자의 주체성을 잃기 쉽다고 강조하고 무엇을 위한 누구를 위한 관리인가를 인식하여야 한다.

쉬렌버거(R. C. Scheerenberger)는 탈시설화의 요점으로 ① 규제가 적은 생활, ② 시설의 소규모화, ③ 생활단위의 세분화, ④ 개인생활 중시 ⑤ 지역사회 안에서의 생활, ⑥ 자립생활 등이다. 이는 시설무용론이 아닌 탈 거대시설, 탈 관리시설을 의미하는 것으로, 시설보호는 지역사회보호의 한 부분으로 이해되며 이때 시설은 주민의 주체적 참여가 보장되는 열린, 개방적인 시설이어야 한다. 지역사회의 준비가 부족한 상태에서 노멀라이제이션이나 탈시설화를 단지 시설투자와 운영비를 절감의 한 방편으로 생각해서는 안된다.

지역사회 아동복지시설의 기능으로는 아동복지시설이 종래의 폐쇄성을 극복하고 진정한 의미에서 지역사회의 복지자원으로서 네트워크의 한 축이 되기 위해서는 기존의 생활시설을 그룹홈 등과 같이 소규모화하여 보다 지역에 밀착한 근린시설로 전환하고 아동의 재가생활이 가능하도록 기능별로 보다 전문적인 이용시설이 확대되어야 할 것이다.

2) 아동복지시설

아동복지시설이 변화하는 욕구에 부응할 수 있도록 관련 제도를 개선하고 아동시설의 보호방법을 종래의 대규모 수용보호의 형태에서 소규모 가정단위의 보호방식으로 전환하는 발상이 필요하고, 종사자 처우도 현실화하여 아동과 보육사를 가정단위로 구성, 보호하는 형태를 취함으로써 시설아동도 일반가정의 아동들과 마찬가지로 가정적인 분위기에서 성장, 양육될 수 있도록 해야 한다.

아동복지시설의 종류에는 ① 아동양육시설, ② 아동일시보호시설, ③ 아동보호치료시설, ④ 아동직업훈련시설, ⑤ 자립지원시설, ⑥ 아동단기보호시설, ⑦ 아동상담소, ⑧ 아동전용시설, ⑨ 아동복지관

3. 아동복지정책의 문제와 개선방향

1) 아동정책의 문제

현대사회의 아동문제에 대해 가족내부의 문제, 사회 환경문제, 부적응의 문제, 지원체계의 부족, 경제적 문제의 영역을 제시할 수 있다.

(1) 가족의 문제

아동문제를 유발하는 가족문제를 지칭함에 있어서 흔히 "문제아동의 이면에는 문제가족이나 문제부모가 있다"는 말이 있다. 빈곤이나 실업에 의한 가족의 경제적 불안정, 가족구조상의 결함, 부모 양육상의 결함 등은 아동문제를 유발하게 된다. 부모의 학력이나 사회적 지위가 우대 받는 사회에서 부모의 빈곤과 실업은 아동에게 매우 부정적인 영향을 미칠 수 있다. 그 외에 빈곤으로 인한 영양실조, 불결한 주거환경 등은 아동의 건전한 성장에 장애요인이 된다. 이것은 교육기회의 박탈과 함께 나아가 비행으로까지 연결될 수 있는 것이다.

부모들의 이혼을 수동적으로 받아들일 수밖에 없는 자녀들은 부모의 이혼으로 인한 심리적 갈등을 겪게 된다. Kalter(1977)의 조사에 의하면 Michigan대학의

아동정신과에 의뢰된 환자들의 경우 32.6%가 부모와 이혼한 가정이었고, 8.8%가 부모가 별거중이라고 하였다. 이 연구는 부모가 이혼한 가정의 자녀들의 경우 공격적이고 성적인 비행이나 약물 또는 알코올과 관계된 문제 행동을 일으키며 이와 같은 행동들로 인하여 정신과 병원에 의뢰하게 되는 경우가 다른 아동들 보다 높게 나타난다고 하였다.

(2) 사회 환경의 문제

현대사회는 아동의 성장에 부적합한 주변 환경을 제공하고 있다. 즉 환경오염, 공해문제, 교통문제, 슬럼지역, 위험지역 등은 아동에게 부정적인 영향을 미친다. 특히 대중적 매스컴의 영향, 무절제된 성인들의 행태는 물론, 아동학대나 성폭행 등이 심각한 사회문제로 대두되고 있다. 이에 따라 사회 환경적인 측면에서 아동의 건전한 성장과 발달을 위한 개입이 절실히 요구된다.

(3) 부적응의 문제

아동문제 중에서 특수한 욕구를 지닌 장애아동의 경우, 이에 적절한 특수적 사회복지서비스가 제공되어야 한다. 대개 정신지체아동들은 심리적으로 자기학대, 자살, 학업포기 등의 문제행동을 일으킬 소지가 있기 때문에 특별한 보호가 요구되고 있다. 이러한 욕구를 지닌 아동문제는 자신의 문제 이외에 가족이나 사회환경의 무관심과 방치에 기인되는 경우도 있으므로 이에 적합한 서비스 개입이 필요하다.

(4) 지원체계의 부족

오늘날 핵가족화의 증대, 맞벌이 가정의 증가, 편부모 가족 등으로 인하여 아동문제가 확산되고 있다. 저소득층의 가정일수록 이러한 현상은 더욱 현저하게 나타나고 있으며, 사회적 지원체계의 부재로 아동이 가정에 홀로 방치됨으로써 다양한 아동문제를 발생시키고 있다. 이와 같은 아동문제를 해결하기 위해서는 사회적 지원체계가 절실히 요구된다.

(5) 경제적 문제

경제적 안정은 가정생활 속에서 아동에게 미치는 영향이 매우 크다. 가정의 경제적 불안정은 아동들의 최저한 욕구가 충족되지 않은 상태로서 건전한 성장과 발달의 장애요인이 되고 있다. 즉 경제적 문제로 이들의 육체를 해칠 뿐만 아니라, 교육의 기회마저 박탈함으로써 지능이나 정서에 커다란 상처를 주게 된다. 따라서 아동에게 의·식·주 문제는 심신의 발달에 필수적인 요소가 되므로 공적, 사적 프로그램을 통해서 경제적 혜택과 안정이 보장되어야 한다.

제 2 절 청소년복지정책

1. 청소년복지의 의의

청소년 복지정책의 개념은 국가가 만 9세에서 24세의 청소년층을 대상으로 그들의 기본적인 욕구를 충족시켜 주기 위하여 청소년 자신은 물론 그들의 가족까지 원조하고 사회적 환경을 조성함으로써 삶의 질을 개선시키도록 하는 사회적 서비스와 프로그램을 말한다.

"아동청소년 시설이란 아동청소년의 활동·복지·보호 등에 제공되는 시설을 말한다. 또한 아동청소년지도자를 아동청소년 시설·단체·관련기관 등에서 아동·청소년 업무에 종사하는 자를 말한다. 청소년의 개념을 보다 명확하게 정의내리기 위해서는 청소년기를 어떻게 구분하는가가 중요한데 이러한 기준으로는 신체적 특성에 의한 구분 연령에 따른 구분 등이 있다

청소년은 인간발달 단계에 있어서 부모나 여기에 대신하는 자의 의존과 보호를 요하는 아동기와, 사회생활이 허용되는 성인기의 중간에 위치한 시기로 사춘기인 12~13세에서 성인기인 22~23세까지를 말하는 것으로, 소년기에서 성인기로 성장되어 가는 과도기의 세대로서 신체적 발육 정도, 정신적 성숙도, 사회적 행동양식은 아동기를 벗어났지만 아직도 성숙화·사회화가 요구되는 시기라 할 수 있다. 우리나라 청소년관련법규에 따르면, 민법은 20세 미만을 미성년으로 보고 있으며, 아동복지법은 18세 미만을 요보호 대상으로 보고 있다. 또한 근로기준법에서는 근로소년을 18세 미만으로, 소년법에서는 20세 미만을 범죄소년으로

규정하고 있다.

청소년 복지정책을 체계적으로 설명하기 위해서는 다음 네 가지 수준의 분석틀을 사용할 수 있다.

첫째 : 복지정책을 실시함으로 해서 혜택을 받는 대상은 누구인가?

둘째 : 어떠한 서비스를 제공할 것인가?

셋째 : 서비스는 어떠한 절차를 거쳐 전달되는가?

넷째 : 재원의 확보는 가능한가라는 물음이다.

이러한 네 가지 수준의 준거에는 청소년 복지정책의 이념과 목표가 전제되어 있으며 이것은 정책 입안에서 평가에 이르기까지 각 수준의 가치 판단을 결정하는 잣대가 된다.

청소년 복지정책의 대상설정은 청소년의 가장 절실한 욕구와 필요에서 출발하며 청소년 복지 분야에 투입되는 재정적 토대의 제약을 받는다. 청소년 복지정책의 주요대상은 청소년을 주 대상으로 하고 있으며 사업도 다양화, 전문화되는 추세에 있다. 그러나 실제적으로 정책이 수행되는 과정에서는 제한된 예산을 전제로 하기 때문에 청소년 복지의 대상 범위는 정책의 목표에 보다 근접하는 욕구의 우선순위를 설정하게 되고, 보다 협의적인 성격을 띠게 된다.

청소년복지학은 크게 청소년복지 실천론과 정책론으로 나뉘고 청소년복지의 실천방법은 전문적 접근, 정책적 접근, 통합적 접근으로 나뉜다.

전문적 접근방법은 청소년복지를 전문적인 학문 영역과 실제 분야를 가진 고유의 기술과학으로 정립시키고자 하는 입장이다.

정책적 접근방법은 청소년문제는 개인이 아닌 국가나 사회 전체의 책임, 다양한 형태의 청소년정책으로 문제해결, 정책과 행정의 전달체계를 통해 실천, 새로 발견된 문제해결을 위해서 다시 정책에 환류 등을 특징으로 한다.

청소년수련활동은 청소년이 청소년활동에 자발적으로 참여하여 청소년 시기에 필요한 기량과 품성을 함양하는 교육적 활동으로서 청소년지도자와 함께 청소년 수련거리에 참여하여 배움을 실천하는 체험활동을 의미한다.

통합적 접근방법은 사회복지실천에서 개념, 기술, 활동, 과업 등에 공통적인 기반이 있음을 전제로 하여 사회복지실천의 다양한 방법에서 공통적인 요소를 찾으려는 노력이다. 통합적 접근방법에서는 복지대상자와 가족의 연관성 속에서 성장과 잠재성을 강조하고 사회복지사는 인간과 환경의 공유영역에서 '사회적 기능수행'에 역점을 둔다. 또 청소년과 가족의 참여와 자기결정 그리고 개별화를 극대화시킨다.

사례관리는 복합적인 욕구를 가진 복지대상자들의 기능 향상과 복지를 위해 총체적 일련의 다양한 서비스를 문제의 심각성 정도와 해결과정의 수준에 따라 단계별로, 동시에 각 단계간의 지속적인 연관성이 있도록 제공하는 문제해결과정이다.

청소년복지의 개염은 잔여적인 복지 개념을 협의의 개념으로 표기할 수 있으며, 제도적인 복지의 개념을 광의의 개념으로 간단하게 설명할 수 있다. 아동복지는 단지 빈곤, 방치, 질병, 결함 등을 지닌 아동들이나 혹은 환경에 적응하지 못하는 비행청소년들에게만 관심을 두는 것이 아니라고 한다. 아동복지라는 것은 모든 아동이 신체적으로 지적으로 정서적으로 발달에 있어서 안전하며 행복할 수 있도록 위험에서 지켜주는 보호의 모습을 공공기관에서 실시하는 사회적이며 경제적인 보건적 형태의 제활 활동이라고 할 수 있다.

일반적으로 청소년 adolescent이란 아동과 성인의 중간에 있는 자로서 신체적 심리적 정신적으로 성숙하다. 자라다. 라는 의미를 가지고 있다. 청소년정의는 인간의 생애주기에서 아동기를 마치고 성인기에 도달하지 않은 연령의 사람들을 의미한다. 청소년의 개념은 사회・문화・시대적 상황에 따라 다르게 정의되며 사회・문화적 배경에 따라 청소년기는 짧을 수도 길수도 있으며 현대사회에서는 고등교육으로 인한 재학기간의 연장, 직업훈련 기간의 연장 등으로 인해 청소년기가 점점 길어지고 있는 것이 보편적인 현상이다.

청소년 복지는 가정이나 사회로부터 버림받고 적응력이 힘든 청소년들을 위한 모든 청소년들의 복지적 안녕에 관심을 가진다고 본다. 청소년 복지의 활동적인 면은 청소년들의 기본적 욕구를 충족시키고자 실시하고, 정신적, 정서적, 신체적으로 최고의 발달을 기하기 위하여 청소년 자신들에게 직접적으로 또는 가정이나 사회를 통하여 간접적으로 제공되는 모든 사회제도적, 전문 활동을 말한다.

신체적 특성은 월경, 사정의 시작으로 청소년기를 구분하는 경우로서 가장 일반적인 방법이지만 개인에게 나타나는 신체적인 징후들이나 사춘기의 특성을 나타나는 시기들이 사람에 따라 각각 상이하기 때문에 보편적인 기준을 제시하는데 한계가 있다

그리고 연령에 따른 구분으로 1985년 UN에서 공식으로 청소년 young people의 개념은 15세부터 24세 사이의 집단이며 UN기구의 국제식량기구에서는 10세부터 24세까지 사이의 결혼 여부를 불문한 남녀 인구부문을 청소년으로 규정하고 있다 청소년 기본법에 명시되어 있는 청소년은 9세 이상 24세 미만의 자이며 민법에서는 만 20세를 성년이라고 규정하고 있다 또한 청소년 보호법에서는 만 20세 미만 을 보호의 대상인 청소년으로 규정하고 있다

청소년기는 부모의 보호가 절대적으로 필요한 아동기에서 성인기로 이행하는 과도기에 해당된다. 이 시기는 의존적인 아동기와 독립적인 성인기의 심리적 특성을 함께 공유하여 아동도 성인도 아닌 양 집단 사이에 존재하는 주변인(marginal person)으로서의 특질을 갖는 시기라는 점에서 인간에게 있어 다른 어떤 발달단계보다도 중요성을 내포하고 있으며 흔히 제2의 탄생기 부적응 시기 제2의 반항기 고민 고통의 시기 초조 불안의 갈등시기 행동의 중용이 없는 시기 질풍노도와 같은 어려운 시기라고 불린다.

구체적으로 청소년기의 발달특성을 신체 생리적 특성과 심리 사회적 특성으로 구별해서 살펴보면 다음과 같다.

첫째, 신체적·성적 특성이다. 청소년기에 걸쳐 아동의 신체는 성인의 모습으로 변화되고 남녀의 신체적, 성적 차이가 확립되며, 사춘기의 도래로 남성호르몬(안드로겐), 여성호르몬(에스트로겐)의 왕성한 분비로 신체적·성적인 급격한 변화와 2차적 성 특징이 출현되며 신체적·성적인 급격한 변화는 청소년들의 심리에 영향을 미친다.

둘째, 인지적 특성이다. 피아제(Piaget)의 인지발달단계는 감각운동기, 전조작기, 구체적 조작기, 형식적 조작기 등이다. 이와 같이 정상적인 성장을 위해서 특정시기에 이루어야 하는 과업을 발달과업이라 한다.

① 청소년기는 형식적 조작기에 해당되며 추상적이고 가설연역적인 사고가 가

능하고, 현실 지향의 사고에서 가능성 지향의 사고로 발전하며, 명제적 사고 가 가능하다.

② 사고에 대해 사고하는 초인지 능력 획득으로 자기성찰이 가능해진다.

③ "나는 누구인가?"라는 질문에 관심을 가짐으로써 에릭슨의 자아정체감 형성에 중요한 시기이다.

④ 이상주의적 사고 경향은 급진주의 혹은 염세주의로 빠질 가능성이 있다.

⑤ 사회인지적 특성은 자기중심성이 강해진다.

개인적 우화(personal fable)는 자신을 아주 특별하고 독특한 존재로 생각하며, 상상의 청중(imaginary audience)은 자신은 항상 타인의 관심대상이어서 타인은 늘 청소년 자신을 주시한다고 생각한다.

둘째는 정서적 특성이다.

청소년들의 정서는 순수한 반면 불안정하고 충동적인 면이 강하다. 이는 청소년기의 급격한 신체적·성적 변화에 따른 긴장과 불안, 인지와 자의식의 발달로 인한 가치관의 변화와 기성세대에 대한 거부감, 아동 및 성인 사이의 역할 부재에서 오는 혼돈 등이 복합적으로 일어나기 때문이다.

감정의 기복이 심하고 예민하며 타인을 의식하여 수줍음이 많고 열성적이며 호기심과 모방성이 강한 점이 정서적 특징이다.

셋째, 사회적 특성이다. 이는 부모로부터 독립하고자 하는 것으로 사회적 관계와 역할의 확대이며, 동성이나 이성친구 등 또래집단에 몰입하게 되는 것으로 이는 또래와의 관계를 통해 정체감을 형성하고 유지하는데 필요한 심리적, 사회적 지지를 얻게 된다.

1) 청소년 관련 시설

(1) 요보호청소년 보호기관과 시설

보호관찰소, 소년원, 치료감호소, 선도보호소, 아동보호치료시설, 청소년 쉼터

(2) 일반청소년시설

① 청소년 상담사와 상담실

청소년상담사는 상담전문가를 위한 자격증으로 청소년상담사에 응시하고자 한

다면 상담관련학과를 전공하여 학위를 취득하거나 상담실무 경력이 있어야 한다. 청소년이 가진 다양한 문제에 대해 개별상담, 집단상담, 성교육 등 실시 청소년기본법 제23조(청소년지도사·청소년상담사의 배치 등)와 청소년시설 및 청소년단체는 대통령령이 정하는 바에 따라 청소년육성을 담당하는 청소년지도사 또는 청소년상담사를 배치하여야 한다. 국가 및 지방자치단체는 위의 규정에 의하여 청소년단체 또는 청소년시설에 배치된 청소년지도사 및 청소년상담사에 대하여 예산의 범위안에서 그 활동비의 전부 또는 일부를 보조할 수 있다.

「교육기본법」 제9조에 의한 학교는 청소년육성에 관련되는 업무를 수행함에 있어 필요한 경우에 청소년지도사 또는 청소년상담사를 채용할 수 있다. 그리고 국가 및 지방자치단체는 규정에 의한 채용에 소요되는 보수 등 필요한 경비의 전부 또는 일부를 보조할 수 있다.

② 청소년수련시설

청소년의 균형적 성장을 위하여 청소년의 능동적 참여하여 심신을 단련하고 자질을 배양하며, 다양한 취미를 개발하고, 정서를 함양할 뿐만 아니라 사회봉사활동을 통해 배움을 실천하는 조직적인 체험활동을 청소년수련활동이라 한다.

청소년수련시설은 이러한 수련활동에 필요한 여러 가지 시설, 설비, 프로그램 등을 갖추고, 청소년지도자의 지도하에 체계적이고 조직적인 수련활동을 실시하는 시설을 말한다. 수련시설은 단순히 외형적 요소인 시설, 설비 또는 공간만을 지칭하는 것은 아니며, 그 시설에서 운영되는 수련거리와 이를 기획·운영하며 청소년을 지도하는 청소년지도자의 3가지 요소를 포함한 것이다.

청소년기본법에서는 청소년수련시설을 생활권수련시설(주로 일상생활권 안에서 수련활동을 실시하는 시설: 청소년수련관, 청소년문화의집), 자연권수련시설(주로 자연과 더불어 체험활동 위주의 수련활동을 실시하는 시설 :청소년수련원, 청소년야영장), 그리고 유스호스텔(청소년의 숙박 및 체재에 적합한 시설, 설비와 부대 편의시설을 갖추고 숙박편의 제공, 여행청소년의 수련활동 지원들을 주된 기능으로 하는 시설, 교육적 기능, 수련활동 기능 등을 보유한 일종의 청소년전용 숙박시설)로 구분·운영되어 왔었으나 2005년부터는 새로 제정된 청소년활동진흥법에 의해 청소년수련시설 6종류(청소년수련관, 청소년수련원, 청소년문화의집, 청소년특화시설, 청소년야영장, 유스호스텔)와 청소년이용시설로 구분된다.

2. 청소년 복지정책의 현황

우리나라에서 청소년에 대한 사회적 책임이 인식되어 청소년복지가 국가적 차원에서 정책적으로 다루어지게 된 것은 1990년 이후라고 할 수 있다. 이와 같이 국가가 정책적으로 청소년에 대해 관심을 두지 않으면 안 되게 된 것은 다음과 같은 요인들이 크게 작용하였다.

첫째, 인구학적 측면에서 볼 때, 청소년 인구가 한국 사회 구성원의 1/3을 점하고 있다는 단순분석에 의해서도 청소년 연구가 주요한 사회적 영향세로 부각되는 잠재적 가능성을 고려할 수 있기 때문이다. 그러나 청소년은 9세에서 24세에 이르는 연령층으로 청소년 인구는 갈수록 줄어들고 있다. 청소년 인구 구성비는 78년 36.9%를 정점으로 계속 줄어들고 있다. 둘째, 무엇보다도 인적 자원의 개발을 통해서 국제 경쟁력을 확보해야 할 한국 사회에서는 차세대의 주역이 될 청소년들을 어떻게 육성하느냐가 미래 사회를 대비하는 데 있어 주요 관건이 되기 때문이다. 셋째, 인생 주기의 측면에서 볼 때, 현대 사회의 삶의 조건은 과거 그 어느 때보다도 청소년기가 장기화되었기 때문에 청소년 인구의 관심, 이해, 요구가 사회의 모든 부문과 제 측면에 확대 반영되고 있으며, 한국 사회가 안고 있는 문제들이 직·간접적으로 청소년과 결부되고 있는 성향이 점차 두드러지고 있기 때문이다. 이처럼 청소년복지에 대해 국가가 직접 정책적으로 개입하게 된 배경에는 전술한 정책적 요인 외에도 청소년을 둘러싼 환경이 지나치게 열악할 뿐 아니라 복합적으로 얽혀 있는 각종 사회문제들로 인하여 청소년의 보호와 육성이 단순한 부모의 책임만으로는 감당할 수 없으며 보다 조직적이며 통합적이며 강력한 접근이 필요하였기 때문이다. 정책의 대상으로서 청소년은 다양한 모습을 띨 수밖에 없었다. 하나의 인구집단으로 범주화하기에는 청소년은 그의 연령, 성별, 인종, 계급배경, 국적 등에 따라서 매우 다양한 하위집단으로 나뉠 수 있다.

청소년위원회가 발표한 청소년백서에 따르면 우리나라 청소년인구는 1960년에 전체인구 31.8%인 796만명에서 증가하여 1980년에는 전체인구의 36.8%인 1,401만명으로 가장 높은 수준이었다. 그 후 서서히 감소하여 2004년에는 1,122만명으로 전체인구의 23.3%를 차지했다. 그 당시 성별로는 남자가 589만명 여자가 533만명인 것으로 조사됐다. 특히 각 연령별 성비는 연령이 낮을수록 높아져 10세의 남녀 성비가 1.15:1로 가장 높게 나타났다. 2005년 학령인구는 중학교(만12~14세)의 경우 207만8천명, 고등학교(만15~17세)는 185만5천명으로 우리나라 2005년 중고등학생 나이에 해당하는 청소년의 인구(비제도권 포함)는 393만3천명으로 집계되었다. 향후에도 청소년인구는 서서히 감소하는 추세를 유지하여 2010년에는 20.8%인 1,024만명으로 낮아지며, 2030년에는 더 낮은 13.2%인 650만명이 될 것으로 전망되고 있다.

한국전쟁 이후 베이비붐의 영향으로 태어난 인구가 청소년연령층에 도달한 1965~70년에는 인구증가율이 4.4%로 월등히 높은 수준을 보였다. 그 후 1975~80년 사이에는 청소년인구 증가율이 1.7%로 총인구증가율과 유사한 수준을 보였으나, 베이비붐 시기에 태어난 인구가 청소년연령층을 벗어난 1980년부터 청소년 인구증가율은 감소하기 시작하여 1995~2000년에는 -2.0%로 가장 큰 감소율을 보였다. 이는 출산율 저하의 영향을 받은 것으로 해석된다. 이후에도 청소년 인구증가율은 계속 감소할 것으로 보인다. 2009년 우리나라 총인구는 4,874만7,000명으로 전년에 비해 0.3% 증가한 반면, 청소년 인구는 1,038만5,000명으로 1% 감소했다. 이는 1980년 초반 이후 급격히 감소한 출생아 수의 영향으로, 향후 청소년 인구는 지속적으로 감소할 것으로 전망된다. 청소년 인구가 줄면서 각급 학교에 해당하는 학령인구(6~21세)도 감소하고 있다. 2009년에는 초등학교에서 대학교까지의 학령인구는 1,006만2,000명으로 전년에 비해 1.6% 감소했다. 이는 학령인구가 가장 많았던 1980년의 1,440만1,000명에 비해 30.1%나 감소한 것이다.

지역별로 보면 대체로 청소년인구가 감소하고 있으나 경기도와 인천은 꾸준한 증가를 나타내고 있다. 청소년인구 중 가장 큰 비중을 차지하는 서울과 경기도를 비교해보면 서울은 청소년인구가 계속 감소하는 반면 경기도는 증가하고 있어 두드러진 대조를 이룬다. 그리고 1970~2000년 30년 동안 전체 청소년인구는

3.5% 증가한데 반해 수도권지역은 무려 60.3%나 증가해 불균형적 인구집중이 이루어졌음을 알 수 있다.

우리 청소년들은 무엇보다 사교육에 시달리고 있다. 국내 학생들의 2008년 사교육 참여율은 75.1%다. 대부분의 청소년들이 사교육을 받고 있는 것이다. 나이가 어릴수록, 대도시일수록 사교육 열풍이 심하다. 연령대별로 보면 초등학생이 87.9%로 가장 높으며, 중학생 72.5%, 일반계 고등학생 60.5% 순이다. 지역별로는 초등학생의 경우 광역시가 90.3%로 가장 높으며, 중학교와 일반계 고등학생은 서울이 각각 75.9%, 73.6%로 가장 높게 나타난다.

공부는 열심히 하는데 청소년들의 실업률은 평균 실업률의 세 배 가까이 높다. 2008년 청소년(15~24세)의 실업률은 2007년에 비해 0.5%포인트 증가해 9.3%에 달한다. 한국 청소년들 중 10대는 운수사고에 시달리며 20대가 돼서는 자살 열병을 앓고 있다. 2007년 19세 이하 청소년 사망 원인 1순위는 운수사고였으며, 20~29세는 고의적 자해인 자살이 1순위였다.

또한 우리 10대들은 국내 사회에 이혼 등이 증가하면서 부모로부터 버림받는 경우가 늘고 있다. 사회적 보호가 필요한 요보호아동 수가 4.8% 증가했고, 이 중 '부모 이혼'이나 '미혼모 아동'과 같은 부모 관련된 사항이 5,292명으로 전체의 57%를 차지했다.

이처럼 청소년의 생활 여건이 악화되다 보니 청소년들 사이에 고충 상담에 대한 수요가 계속 늘어나고 있다. 청소년들의 고민을 들어주고 해결책을 조언해주길 바라는 청소년 상담자 수가 2009년에 전년보다 48.1% 증가한 400만6,993명으로 나타났다. 이를 학교급별로 보면 중학생이 29.7%로 가장 많았고, 고등학생 21.5%, 초등학생 20.1% 순이었다. 특히 초등학생이 80만4,135명으로 전년에 비해 85.9%나 급증했다. 나이가 어릴수록 살아가는 고민이 많아지는 것은 아닌가 걱정된다. 이러다 보니 평상시 스트레스를 '대단히 많이' 또는 '많이' 느끼는 청소년들의 비율인 스트레스 인지율도 매우 높은 상황이다. 남학생보다 여학생이 보다 더 스트레스를 받는다. 여학생 스트레스 인지율이 학년별로 남학생보다 10% 이상 높게 나타나는 것이다. 특히 여자고등학교 3학년 학생의 스트레스 인지율은 61.4%로 가장 높다.

청소년들의 다문화 현상도 청소년기 아이들의 갈등과 방황을 더해 줄 것으로 보인다. 2008년 국제결혼가정의 학생 수는 1만8,778명으로 전년에 비해 39.7% 증가했다. 국제결혼가정에서 어머니가 외국인인 학생은 1만6,937명으로 이의 90.2%를 차지한다. 청소년은 한 나라 경제 사회의 미래를 결정짓는 핵심 요인이라 할 수 있다. 국내 청소년들이 보다 자유롭고 활기차게 생활할 수 있는 여건을 만들기 위한 노력은 바로 국가 경쟁력을 강화하는 길이다.

1) 청소년복지의 실태

청소년 복지사업은 청소년의 복지증진이라는 목적을 달성하기 위한 수단으로서 프로그램과 서비스의 내용과 질이 그 성패를 좌우하는 중요한 요인이 된다. 청소년 복지사업은 청소년복지 서비스의 형태와 수혜대상에 따라 분류될 수 있으며, 개인에게 직접적으로 이익을 줌으로써 복지를 증진시키고자 하는 개인에 대한 서비스 형태와, 환경조건을 통제함으로써 복지를 개선하고자 하는 환경개선사업 등으로 구분할 수도 있다.

청소년 수련활동의 안전사고예방 및 식중독, 성추행 등 사고발생을 예방하기 위해 2006. 3월부터 시행된 청소년수련활동인증제가 실시되고 있으나 안이하고 부정적인 평가남발도 있어 청소년 수련활동안전에 위기를 초래할 수도 있다. 청소년수련 활동인증제가 과거수련기관 중 씨랜드화재로 23명이 사망하고 식중독, 성추행 등 사고가 빈번하게 발생함에 따라 수련활동이 안전하고 유익하게 운영될 수 있는 최소한의 여건을 마련하기 위하여 2006년 3월부터 시행된 제도이다. 청소년수련활동인증위원회는 2006년 4월부터 2009년 6월까지 접수된 자료 1,091건중 청소년수련활동에 대한 안전성, 유익성을 심사하여 897건으로 82%가 인증을 받은 바 있다. 청소년수련활동인증제의 도입취지로 볼 때 청소년수련활동에 대한 인증심사과정에서 항공, 수상, 산악, 장기도보 등 위험이 수반되는 활동, 장애청소년에 대한 특별지도가 요구되는 활동, 식품위생이 취약한 하절기 활동 등에 대해서는 안전성에 대한 심사기 매우 중요하기 때문에 현장 확인이 반드시 수반되어야 한다. 청소년수련관은 보건복지가족부에서 3년마다 실시하며 4월부터 10월까지 7개월간(2009년 경우) 조직 및 운영, 프로그램, 시설 및 설비, 안전 및 위생 분야 등 6개 분야 청소년시설 운영 전반을 서면평가와 현장평가로 나눠 평가한 후 이의제기 절차를 거쳐 최종 평가한다. 프로그램 운영, 조직, 지도인력, 시설활용, 안전성, 청소년들의 놀이터 학습 공간 역할 수행과 청소년지도자들의 우수 상담능력과 의지도 등이 '우수'등급을 받는데 중요한 역할을 한다고 볼 수 있다.

청소년복지의 전달체계는 모든 청소년들이 신체적, 정신적으로 건전하게 성장·발달할 수 있도록 지역사회와 사회복지 분야의 공·사기관, 단체들이 협력하여 필요한 사업을 계획하여 실천에 옮기는 조직적 활동이라고 볼 수 있다.

청소년복지의 목표를 달성하기 위해서는 이를 실천하는 데 필요한 재원의 확보가 중요하다. 청소년복지의 재원은 청소년복지시설, 기관, 단체의 활동에 원동력이 되기 때문이다. 청소년복지의 재원은 그 구성상 공공부문과 민간부문의 재원으로 구분할 수 있다. 공공부문의 재원은 대개 세금징수원이 있는 정부단위에 의해서 조달되는 재원을 말하고, 민간부문의 재원은 사용자가 내는 부담금이나 보험금, 민간으로부터의 후원금과 기부금, 사업수익금, 기타 수입 등을 들 수 있다.

2) 청소년복지정책의 문제점

우리 나라의 청소년기본계획과 청소년기본법은 진일보한 청소년정책이지만 그러나 몇 가지 한계와 문제를 내포하고 있다. 즉 ① 청소년기본계획은 수련계획이라고 불릴 정도로 수련활동의 비중이 지나치게 크다. ② 수련활동을 중심으로 하는 청소년활동의 운영체계가 분명하지 않으며 미비한 것이 많다. ③ 추진방향으로 청소년의 자율성에 기초한 능동적 삶의 실현을 제시하였으나 청소년의 자율성이 발휘될 여지는 별로 없다. ④ 예산과 운영비지원 등 계획자체의 현실성이 부족하다. ⑤ 수련활동에 참여하도록 하는 동기부여가 미약하다. ⑥ 청소년정책의 고유영역 또는 업무로서 기존의 청소년정책에서 제외되어 있는 재수생, 가두직업청소년, 무직 미진학 청소년, 퇴학 청소년 등에 대한 정책 및 사업개발이 소홀히 되고 있다. ⑦ 문화체육부는 법률상으로는 청소년정책의 총괄 조정을 명시하고 있으나 기본계획의 내용을 보면 청소년육성 전 부문을 포괄하지 못하고 수련활동과 국제교류, 청소년복지의 일부만을 대상으로 하고 있어 스스로 청소년정책의 총괄 조정 기능을 위축시킨 것으로 보인다.

또한 청소년에 대하여 가정, 학교, 사회의 관심을 제고하고 청소년대책에 대한 범국민적인 참여 분위기를 확산시키는 것은 바람직한 일이지만 그렇다고 정부가 해야 할 정책사업을 가정과 학교 그리고 지역사회와 민간단체에 떠맡기는 일은 없도록 해야 한다. 그러므로 중앙정부와 지방자치단체의 사무 분담, 공사의 역할 분담들이 확실시되어 있어야 한다. 그래서 국가와 국민이 조화로운 체제에서 청소년정책에 대한 범국민적인 참여 분위기를 확산시켜야 할 것이다.

특히 청소년복지부문은 요보호청소년과 문제청소년을 대상으로 한 규제적, 치료적 처우에 지나지 않는다. 예를 들어 어려운 청소년의 진정한 "생활상의 문제"가 무엇인가를 생각해야 한다. 그렇지 않고 경제적, 심리적 기타 문제 환경에 있는 청소년을 그저 경제적 곤란 때문에 수련활동을 못 갈 것이라는 판단 아래 수련활동을 가게 하는 일이 청소년복지라고 보는 것은 잘못된 판단이다. 이러한 시행착오는 시정되어야 하겠다. 또한 기존 법적보호에서 제외되어 있는 교육기회박탈청소년, 무직청소년, 가출 부랑청소년, 가두직업청소년, 숨은 비행청소년, 근로청소년, 농어촌청소년, 미혼모, 재수생 등에게 충실한 법적 보호와 서비스가 있어야 한다.

청소년복지서비스 전달체계의 문제점은 다음과 같다.

① 사회복지사업과 낮은 연계

② 수련활동에 참여하도록 하는 동기부여가 미약하다.

③ 무직 미 진학 청소년, 퇴학 청소년 등에 대한 정책 및 사업개발이 소홀히 되고 있다.

④ 예산과 운영비지원 등 계획자체의 현실성이 부족하다.

⑤ 청소년과 함께하는 복지(welfare with youth)에는 소홀한 경향이 있다.

3) 청소년복지정책의 개선방향

청소년복지의 정체와 지자제 실시에 따른 청소년복지정책의 위상을 정립하기 위하여서는 몇 가지의 과제와 발전 방향이 있다. 즉 청소년복지의 패러다임

(paradigm)을 명확히 설정하는 일이다. 청소년복지의 기본적 인식, 가치, 존재를 새로운 관점에서 정립시켜야 한다. 또 청소년복지에 있어 연구의 대상, 주체, 방법, 목적을 재평가해야 한다. 이러한 연구는 인간 주체에 의한 실존주의적 청소년복지론이어야 한다.

민주화와 지방 자치화 시대에 알맞은 청소년정책의 기본방향은 청소년복지 전달체계의 확충이며 그리고 청소년지도자의 양성과 배치, 청소년 긴급보호 체계의 확립, 근로청소년을 위한 복지서비스, 청소년수련시설의 기능을 확충하여 인간으로서 청소년의 생존은 실존즉 생명, 생활복지를 확보 보장하도록 실천해야 한다.

구체적으로 국가와 사회는 청소년이 신체와 정신이 건강하도록 하여 삶에 희망을 갖도록 복지정책을 실시하는 일이다. 그래서 청소년을 위한 안정된 가정, 학교, 직장, 지역사회를 만드는 것이 중요하다. 청소년들이 공부와 업무 이외에 여가 활동을 통하여 인생을 생각해 볼 수 있도록 여건 조성 지원해 주어야 한다. 다시 말하면 정부와 지방자치단체에서 추진 중인 자연권 및 생활권 수련활동에 적극 참여시킬 수 있는 제도적 장치가 필요하다. 특히 생활권 청소년수련시설(청소년수련원, 청소년수련관, 청소년수련실, 청소년수련방, 청소년수련의 집)의 역할을 확장하여 청소년들의 일상생활과 밀접하게 만들어야 한다. 또 청소년 어울마당, 야간 공부방 등의 지원과 프로그램을 더욱 개발하여 청소년들이 참여토록 하는 방안도 강구해야 한다.

청소년복지서비스 전달체계의 개선방안은

① 정부와 민간이 공동으로 분담할 필요가 있다.

② 요보호청소년의 인권을 보장할 수 있는 제도를 갖추어야 한다.

③ 시설복지에서 지역복지로 나가야 한다.

④ 상식적 서비스에서 전문적 서비스로 확립시켜야 한다.

⑤ 청소년정책에 대한 범국민적인 참여 분위기를 확산시켜야 할 것이다.

⑥ 청소년시설에 전문인력을 충원하여 이용률을 고양시켜야 할 것이다.

청소년들이 일상생활을 통하여 가깝게 접근할 수 있는 생활권 수련시설과 청소년센터를 설치하고 전문인력을 배치하는 것이다. 청소년지도자의 양성과 배치는 청소년학과 청소년복지 등을 전공한 인재들로 규정해야 한다. 또 가출 부랑

청소년에 대한 긴급구호로서 "청소년쉼터"를 체계적으로 후원 육성해야 한다. 그리고 무엇보다도 우선 근로청소년을 위한 직업훈련과 직업알선이 확충되고 법적 보호가 내실화되어야 한다. 특히 청소년복지정책을 실시하기 위한 국회 광역의회 기초의회에서의 예산확보를 충실히 노력해야 한다.

갈수록 심화하고 있는 도시와 농촌의 교육격차를 해소하기 위해 농어촌 시골 지역의 소규모 학교들을 최첨단 시설을 갖춘 친환경 '전원학교'로 바꾸는 사업이 추진된다. 농산어촌에 있는 우수 초등학교와 중학교를 집중적으로 육성해 학교 교육력을 강화하고 학생들에게는 학습권을 보장하겠다는 취지이다.

2009년 교육과학기술부는 학생수 감소로 어려움을 겪고 있는 농어촌 지역의 초등학교와 중학교 가운데 110곳을 선정해 3년간 총 1,393억원을 지원하는 내용의 '전원학교 육성계획'을 발표했다. 학생들이 돌아오는 농 · 산 · 어촌 학교의 성공모델을 만들겠다는 게 전원학교의 핵심"이다. 전원학교로 선정되면 농어촌 지역의 특성을 살려 학교 안에 자연체험 학습장, 생태연못, 산책로, 잔디 운동장 등 자연 친화적인 시설들이 잇따라 들어선다.

교실에는 전자칠판, 디지털 교과서, IPTV 등이 갖춰져 학생들이 첨단기술의 e-learning 환경 속에서 공부하게 된다. 대도시 학교에 비해서도 좋은 교육 여건을 갖추게 되는 것이다.

전원학교로 선정된 모든 학교는 자율학교로 지정된다. 이렇게 되면 교육과정을 자율적으로 운영할 수 있게 되며, 수준별 영어학습, 체험중심 교육과정, 독서 · 인성교육, 학력증진 프로그램 등 다양한 정규 · 방과후 학습 프로그램 운영도 가능해진다.

전원학교 선정 대상은 일단 면 지역에 소재한 학생수 61명 이상 200명 이하의 초 · 중학교로 정해졌지만 예외도 두었다. 학생수 증감 추이와 발전 가능성, 지역별 여건 등을 고려해 일부 학교는 60명이하이거나 200명이 넘더라도 지원 대상으로 선정될 수 있게 했다.

한국 청소년 사망 원인 중 1위는 교통사고이고, 2위는 자살이다. 청소년들이 극단적인 선택을 하는 동기는 주로 성적 · 진학 문제로 인한 우울증이었다. 우울증이란 마음의 병은 자살과 깊은 연관이 있다. 자살자의 60~80%가 우울증과 관련돼 있다는 외국 통계가 있을 정도다. 우울증은 옴짝달싹할 수 없을 만큼 꽉 갇혀 있는 상태에서 사방이 점점 조여 오는 것으로 느껴지는 상태다. 서울시 소아청소년 정신보건센터엔 하루에도 수십 건씩 학생들의 사연이 접수된다. 보통 성인들은 우울증이라고 하면 인생에 대한 허무함을 느끼고, 무능감과 죄책감에 사로잡혀 "우울하다"는 말을 되풀이하는 경우를 떠올린다. 아이가 난폭해지거나 등교하기를 꺼리는 등 이상 증세를 보인다. 이때 "사춘기니까" "학교에 안 좋은 일이 있나 보지"라며 한때의 방황으로 치부하는 경우가 되어서는 안된다.

청소년기에 나타나는 우울은 성인의 우울증과는 증세에서 차이를 보인다. 우울하다고 느끼기보다는 산만함과 난폭함·짜증·반항 등 행동의 변화로 나타나는 경우가 많다. 부모와의 대화가 없어지고, 성적이 떨어지거나 친구들에게 폭력을 휘두르는 등의 증세를 보인다. 심한 경우에는 술과 담배에 손을 대거나 게임중독·거식증과 폭식증으로 연결되기도 한다. 특별한 이유를 찾을 수 없고 아이의 행동이 비행인지, 우울증 증세인지 구별하지 못하는 경우가 대부분이다. 청소년의 우울증을 이른바 '가면우울증'이라고 부르는 이유다.

연 구 문 제

1. 아동복지시설의 문제점과 개선책은?

2. 청소년정책의 문제점과 개선책은?

3. 아동청소년정책 관련 법령의 조정기구와 정책계획의 현황은 어떠한가?

4. 청소년수련시설에는 어떤 것이 있는가?

5. 청소년복지서비스 전달체계의 개선방안은?

제 11 장

국민연금과 국민건강보험

제 1 절 국민연금제도의 의의

1. 국민연금제도의 배경과 연혁

국민 연금제도는 사회보험중의 하나로 사회보험은 사회정책을 위한 보험으로서 국가가 사회정책을 수행하기 위해서 보험의 원리와 방식을 도입하여 만든 사회경제제도이다. 이러한 의미에서 사회보장기본법 제3조 제2호에 의하면, "사회보험이라 함은 국민에게 발생하는 사회적 위험을 보험방식에 의하여 대처함으로써 국민건강과 소득을 보장하는 제도를 의미한다"라고 정의하고 있다. 구체적으로 살펴보면 사회보험은 국민을 대상으로 질병·사망·노령·실업 기타 신체장애 등으로 인하여 활동 능력의 상실과 소득의 감소가 발생하였을 때에 보험방식에 의하여 그것을 보장하는 제도라고 할 수 있다. 우리나라 국민연금제도는 일반적으로 가계를 책임지는 자가노령폐질 또는 사망 등으로 소득능력이 영속적으로 상실 또는 감퇴된 경우 그 자신과 유족의 보호를 위하여 정기적으로 일정액의 금전 급부를 행하여 안정된 생활을 지속할 수 있도록 보장하는 일반 국민을 대상으로 한 장기적 소득보장제도로 실시되었다. 또한 생활수준의 향상, 의료 기술의 발달로 평균 수명이 늘어나면서 65세 이상 노인인구가 빠르게 증가하고 있다. 노인인구가 14%가 넘어서면 그 사회를 고령사회라고 부르는데, 미국은 71년 만에 고령사회에 진입했고 프랑스는 115년이 걸렸다. 고령화가 급속도로 진행되고 있는 일본도 2006년 초 고령 사회로 진입하는데 12년이 걸리는 점을 감안하면 한국의 고령화 속도는 단연 두드러진다. 한국은 2000년 65세 이상 인구 비중이 7%를 넘어서면서 고령화 사회에 진입했으며 이 같은 추세라면 2019년에 고령사회(14.4%), 2026년 초고령사회(20%)에 진입할 것으로 예상된다. 60세 이후의 노후기간이 8년에서 18년으로 늘어났으며 평균 수명은 20년 만에 10년이나 늘어났다. 노령 인구가 늘어날수록 젊은 세대의 노인부양부담은 늘어나게 마련이다. '09년에는 생산 가능인구 8.2명이 65세 이상 노인 1명을 부담했지만 2020년에는 4.7명당 1명, 2030년에는 2.8명당 1명꼴로 노인을 부양해야 한다.

국민연금제도의 도입배경은 다음과 같다.

우리나라는 1960년대부터 시작된 경제개발 5개년 계획을 체계적인 계획아래 지속적으로 추진함으로써 세계경제발전에 있어 단시간에 유래 없는 발전을 이룩하였다. 이에 따라 고용기회가 늘어나고 국민소득도 크게 증가하였다. 그러나 산업화, 도시화, 핵가족화, 노령화가 주요 사회문제로 대두되자 사회보장에 대한 대책도 시급한 과제로 동시에 부각되었다. 이와 같은 상황에서 국민의 노후 소득보장제도를 구축함과 동시에 경제발전 5개년 계획에 필요한 재정을 도달할 목적으로 하여 1973년 국민복지연금법을 제정, 공포하고 이듬해 1월부터 시행할 예정이었다. 그러나 1973년 세계를 강타한 오일쇼크의 영향으로 인하여 우리나라 경제는 큰 어려움에 직면하게 되었고 시행할 예정이었던 국민연금제도의 실시도 무기한 연기되었다. 이러한 여건의 악화로 인하여 국민연금제도의 시행이 보류되어 오다가 제6차 경제개발 5개년 계획 기간에 국제수지의 흑자전환으로 인한 국가의 부채가 감소하고 지속적인 물가안정과 경제 호황으로 1인당 국민 총생산이 2천 달러를 크게 넘어서는 등 국민의 부담능력이 예전에 비해 크게 향상됨으로써 국민연금제도의 실시를 위한 사회 경제적 여건이 성숙하게 되었다. 1986년에 비로소 기존의 연금구조와 내용들을 대폭 수정 보완하여 국민복지연금법을 국민연금법으로 변경하여 1988년 1월부터 국민연금제도가 시행되게 되었다.

이러한 국민연금 제도는 기금운용 등 효율적 관리운영을 위해 1987년 9월에 독립기관으로 국민연금공단을 설립하였으며, 우선적으로 10인 이상 사업장에 근무하는 18세 이상 60세 미만의 근로자 및 사업주를 대상으로 실시하였다.

1988년 10인 이상 사업장을 중심으로 추진되었던 국민연금제도는 1992년 소득보장 혜택이 더욱 절실한 5인 이상 사업장으로 당연적용대상을 확대하였으며, 1995년에는 신경제 5개년 계획 및 WTO 체제하의 농어촌 발전대책의 일환으로 농어촌 지역에까지 국민연금제도를 확대하였고, 1999년 4월 도시지역에까지 국민연금제도를 실시함으로써 전국민 연금시대가 열렸다. 산업화, 도시화의 진전으로 사회적 위험은 증대되고 평균수명은 연장된 반면 가족구조는 점차 핵가족화되어 노인 부양의식과 상부상조의 정신이 약화되어, 노령과 각종 사고 등으로 인한 갑작스러운 소득상실로부터 국민들을 보호하기 위한 제도가 필요하게 되었다.

이에 따라 1960년에 공무원연금, 1963년에 군인연금, 1973년에 사립학교교직원연금이 실시된 바 있다.

1) 국민연금제도의 성격

국민연금제도의 성격 및 특성이다.

사회보험으로서 연금보험은 국가에 의해 일정한 자격을 가진 사람을 대상으로 강제적으로 적용되는 성격을 갖는다. 특히 연금보험은 사회생활을 영위하는 과정에 소위 사회적 위험으로 불리는 보험 사고 중 노령, 폐질 또는 사망에 봉착할 경우 개인과 가족의 소득 단절을 막고 인간다운 생활을 유지하게 하는 데 목적을 두고 있다. 우리나라의 연금보험은 2001년 1월 현재 국민연금을 위시하여 공무원연급, 사립학교교직원연금 및 군인연금 등이 각기 분립, 실시되고 있다. 그 중 국민 대다수를 차지하고 있는 연금보험이 국민연금으로서 연금보험의 주류를 차지하고 있다.

국민연금제도의 연혁은 다음과 같다.

1973. 12. 24 국민연금복지법 공포(석유파동으로 시행 연기)

1986. 12. 31 국민연금법 공포, 법률 제3902호(구법 폐지)

1987. 09. 18 국민연금관리공단 설립
1988. 01. 01 국민연금제도 실시(상시근로자 10인 이상 사업장)
1992. 01. 01 사업장 적용범위 확대(상시근로자 5인 이상 사업장)
1992. 01. 01 특례노령연금 지급 개시
1995. 07. 01 농어촌지역 연금 확대 적용
1999. 04. 01 도시지역 연금 확대 적용(전국민 연금 실현)
2000. 07. 01 농어촌지역 특례노령연금 지급
2001. 11. 01 텔레서비스 시스템 전국 확대 운영
2003. 07. 01 사업장 적용범위 확대(근로자 1인 이상 사업장)

질병·노령·장애·빈곤 등의 문제는 산업화 이전의 사회에서도 존재하였다. 다만 이 시기의 위험은 사회 구조적인 성격을 띤 것이 아니라 개인의 위험차원에서 머물러 있어 개인이나 가족의 책임아래 해결하였다. 그러나 산업사회로 넘어오면서 환경오염, 산업재해, 실직 등 스스로의 힘만으로는 해결할 수 없는 각종 사회적 위험에 노출되고 부양 공동체 역할을 해오던 대가족 제도의 해체로 노인부양 문제는 개인 차원을 넘어서 국가개입의 필요성이 요구되는 사회적 문제로 대두되었다. 이에 따라, 각종 사회적 위험으로부터 모든 국민을 보호하고 빈곤을 해소하며 국민생활의 질을 향상시키기 위해 제도적 장치를 국가적으로 마련하였는데 이것이 바로 사회보장제도이다. 우리나라에서 시행되고 있는 대표적인 사회보장제도는 국민들이 노령, 장애, 사망 등으로 소득활동을 할 수 없을 때 기본적인 생활이 가능하도록 연금을 지급하는 국민연금제도를 비롯하여 건강보험, 산재보험, 고용보험, 노인장기요양보험 등 사회보험과 생활보호, 의료보호 등 공적부조, 그리고 사회복지서비스 등이 있다. 1970년까지만 해도 구호사업 및 구빈정책 위주였던 우리나라의 사회보장제도는 70년대 후반에 실시되었던 의료보험이나 1988년 실시된 국민연금제도로 인해 1980년대 이후부터 그 틀을 갖추기 시작했다.

이 중 국민연금은 국가가 보험의 원리를 도입하여 만든 사회보험의 일종으로 가입자, 사용자 및 국가로부터 일정액의 보험료를 받고 이를 재원으로 노령으로

인한 근로소득 상실을 보전하기 위한 노령연금, 주소득자의 사망에 따른 소득상실을 보전하기 위한 유족연금, 질병 또는 사고로 인한 장기근로능력 상실에 따른 소득상실을 보전하기 위한 장애연금 등을 지급함으로써 국민의 생활안정과 복지증진을 도모하는 사회보장제도의 하나이다.

외국속담에 'Make hay while the sunshine.'이라는 말이 있고, 동양권에서는'유비무환이라는 말이 전해져 내려오는 것을 보면 동서를 막론하고 훗날을 위해 미리 준비하는 지혜를 귀하게 여기기는 다를 바가 없다고 본다. 그러한 좋은 취지의 국민연금제도가 정부의 미온적인 복지행정의 시행과 대국민 홍보의 부족, 정확한 소득의 산출없이 실시되는 바람에 많은 국민연금보험료 납부에 대다수의 국민들이 소극적으로 대처하고 있는 등 많은 문제점을 안고 있으며 그러한 문제점으로 인하여 소기의 목적달성에 상당히 어려움을 겪고 있다.

국민연금제도는 오늘날 급속한 산업화의 진전에 따른 산업재해 및 실업 등의 증대와 고령화 추세와 핵가족화, 노인부양의식의 약화현상 등이 맞물려 생기는 사회적 문제를 해결하기 위하여 정부가 실시하는 소득 보장장치로서 이러한 사회적 위험으로부터 모든 국민을 보호하기 위한 사회보험제도이다. 즉 젊어서 소득이 있을 때 조금씩 모아 두었다가 나이가 들거나 장해 또는 사망 등으로 소득을 잃게 될 경우, 국가로부터 본인 또는 유족이 일정액의 연금을 매월 수령하도록 함으로써 안정된 생활을 유지해주는 제도이다. 국민연금제도는 가입자격을 갖춘 모든 사람에게 강제적이며 개인소득을 기준으로 하여 정부기관에 의하여 독점적으로 관장하는 제도 이다.

2) 국민연금 급여의 구성

국민연금 급여의 구성이다.

국민연금급여는 소득보장기능을 한다. 즉 노령・폐질・사망 등으로 소득능력이 상실・감퇴된 경우에 노령. 장해 또는 유족연금을 지급하여 본인 또는 유족의 기본생계를 보장하게 된다. 그리고 국민연금은 소득 재분배기능을 하게 된다. 본인이 납부한 보험료만을 기준으로 급여액이 산정되는 사적보험(개인연금보험)과는 달리 저소득계층일수록 유족의 기본생계를 보장하게 되는 것이다. 연금액의 실질

가치가 항상 보장된다. 즉 연금액을 최초로 결정할 때 가입기간중의 임금인상률과 물가상승률을 반영하고 연금을 받는 동안에는 전국소비자 물가 변동률에 따라 연금액이 상향조정되기 때문에 실질가치를 항상 유지해 주는 기능을 하게 된다.

국민연금의 특징은 다음과 같다.

첫째, 모든 국민이 가입대상으로 강제성이 있다

국민연금은 어려운 생활의 위험을 모든 국민이 연대하여 공동으로 대처하는 제도로 모든 국민이 가입대상이다. 국민연금뿐만 아니라 건강보험 등 대부분의 사회보험제도는 강제가입을 채택하고 있다. 가입을 기피하는 사람이 많을수록 노년빈곤층이 많아지고 사회문제화될 경우 결국 국가는 빈곤해소를 위해 조세 등을 통해 해결해야 한다. 이렇게 되면 성실하게 노후를 준비한 사람은 자신의 노후는 물론 노후를 준비하지 못한 사람에 대한 보장을 책임지는 이중부담을 해야하기 때문에 소득활동을 하는 사람은 누구나 의무적으로 가입하도록 하는 것이다.

둘째, 국민연금은 소득재분배로 국민통합에 기여한다.

국민연금은 동일한 세대내의 고소득계층에서 저소득계층으로 소득이 재분배되는 세대내 소득재분배 기능과 미래세대가 현재의 노인세대를 지원하는 세대간 소득재분배 기능이 동시에 포함되어 있다.

① 세대내 소득재분배

부자가 빈자를 도와주는 세대내 소득재분배 기능은 국민연금의 급여산식에서 가입자 전체의 평균소득을 포함시켜 실현되고 있다. 저소득 계층의 경우 전체가입자의 평균소득이 자신의 소득보다 높기 때문에 더 많은 연금을 받는데 비해 고소득 계층은 전체가입자의 평균소득이 자신의 소득보다 낮기 때문에 저소득층에 비해 상대적으로 연금혜택이 적은 것이다. 국민연금은 납입한 보험료 대비, 수급하는 연금급여가 저소득층이 훨씬 높아 소득격차를 줄임으로써 사회통합에 기여한다.

② 세대간 소득재분배

미래세대가 현재의 노인세대를 지원하는 세대간 소득재분배 기능은 국민연금제도 도입초기단계 가입자의 제도순응성을 높이기 위해 도입하였다. 미래세대는 자신의 노후만 준비하면 되지만 국민연금 초기가입자의 경우 자신의 노후는 물론 부모 부양이라는 이중부담을 지고 있어 이들의 부담을 완화하기 위해 낮은 보험료에서 출발, 단계적으로 보험료를 높여가도록 한 것이다. 우리보다 연금제도를 먼저 시행한 외국의 경우에도 초기가입자의 부담을 완화하기 위해 낮은 보험료에서 출발하여 경제발전 정도, 부담능력, 연금재정상태 등을 종합적으로 고려해 연금보험료를 높여가고 있다(미국 2% →12.4%, 독일 5% →19.1%).

월 100만원 소득의 임금소득자가 1999년이 아닌 제도 도입시점인 1988년부터 가입하여 30년 동안 보험료를 납부한다면 이 사람의 수익비는 2.60으로, 1999년에 가입한 동일소득 근로자의 수익비인 2.39보다 높다. 국민연금은 제도도입 초기 가입자가 연금제도가 성숙한 이후의 자식세대에 비해 수익비가 높게 설계되어 있으므로 현재의 가입세대는 미래세대로부터 일정한 소득지원을 받는 세대간 소득재분배의 순기능을 가지고 있다.

(1) 국민연금 지급의 항구성

국민연금 지급의 항구성이다.

국민연금은 국가가 최종적으로 지급을 보장하기 때문에 국가가 존속하는 한 반드시 지급된다. 설령 적립된 기금이 모두 소진된다 하더라도 그 해 연금지급에 필요한 재원을 그 해에 걷어 지급하는 이른바 부과방식으로 전환해서라도 연금을 지급한다. 우리보다 먼저 국민연금과 같은 공적연금제도를 시행한 선진복지국가들도 초기에는 기금을 적립하여 운영하다가 연금제도가 성숙되면서 부과방식으로 변경했다.

현재 전 세계적으로 공적연금제도를 실시하고 있는 나라는 170여 개국에 달하지만 연금지급을 중단한 예는 한 곳도 없다. 심지어 최악의 경제상황에 직면했던 80년대 남미 국가들과 90년대의 옛 공산주의 국가에서도 연금지급을 중단한 사례는 없다.

노령연금 이외 장애 유족연금 등 다양한 혜택이 있다

장애연금은 가입 중에 발생한 질병이나 부상으로 완치 후에도 장애가 남았을 경우 장애정도(1~4급)에 따라 자신과 가족의 생활을 보장하기 위해 장애가 존속하는 한 지급한다. 유족연금은 국민연금에 가입하고 있거나 연금을 받고 있던 사람이 사망하면 그 사람에 의해 생계를 유지하던 유족에게 가입기간에 따라 기본연금액의 일정률을 지급하여 유족들의 생활을 돕기 위한 연금이다.

물가가 오른 만큼 연금액의 실질가치도 보장된다.

국민연금은 물가가 오르더라도 실질가치가 항상 보장된다. 처음 연금을 지급할 때는 과거 보험료 납부소득에 연도별 재평가율을 적용하여 현재가치로 재평가하여 계산한다. 예를 들어 1988년도 100만원 소득으로 국민연금에 가입되었다면 이를 2007년 현재가치로 재평가하면 약 430만원의 소득액으로 인정, 국민연금을 계산한다. 또 연금지급 중에도 전국 소비자 물가변동률에 따라 금액이 조정된다. 물가가 매년 3%p씩 오른다고 가정하면 2007년 1월에 40만원의 연금을 받을 경우 20년 뒤에는 약 72만2천원으로 인상된다.

(2) 국민연금 적립방식

부분 적립방식(수정 적립방식) 채택이다.

기본적으로 '적립방식'을 채택하고 있지만, 시행 초기에 낮은 보험료로 출발하여 단계적으로 인상함으로써(3%, 6%, 9%), 후 세대에 일정한 부담을 전가하는 점에서 두 가지 방식을 절충하고 있다. 부분 적립방식(수정적립방식, 혼합방식)이다.

(3) 소득계층간 소득재분배 효과

전 가입자에게 동일한 액수의 연금을 지급하는 균등부분이 전체 연금액의 상당부분(평균 50% 정도)을 차지하는데, 전체 가입자 표준소득월액의 평균치보다 낮은 사람은 이 부분 때문에 상대적으로 유리하고 그 반대인 경우는 불리하다. 그리고 최저소득 가입자와 최고소득 가입자 간의 보험료 부담은 16.4배, 기본연금 급여액은 3.2배 차이가 나도록 설되었다.

(4) 내자 동원책

내자 동원책의 하나로 발의되었다.

1973년 국민복지연금법에 의하여 적립된 기금은 경제개발에 필요한 내자로 활용하여 국가 경제부흥에 이바지하며'(KDI의 국민복지연금제도안) 연금기금을 내자로 동원하려는 정부의 의지가 있었다. 1986년 국민연금법은 외면적으로는 연금 본래의 목적인 근로계층의 노후생활 보장에 초점을 두었다. 그러나 국민연금 시행 후 매년 수조 원에 달하는 막대한 자금이 조성되고, 조성된 자금의 반 이상을 정부가 가져간 것을 볼 때 정부의 내자 동원 의지가 없었다고 보기 어렵다.

2. 노령화와 사회보장연금

공식적 노후대책은 사회보장연금, 기업연금, 개인저축연금이 해당되며 비공식적 노후대책은 노후문제를 전적으로 개인이나 가족의 책임에 있다.

〈표 11-1〉 노령화 연금

사회보장연금	① 피용자와 자영업자를 대상으로 하는 '법정' 연금 ② 정부가 재정, 관리운영, 가입 등 거의 모든 일을 책임짐 ③ 급여와 기여를 연계시키지 않는 '부과방식' 혹은 '확정급여방식' 운영 ④ 재정 : 고용주와 피용자가 공동부담하는 보험료 혹은 사회보장세(일부 정부보조가 있는 경우 있음) ⑤ 세대간 소득재분배 : 현재 지출되는 연금의 재정을 현재 근로하는 계층이 부담하기 때문
기업연금	① 기업이 노무관리 차원에서 제공하는 '민간' 연금 ② 일정한 정부 규제, 조세감면 혜택 ③ 부분적립방식 혹은 확정급여방식 혹은 확정기여방식
개인저축연금	① 근로자 자력으로 노후에 대비하는 저축성 연금제도 ② 완전적립 확정기여방식 ③ 급여 확정 ×, 투자선택권이 가입자에게 있기 때문에 개인은 투자위험을 감수해야 함. ④ '임의적 가입' 혹은 '법정 제도(일부 국가는 정부가, 일부 국가는 복수의 민간투자회사가 운용 책임)' ⑤ 조세감면 혜택

우리나라의 퇴직금제는 법정 급여로 사회보장연금에 가까우며, 기업이 전액 재

정 부담하는 기업연금에 가깝다.

3. 사회보장연금의 재정운용방식

1) 재정운용방식의 유형

〈표 11-2〉 재정운용방식의 유형

완전적립방식 (funded scheme)	-장래에 지급하게 될 연금급여를 가입하고 있는 동안 보험료, 국고출연금, 누적기금 등으로 적립하는 방식 -즉, 근로기간 중 규칙적으로 저축한 것을 정년 후 되돌려 받는 일종의 강제저축
부과방식 (pay-as-you-go scheme)	-한 해의 지출액 정도에 해당하는 미미한 보유잔고만을 남겨두고 그 해 연금보험료 수입을 그 해의 급여 지출로 써버리는 방식 (일정기간에 '지출될 급여'를 동일 기간의 '보험료 수입'으로 충당하는 재정방식)
확정기여방식 (defined contribution, DC)	-'사전에 확정된 보험료를 부담'하되 그에 상응하는 연금급여는 확정하지 않고 가입자 개인이 결정한 투자의 적립 수익금을 월정연금이나 일시금으로 되돌려 받는 것
확정급여방식 (defined benefit, DB)	-개인이 부담한 보험료의 크기에 관계없이 '사전에 확정된 연금급여'를 지급하는 방식
명목확정기여방식 = 명목적립방식 (notional definedcontribution)	-가입자 개인계정에 보험료를 가상적으로 적립하고 실제 지불되는 연금은 신규가입자의 적립금으로 충당함. -개인계정에 개인별 보험료가 적립된다는 점에서 '적립방식'이지만, 급여는 개인계정에 실제로 적립된 돈이 아니라 급여산식에 의해 정해진 만큼을 타인의 적립금에서 지급받는 점에서 '부과방식'임.

2) 사회보장연금 재정운용방식

〈표 11-3〉 적립방식과 부과방식의 장 · 단점

구 분	장 점	단 점
적립방식	-가입기간 중 납부되는 보험료에 대한 이자의 축적으로 보험료 총액보다 높은 연금액을 지급받을 수 있음. -장래의 보험료 부담이 경감됨 -부과방식에 따르는 인구변동으로 인한 위험이 적음. -적립된 기금이 잘 활용되는 경우 경제발전에 기여할 수 있음.	-인플레이션으로 인해 연금의 실질가치를 보호하지 못함 -수급자의 생활수준의 향상과는 원칙적으로 무관하게 일정금액을 지급받게 됨. -충분한 적립기간이 요구됨 -투자위험이 존재함.
부과방식	-연금의 수입·지출 차이가 거의 없어 연금의 실질가치 대책이나 연금 수입·지출의 장기 추계를 필요로 하지 않음. -경제성장에 비례해 연금의 실질가치를 높일 수 있음 -인플레에 강함 -시행 초의 적은 부담 -완전연금을 즉각적으로 지불할 수 있음 -세대간 소득재분배	-인구구조 변화에 영향 받음 -후 세대에 부담 과중 -장기적인 측면에서는 재정 운영 불안

〈표 11-4〉 사회보장연금 재정운용방식의 유형

유 형	확정급여방식 (defined benefit, DB)	확정기여방식 (defined contribution, DC)
부과방식	전통적 부과방식 (서유럽 국가, 미국)	명목확정기여방식 (스웨덴, 이탈리아)
적립방식	부분 적립방식 (개발도상국가)	완전 적립방식 (칠레)

4. 국민연금 적용대상과 급여

(1) 적용대상

보편주의로 적용대상을 '전국민'을 대상으로 하며, 직업주의로 적용대상을 '피용자'에 한정하는 것으로 즉 고용관련 프로그램으로 운용되는 것이다. 우리나라 국민연금변천은 상시근로자 10인 이상의 사업장 근로자 대상(1988년)으로 하다가, 5인 이상 사업장으로 확대(1992년)되었으며 농어촌 지역주민 대상(1995년 7월)으로 도시 지역주민으로 확대(1999년 4월)됨으로써 전 국민 연금이 달성되었으며, 2003년 7월부터 1인 이상 사업장은 당연가입장이 되었다.

〈표 11-5〉 사업장의 변화

변경전	변경후
상시 5인 이상 근로자를 사용하는 사업장	1단계(2003.7.1) ·근로자 5인 미만 사업장 중 법인 또는 전문직종사업장 ·당연적용사업장의 임시·일용직 및 시간제근로자
	2단계(2004.7.1) ·1단계 적용대상이 아닌 근로자 5인 미만 사업장 중 2003.7.1.일 현재 국민건강보험 또는 고용보험에 가입한 사업장
	3단계(2006.1.1) ·1,2단계 적용대상이 아닌 나머지 사업장

위에서 전문직종 사업장은의약품 및 의료용품소매업(약국에 한함), 부동산감정업, 변호사업(공증인업 포함), 변리사업, 법무사업, 공인회계사업, 세무사업(관세사업 포함), 건축설계 및 관련 서비스업(건축사업에 한함), 병 · 의원, 수의업에 해당하는 사업장이다.

가입자의 종류에서 가입형태는 사업장, 가입자이고, 가입자는 사업장가입자, 지역가입자, 임의가입자, 임의계속가입자가 있다.

〈표 11-6〉 사업장 및 가입자

사 업 장	가 입 자
-국민연금법에 의하여 국민연금에 의무적으로 가입되는 사업장 즉, 당연적용사업장을 말함. -당연적용사업장에 해당되는지 여부는 그 사업장의 근로자 수를 기준으로 하는데, 2006년 1월부터 1인 이상의 근로자를 사용하는 사업장 도는 주한외국기관으로서 1인 이상의 대한민국 국민인 근로자를 사용하는 사업장은 모두 당연적용사업장이 됨. -국민연금에 가입된 사업장의 사용자와 근로자는 당연히 국민연금에 가입하게 되는데, 이와 같이 사업장으로 국민연금에 가입된 사람들을 사업장가입자라고 함.	국민연금 가입자는 가입종별에 따라 사업장가입자, 지역가입자, 임의가입자, 임의계속가입자로 구분함.

가입대상자는 국내에 거주하는 18세 이상 60세 미만의 국민이고 가입대상 제외자는 공무원(공무원연금), 군인(군인연금), 사립학교교직원(사학연금), 기타 대

통령령이 정하는 자(거택·시설보호자), 특수직종근로자(광업법에 의한 갱내작업 광부, 선원법에 의한 어로작업 선원)이다.

〈표 11-7〉 가입자 형태

당연가입자	사업장가입자	-국민연금에 가입된 사업장의 18세 이상 60세 미만의 사용자 및 근로자로서 국민연금에 가입된 자 -1인 이상의 근로자를 사용하는 사업장 또는 주한외국기관으로서 1인 이상의 대한민국 국민인 근로자를 사용하는 사업장에서 근무하는 18세 이상 60세 미만의 사용자와 근로자는 당연히 사업장가입자가 됨. -따라서, 지역가입자가 사업장에 취업하면 자동적으로 사업장가입자가 되고, 지역가입자 자격은 상실됨
	지역가입자	-국내에 거주하는 18세 이상 60세 미만의 국민으로서 사업장가입자가 아닌 사람은 당연히 지역가입자가 됨. -다만, 다른 공적연금에서 퇴직연금(일시금), 장애연금을 받는 퇴직연금 등 수급권자, 국민기초생활보장법에 의한 수급자, 소득활동에 종사하지 않는 사업장가입자 등의 배우자 및 보험료를 납부한 사실이 없고 소득활동에 종사하지 않는 27세 미만인 자는 지역가입자가 될 수 없음.
임의가입자	임의가입자	-사업장가입자와 지역가입자가 될 수 없는 사람도 60세 이전에 본인의 희망에 의해 가입신청을 하면 임의가입자가 될 수 있음. -즉, 다른 공적연금에서 퇴직연금(일시금), 장애연금을 받는 퇴직연금 등 수급권자, 국민기초생활보장법에 의한 수급자, 소득활동에 종사하지 않는 사업장가입자 등의 배우자 및 보험료를 납부한 사실이 없고 소득활동에 종사하지 않는 27세 미만인 자는 본인의 선택에 따라 임의가입자가 될 수 있음.
	임의계속가입자	-가입기간이 20년 미만인 가입자가 60세 도달로 국민연금 가입자 자격을 상실하였으나, 가입기간이 부족하여 연금을 받지 못하거나 가입기간을 연장하여 더 많은 연금을 받고자 원할 경우는 65세에 달할 때까지 신청에 의하여 임의계속가입자가 될 수 있음

(2) 급 여

연금의 급여 자격요건은 수급연령이 60~65세이지만 65세가 대종을 이루고 보험료 불입기간 요건은 대체로 30~40년이다. 우리나라 국민연금 연금급여의 종류는 ① 노령연금 ② 장애연금 ③ 유족연금 ④ 반환일시금 ⑤ 사망일시금이다. 노령연금(old-age benefits)은 가입자 본인이 연금수급 연령에 도달하면 지급되는 급여로서 10년 이상 가입하고 60세부터 지급된다. 다만 현재 연금 수령연령은 만

60세이고, 2013년부터 5년마다 1세씩 상향 조정되어 2033년 이후에는 65세가 된다. 장애연금(disability benefits)은 가입자가 영구 장애인이 되면 지급되는 연금(직업으로 인한 장애는 산재보험 적용) 가입 중에 발생한 질병 또는 부상으로 장애가 남아 있을 때 지급되는 급여로 장애정도(장애등급 1~4등급)에 따라 지급된다. 장애1급은 기본연금액 100% + 가급연금액, 장애2급은 기본연금액 80% + 가급연금액, 장애3급은 기본연금액 60% + 가급연금액, 장애4급은 기본연금액 225%이다.

장애 1급~3급에 해당하는 경우 장애가 존속하는 동안 연금으로 지급되고, 장애 4급에 해당하는 경우에는 일시보상금으로 지급된다.

유족연금(survivor benefits)은 가입자 또는 10년 이상 가입자이었던 자나 노령연금 수급권자 또는 장애등급 2급이상의 장애연금 수급권자가 사망한 경우에 그 유족의 생활을 보장하기 위하여 지급하는 연금으로 이를 지급받을 수 있는 유족은 사망 당시 그에 의하여 생계를 유지하고 있던 자 중 배우자 (夫 등인 경우는 60세 이상이거나 장애등급 2급 이상), 자녀(18세미만이거나 장애등급 2급 이상), 손자녀(18세 미만 또는 장애등급 2급 이상), 조부모(60세 이상이거나 장애등급 2급 이상)의 순으로 최우선 순위자에게 지급된다.

반환일시금은 가입자 또는 가입자이었던 자가 연금(노령, 장애, 유족)의 수급요건을 충족하지 못하고 탈퇴하여 가입 중에 납부하였던 연금 보험료에 일정한 이자를 가산하여 지급 받는 것으로 본인 또는 그 유족이 지급받을 수 있다.

가입기간 10년 미만의 자가 60세가 된 때(2000.12.23 이후 60세에 도달한 자의 경우 가입기간 60개월 미만이어야 함), 가입자 또는 가입자이었던 자가 국적을 상실하거나 국외에 이주한 때, 가입자가 타 공적연금 가입했을 때, 타 공적연금에서 퇴직연금 등을 수급한 자가 국민연금 사업장가입자 또는 지역가입자 자격을 상실한 때, 가입자 또는 가입자이었던 자가 사망했으나 유족연금을 지급받을 수 없는 경우이다.

사망일시금은 가입자 또는 가입자이었던 자가 사망하였으나 유족연금 또는 반환일시금을 지급받을 수 없는 경우에 지급되는 장제부조금 성격의 급여로서 95년 7월 1일 이후에 사망한 경우에만 지급된다.

〈표 11-8〉 국민연금 연금급여의 종류

<table>
<tr><td rowspan="8">연금
급여

(매월
지급)</td><td rowspan="6">노령
연금</td><td rowspan="6">노후 소득보장을 위한 급여
(국민연금의 기초가 되는 급여)</td><td rowspan="6">-가입자가 노령이 되어 소득활동에 종사하지 못할 경우 생활안정과 복지증진을 위해 지급되는 급여</td><td>노령연금 종류</td><td>가입기간</td><td>수급연령</td><td>직업
유무</td></tr>
<tr><td>완전노령연금</td><td>20년 이상</td><td>60세 이상</td><td>무직</td></tr>
<tr><td>감액노령연금</td><td>10~20년 미만</td><td>60세 이상</td><td>무직</td></tr>
<tr><td>재직자노령연금</td><td>10년 이상</td><td>60~65세</td><td>유직</td></tr>
<tr><td>조기노령연금</td><td>10년 이상</td><td>55세 이상</td><td>무직</td></tr>
<tr><td>특례노령연금</td><td>제도 도입 시 45세 이상</td><td>60세 이상</td><td>무직</td></tr>
<tr><td>장애
연금</td><td>장애로 인한 소득감소에 대비한 급여</td><td colspan="4">-연금 가입 중에 발생한 질병 또는 부상으로 완치 후에도 장애가 있는 자(노동능력의 손실 또는 감소가 의학적으로 인정)에게 장애 정도에 따라 지급하는 연금급여</td><td></td></tr>
<tr><td>유족
연금</td><td>가입자의 사망으로 인한 유족의 생계보호를 위한 급여</td><td colspan="4">-다음 중 하나에 해당하는 자가 사망한 때 유족연금 지급함.
·노령연금수급권자
·가입자(다만 가입기간 1년 미만인 자의 경우 가입 중에 발생한 질병이나 부상으로 사망)
·가입기간 10년 이상인 가입자이었던 자
·장애등급 2등급이상의 장애연금 수급권자
·가입기간10년 미만인 가입자이었던 자로서 가입 중에 발생한 질병이나 부상으로 가입 중 초진일 또는 가입자 자격상실 후 1년 이내의 초진일로부터 2년 이내에 사망한 때</td><td></td></tr>
<tr><td rowspan="2">일시금
급여</td><td>반환
일시금</td><td>연금을 받지 못하거나 더 이상 가입할 수 없는 경우 청산적 성격으로 지급하는 급여</td><td colspan="4">-가입자 또는 가입자이었던 자가 다음 중 하나에 해당하게 될 때 본인 또는 그 유족의 청구에 의해 반환일시금을 지급함.
·가입기간 10년 미만인 자로서 60세에 달한 때
·가입자 또는 가입자 이던 자가 사망한 때. 단, 가입자 또는 가입기간이 10년 이상인 가입자이었던 자가 사망한 때는 사망 당시 보험료를 2/3이상 납부하지 아니하여 유족연금이 지급되지 않는 경우에 한함
·국적상실 또는 국외이주한 때
·공무원, 군인, 사립학교교직원, 별정우체국 직원 등 타 공적연금 가입자가 된 때</td><td></td></tr>
<tr><td>사망
일시금</td><td>유족연금 또는 반환일시금을 받지 못할 경우 장제보조금적 성격으로 지급하는 급여</td><td colspan="4">-가입자 또는 가입자이었던 자가 사망하여 유족연금 또는 반환일시금수급권이 발생하였으나 법 제63조의 규정에 의한 유족이 없는 경우 그 배우자, 자녀, 부모, 손자녀, 조부모, 형제자매 및 4촌 이내의 방계혈족으로서 가입자 또는 가입자이었던 자에 의하여 생계를 유지하고 있던 자</td><td></td></tr>
</table>

노령연금 급여기준은 전체 가입자의 평균소득(A값)과 개별 가입자의 평균소득(B값)을 기준으로 산정한다.

$$P(\text{기본연금액(年)}) = 1.8(A+B)\times(1+0.05n/12)$$

P : 기본연금액(年)
A : 균등부분(전체가입자의 연금 수급전 3년간 평균소득월액의 평균액)
B : 소득비례부분(가입자 개인의 가입기간 동안의 평균소득월액)
n : 20년 초과 월수

노령연금에서 '전체가입자의 평균소득(A값)'을 반영하기 때문에 소득 계층간 소득 재분배(수직적 재분배)가 발생한다.

(3) 특수직 연금

특수직연금이란 공무원, 군인, 사립학교교직원 등 '공직자'를 대상으로 하는 연금이다. ① 공무원 연금이란 (국가 및 지방공무원, 법관, 경찰관, 교육공무원)이고 ② 군인연금이란(장기복무 하사관과 장교) ③ 사립학교교직원연금(이하, 사학연금)은 사립학교 교직원이 해당된다. 특수직연금은 대상자와 관리운영 주체만 다를 뿐, 보험료율, 급여내용, 급여산식, 급여기준, 연금조정기준 등 공적연금의 핵심적 부분은 동일하며 보험료율은 17%(공직자 8.5%, 정부 8.5%)로 17%(단, 사학연금의 교원인 경우 교직원 종사자 8.5%, 학교법인 5.0%, 정부 3.5%이다)

급여산식은 다음과 같다.

$$P = (0.5 \times 0.02n) \times C$$

P : 연금액
C : 퇴직 전 3년 평균소득
n : 20년 이상을 초과하는 가입 연수

공직자연금의 연금액은 개인이 낸 보험료 액수(C)와 가입기간(n)에 비례하여 결정도며 국민연금과 달리 공직자연금은 소득계층 간 소득재분배의 효과가 없다. 연금급여 기준 소득액이 퇴직 전 최종소득에서 최근의 직 전 4년간 평균소득액으로 조정되고, 연금액 조정이 재직자 평균소득에서 소비자물가지수로 변경된 것은 사실상 공직자 연금급여가 하향 조정된 것인데, 특수직연금의 재정적자 때문에 취해진 불가피한 조치였다. 국민연금도 마찬가지이다. 공직자 연금의 소득대체율은 20년 가입 시, 퇴직 전 3년 평균소득의 50%, 40년 가입 시 70%이며 연금급여에는 퇴직연금, 장애연금, 유족연금, 일시금, 단기급여(공무상 요양비, 공무상 요양일시금, 사망조위금, 재해부조금 등이다.

(3) 보험료

우리나라 국민연금은 보험료는 가입자의 소득에 부과된다. 따라서 사업장가입자의 소득은 근로소득에서 비과세근로소득을 차감한 소득이고, 지역가입자의 소득은 농업소득, 임업소득, 어업소득, 사업소득(도매업, 소매업, 제조업, 기타의 사업에서 얻는 소득)이 있다. 연금보험료 = 가입자의 표준소득월액 × 연금보험료율이다.

첫째, 사업장가입자의 보험료율은 9%(근로자 4.5%, 사용자 4.5%)이며, 보험료율은 시행초기(1988년~1992년)에는 3%로 시작하여, 1993년 6%로 인상되었고, 1998년부터 9%로 인상되었다.

1999년 4월부터 퇴직금 전환금 제도가 폐지되고 근로자와 사용자가 각각 4.5%씩 부담하는 것으로 바뀌었다.

둘째, 지역가입자는 임의 가입자·임의계속가입자를 포함하며, 본인이 보험료를 전액 부담한다.(농어업인의 경우 일정한 조건에 해당되면 보험료의 일부를 국고에서 지원받는다.) 보험료율은 소득의 3%에서 시작하여 2000년 7월부터 매 1년마다 1%씩 상향 조정되어 2005년 7월까지 9%로 점차 상향 조정되었다.

⇒ 가입자 개인별로 부과되는 보험료는 등급제로 정해지는데, 현재 45개 등급이 있다.

〈표 11-9〉 사업장 가입자의 보험료율

구 분		'88~'92	'93~'97	'98이후	'99.4월 이후
사업장 가입자	계	3.0 %	6.0 %	9.0 %	9.0 %
	근로자	1.5 %	2.0 %	3.0 %	4.5 %
	사용자	1.5 %	2.0 %	3.0 %	4.5 %
	퇴직금전환자	-	2.0 %	3.0 %	-
사업장임의계속가입자		3.0 %	6.0 %	9.0 %	9.0 %

〈표 11-10〉 지역 가입자의 보험료율

구 분	2000.6까지	2000.7~2005.6	2005.7 이후
지역가입자 임의가입자 지역 임의계속가입자 일반 임의계속가입자	3.0%	4.0%~8.0% (매년 1%씩 상향조정)	9.0%

(4) 기금운용

우리나라 국민연금은 '부분적립방식'을 채택하고 있기 때문에 시행 초기에 상당한 액수의 적립금이 축적되며, 적립금의 운용이 재정안정에 관건. 따라서 적립금을 적재적소에 투자하여 최대의 수익을 올리는 것이 감독기관인 보건복지부와 관리운영기구인 국민연금관리공단의 중요한 책무가 된다.

5. 국민연금과 직역연금의 연계

2010년 1월 보건복지가족부는 국민연금과 직역연금의 연계에 관한 법률 일부 개정안에 대해 입법예고했다.

여기서 직역연금 : 공무원·사립학교교직원·군인·별정우체국직원 연금으로 개정안은 연금수급권 소멸·변경 시 신고의무자가 관련 있는 연금기관에 각각 신고해야 했던 것을 한 기관에만 신고하면 되도록 하여 국민의 신고부담을 경감하고, 2010 1월 1일부터 시행된 개정 공무원연금법 및 사립학교교직원연금법을 반영하며, 현행 제도의 운영상 나타난 일부 미비점을 개선·보완함으로써 연계제

도의 합리성을 확보하고자 마련되었다.

주요 개정사항은 다음과 같다.

첫째, 사망 외 사유로 인한 수급권 소멸·변경 시 신고 규정 마련하고 수급권 소멸·변경의 경우 연계법에 신고 규정을 두고 신고의무자가 하나의 연금기관에 신고하면 관련 있는 다른 연금기관에 즉시 통보하도록 한다. 사망신고의 경우 연계법에 신고의무를 규정하고 있어, 신고의무자가 하나의 연금기관에 신고하면 신고 받은 연금기관이 다른 연금기관에 즉시 통보하도록 하고 있다. 사망 외 수급권 소멸·변경 사유는 재혼, 입양·파양, 자녀의 18세 도달, 장애 미해당, 행방불명 등이다.

연계퇴직연금액 계산 시 공무원연금법 및 사립학교교직원연금법 개정사항 반영하고, 연계퇴직연금액 계산 시 변경된 연금 산정기준인 "평균기준소득월액" 및 "연금지급률 1.9%"를 적용한다. 연계퇴직연금액이란 직역(공무원·사학·군인·별정우체국) 재직기간에 상응하여 지급되는 연금액을 의미한다.

연계퇴직연금액 계산방법은 다음과 같다.

현행은 평균보수월액(퇴직전 3년 보수평균) × 재직기간 × 2%이며, 개정은 평균기준소득월액(재직기간전체 소득평균) × 재직기간 × 1.9%이다.

별정 우체국직원연금과 다른 직역연금간 연계신청 근거 마련하고 현황은 기존 각 연금법에서 공무원·사학·군인연금 간 재직기간 연계는 허용하고 있으나, 문제점은 별정우체국직원연금과 다른 직역연금 간 연계는 인정하지 않고 있어 별정우체국에서 다른 직역연금으로 이동한 경우 재직기간이 단절되어 불이익이 발생하므로, 개정안은 이를 해소하고자 직역연금 간 연계신청 근거를 마련하고자 한다.

최근 우리사회의 이슈로 떠올라 개혁의 길을 걷고 있는 국민연금보험제도의 허와 실에 대해 조사를 하게 되면서 조금은 객관적이고 사실에 근거하여 냉철한 시각을 가지고 문제에 접근하고 있다.

6. 국민연금제도의 문제점

국민연금관리공단의 재정추계 결과에 의하면 본격적으로 완전노령연금의 지급(20년 가입)이 개시되는 2008년까지는 연금기금이 지속적으로 누적되고 있으나 2008년 이후에는 연금급여 지출이 급격히 증가하여 2020년에는 당해 년도 재정수지 적자가 시작되고 2031년에는 적립기금이 완전 소진될 것으로 전망되고 있다. 이와 같은 재정 불안정은 저부담 고급여 급여체제 및 급속한 인구구조의 노령화에 기인한 것이다. 현재는 우리나라의 노령화율이 그리 높지는 않지만 노령화 속도는 매우 빠르게 진행되고 있다는데 문제의 심각성이 있다. 즉, 66세 이상의 노령인구 비율이 7%에서 14%로 되는 기간이 영국은 45년, 프랑스는 115년, 서독은 45년, 스웨덴은 85년이 걸린데 비해 우리 나라의 경우 22년에 불과할 것으로 전망된다. 이와 같은 노령화의 심각성에 우리의 연금제도의 구조적 문제가 더해져서 연금재정의 위기는 불가피하다. 장기적으로는 재정이 불안정하다는 것이다.

국민연금제도가 국민의 생활 안정에 기여하고 빈부격차를 불이는 소득재분배 기능을 담당하는 보험임에도 국민들의 불신을 떠안고 있는 이유에 대하여 다음과 같은 측면을 고려하여 연금제도의 개선을 추구하여야 할 것이다.

첫째, 적용대상의 한계이다.

18세 이상 60세까지의 근로자를 강제적용대상으로 하여 실시한다는 것은 가입대상자의 연령분포, 빈곤, 상급학교진학을 못하는 경우 등 사회경제적 여건을 감안하여 재검토되어야 한다. 18세 미만으로 취업하는 경우 경제사정의 어려움으로 가장의 역할을 수행하고 있는 경우가 많으며, 이를 고용하고 있는 사업장도 대부분 영세기업이다.

둘째, 우리나라 국민연금의 가장 큰 특징은 "적은 부담으로 많은 연금"을 받는다는 점인데 이것에서 연유하는 문제점의 해결이다. 전체가입자 중에서 중간계층에 속하는 사람이 40년 불입하게 되면 자신의 종전소득의 70%를 연금급부로 받을 수 있다. 이것은 세계에서 가장 높은 독일, 일본과 같은 수준으로 프랑스와 스웨덴보다도 높은 것이다. 갹출의 경우 현재 6.0%인데 이것도 독일, 프랑스, 일본, 스웨덴 등 16~20%대의 선진국과 비교하면 낮은 수준이다. 결국 이러한 낮은 갹출률과 높은 급부율은 연금기금의 고갈을 갖고 올 것은 쉽게 예상할 수 있다. 본격적인 전국민개연금시대를 앞두고 제도의 개선은 절대적으로 필요하다. 우리나라의 GNP를 감안하면 내년부터의 갹출요율 9%는 결코 낮은 수준이 아니다. 그것보다는 연금 급부액을 최소보장이라는 수준으로 낮추는 것도 고려해야 한다. 또한 연금수급연령도 현행 60세에서 65세로 늦추는 제도가 개선되었고 연금급부자격이 주어지는 최소가입기간을 20년에서 25년으로 연장하는 것도 생각해 볼 수 있다. 보다 구체적인 방법으로는 일본과 독일 등에서 연금개혁방안으로 채택하였던 것처럼 가입자의 상여금에도 보험료를 징수하고 급여수준을 결정하는 소득기준을 세전소득기준에서 세후소득기준으로 하는 것 등이다.

셋째, 우리나라 국민연금제도는 소득재분배기능이 극대화되어 있어서 저소득층의 혜택이 매우 크다는 것이다. 그런데 전 국민연금시대가 오면 가장 소득파악이 어려운 도시, 농어촌 자영자에게 가장 큰 혜택이 주어진다는 것이다. 그 이유는 연금불입액이 적을수록 이득을 보기 마련이기 때문이다. 결국 상대적으로 근로자의 불이익이 커지면 연금제도 자체에 대한 불만은 확대될 수 있다.

넷째, 기금운영위원회가 정치적으로 중립성이 보장되기 위하여 정부의 한 개 부처에 소속되는 것보다는 대통령 직속으로 두거나 총리실 산하에 두는 것이 바람직하며, 민간전문가들이 실질적으로 의사결정에 영향력을 끼칠 수 있는 규모로 참여하는 것이 필요하다.

기금운영의 전문성이 확보되기 위하여 첫째, 기금운영의 규칙이 확립되고 통제방법이 명확해져야 하며, 운용분야에 따라 금융전문가, 경제전문가, 사회복지전문가들의 참여가 필요하다. 참여민주주의에 입각한 가입자들의 실질적 대표성의 확보는 우선 가입자단체들의 대표들이 국민연금 기금운영위원회에 유의미한 구성원으로 참여하는 것이 필요하고 둘째로 국민들의 대의기관인 국회의 해당상임위를 통한 통제가 필요하다. 미래세대의 공평한 부담공유를 위한 일관성을 확보하기 위해서는 정부가 주책임을 지는 것이 바람직하다고 보여지며 장기재정추계를 일정한 기간마다 반복하여 제시함으로써 국민들이 스스로 미래세대에 부담되는 폭을 예측할 수 있도록 하는 것이 필요하다.

다섯째, 국민연금기금운용과 관리감독은 보건복지부장관의 기금정책 결정, 기금운용위원회의 심의, 의결, 기금운용본부의 투자운용 등 복지부, 기금운용위원회, 기금운용본부 삼각체제가 기본이다. 그러나 최근 기금관리기본법이 개정되어 기금운용계획에 대한 최종적인 권한이 국회 해당 상임위원회(보건복지위원회)에 주어지고 기획예산처의 기금운용과정에 대한 개입이 강화됨으로써 기존의 세 기구 외에 기획예산처와 국회가 기금운용의 전반적인 과정에 이전보다 더 강하게 개입되게 되었다. 여전히 기금관리감독체계와 관련하여 가장 중요한 기구는 기금운용위원회라고 할 수 있으며 기금운용위원회는 기금운용에 관한 실질적인 최고 의사결정 기구이다.

기금운용위원회는 국민연금법 제 84조에 의해 기금운용지침에 관한 사항, 기금운용계획에 관한 사항, 기금의 운용내역과 사용내역에 관한 사항을 심의, 의할 수 있는 권한을 갖고 있어 보건복지부와 더불어 기금운용 관리감독에 대한 최종적 책임을 갖고 있으나 국민연금법에 기금의 관리감독과 관련하여 기금운용위원회가 심의, 의결해야 할 구체적인 사항은 제시되어 있지 않다. 더욱이 기금운용위원회가 비상설조직이기 때문에 기금관리감독과 관련하여 구체적인 업무를 떠맡는다 하더라도 실질적으로 기금운용 및 투자를 체계적으로 관리하는데 기본적인 한계가 있을 수밖에 없다.

현재 국민연금기금 관련 규정은 국민연금기금운용의 실무적인 관리감독 기능은 복지부 연금재정과와 국민연금연구센터 기금평가팀, 기금운용본부 리스크관리팀, 그리고 공단 감사실의 기금감사팀으로 다기화되어 있으며 포괄적인 의미에서 기금운용위원회, 그리고 국민연금 기금운용실무평가위원회에도 관리감독 권한이 있다.

그러나 이러한 다기화 되었고 중층적인 관리감독기능이 실효성과 책임성이 담보되어 있느냐고 반문하였을 때 긍정적인 제시가 어려운 실정이다.

여섯째, 국민연금기금은 2007년 기준, 6개 사회보험성 기금 가운데 여유자금의 운용이 가장 많은 기금이다. 국민연금기금이 사회보험성 기금에서 차지하는 비중은 89.5%이다. 60개의 기금 전체로 봐도 62.7% 여유자금 비중을 가져 규모면에서도 독보적인 위치에 있다. 국회 예산정책처는 "부분적립방식으로 운영되는 국민연금기금이 2007년 말 2백조원을 넘어섰고, 2030년경 경상 GDP 대비 54% 수준에 이를 정도로 국민경제에서 차지하는 비중이 계속해서 증가할 예정으로 전망된다. 예산정책처는 이런 거대한 기금을 관리하고 있는 국민연금기금운용위원회 등 국민연금 기금운용 관리체계의 책임성, 독립성, 전문성이 미흡하다고 지적하고 이러한 관리체계의 미흡은 국민연금 기금운용에 대한 전반적인 신뢰성을 떨어뜨린다는 것이다. 따라서 국민연금기금운용위원회의 책임성 및 전문성 강화 등을 포함한 국민연금 기금운용 관리체계의 개선방안이 필요하다.

일곱째, 국민연금은 2가지 문제점이 있다. 첫 번째는 고령화 문제이고 두 번째 문제는 내는 돈과 받는 돈의 불일치 문제다. 수령액은 평균 급여의 40%이고, 납입은 급여의 9% 수준이다.

정부 설명에 따르면 급여의 40%를 받기 위해서는 최소 현 급여에서 15~16%를 내야한다. 정부에서는 현 세대들이 보험료를 더 내지 않거나 받는 수급액을 더 낮추지 않으면 국민연금은 재정위기를 겪게 될 것이다.

실제 외국의 연금은 주식에 많이 투자한다. 외국 거대 연금들은 40~50%까지 주식에 투자된다. 그런데 선진국의 경우 자산시장이 잘 발달돼 있고, 금융자본이 고도화된 나라이기에 금융시장 안정성이 높은 편이다. 그렇기 때문에 주식에 높은 비중을 둘 수 있다. 외국의 경우 주식 투자 비율이 높은 것이 단순히 시장 안정성 때문만은 아니고 연금의 성격 차이도 중요하다. 연금의 공적 성격을 보면 우리나라의 경우 국민연금이 맨 아래 놓여진 기본 연금이다. 그 다음에 직업연금, 맨 위에 사적 연금이 놓여져 있다. 국민연금은 사회보장제도로서 최후의 보루이기 때문에 리스크를 최대한 줄여야 하는 위치인 것이다. 그런 면에서 국민연금과 비교할만한 외국 연금은 없다. 외국의 연금 같은 경우는 대부분 직업연금 형식으로 2차적 연금이기 때문이다.

미국도 국민연금이 있다. 그런데 미국의 경우 모두 국채를 매입한다. 물론 미국의 재정전략에 의한 경우도 있다

제 2 절 국민건강보험

1. 국민건강보험 개요

국민건강보험은 질병, 부상, 분만, 사망 등의 사고에 대한 의료의 제공을 조직하고 질병의 비용과 건강보호를 집단적으로 부담하는 일을 사회에 위탁함으로써 모든 사람에게 의료혜택을 주어 건강하고 문화적인 생활을 영위하도록 하는 것으로 특징은 보편적, 강제적, 통합적, 포괄적인 정책이다. 목적은 국민의 질병, 부상에 대한 예방, 진단, 치료, 재활과 출산, 사망 및 건강증진에 대하여 보험급여를 실시함으로써 국민보건을 향상시키고 사회보장을 증진함을 목적으로 한다.

국민건강보험은 개인의 건강은 사회적 책임이라는 원칙에 따라 보험의 가입은 법적으로 의무화되어 있고, 질병의 발생가능성에 관계없이 개인의 경제적 능력에 따른 보험료부담과 보험가입자 누구에게나 질병완치시까지 급여를 보장한다. 국민건강보험의 기본 운영원리는 계층간 또는 질병 고위험군과 저위험군간의 위험분산이라는 사회적 상호부조의 성격을 지니고 있다. 젊은 사람이 노약자를 부양하고, 건강한 사람이 환자를 부양하며 국민건강보험은 국가가 법률에 따라 운영하는 사회제도이므로 국민 누구나 건강보험에 가입하여야 하는 의무가입이고, 당연가입이다.

개인의료보험은 개인의 질병은 개인 스스로가 책임을 진다는 원칙에 따라, 개인의 선택에 따른 임의가입과 개인의 보험사고 발생가능성(위험률)에 따른 개인별 차등부담과 보험가입금액 한도내에서만 보장한다.

개인의료보험의 기본 운영원리는 각 개인의 생애주기별 질병위험의 분산적인 성격을 지니고 있다. 개인의료보험은 주로 15~60세 이내의 연령층이 가입하고, 노약층이 되면서부터 급여혜택을 집중적으로 받게 되며, 개인의료보험의 가입은 사법상의 법률관계이고, 보험가입은 본인의 선택에 의한 임의가입이다. 개인의료보험은 보험료 결정기준은 경험률을 사용하며 가입자 개개인의 질병위험률을 성, 연령, 직업, 개인의 건강상태, 가족의 건강, 과거 병력, 생활습관, 취미 등에 따라 평가하고, 개인별 사고발생 확률(경험률)에 따른 지급보험금을 고려한 다음, 이윤과 관리비를 감안하여 보험료를 결정한다. 질병 저위험군에게는 낮은 보험료를 부과하고 고위험군에는 높은 보험료를 부과한다.

〈국민건강보험과 개인의료보험 비교〉

구분	국민건강보험	개인의료보험
보험 가입	당연가입	임의가입
국가부양성	있음	없음
소득재분배 효과	있음	없음
급여결정	법률로 규정	계약에 의해 결정
운영주체	국가/공공기관	민간보험회사
운영방식	단일보험자	자유경쟁
운영취지	사회적 형평성	개인별 적정성
급여종류	균등급여	차등급여
보험료 산정	능력비례 - 소득과 재산을 기준	위험률 비례 - 질병과 의료이용 가능성을 기준
보험료 부담	공동부담의 원칙	본인부담 위주

(1) 건강보험제도의 유형

① 많은 국가에서는 의료보험제도를 채용하고 있지만 영국의 무갹출 국민보건사업제도와 같이 의료서비스방식을 중심으로 한 국가도 있다.

② 건강보험제도 중에서도 피보험자가 의료를 보험급부로서 갖는 현물급부의 방식과 피보험자는 일단 의료비를 지급하고 나중에 그 일부를 보험급부로 보전하는 상환방식이 있다. 일본의 노동자보험은 전자의 방식을 선택하고 있고, 국민건강보험도 사실상 이에 가깝다. 후자의 예로서는 프랑스의 제도가 있다.

(2) 국민건강보험의 원칙

① 사회적 연대성의 원칙에 따라 기여의 형평성과 급여의 적절성이 보장되어야 한다.

② 모든 국민에게 보편적 의료서비스가 이루어져야 하며 적용범위는 전 국민

을 포함하는 포괄성을 띠어야 한다.

③ 충분한 재정을 확보하여 재정의 안정성을 도모해야 한다.

④ 의료의 특성상 의료가 지나친 이윤추구로 상품화되는 것을 방지해야 한다.

⑤ 관리기구를 통합하고 민주화하여 관리운영의 효율화를 극대화하여야 한다.

⑥ 국민건강보험의 실시는 국민연대성의 원칙과 국민적 통합을 이루어야 한다.

(3) 국민건강보험의 특징

① 의료보장의 성격은 국민에게 최저한의 보장이 아니라 최적의료보장을 원칙으로 한다.

② 국민건강보험은 강제적 사회보험의 형태이며, 다보험자 관리방식으로 관리 및 재정의 운영이 독립채산제 방식에 의해 자율적으로 이루어지는 단기성 보험이다.

③ 사회보험방식의 의료보험제도와 일종의 공공부조로서 저소득층에 대하여 국가가 부담하는 의료보호제도를 병행한 형태를 취하고 있다.

④ 국민건강보험의 기능은 경제적 기능, 정치적 기능, 사회적 기능, 교육적 기능이다.

2. 국민건강보장제도 방식

(1) 사회보험 방식(NHI : National Health Insurance)

대부분의 국가들이 채택하고 있는 국민건강보험방식이다. 사회보험방식의 의료보장 정책대안으로 사회적으로 동질성을 갖는 국민이 보험집단을 형성하여 보험료를 각출하여 재원을 마련하고 피보험자에게 직접 또는 계약을 체결한 의료기관은 보험급여를 실시함으로써 질병으로부터 국민건강을 보장하기 위한 것이다.

의료비에 대한 국민의 자기책임의식 견지하고 사회화의 형성에 기여하는 것으로 정부기관이 아닌 보험자가 보험료로서 재원을 마련하여 의료를 보장하는 방식으로 보험료 방식 혹은 비스마르크 방식이다. 1차적으로는 국민의 보험료에 의해 재원을 조달하고 2차적으로 국가의 지원과 후견적 지도의 기능을 수행한다.

국민의 1차적 부담의무가 전제된 비용 의식적 제도이며, 국민의 정부 의존심을 최소화한다. 관리체계는 민간자율기구(조합 혹은 금고) 중심의 자치적 운영 근간과 의료의 사유화를 전제로 의료공급자가 국민과 보험자 간에서 보험급여를 대행하는 방식이다. 독일, 일본, 프랑스, 한국 등을 들 수 있다.

(2) 국가보건서비스(NHS : National Health Service)

NHS 방식은 영국으로 대표되는 국민보건서비스방식은 국세나 지방세를 통하여 재원을 마련하고 국유화된 의료기관을 통하여 국가 책임 하에 전 국민에게 동등한 의료혜택을 제공함으로써 의료의 사회화를 이룩하려는 것이다.

국민의 의료문제는 국가가 책임을 부담하는 것으로 정부가 일반조세로 재원을 마련하여 모든 국민에게 무상으로 의료를 제공하는 국가의 직접적인 의료관장방식으로 조세방식 혹은 베버리지 방식이다. 의료기관의 상당부분이 사회화 내지 국유화를 의미하며 영국, 스웨덴, 이탈리아 등이 그 사례이다.

국민건강보험제도의 관리운영방식은 다음과 같다. 첫째, 국영방식으로 정부가 직접 관리하는 방식이며, 둘째, 민영방식은 민간보험기관이 건강보험업무를 관리·운영하는 방식이다. 셋째, 특수공법인 운영방식은 특수공법인을 설립하고, 이 공법인이 국민건강보험제도를 관리·운영하는 방식이다. 넷째, 혼합방식은 일부는 정부가 관리하고 일부는 공법인이나 민간보험기관이 관리·운영하는 방식이다. 우리나라 방식은 원칙적으로 국영방식이지만 실제로는 국민건강보험관리공단이라는 특수공법인을 설립, 위탁하여 관리·운영하고 있으므로 혼합방식에 속한다.

3. 우리나라 국민건강보험

의료급여는 일정한 소득 이하의 국민을 대상으로 의료보장을 위해 국가의 일반재원으로 운영하는 사회보장제도이다.

(1) 보험자

보험자는 국민건강보험공단(관장 혹은 운영자 : 보건복지부장관)이다.

(2) 보험대상자

피보험자로서 의료급여법에 따라 의료급여 받는 자, 독립유공자 예우에 관한법률 및 국가유공자 등 예우 및 지원에 관한 법률에 의하여 의료보호를 받는 자 그리고 위 사항을 제외한 국내에 거주하는 국민이다. 직장가입자는 모든 사업장의 근로자, 사용자(공무원, 교직원 포함)이며, 피부양자는 작장가입자에 의하여 주로 생계를 유지하는 피부양자로써 보수 또는 소득이 없는 자이고, 직장가입자의 '배우자, 형제, 자매, 직계존속 · 직계비속(배우자의 직계존속 · 직계비속 포함)을 말한다. 지역가입자는 가입자 중 직장가입자와 그 피부양자를 제외한 자이다.

(3) 재원

보험료의 재원으로 근로자는 사용자 50%, 가입자 50%이고 공무원의 경우, 국가 50%, 가입자 50%이며, 사립학교 교직원의 경우, 국가 20%, 사립학교 30%, 가입자 50%이다. 지역가입자는 가입자 자체 부담이다.

직장가입자는 기본 월소득액을 기준으로 보험료를 산출하고, 지역가입자는 등급별 표준보수월액을 기준으로 보험료 산출한다.

〈표 11-11〉 등급별 표준보수월액

소득	평가소득 보험료	개별주민의 소득을 자체적으로 평가한 소득(30등급)
	과세소득 보험료	국세청에 신고한 소득(50등급)
재산	재산보험료	(50등급)
자동차	배기량	(7등급)

(4) 급여

요양급여는 진찰 · 검사비용, 약제 · 치료재료의 지급, 처치 · 수술 기타의 치료, 예방 · 재활, 입원, 간호, 이송이 해당되고, 요양비는 가입자 및 피부양자가 긴급 또는 부득이한 사유로 인하여 업무정지처분 기간 중인 요양기관 등 요양기관 이외의 장소에서 요양 · 출산을 받을 때 요양급여에 상당하는 금액을 지급한다.

건강진단비는 가입자 및 피부양자가 질병의 조기발견과 그에 따른 요양급여를 위해 2년에 1회 이상 건강진단 실시하고, 장제비는 가입자 또는 피부양자가 사망한 때 장제를 담당하는 자에게 장제비를 지급한다. 본인부담액 보상금은 가입자 또는 피부양자가 부담한 본인부담액이 매 30일간 120만원을 초과하는 경우 초과한 금액의 50%를 보상금으로 지급한다. 기타 장애인보장구 급여비 등이 있다. 우리나라는 질병수당이 없다.

관리 운용 체계는 통합주의 방식으로 행정비용의 절감, 재정 효율성의 증가, 지역 간 불평등 제거, 위험분산과 분배적 기능의 확대에 있다. 1977년 조합방식에서 1999년 통합방식으로 변경되었고 2003년 7월부터 재정도 통합)되었다.

4. 행위별 수가제와 질병군별 포괄수가제

행위별 수가제는 의료공급자의 서비스 행위 및 제공된 상품 하나하나를 가격으로 환산하여 지급하는 방식으로 가장 시장지향적이고 진료비 지불방식 중 진료비용 절감 효과가 가장 낮으며(의료공급자의 과잉 진료), 청구된 진료비를 일일이 심사해야하기 때문에 관리가 어렵고 관리비용도 많이 들어간다.

질병군별 포괄수가제는 DRG 지불제(diagnosis related groups : 포괄수과제)로 수술행위별로 진료비를 정액화한다.

질병군별 중증도에 따라 이미 정해진 정액진료비를 의료행위 항목별로 따지지 않고 포괄하여 계산하는 새로운 진료비 결정방식으로 장점으로는 과잉진료 감소, 환자 재원 일수 감소, 검사 및 항생제 사용량 감소, 환자본인부담금 감소, 의료기관의 실질수익 증가, 보험자의 재정 지출 증가, 행정업무 간소화에 있으며 단점으로는 진료의 질 저하, 최소한의 진료서비스로 진료효과를 거두고자 함에 있다. 보완의 예로서 미국의 경우, 타의료기관과 경쟁 활성화, 동료심사기구(peer review organization)를 운영한다. 우리나라는 2002년 1월부터 4개 진료과 8개 질병군에 부분적으로 실시하고 있다.

5. 관리운영비

관리운영비 즉 사업비는 보험회사는 계약자들로부터 보험료를 받아 기금을 조성하여 사고(질병, 상해, 사망 등)를 당한 사람에게 보험계약시 약정한 보험금을 지급한다. 보험회사가 이러한 보험사업(고유목적사업)을 운영하는 데는 여러 가지 비용이 발생하게 되는데 이를 관리운영비(사업비)라 하며 국민건강보험공단은 관리운영비, 민간보험사는 사업비라고 한다. 관리운영비(사업비)란 보험운영을 위해 사용한 비용을 보험료수입액으로 나누어 백분율로 표시한 것으로 비율이 낮을수록 관리운영비를 적게 사용하였으므로 보험가입자에게 돌아가는 혜택이 많다는 것을 의미한다. 관리운영비(사업비)율은 (관리운영비(사업비)/보험료수입액)×100이다. 국민건강보험공단의 관리운영비는 인건비와 경비로 구성도며 인건비는 기본급여, 제수당, 상여금, 퇴직급여비 등이고 경비는 복리후생비, 연구개발비, 회의비, 여비, 업무추진비 등이다. 민간보험사는 사업비를 미리 예상하여 보험료(부가보험료)에 미리 반영시키고 있으며, 사업비는 신계약비, 유지비, 수금비 등으로 구성된다. 신계약비는 신계약 모집 비용(설계사 수당, 판매촉진비 등)이고 유지비는 보험계약 유지 및 관리운용 등에 필요한 각종 경비(인건비, 관리비, 촉진비)이며, 수금비는 보험료의 수금 및 관리 경비(유지수당, 운영비, 간접비 등)이다.

6. 국민건강보험제도의 문제점

늘어가는 보건의료비 지출을 줄이기 위한 의료비와의 전쟁은 유독 우리나라만의 문제가 아니다. 전 국민건강보험제도 등 우리와 비슷한 시스템을 운영하고 있는 대만은 물론 개인의 자율성을 강조하는 싱가포르, 고령화의 선두주자 일본, 사회주의적 색채가 강한 러시아까지 적자의 늪에 놓여 있다.

보건복지가족부와 해외교포들에 따르면 국내에 단기 체류하는 교포나 건보 체납자, 외국인, 심지어 불법체류자나 노숙자까지 타인의 건강보험증을 빌려 사용하는 사례가 광범위하게 발생하고 있다. 일부는 타인의 동의조차 받지 않고 명의를 도용해 혜택을 받기도 한다. 의료기관의 본인 확인절차는 말 그대로 '형식'에 그치기 때문에 이들을 적발하는 것은 사실상 불가능하다.

국내에 3개월 미만으로 단기 체류하는 해외교포의 상당수는 건강보험 혜택을 받기 위해 지인이나 가족의 건강보험증을 빌려 사용하고 있다. 외국인으로 등록

해야 하는 조선족도 국내인과 외모의 차이가 거의 없다는 점을 이용해 건강보험증을 빌려 사용하는 사례가 적지 않다.

불법체류자의 경우 사업주나 함께 근무하는 한국인 근로자의 건강보험증을 빌려 사용한다. 건보료를 장기 체납하고 있거나 주민등록이 말소돼 건강보험증을 빌리는 사례도 규모를 짐작할 수 없을 만큼 광범위하게 이뤄지고 있다는 것이 전문가들의 견해다. 건보공단이 2005~07년 2월 중순까지 적발한 건강보험증 대여 실태 219건을 분석한 결과 건강보험증 대여는 지인을 통하는 경우가 71.2%로 압도적으로 많았다. 나머지는 친인척(26.5%), 사업주(2.3%) 등이었다. 그러나 이마저도 의료기관에서 건강보험증을 대여하다 적발된 사례는 극소수에 불과하고, 일부는 '자발적 신고'에 의한 것이어서 아직까지 정확한 실태파악은 거의 이뤄지지 않고 있는 상황이다.

2007년 국회 보건복지가족위원회 열린우리당 장복심 의원이 본인 확인 의무화 법안을 발의했지만, 50만원 이하의 과태료를 의료기관에 부과시키는 부분이 책임소지 논란으로 비화돼 결국 입법이 좌초됐다. 이후 보험료를 내지 않고도 혜택을 보는 사례가 계속 발생하면서 일반 가입자의 반발이 거세지고 있다.

공단이 매년 8월에 급여정책을 평가하고 보장성 정책을 강화하기 위한 필수적인 기초자료인 「건강보험 환자의 본인부담 진료비실태조사」는 2009년도 건강보험 수가결정을 위한 건강보험재정운영위원회 회의시 공단은 "2008년도 건강보험 보장률은 62.2%"라고 보고했다. 2004년부터 지속적으로 확대되었던 보장률이 최초로 큰 폭으로 감소된 것으로 2005년의 61.8%와 비슷한 수치이며, 이명박 정부 출범이후 건강보험 보장성이 3년 이상 후퇴한 것으로 지적되고 있다. 2004년부터 2008년까지 최근 5년 동안 건강보험 보장성 변화추이를 살펴보면 다음과 같다.

건강보험 보장성비율(%)은 2004년에 61.3%, 2005년에 61.8%, 2006년에 64.3%, 2007년에 64.6%, 2008년에 62.2%이다. 건강보험보장성은 전체진료비가운데 건강보험에서 부담하는 진료비비율로 전체진료비가 1만원일 때, 건강보험보장성이 60%라면 환자가 내야 할 돈이 4,000원, 건강보험이 부담하는 액수는 6,000원임을 뜻한다.

건강보험 보장성은 3년 전으로 후퇴한 반면 민간의료보험 시장, 특히 실손형

보험시장은 최근 5년간 약 3배의 성장률을 보이고 있다. 건강보험 보장성 축소로 인해 불안해진 국민들은 울며 겨자 먹기로 건강보험보다 보험료도 비싸고 보장성도 낮은 민간보험에 의지하려는 경향이 점점 커지고 있는 것이다.

국민건강보험공단은 2009년도 건강보험 재정이 총수입 및 총지출 모두 약 31조 2천억원 규모를 기록하였으며, 총수입은 전년대비 7.9% 증가에 그친 반면 총지출은 13.2% 증가하여 32억원 당기적자가 발생하였다. 세부항목별로 수입에서는 보험료 등이 26조 3,717억원, 국고 등 정부지원금이 4조 8,100억원, 지출에서는 보험급여비가 30조 1,461억원, 심사평가원 부담금을 포함한 관리운영비 등이 1조 388억원인 것으로 나타났다. 2009년도 재정적자에 대한 주요인으로는 급격한 경기침체로 인한 서민생활 불안 해소를 위해 공단 사상 최초로 보험료를 동결한 반면, 진료비 부담 완화를 위해 큰 폭의 보장성강화(진료비 본인부담상한제 강화, 희귀난치성질환·암환자 본인부담 경감확대, 한방물리요법, 아동 치아 홈 메우기)를 지속하였기 때문인 것으로 분석하고 있다.

2010년도에는 보험료율 4.9% 인상에도 불구하고, 지난해 임금상승률 정체 영향 등으로 인해 보험료 수입은 둔화되는 반면, 보험급여비 지출은 수가 인상(2.05%)과 지난해 시행된 보장성강화 5개 항목에 이어 올해 9개 항목(심장·뇌혈관질환 및 결핵환자, 중증화상 본인부담률 경감, 치료재료 급여전환, 임신출산 진료비 지원, 항암제, 희귀난치 치료제, 장애인보장구 및 소모품, MRI 보험급여 확대)의 영향 등에 따라 지속 증가될 것으로 예상하고 있다.

건강보험의 연간 수입·지출구조 특성상 2010년 상반기에는 지난해와 같이 정부지원금 조기배정, 정산보험료 수입 등으로 재정여력이 마치 양호한 것으로 보일 수 있으나, 하반기부터는 신규 보장성강화의 본격영향 등으로 재정수지가 급격히 악화되어 연도말은 당기수지가 큰 폭의 적자를 보일 것으로 예상하였다. 일례로 전년도 11월까지는 약 4천 억원의 흑자를 보였으나 연도 말에 적자를 기록한 바가 있다.

OECD국가 중 낮은 공공지출 비중('07년 기준, OECD평균 약 73%, 우리나라 약 55%)으로 인해 보장성강화는 지속적으로 요구되고 필요한 단계이며, 더불어 고액질환의 증가, 신의료기술·고가장비 도입 등에 따라 향후 보험급여비 지출

급증이 지속될 것으로 예상되는 반면, 인구 고령화의 급속한 진행과 절대인구 및 생산가능인구 감소에 따라 보험료 수입은 정체될 것으로 전망되었다.

이러한 상대적으로 저렴한 보험료(OECD국가 보험료율 8~15%, 우리나라 5.33%)를 기반으로 급속한 보장성강화를 추구하는 구조적 문제로 인해 재정적자가 기하급수적으로 증가할 것으로 예상됨에 따라 현재의 보험급여비 지불제도 개선과 적정 의료서비스 수급을 위한 의료전달체계 마련이 필요한 것으로 분석되었다.

7. 오바마의 의료보험개혁

쟁점법안에 대해 공화당과 민주당의 당론을 비교해서 특이한 점 몇 가지가 있다. 우선 의료보험의 공보험화를 하는데 들어가는 비용이 10년간 9,000억 달러가 소요되는 부분이다. 미국 중산층이 가장 민감하게 보이는 부분이다.

우리나라 4대강 사업비용의 절반에 해당하는 금액이다. 우선 오바마는 이 금액 중 3/1에 해당하는 예산은 연간 소득 25만달러 이상인 고소득자에게 소득누진세를 도입하여, 3,000억 달러를 마련하겠다는 방법이다.

이러니 당연히 중산 이상층은 오바마가 사회주의자로 보이는 것은 당연하겠지만, 그렇다고 대놓고 반대하기도 쉽지 않으니 오바마를 미워하고 여론을 호도하는 것은 당연해 보인다.

그리고 나머지 3/2는 기존 의료보험제도의 낭비되는 예산을 절감하고 의료보험수가를 조절하여 그 부족한 예산을 충당 하겠다는 것이다.

미국의 법에는 응급실에 실려온 환자는 병원에서 의료비납부와 상관없이 우선 치료를 하여야 하는 법이 있다. 우리나라의 일부 병원같이 치료거부를 할 수 없다고 한다. 문제는 응급환자가 치료비를 낼 수 없는 상황에 처해 있으면 그 치료비 전액을 국가가 배상을 한다. 그 점을 이용하여 병원에서 부당이익을 취하고 있고 병원에서는 보험수가가 안되는 처방전을 하거나 약제를 사용하여 어마어마한 부당이익을 취한다.

여기서 자연스럽게 신약에 대한 독점권을 악용하여 제약회사와 병원이 담합을 하여 부당이익을 취하는 것은 말할 것도 없다.

현재 미국의 신약에 대한 독점권으로 인한 비싼 약값이 의료보험수가의 인상요인 중 가장 크다고 한다. 그러니 오바마로서는 이 비싼 약값을 잡지 않고서는 의료보험 개혁은 힘들다 판단하여 이번 의료보험개정의 주안점을 신약 독점기간을 축소하는데 전력을 다 하고 있다. 그 다음으로 힘든 부분이 바로 지금 오바마의 의료보험개혁을 바라보는 보수성향의 미 국민들은 사회주의적 발상에 대해 깊은 우려를 하고 있다는 점이다.

대다수 보수성향의 국민들은 공화당의 흑색선전에 가까운 홍보에 동의를 한다고 하는데 그이유가 지금 오바마가 하려는 의료보험개혁을 사회주의적 발상이고 이는 곧 공산주의자의 노선과 일치한다고 생각하는 점이다. 우리 입장에서 보면 우리나라는 전 국민의 의료보험의 의무화를 하고 있지만 우리나라가 공산국가나, 사회주의 국가는 아니지 않는가 그런데 미국의 보수주의자들에게는 있는 사람들에게 좀더 거둬서 없는 사람들을 도와주는 것은 특히 불법이민자나 소득이 없는 즉, 세금을 내지 않는 국민까지 혜택을 주는 것에 대해 공산국가나 하는 행위라고 생각하고 있다는 점이다.

철저한 개인주의 성향이 강한 미국적 사고가 아닐까 하지만 의료보험의 의무화를 실시하고 있는 우리나라 국민들이 바라보는 생각과는 많은 거리가 있다.

다음은 미국민의 중산층이 자신들의 자유에 간섭을 받을 수 있다는 우려를 하고 있다는 것이다.

현재 오바마가 추구하는 의료보험제도는 우리나라의 의료보험제도와 비슷하지만 미국은 사보험이 존재하기 때문에 직장의료보험에 가입을 했다가 직장을 그만두면 사보험을 가입하든지 공보험을 가입해야 한다. 이것이 우리나라와 다른 가장 큰 이유인데, 미국중산층이 걱정하는 자유에 대한 간섭이란 기존의 미국 의료체계에서는 주치의를 둘 수 있고, 병원에서 기다리지 않고 병원 치료를 받을 수 있지만 오바마의 보험개혁이 되면 우리나라 같이 1차 진료, 2차 진료 등 병의 단계에 따라 이동해서 진료를 받는 것을 자유에 대한 침해로 받아들인다는 것이다. 돈이 있고 사 보험에 가입되어 있는 국민들은 우리나라로 말하면 3차진료소 대형 종합병원에 바로 갈 수 있었는데 의료보험이 개혁되면 이렇게 할 수 없게 되니 이것이 바로 자신들의 자유에 대한 간섭이라 생각하고 있다는 것이다. 선뜻 이해가 가지 않지만 돈이 많은 사람들이라면 그렇게 생각할 수도 있겠다는 생각은 한다. 미국이라는 나라도 보수성향의 개인주의자들의 이기심으로 개혁하기가 쉽지 않아 보인다. '식코'라는 영화를 보면 절단된 손가락봉합수술을 받는데 미국에서 의료보험이 없는 국민은 약 6,000만원의 비용이 들어간다고 한다. 우리나라는 의료보험이 없으면 800만원 정도 들어간다. 만약 미국에 사는 중산층이라도 의료보험에 가입하지 않으면 손가락을 포기해야 하는 상황이 될 것이다.

〈표 11-12〉 오바마의 의료보험개혁과 쟁점

민주당	쟁점	공화당
4,700만 명 무보험자가 대상	4,700만 무보험자가 쟁점	-전국민의료보험 및 공적보험설립은 사회주의적 발상 -불법이민자도 부당혜택
-향후 10년간 9,000억 달러 -연소득 25만 달러이상 고소득자에게 누진세적용	비용 및 조달방안	-1조달러 이상 -증세통한비용조달은 반대
-민간보험과 경쟁유도, 보험료인하, 서비스향상, 사전병력 등을 이유로 보험가입거부금지 및 보험료인상금지 -공공보험대신 영리의료보험 조합도입도 가능	공공보험도입	-시장에 대한 과도한 국가개입 기존 보험시장위축
-전문가위원회가 치료방법, 혜택적용여부결정 -질병예방 및 만성질환관리프로그램강화 -고액중증환자 양산차단	노년층 카운셀링제도	-전문가위원회 역할에 대한우려, -안락사증가 -불치환자에 대한 국가지원축소 우려 -죽음의 위원회논쟁
-7년으로 단축	신약개발독점판매기간	12-14년 요구

2010년 3월 23일 약 1세기에 걸친 도전과 1년여의 토론, 모든 표결을 마친 끝에 보건의료 개혁이 미국의 법률이 됐다. 암 투병 중에도 마지막까지 보험회사와 싸워야 했던 내 어머니를 대신해 이 법안에 서명한다. 버락 오바마 미국 대통령이 23일 백악관 이스트룸에서 이틀 전 하원을 통과한 보건의료 개혁 법안에 공식 서명했다.

미국에서 전 국민 의료보험 시대가 열리게 된 것이다. 미국에 큰 의료시장이 선다. 개혁안의 골자는 전 국민의 의료보험 가입 의무화다. 보험료는 소득에 따라 차등 산정되며 소득이 연방 기준에 못 미칠 경우 정부가 보조금을 지급하는 형태를 취하게 된다. 이와 함께 보험회사가 병력이 있다는 이유로 보험 가입을 거부하지 못하게 됐다.

개혁안은 앞으로 10년간 9,400억 달러를 투입해 3,200만 명에게 신규 의료보험을 제공함으로써 미 국민의 95%가 수혜자가 되도록 한다고 목표를 잡았다. 전문가들은 개혁안의 통과로 의료 및 보험 관련 산업이 활성화됨에 따라 미국 경기에 엄청난 파급효과를 불러올 것으로 기대한다. 2010 개혁안은 중산층 이상에게는 세금 부담, 그리고 기업에는 보험료 부담을 준다는 비판도 있다. 사실 혜택을 받는 이들은 적지만 부담을 지는 이들이 많았기 때문에 국민여론은 의보개혁안에 썩 호의적이지 않았다. 또한 공적 보험을 옵션으로 도입해 과도한 민간보험료를 인하시키려는 계획은 보수파의 반발과 보험회사의 로비로 이번 안에는 포함되지 못했다. 미국의 민간보험회사들은 보험료 중 상당부분을 보험금 청구를 거절하고 의료기록을 감시하기 위해 사용하는데, 이들의 횡포를 막기 위해 더 많은 노력이 요구되고 있다

그러나 그 파급효과가 한국의 기업에까지 미치는 단계는 다음과 같다. 우선 미국 정부는 전 국민 의료보험을 실시하기 위해 재정지출을 늘려야만 한다. 그러나 막대한 지출을 가능한 한 절감해야 한다. 그래서 미 정부는 보험회사가 값싸고 품질이 우수하다.

우리 보험의 경우 본인 부담료가 지나치게 높다. 예컨대 최근 암환자 본인 부담률이 5%로 낮아졌다지만 실제 의료비 부담은 수천만원을 넘는 경우가 많다. 더 큰 문제는 보험적용이 안 되는 질병과 치료법이 허다하다는 것이다. 실제로 수억원에 이르는 진료비를 부담하지 못해 적절한 치료를 받지 못하거나 파산하는 가정을 자주 보게 되는 것도 이 때문이다. 옵션에 따라 다르기는 하지만 약간의 자기 공제액(deduction)을 제외하면 진료비의 거의 대부분을 보험에서 부담해주는 미국이나 독일의 의료보험제도와 비교된다.

미국의 의료보장제도가 아무리 어설프고 사각지대가 많아 보여도 그것이 인간의 생명과 인권을 존중하는 미국 사회의 가치관 속에서 움직이고 있다는 점을 간과하면 안 된다. 적어도 수술이 필요한 사람에게 보험에 들어있지 않다는 이유

로 또는 돈이 없다는 이유로 수술해 주지 않는 경우는 없다. 치료가 우선이고 청구는 그 다음이다. 이에 비해 수술비가 없어서 고통 속에 죽어가는 사람들의 이야기가 실제로 들려오는 나라가 대한민국이다. 노인의료비 부담이 급증하고 의료서비스에 대한 기대가 높아지면서 우리 건보제도의 자랑인 '저비용 고효율 체제'가 위협받고 있는 상황임을 감안하면 근거 없는 낙관론보다는 객관적 현실 인식이 더 필요한 때다.

연 구 문 제

1. 영화 '식코'와 '존큐'를 통해서 본 미국의 민간의료보험 제도에 대하여 설명하시오.

2. 연금의 기능과 유형을 설명하고 연금재정의 운영방식을 기술하시오.

3. 국민건강보험과 관련 하여 첫째, 의료보장의 방법 둘째, 우리나라 건강보험 통합에 대하여 셋째, 수가와 관련된 문제에 대하여 논하시오.

4. 미국 건강보험 개혁에서 배울 점은 무엇인가
   - 메디케이드(저소득층 무상의료서비스): 전국민의 15% 대상
   - 메디케어(노인/장애인 공적보험): 전국민의 19% 대상
   - 국민의 가치관: 인간의 생명과 인권존중

제 12 장

노인장기요양보험제도와 정책

제 1 절 노인장기요양보험제도의 의의와 내용

1. 노인장기요양보험제도의 의의

고령이나 노인성질병 등으로 인하여 6개월 이상 동안 혼자서 일상생활을 수행하기 어려운 노인 등에게 신체활동 또는 가사지원 등의 장기요양급여를 사회적 연대원리에 의해 제공하는 사회보험 제도이다 대상자의 심신 상태와 부양여건에 따라 시설 또는 가정 등 다양한 형태의 서비스 공급자를 포괄하며, 대상노인에 대한 현물서비스 제공과 함께 예외적으로 가족요양비, 휴식서비스(Respite Care)와 같은 부양가족 지원서비스도 포함하는 개념이다. 노인 장기요양보험제도는 수급자에게 배설, 목욕, 식사, 취사, 조리, 세탁, 청소, 간호, 진료의 보조 또는 요양상의 상담 등을 다양한 방식으로 장기요양급여를 제공하며, 이미 오래전부터 고령화 현상을 겪고 있는 선진국들은 우리나라보다 앞서 다양한 방식으로 장기요양서비스를 제공 중에 있다. 선진국의 제공 방식은 국가 재정방식이 국가와 지방자치단체이 지원에 운영되는 영국, 호주, 스웨덴, 노르웨이, 사회보험 방식인 독일, 일본, 네덜란드, 룩셈부르크, 건강보험의 급여 일종으로 제공하는 방식으로는 미국, 캐나다 등이 있다.

노인 장기요양보험제도는 2008년 7월 1일부터 시행되었다. 그동안 장기간에 걸쳐 외국의 법과 제도를 연구하고 국내에서도 2차 시범사업을 거쳐 시행하는 만큼 국민들의 기대가 크다. 그러나 이 제도는 향후 시행과정에서 요양서비스 수요가 지속적으로 증가할 것으로 보이고, 공급측면에서 충분한 인적자원이 부족할 것이며, 다른 보험제도와 비교하여 세대 내, 세대 간 형평성 문제를 제기할 소지가 많다. 노인장기요양보험제도는 국가에서 정책적으로 법과 제도를 만들어 시행하는 것이므로, 국가적 차원에서 검토되어야 할 과제들이 많이 있는 반면, 한편으로는 이 제도의 혜택을 받는 수혜자인 보험가입자 개인적인 문제도 많이 있게 된다.

노인장기요양보험이라 함은 건강하지 못한 허약한 노인 및 그 보호자를 대상으로 질병 또는 장애, 재해로 인하여 발생된 제한적인 일상생활능력을 장기적으로 향상, 유지시키는데 필요한 각종 보건의료 및 사회복지서비스체계를 의미한다. 이와 같은 노인장기요양보험은 주로 만성적인 기능 제약에 대해 다양한 방법으로 제공되는 광범위한 서비스를 포함한다. 이러한 서비스에는 보건, 의료적 서비스와 사회적 서비스가 있다. 보건, 의료적 보호는 의료인에 의한 건강상태의 검진, 진료, 치료 및 간호를 의미한다. 사회적 보호는 건강보호 이외의 심리, 사회적 상담, 부축행위, 신체적 움직임에 대한 도움 등을 포함하는 비보건, 의료적 도움을 의미한다.

국민건강보험은 치매 중풍 등 질환의 진단, 입원 및 외래 치료, 재활치료 등을 목적으로 주로 병의원 및 약국에서 제공하는 서비스를 급여대상으로 한다. 이에 대해 노인장기요양보험은 치매 중풍의 노화 및 노인성 질환 등으로 인하여 혼자 힘으로 일상생활을 영위하기 어려운 대상자에게 요양시설이나 재가 장기요양기관을 통해 신체활동 또는 가사지원 등의 서비스를 제공하는 제도를 말한다.

노인장기요양보험제도는 개인이 청장년 근로기간 동안 보험료를 납부하고 노후에 독자적인 생활이 곤란해질 경우 신체활동이나 가사활동을 지원받는 사회보험제도를 의미한다. 노인장기요양보험제도의 시행은 국가 사회적으로 커다란 의미를 가지고 있다. 드디어 우리 사회가 복지국가의 내실있는 실천을 할 수 있는 단계에 이르렀다는 사실을 보여주고 있다. 노인들과 그 가족의 고통을 덜어주고, 노인의 삶의 질을 획기적으로 향상시킬 수 있는 제도로 정착되도록 정부와 국민 모두가 노력하여야 할 것이다.

노인장기요양 보험제도의 도입배경으로 우리나라 노인인구는 2006년도 노인인구비율은 9.5%로 추계되어, 이미 고령화 사회에 인입하는 등 세계에서 유례가 없을 정도로 빠르게 인구고령화가 진행되고 있으며, 이러한 급격한 고령화에 따라 치매, 중풍 등 일상생활이 어려운 노인들의 수도 날로 증가하고 있다. 반면, 핵가족화, 여성의 사회활동 증가, 간병기간의 장기화 등으로 가족에 의한 노인수발은 이미 한계에 봉착해 있는 상태이다. 이러한 상황에서 정부에서는 그동안의 노인복지 서비스가 저소득층 위주로 되어 있어서 중산층을 포함한 일반노인에 대한 서비스는 크게 부족했다는 인식 아래 일반 노인가정의 부양부담을 경감하기 위해 노인장기요양보험 제도의 도입이 이루어져 왔다. 이와 같은 급속한 고령화가 진전됨에 따라 치매, 중풍 등 요양보호가 필요한 노인이 급속히 증가하고 있으며 이에 따라 정부에서는 노인요양보장에 관한 대책을 위하여 여러 가지 방법을 모색하여 독일이나 일본처럼 장기요양 문제를 제도화하여 대응하려고 하고 있다.

핵가족화, 여성의 사회활동 확대, 보호기간의 장기화(평균 2년)등으로 개인 또는 가정에 의한 요양보호 한계 도달하여 노인장기요양보험 제도를 사회보험으로 도입하려는 것이다.

급속한 고령화로 인해 치매, 중풍 등의 노인 급격한 증가로 장기요양서비스의 필요가 증대되었다.

만성질환노인의 증가로 전체의료비중 65세이상 노인의료비 구성비가 1993년에 10.3% 1995년에 12.2%, 2000년에 17.4%, 2005년 24.4%, 2007년에 28.2%로 노인의료비가 큰 폭으로 증가하고 있다. 급속하게 진행되는 고령화에 대비, 공적노인요양보장체계 확립으로 국민의 노후불안 해소 및 노인 가정 부담의 경감을 도모하는 데 있다.

〈표 12-1〉 인구의 고령화

인구구조 부양비별	2008	2010	2012	2014	2016	2018	2020
총인구(명)	48,606,787	48,874,539	49,083,184	49,227,451	49,311,793	49,340,350	49,325,689
65세 이상(명)	5,016,026	5,356,853	5,741,744	6,178,467	6,585,365	7,074,763	7,701,125
인구구성비: 0-14세(%)	17.4	16.2	15.1	14.1	13.3	12.7	12.4
인구구성비: 15-64세 (%)	72.3	72.9	73.2	73.3	73.4	72.9	72
인구구성비: 65세이상 (%)	10.3	11	11.7	12.6	13.4	14.3	15.6
총부양비 (백명당)	38.4	37.2	36.5	36.4	36.3	37.1	38.9
노년부양비 (백명당)	14.3	15	16	17.1	18.2	19.7	21.7
노령화지수 (백명당)	59.3	67.7	77.6	88.9	100.7	112.5	125.9

1) 장기요양보험의 필요성

장기 요양 보험의 필요성은 다음과 같다.

(1) 고령화의 급진전과 노인부양노인부양 기능의 저하이다.

우리나라의 고령화 속도는 세계에서 가장 빠르다. 즉 고령화 사회(노인인구 7%)에서 고령사회(노인인구 14%)로 이행하는 데에 불과 19년이 소요될 것으로 전망된다. 특히 고령사회로 이행하면서 후기고령인구의 비중이 증가한다는 데에 심각성이 있다. 고령화로 부양노인은 증가하는 데, 자녀수 감소와 여성의 경제활동 참여 증가로 전통적으로 부양을 떠맡았던 가족의 노인부양기능이 지속적으로 감액화되고 있다.

(2) 장기요양 필요노인의 증가

장기요양 서비스가 필요한 노인의 규모는 2003년 시설보호시설보호 필요노인이 7만8천명, 재가보호 필요노인이 51만 9천명으로 추산되었다. 2020년경에는 시설보호가 필요한 노인은노인은 14만 명, 재가보호 필요노인은 100만 명으로 증가할 것으로 전망된다. 이렇게 시설보호 필요노인과 재가보호 필요노인이 늘어나게 되면 될수록 준비된 제도들이 있어야 한다. 더욱이 재가노인의 경우 가정에 개인적으로 노인을 돌보는 것에 대한 불이익이 없어야 하고, 동일한 서비스가 제공되어야 한다.

(3) 장기요양의 잠재적 비용의 증대

장기요양 필요 노인에 대한 서비스의서비스의 잠재적 비용은 2003년 약 4조원 정도였다. 이 중 시설보호에 필요한 비용은 1조원, 재가보호에 필요한 비용은 3조원 정도이다. 2020년경에는 2002년 가격 기준으로 8조원을 상회할 것으로 전망된다.

(4) 고령화에 따른 노인의료비 부담의 증가이다.

고령화에 따른 노인의료비 부담은 장기적으로 상당한 부담으로 작용할 것이며, 노인의료비의 상당 부분이 가정 내에 잠재화되어 있고, 잠재화된 비용들이 의료이용으로 표출되면서 건강보험·의료급여 등의 재정을 압박하는 경향은 갈수록 심화될 것이다.

〈표 12-2〉 장기요양의 구분과 대상자

구 분	대상자 범위
적용 대상자	전 국민 장기요양보험가입자(건강보험과 동일) 와 의료급여수급권자
보험료 납부 대상자	장기요양보험 가입자 건강보험료 납부대상자와 동일
장기요양인정 신청인 (장기요양인정을 신청할 수 있는 자)	65세 이상 노인 또는 65세 미만의 자로서 치매·뇌혈관성질환 등 노인성 질병을 가진 자
수급자 (장기요양급여를 받을 자)	신청인의 심신의 기능상태 및 장기요양이 필요한 정도에 따라 등급판정위원회에서 장기요양인정을 받은 자

2) 건강보험제도와의 차이점

건강보험제도와의 차이점은 다음과 같다.

국민건강보험은 치매, 중풍등 질환의 진단, 입원 및 외래치료, 재활치료 등을 목적으로 주로 병원, 의원 및 약국에서 제공하는 서비스를 급여 대상으로 한다. 반면 노인장기요양보험은 치매, 중풍의 노화 및 노인성 질환 등으로 인하여 혼자 힘으로 일상생활을 영위하기 어려운 대상자에게 요양시설이나 재가 장기요양기관을 통해 신체활동 또는 가사지원 등의 서비스를 제공하는 제도이다.

〈표 12-3〉 노인장기요양보험과 기존 노인복지서비스의 차이

구분	노인장기요양보험제도	기존 노인복지서비스
대상	· 65세 이상 노인, 치매 노인 등 노인성질환을 가진 64세 이하의 국민 · 보편적 제도	· 국민기초생활보장수급자를 포함한 저소득층 위주 · 특정대상(선택적)
재원	구성: 장기요양보험료, 국가 및 지방자치단체 부담, 이용자 본인부담	정부 및 지방자치단체의 부담
서비스	· 시설급여 · 재가급여(방문요양, 방문목욕, 단기보호, 주야간 보호 등) · 특별현금급여(가족요양비, 특례요양비 등)	시설, 재가서비스를 제공하나 서비스 질에 대한 관리는 미흡
지원방식	· 시설급여 및 재가급여 제공자는 비용을 수가산정방식을 적용하여 국민건강보험공단에 청구 · 건보공단은 청구된 장기요양급여 및 비용 등의 적정여부 심사 후 지급	지방자치단체를 통하여 시설 입소인원 또는 연간운영비용을 기준으로 정액 지급(사후정산)

2. 노인장기요양 보험내용

법에서 사용하는 용어의 정의는 다음과 같다.

(1) "노인 등"이란 65세 이상의 노인 또는 65세 미만의 자로서 치매 · 뇌혈관성질환 등 대통령령으로 정하는 노인성 질병을 가진 자를 말한다.

(2) "장기요양급여"란 제15조 제2항에 따라 6개월 이상 동안 혼자서 일상생활을 수행하기 어렵다고 인정되는 자에게 신체활동 · 가사활동의 지원 또는 간병 등의 서비스나 이에 갈음하여 지급하는 현금 등을 말한다.

(3) "장기요양사업"이란 장기요양보험료, 국가 및 지방자치단체의 부담금 등을 재원으로 하여 노인 등에게 장기요양급여를 제공하는 사업을 말한다.

(4) "장기요양기관"이란 제31조에 따라 지정을 받은 기관 또는 제32조에 따라 지정의제된 재가장기요양기관으로서 장기요양급여를 제공하는 기관을 말한다.

(5) "장기요양요원"이란 장기요양기관에 소속되어 노인등의 신체활동 또는 가사활동 지원 등의 업무를 수행하는 자를 말한다.

장기요양급여 제공의 기본원칙은 다음과 같다.

① 장기요양급여는 노인 등의 심신상태 · 생활환경과 노인 등 및 그 가족의 욕구 · 선택을 종합적으로 고려하여 필요한 범위 안에서 이를 적정하게 제공하여야 한다.

② 장기요양급여는 노인 등이 가족과 함께 생활하면서 가정에서 장기요양을 받는 재가급여를 우선적으로 제공하여야 한다.

③ 장기요양급여는 노인 등의 심신상태나 건강 등이 악화되지 아니하도록 의료서비스와 연계하여 이를 제공하여야 한다.

국가 및 지방자치단체의 책무 등은 다음과 같다.

① 국가 및 지방자치단체는 노인이 일상생활을 혼자서 수행할 수 있는 온전한 심신상태를 유지하는데 필요한 사업(이하 "노인성질환예방사업"이라 한다)을 실시하여야 한다.

② 국가는 노인성질환예방사업을 수행하는 지방자치단체 또는 「국민건강보험법」에 따른 국민건강보험공단(이하 "공단"이라 한다)에 대하여 이에 소요되는 비용을 지원할 수 있다.

③ 국가 및 지방자치단체는 노인인구 및 지역특성 등을 고려하여 장기요양급여가 원활하게 제공될 수 있도록 충분한 수의 장기요양기관을 확충하고 장기요양기관의 설립을 지원하여야 한다.

④ 국가 및 지방자치단체는 장기요양급여가 원활히 제공될 수 있도록 공단에 필요한 행정적 또는 재정적 지원을 할 수 있다.

1) 적용대상

보편주의 원칙에 따라 전 국민을 대상으로 하며, 사회보험 방식에 따라 보험가입자는 국민건강보험의 가입자와 같다. 장기요양급여를 받는 대상자는 "65세 이상의 노인 또는 65세 미만의 국민 중에서 치매, 뇌혈관성 질환, 파킨슨병 등 노인성질환병을 가진 자로 6개월이상 혼자 일상생활을 수행하기 어렵다고 인정하는 경우 심신상태 및 장기요양이 필요한 정도 등 대통령령이 정하는 등급판정기준에 따라 판정받은 자"로 정의하고 있다.

〈표 12-4〉 노인성 질병의 종류

구 분	질 병 명	질병코드
1. 한국표준질병 · 사인분류	가. 알츠하이머병에서의 치매	F00
	나. 혈관성 치매	F01
	다. 달리 분류된 기타 질환에서의 치매	F02
	라. 상세불명의 치매	F03
	마. 알츠하이머병	G30
	바. 거미막밑 출혈	I60
	사. 뇌내출혈	I61
	아. 기타 비외상성 머리내 출혈	I62
	자. 뇌경색증	I63
	차. 출혈 또는 경색증으로 명시되지 않은 뇌중풍	I64
	카. 대뇌경색증을 유발하지 않는 뇌전동맥의 폐색 및 협착	I65
	타. 대뇌경색증을 유발하지 않는 대뇌동맥의 폐색 및 협착	I66
	파. 기타 뇌혈관 질환	I67
	하. 달리 분류된 질환에서의 뇌혈관장애	I68
	거. 뇌혈관 질환의 후유증	I69
	너. 파킨슨병	G20
	더. 속발성 파킨슨증	G21
	러. 달리 분류된 질환에서의 파킨슨증	G22
2. 한국표준질병 · 사인분류 (한의)	머. 기저핵의 기타 퇴행성 질환	G23
	버. 매병, 노망	자01
	서. 졸중풍	다04
	어. 중풍후유증	다06
	저. 진전(振顫) 1	다05
	처. 진전(振顫) 2	차02.2

주) 1. 질병명 및 질병코드는 「통계법」 제22조에 따라 고시된 한국표준질병, 사인분류에 따름
2. 진전은 보건복지부 장관이 정하여 고시하는 범위로 함.

2) 장기요양보험의 이용절차와 등급

장기요양보험의 신청 절차는 크게 5가지로 구분될 수 있다.

'신청-방문조사-등급판정-결과통지-서비스이용'의 순서로 이루어진다.

신청대상은 56세 이상의 노인과 65세 미만으로서 노인성 질병을 가진 사람으로 신청장소는 국민 건강보험 공단의 노인장기요양보험 운영센터에서만 신청가능하며 시, 군, 구 및 주민 자치센터에서의 신청 서비스는 2008년 9월 1일부터 중단되었다. 신청방법은 방문, 우편, 팩스, 인터넷 등으로 신청할 수 있다. 단, 인터넷으로 신청하는 경우에는 주민등록상 가족으로 등재한 경우에만 가능하다.

방문조사의 경우 방문조사 절차는 공단직원이 신청인을 직접 방문하여 거동불편 등 심신의 불편한 수준과 서비스가 필요한 정도를 조사한다. 조사내용은 '장기요양인정조사표'에 따라 신청인의 심신의 기능상태, 서비스욕구, 수발상황 등을 조사한다.

조사항목은 5개영역 52개 항목조사이다.

〈표 12-5〉 방문조사항목

영역	항목	
신체기능 (12항목)	- 옷 벗고 입기, - 일어나 앉기 - 세수하기 - 옮겨 앉기 - 양치질하기 - 방밖으로 나오기	- 식사하기 , - 화장실 사용하기 - 목욕하기 - 대변 조절하기 - 체위변경하기 - 소변 조절하기
인지기능 (7항목)	- 단기 기억장애 - 장소불인지 - 지시불인지 - 의사소통 · 전달 장애	- 날짜불인지 - 나이 · 생년월일 불인지 - 상황 판단력 감퇴
행동변화 (14항목)	- 망상 - 슬픈상태, 울기도 함 - 도움에 저항 - 길을 잃음 - 밖으로 나가려함 - 물건 망가트리기 - 부적절한 옷입기	- 환각, 환청 - 불규칙수면, 주야혼돈 - 서성거림, 안절부절못함 - 폭언, 위협행동 - 의미없거나 부적절한 행동 - 돈·물건 감추기 - 대·소변불결행위
간호처치 (9항목)	- 기관지 절개관 간호 - 산소요법 - 욕창간호	- 흡인 - 경관 영양 - 암성통증간호

	- 도뇨관리 - 투석간호	- 장루간호	
재활 (10항목)	운동장애(4항목)		관절제한(6항목)
	- 우측상지 - 좌측상지 - 우측하지 - 좌측하지		- 어깨관절 - 고관절 - 팔꿈치관절 - 무릎관절 - 손목 및 수지관절 - 발목관절

등급판정은 다음과 같다.

등급은 시, 군, 구 단위로 설치된 등급판정위원회에서 인정조사 결과와 신청인이 제출한 의사소견서 등을 고려하여 등급판정기준에 따라 등급을 판정하게 된다. 등급판정위원회는 신청일로부터 30일내에 판정이 가능하도록 월 1회 이상 개최된다.

판정방법은 위원회에서 신청인에 대한 방문조사결과와 특기사항, 의사 소견서, 기타 심의자료 등을 종합적으로 검토, 심의, 심의기준에 따라 신청인의 심신상태 및 장기요양이 필요한 정도를 최종결정한다.

의사 소견서에 있어서 의사소견서 제출 대상자는 인정(재)신청, 갱신신청, 변경신청(단, 장기요양급여의 종류 또는 내용을 변경하여 장기 요양 급여를 받고자 하는 경우는 제외)자의 경이다. 제출시기는 등급판정위원회에 자료를 제출하기 전까지 제출하고 의사 소견서는 통보일로부터 10일 이후에 개최 예정된 등급판정위원회를 기준으로 제출 기한을 두고 있으며, 신청시 의견소견서를 제출한 경우에는 다시 제출하지 않아도 된다.

발급비용은 의사소견서 발급의뢰서를 통보받은 자로 본인의 자격(일반·의료급여·기초수급권자)에 따라 본인 부담비용만 부담하며 발급의뢰서 없이 소견서를 발급받는 대상자 우선 의사소견서 총비용을 전액 부담한다. 최초신청, 갱신신청, 등급변경 신청에서 등급이 변경되는 경우 공단부담 비용은 공단에 청구한다.

등급판정 기준은 다음과 같다.

등급판정위원회는 방문조사 결과, 의사소견서, 특기사항을 기초로 신청인의 기능상태 및 장기요양이 필요한 정도 등을 등급판정 기준에 따라 다음과 같이 심의 및 판정한다.

요양 필요 상태에 해당하는지 여부를 심의하고, 요양 필요 상태인 경우 등급판정 기준에 따라 등급을 판정하며, 필요에 따라서는 등급판정위원회의 의견을 첨부할 수 있다.

〈표 12-6〉 장기요양인정점수를 기준으로 한 3가지 등급 구분

등급구분	판정기준
장기요양 1급	심신의 기능상태 장애로 일상생활에서 전적으로 다른 사람의 도움이 필요한 자로서 장기요양인정 점수가 95점 이상인 자
장기요양 2급	심신의 기능상태 장애로 일상생활에서 상당부분 다른 사람의 도움이 필요한 자로서 장기요양인정 점수가 75점 이상 95점 미만인자
장기요양 3급	심신의 기능상태 장애로 일상생활에서 부분적으로 다른 사람의 도움이 필요한 자로서 장기요양인정 점수가 55점 이상 75점 미만인 자

장기요양인정점수는 장기요양이 필요한 정도를 나타내는 점수로서 장관이 정하여 고시하는 심신의 기능저하상태를 측정하는 방법에 따라 산정한다. 향후 구체적인 측정방법이 고시로 정하여지지만 3차 시범사업에서는 요양욕구 5개 영역별 52개 항목 조사 결과와 영역별 100점 득점 변환전수를 8개 서비스군 별로 수형분석을 통해 산출된다.

요양인정은 요양급여가 어느 정도 필요한가를 판단하는 것으로, 그 사람의 질병의 중증도나 요양이 힘드는 정도 등과 같은 주관에 의해 결정되는 것이 아니다.

〈표 12-7〉 8개 서비스군

신체수발	청결	세면도움, 구강관리, 몸 청결, 머리감기, 몸단장, 기타 청결관련 서비스
	배설	이동보조, 배뇨도움, 배변도움, 기저귀 교환, 기타 배설관련서비스
	식사	상차리기, 식사보조, 음료수 준비, 기타 식사관련 서비스
	기능보조	일어나 앉기, 서 있기 연습 도움, 기구사용 운동보조, 이동도움, 체위변경, 신체기능 유기 등 기능보조
	간접지원	청소, 세탁, 설거지, 요리 및 식사준비, 의사소통, 침구린넨 교환, 환경정리, 주변정돈, 물품, 장보기, 산책, 외출시 동행, 기타 가사지원 서비스
행동변화대응		배회, 불결행위, 폭언, 폭행 등 행동변화에 대한 대처, 그 밖의 행동변화에 대응
간호처치		관찰 및 측정, 투약 및 주사, 호흡기 간호, 피부간호, 영양간호, 온냉요법, 배설간호, 의사진료 보조, 기타 간호처치
재활훈련		신체기능 훈련, 기본 동작 훈련, 일상생활동작 훈련, 물리치료, 언어치료, 작업치료, 기타 기능훈련

결과통지는 등급판정 결과에 따라 장기요양인정을 받은 사람(수급자)은 장기

요양인정서와 표준이용계획서를 보낸다. 수급자로 인정받지 못한 사람에게도 별도로 통지한다.

통보방법은 방문 또는 우편전달 방법을 이용하며 통보기간은 등급판정의 심의를 완료후 즉시 통보한다. 통보내용은 장기요양 인정서, 장기요양급여 이용 안내 등을 내용으로 한다.

〈표 12-8〉 요양이 필요한 기능상태와 수준(등급별 상태상) 예시

상 태	수 준
1급(최중증)	와상상태로 스스로 일상생활이 거의 불가능 ·하루 종일 침대위에서 생활하는 자로 스스로 움직일 수 없는 와병상태 ·일상생활 활동의 식사, 배설, 옷 벗고 입기의 모든 활동에서 전적으로 다른 사람의 도움 필요 조사표: 체위변경, 식사하기, 일어나 앉기 등 ADL에서 6개 이상 완전 도움
2급(중증)	일상생활이 곤란한 중증상태 ·휠체어를 이용하지만 앉은 자세를 유지 못함 ·식사, 배설, 옷 벗고 입기 등에서 다른 사람의 완전한 도움필요 ·하루 중 대부분의 시간을 침대 위에서 지내는 경우가 많음 조사표: 식사하기, 일어나 앉기, 세수하기, 양치질하기 등 ADL에서 5개 이상 부분도움
3급(중등증)	부분적인 요양보호가 필요한 상태 ·식사, 배설, 옷 벗고 입기 등에서 부분적으로 도움필요 ·다른 사람의 도움을 받아야만 외출 가능 조사표: 양치질하기, 세수하기 등 ADL에서 3~5개 정도 부분도움
등급외(경증)	·식사, 배설, 옷 벗고 입기 모두가 대체로 자립이나, 생활 관리능력이 저하하는 등으로 가끔 지원 필요 조사표: 목욕, 옷 벗고 입기 등 ADL에서 1~2개 부분도움

서비스이용은 수급자로 인정을 받은 사람의 경우 서비스 이용이 가능하다. 수급자가 이용 가능한 장기요양기관을 찾을 수 없거나, 장기요양기관선택으로 어려움이 있는 경우 건강보험공단에 요청하면 된다. 장기요양 인정서를 송부 받은 수급자는 요양등급별 월 이용 한도액 범위 내에서 장기요양기관과 자율적으로 요양급여의 이용계약을 체결하여 필요한 요양 서비스를 받을 수 있다. 건강보험공단이 권고적 성격의 '표준장기요양이용계획서'를 작성, 제공하면 이용노인(수급자)은 급여의 종유와 횟수를 선택하고 장기요양기관과 자율적으로 계약을 하고 제공기관에서 케어플랜을 작성한다. 장기요양 급여의 이용과정에서 노인이 요청시에는 건강보험공단 직원이 요양급여의 연결 및 계약지원, 계속적인 사후관리

들을 지원하게 된다. 장기요양 급여의 경우에는 장기요양인정서가 도달한 날부터 받을 수 있으나, 돌볼 가족이 없는 경우든 대통령령으로 정하는 사유가 있는 경우 요양 신청서를 제출한 날부터 장기요양인정서가 도달되는 날까지의 기간 중에도 장기요양급여를 받을 수 있다.

또 장기요양기관은 수급자가 요양급여를 쉽게 선택하고 장기요양기관이 제공하는 급여의 질을 보장하기 위하여 장기요양기관별 급여의 내용, 시설의 구조, 설비상태 및 건물전경 등의 사진, 종사자수 및 입소(이용) 정원, 현원, 이용계약 등을 건강보험 공단이 운영하는 인터넷에 게시하도록 하고 있다.

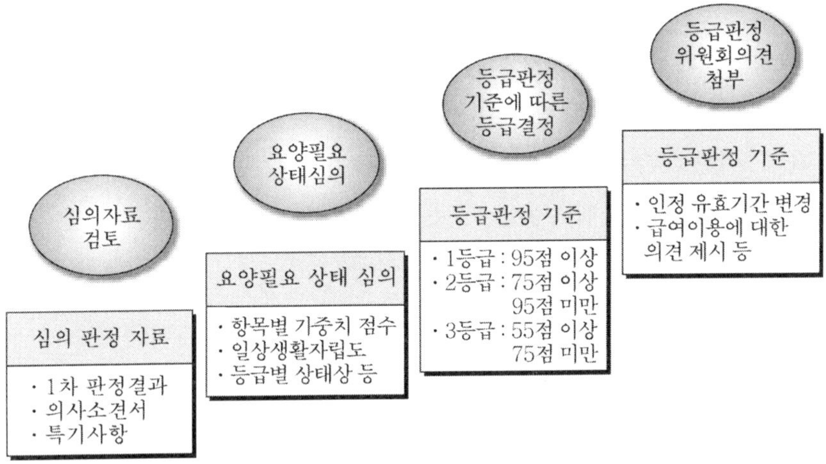

〈그림 12-1〉 등급판정기준과 순서

노인요양보험 급여 이용 절차는 (1) 인정신청 : 국민건강보험공단 지사(노인장기요양보험 운영센터)에 장기요양인정신청서를 제출 (2) 방문조사 : 공단 직원이 직접 방문하여 장기요양인정 조사표에 따라 어르신의 심신 상태와 희망하는 급여의 종류 등을 정확하게 조사 (3) 등급판정 : 전문가로 구성된 지역단위 장기요양등급판정위원회에서 공단 직원이 조사한 장기요양인정조사표와 의사소견서를 토대로 장기요양등급을 결정함 (4) 결과통지 : 장기요양 1~3등급자로 결정된 수급자에게 공단은 장기요양등급, 유효기간, 장기요양 급여의 종류 등이 기재된 장기요양인정서'와 '표준장기요양이용계획서'를 보냄 (5) 급여이용 : 장기요양 인정을 받은 분은 『장기요양인정서』에 기재된 유효기간과 급여 종류 및 월

한도액 내에서 장기요양급여를 받을 수 있다.

※장기요양기관(서비스제공기관)선택 및 계약: 장기요양인정을 받은 자는 이용 가능한 장기요양기관을 선택하여 계약을 한 후에 장기요양급여를 받으면 된다.

제 2 절 노인장기요양 급여종류 및 범위

1. 급여내용

장기요양급여의 종류를 보면 다음과 같다. ① 재가급여, ② 시설급여, ③ 특별현금급여 등이 있다. 재가급여의 내용으로는, ① 방문요양, ② 방문목욕, ③ 방문간호, ④ 주야간보호, ⑤ 단기보호, ⑥ 기타재가급여 등이 있다. 특별현금급여로는 ⑦ 가족요양비, ⑧ 특례요양비, ⑨ 요양병원간병비 등이 있다.

1) 노인장기 요양급여

(1) 재가 급여

① 방문요양

장기요양요원(요양보호사)이 수급자의 가정 등을 방문하여 신체활동 및 가사활동 등을 지원한다.

② 방문목욕

장기요양요원(1급 요양보호사)이 목욕설비를 갖춘 장비를 이용하여 수급자의 가정 등을 방문하여 목욕을 제공한다.

③ 방문간호

장기요양요원인 간호사 등이 의사·한의사 또는 치과의사의 방문간호 지시서에 따라 수급자의 가정 등을 방문하여 간호, 진료의 보조, 요양에 관한 상담 또는 구강위생 등을 제공한다.

④ 주 · 야간보호

수급자를 하루 중 일정한 시간 동안 장기요양기관에 보호하여 신체활동 지원 및 심신기능의 유지 · 향상을 위한 교육 · 훈련 등을 제공한다.

⑤ 단기보호

수급자를 일정기간 동안 장기요양기관에 보호하여 신체활동 지원 및 심신기능의 유지 · 향상을 위한 교육 · 훈련 등을 제공한다.

⑥ 기타 재가급여

일상생활 · 신체활동 지원에 필요한 복지용구(휠체어, 침대, 지팡이, 보행보조차 등) 제공한다.

(2) 시설급여

요양에 필요한 시설과 설비 및 전문 인력을 갖추고 있는 노인요양시설에 장기간 입소하여 신체활동 지원 및 심신기능의 유지 · 향상을 위한 교육 훈련 등을 제공한다.

(3) 특별현금급여

도서 · 벽지 지역 등 요양시설이 현저히 부족한 지역에 거주하는 자 등 불가피하게 가족 등으로부터 장기 요양을 받은 경우에 지원되는 현금급여 등이다.

2) 장기요양 급여 범위

노인장기요양보험법 제23조 ①항의 장기요양급여의 종류에 따른 장기요양급여의 범위에서 제외되는 사항(비급여대상)은 다음과 같으며, 이에 소요되는 비용은 본인이 전부 부담한다.

① 식사 재료비 ② 상급침실 이용에 따른 추가비 ③ 이 · 미용비 ④ 일상생활에 통상 필요한 것과 관련된 비용으로 수급자에게 부담시키는 것이 적당하다고 보건복지가족부장관이 정하여 고시한 비용이다.

수급자와 장기요양기관은 장기요양급여를 제공받거나 제공할 경우에는 다음 행위를 요구하거나 제공하여서는 아니 된다.

① 수급자의 가족을 위한 행위
② 수급자 또는 그 가족의 생업을 지원하는 행위
③ 그 밖에 수급자의 일상생활에 지장이 없는 행위

3) 비용의 부담

① 수급자가 장기요양급여 이용 시 시설급여 비용은 당해 장기요양급여비용의 20%, 재가급여비용은 당해 장기요양급여비용의 15%를 본인이 부담한다.

기초생활수급권자는 그 비용을 본인이 부담하지 아니하며, 의료급여수급권자 및 경감대상자의 시설급여 비용은 당해 장기요양급여비용의 10%, 재가급여비용은 당해 장기요양급여비용의 7.5%를 본인이 부담한다.

② 노인장기요양보험법의 규정에 따른 급여의 범위 및 대상에 포함되지 아니하는 장기요양급여, 수급자가 장기요양인정서에 기재된 장기요양급여의 종류 및 내용과 다르게 선택하여 장기요양급여를 받은 경우 그 차액, 장기요양급여의 월 한도액을 초과하는 비용은 수급자 본인이 전부 부담한다.

4) 개정안 주요내용(2010)

단기보호서비스의 급여기간이 '월 15일'로 조정된다. 단기보호 급여기간의 조정은 가족으로부터 기본적인 보호를 받고 요양보험은 '보충적'으로 보호한다는 의미에서 「재가급여」의 일종인 단기보호 본래의 목적을 살리기 위한 것이다, 급여기간의 조정과 더불어 단기보호는 방문요양 등 다른 재가서비스와 함께 제공되도록 성격이 변화(단기보호 단독기관은 운영이 어려움)하고 다른 재가서비스와 함께 재가급여 월 한도액에 포함된다. 이에 따라 현재 운영하고 있는 단기보호기관은 노인의료복지시설(노인전문병원 제외)로 전환하여야 하며, 개정안 시행일로부터 3년 이내에 노인의료복지시설의 설치기준을 충족하여야 한다.

방문요양서비스의 인력기준이 '요양보호사 15명 이상'으로 강화된다. 방문요양기관은 기관 난립에 따른 과당경쟁, 부당허위청구, 종사자 처우 열악 등의 문제가 지속적으로 발생하여 이를 개선하기 위해 설치기준을 강화하여 체계적 운영이 가능하도록 하였다.

향후 방문요양기관을 설치하기 위해서는 요양보호사를 15명 이상 채용하여야 하며, 이중 20% 이상은 상근(1일 8시간, 월 20일 이상 근무)하여야 한다. 현재 운영하고 있는 방문요양기관도 개정안에 따른 인력기준을 갖추어 체계적인 서비스 제공이 이루어지고 요양보호사가 근로기준법 등에 따라 보호 받을 수 있도록 한다. 재가 장기요양기관이 복지부 및 지자체의 질문・검사 및 자료제출 요구를 거부·방해하거나 거짓자료를 보고·제출할 경우 1차 경고 후에 2차 폐쇄명령을 받도록 행정처분 기준이 강화된다.

시설급여란 수급자를 장기간 노인요양시설・노인전문요양시설・노인요양공동생활가정 등 시설에 입소시켜 신체 활동을 지원하고 심신기능의 유지・향상을 위한 교육・훈련 등을 제공하는 것을 말한다.

2. 시설급여 수가

시설급여 수가는 다음과 같다.

노인요양시설・노인전문 요양시설・노인요양 공동생활가정이다.

(1) 노인(전문)요양시설・노인요양공동생활가정(이하 '입소시설'이라 한다)수가는 장기요양 등급 및 급여제공 일수를 기준으로 산정한다.

(2) 입소시설 1일당 수가는 간병・수발 등의 일상생활지원, 요양관리, 간호, 기능훈련, 기타 복지서비스 등 장기요양시설에서 생활하는데 필요한 제반 서비스 비용을 포함한다.

(3) 1일이라 함은 0시부터 24시까지를 의미한다.

(4) 입・퇴소 당일 급여제공 시간이 12시간 이상인 경우에는 1일당 수가를 산정하며, 당일 12시간 미만 급여를 제공한 경우에는 등급별 1일당 수가의 50%를 산정한다.

(5) 수급자가 의료기관에 입원하거나 시설장의 허가를 받아 외박을 한 경우에는 수가의 50%를 산정(이하 '외박수가'라 한다)하되 1회당 최대 10일, 1개월에 최대 15일까지 산정한다.

(6) 외박수가는 1일을 기준으로 하여 수급자가 의료기관이나 가정 등에서 지낸 경우(기준시간은 밤 12시)에 산정하며, 이 경우 수급자의 외박 시작과 종료

일시, 외박 사유 등을 장기요양급여제공기록지에 반드시 기재하여야 한다.

(7) 입소시설이 노인장기요양보험법시행규칙 제23조에 의한 장기요양기관 지정 당시의 정원을 초과하여 운영한 경우, 동 기간에는 이용자 전원에 대하여 1일당 수가의 70%를 산정한다.

(8) 입소시설이 노인장기요양보험법시행규칙 제23조에 의한 종사자 인력배치 기준('필요수'로 규정된 인력은 제외한다)에 비하여 종사자의 결원 비율이 10%를 초과하거나 결원 인원이 5명 이상인 경우 이용자 전원에 대하여 1일당 수가의 70%를, 결원 비율이 10% 이하이거나 결원 인원이 4명 이하인 경우 이용자 전원에 대하여 1일당 수가의 90%를 산정한다. 이 때 결원비율 기준과 결원인원 기준에 의한 수가 산정률이 서로 다른 경우에는 1일당 수가의 70%를 산정한다.

(9) (7)항과 (8)항이 동시에 적용되는 경우, 해당 기간동안 (7)항에 의한 감산만을 적용하고 중복 감산하지 아니한다.

(10) 假정원 내 단기보호시설 설치신고가 이루어진 입소시설에서는 의료기관 입원 등으로 수급자 중 외박자가 발생한 경우 외박기간 10일 초과시부터 외박(입원)자를 대체하여 다른 수급자의 단기보호 입소가 가능하며, 이 경우 요양시설의 외박(입원)자를 제외한 현원과 단기보호 현원의 합이 요양시설 정원을 초과하지 않아야 한다.

이때 단기보호 입소자의 수는 총 정원의 5%(소수점 이하 반올림)를 초과할 수 없으며, 외박(입원)자의 복귀로 인해 단기보호 수급자의 퇴소가 필요한 경우 단기보호 수급자의 입소일로부터 90일이 되는 날 또는 단기보호 계약만료일 중 빨리 도래하는 일자까지는 정원을 일부 초과하더라도 단기보호 수가를 산정할 수 있다.

3. 장기요양보험의 재원조달

장기요양급여에 소요되는 비용은 국민이 납부하는 장기요양보험료와 국가부담(정부지원) 그리고 장기요양급여 이용자가 부담하는 본인일부부담금으로 충당한다.

장기요양보험료 = 건강보험료액 × 장기요양보험료율

장기요양보험료율은 보건복지부장관에 소속한 장기요양위원회의 심의를 거쳐 대통령령으로 정한다.

〈표 12-9〉 연도별 장기요양보험료율 전망

(단위 : 억원, %)

구분	2008	2009	2010	2011	2012
건강보험료수입	241,335	241,335	241,335	241,335	241,335
장기요양보험료수입	4,872	10,568	11,586	12,813	13,836
장기요양보험료율(%)	4.05	4.25	4.53	4.86	5.09

장기요양보험료수입은 물가상승률 3% 반영되었으며, 보험료율은 '08년 건강보험료예상수입 기준임

〈장기요양보험료 산정(예시)〉

(1) 직장가입자 건강보험료 62,171원 납부 시('07년 평균 건강보험료 기준)

- 사용자 = 62,171원 × 4.05% = 2,510(원)
- 근로자 = 62,171원 × 4.05% = 2,510(원)

(2) 지역가입자 건강보험료 56,744원 납부 시('07년 평균 건강보험료 기준)

- 지역가입자 = 56,744원×4.05% = 2,290(원)

(3) 의료급여 대상자(기초/기타) : 보험료 부담 없음

* 장기요양보험료율은 '08년 기준으로 작성

국가는 예산의 범위 안에서 당해연도 장기요양보험료 예상수입액의 20%에 상당하는 금액을 부담하고 국가와 지방자치단체는 의료급여 수급권자의 장기요양급여 비용을 부담한다. 급여를 받는 자가 본인 일부 부담하는 비용은 재가급여는 당해 장기요양급여비용의 15%, 시설급여는 당해 장기요양급여비용의 20%이다.

예외는 다음과 같다.

① 국민기초생활보장법에 의한 수급자는 전액 면제

② 의료급여수급권자, 소득・재산 등 보건복지부 장관이 정하여 고시하는 일정 금액 이하인 자는 본인부담금을 50% 경감한다.

4. 장기요양위원회 및 관리운영

장기요양위원회(노인장기요양보험 제45조)는 다음과 같이 구성한다.

(1) 설치 및 기능

· 보건복지부장관 소속 심의기구
· 기능 : 장기요양보험료율, 가족요양비, 특례요양비, 요양병원간병비의 지급기준, 재가 및 시설 급여비용 등 심의

(2) 구성

· 위원장 1인, 부위원장 1인을 포함한 16인 이상 22인 이하의 위원
· 구성위원(각 대표 동수로 구성)
· 적용대상자 대표 : 근로자단체, 사용자단체, 시민단체, 노인단체, 농어업인단체, 자영자단체
· 장기요양시설 등 대표 : 장기요양시설 또는 의료계
· 공익 대표 : 학계 · 연구계, 고위공무원단 소속 공무원, 공단 추천자

관리운영기관(노인장기요양보험 제48조)은 다음과 같다.
(1) 국민건강보험공단의 기존업무 활용
· 장기요양보험가입자 및 그 피부양자와 의료급여수급권자의 자격관리
· 장기요양보험료의 부과 징수
(2) 장기요양사업 수행 시 새롭게 추가되는 업무
· 신청인에 대한 조사
· 등급판정위원회의 운영 및 장기요양등급 판정
· 장기요양인정서의 작성 및 표준장기요양이용계획서의 제공
· 장기요양급여의 관리 및 평가
· 수급자에 대한 정보제공, 안내, 상담 등 장기요양급여 관련 이용지원에 관한 사항

· 재가 및 시설 급여비용의 심사 및 지급과 특별현금급여의 지급
· 장기요양급여 제공내용 확인
· 장기요양사업에 관한 조사, 연구 및 홍보
· 노인성질환예방사업
· 이 법에 따른 부당이득금의 부과, 징수 등
· 그 밖에 장기요양사업과 관련하여 보건복지부장관이 위탁한 업무
· 관리운영체계

(1) 관리운영의 주체 : 국민건강보험공단

건강보험 시스템을 활용한 관리운영의 효율성을 도모하고, 건강보험급여와 장기요양급여 연계실시가 용이하여 의요서비스와 장기요양서비스를 종합적으로 실시한다.

(2) 전문가들의 의견

지자체 중심이 되어야 하고, 국민건강보험공단은 관리운영의 책임을 지고 상급기관인 보건복지부의 지도 감독을 강화해야한다. 지자체 나름의 특성에 맞는 서비스제공을 위해 각 지자체와 국민건강보험공단과의 역할분담에 많은 노력이 필요하다. 그리고 장기요양대상자가 장기요양기관이나 필요한 장기요양서비스의 선정과 판단이 어려움이 있으므로 케어 매니지먼트와 같은 중간관리시설을 두어 장기요양대상자에게 케어플랜 작성이나 장기요양기관의 계약 등에 도움을 주어야한다.

제 3 절 노인장기요양보험제도의 문제점

(1) 중증노인에 한정한 급여대상자 선정방식

본 제도가 시행되기 이전부터 정부는 급여대상자를 전체 노인의 3% 수준으로 정해, 중증의 수발욕구가 있는 노인에게만 한정할 계획이었다. 이는 경증의 수발욕구가 있는 노인과 수발욕구가 있는 65세 미만의 장애인 등을 배제하는 것으로

적용대상자의 포괄성 측면에서 문제가 있는 것으로 지적되어 왔다. 장기요양보호를 어떻게 정의하고 어떤 도구로 측정하느냐에 따라 차이는 있지만, 한국보건사회연구원의 연구결과에 의하면 우리나라의 장기요양보호대상자 비율은 노인의 7.9-12.2% 정도인 것으로 추정되고 있다(선우덕 외, 2007). 예를 들어 2004년 전국재가노인 자료를 분석한 결과, 전국 노인 중 1-5등급 노인은 8.2%라고 추정되며(선우덕 외, 2007) 이를 장기요양보호대상자 노인이라고 본다면, 2008년 노인인구 5,016천명 중 401천명이 장기요양보호대상자이고 1-3등급 노인은 155천명(전체노인의 3.1%)이므로 255천명이 적용대상자에서 제외된다. 즉, 장기요양보호제도의 적용대상자에서 제외된 노인은 255천명으로 추정된다. 4인 가구를 기준으로 하면, 약 102만 명의 노인과 가족이 장기요양보호제도의 혜택을 받지 못함을 의미한다.

급여대상자 선정의 또 다른 문제점으로는, 급여대상자를 신체수발욕구 중심으로 선정함으로써 경증 치매노인은 급여대상자에서 제외된다는 점이다. 등급판정 결과, 스스로 치매환자라고 밝힌 경우 9%가 등급 외 판정을 받은 것으로 나타났는데(장재혁, 2008), 경증 치매노인은 비록 신체적 기능상태가 양호할지라도 가족수발자는 24시간 동안 지속적으로 보호를 제공해야 하기 때문에 가족의 부양부담이 매우 높은 수준이다. 실제 경험적 연구들은 치매노인의 가족수발자가 다른 질병을 앓고 있는 노인의 가족수발자에 비해 부양부담수준이 상대적으로 높은 것으로 나타나, 경증 치매노인을 포함한 정신장애 노인 등을 급여대상자로 확대할 필요가 있다.

(2) 과도한 본인부담

장기요양보험제도가 공적 사회보장제도로서 제대로 기능하기 위해서는, 기본적인 서비스가 급여로 제공되어야 하지만, 식사 등이 비급여항목에 포함됨으로써 저소득층은 과도한 본인부담으로 인해 서비스이용에 어려움을 느끼고 있다. 기초생활수급자를 제외하고는, 급여항목의 본인부담비율은 15-20%이고 식사・이미용서비스 및 상급침실 이용 추가비용 등 비급여 항목으로 인해 실제 본인부담금액은 70-80만원 수준으로 나타난다.

노인 장기요양보험법에 의하면 소득·재산이 일정금액 이하인 차상위계층은 본인부담비율의 50%를 감면받게 되어 있으나 차상위계층을 어떻게 측정할 것인지에 대한 정책적 결정이 내려지지 않아서 실제로 차상위계층 노인은 일반노인과 같은 수준의 본인부담을 하고 있다. 비급여항목 중 식사만 포함한 본인부담액과 시설급여의 본인부담액을 합한 금액이 얼마나 저소득층에게 과도한 본인부담인지를 살펴보자. 1식을 2,500원이라고 가정하면 한 달 기준으로 225,000원이 되며, 시설급여의 본인부담금액을 더할 경우 1등급노인의 경우 총 513,720원을 본인이 부담해야 한다. 최저생계비 대비 120% 수준의 4인 가구를 기준으로 하였을 때 가구소득에서 본인부담금액을 제외하면 1,005,298원인데 이는 3인 가구 최저생계비의 97.9%수준에 달하게 됨으로써 1등급 노인 1인이 요양시설에 입소하게 되면 나머지 가구원들은 절대빈곤층으로 전락하게 된다. 물론 노인 장기요양보험법에서 정한 대로 본인부담비율을 10%만 부담하게 되면 차상위계층이 절대빈곤층으로 하락하는 문제는 나타나지 않게 된다. 4인 가구가 아닌, 2인의 노인부부가구의 경우에도 유사한 패턴이 드러난다.

한편, 비급여항목을 시장자율에 맡김으로써 요양시설에 따라 비급여부담액에 차이가 커서, 식비의 경우 2배 정도 차이가 나기도 한다(공공노조, 2008). 건강보험에서는 식비를 급여항목으로 선정한데 반해, 장기요양보험에서는 이를 비급여로 처리한 것 역시 문제점이라 할 수 있다. 물론 장기요양보호를 사회보험방식으로 운영하는 독일, 일본에서도 주거비와 식비는 비급여항목이다. 그러나 이들 국가의 경우, 우리나라에 비해 소득보장제도가 훨씬 잘 갖추어져 있기 때문에 노인빈곤문제가 상대적으로 덜 심각하며, 일본의 경우 본인 부담률은 10%로 우리에 비해 훨씬 낮은 수준이라는 점을 고려해야 한다.

저소득층의 경우, 시설보호는 과도한 본인부담금액이 문제라면, 재가보호에 있어서는 이전에 비해 본인부담금액이 늘어났다는 문제점을 가지고 있다. 예를 들어, 재가서비스를 이용하면 1등급의 경우 월 한도액 1,097,000원의 15%를 부담함으로써 본인부담금은 164,500원 수준에 달하게 된다(공공노조, 2008). 그런데 보건복지 가족부 민원을 살펴보면 과거 무료 또는 저렴한 비용으로 재가복지서비스를 받던 노인 중 일부는 본인부담금 때문에 수급권을 포기한다는 민원이 상당수 있는 것으로 알려졌다(보건복지가족부, 2008년 9월).

과도한 본인부담은 장기요양보험의 적용대상자이지만 급여혜택을 받지 못하는 사각지대를 발생시킬 것이다. 장기요양보험욕구를 가지고 있지만 장기요양보험제도의 적용대상자에서 제외된 집단을 첫 번째 유형의 사각지대라고 정의한다면, 장기요양보험의 적용대상자이지만 실제 과도한 본인부담으로 장기요양보험 급여를 받지 못하는 두 번째 유형의 장기요양보호제도의 사각지대에 있는 노인을 추정해 보고자 한다. 현재 노인 중 국민기초생활보장제도 수급자 비율은 8%이고, 수급자를 제외한 최저생계비 160% 미만 노인은 33.5%에 달하는 것으로 추정된다(김성숙 외, 2007). 노인의 소득은 저소득층에 보다 집중되어 있지만 최저생계비 160% 미만의 소득수준을 가진 노인이 균일하게 분포되어 있다고 가정하면, 본 연구에서 문제가 되는 최저생계비 120% 미만은 약 25% 수준에 달할 것으로 추정된다. 이 중 특히 문제가 되는 1등급 노인에 한정하면 차상위계층의 1등급 비율이 전체 노인과 동일하다고 가정하면(0.5%), 전체 노인 중 차상위계층의 1등급 노인은 6.2천명(5,016천명 × 0.25 × 0.005)이고, 4인 가구를 기준으로 하면 약 2.5만 명의 노인과 가족이 장기요양보호제도의 사각지대에 놓여 있음을 알 수 있다.

사각지대 규모에 대한 추정은 상당히 엄격한 수준의 가정 하에서 이루어진 것임을 감안하면(저소득층의 소득분포가 균일할 것이라는 가정, 소득수준이 낮을수록 일반적으로 노인의 건강상태가 더 좋지 않기 때문에 차상위계층의 1등급 비율은 전국 평균보다 더 높을 것이라는 점은 감안하지 않았음, 노인부부가구의 경우 2등급 인정자가 시설을 이용할 경우에도 다른 가구원은 절대빈곤선 이하의 수준을 살게 된다는 점을 감안하지 않았음) 차상위계층의 장기요양보험 사각지대 규모는 더 클 것으로 예상된다. 보건복지가족부의 발표에 의하면 1-3등급 인정노인 20만명 중 급여 미이용비율은 38.8%이며 본인부담금 과도로 서비스를 이용하지 않는 비율은 10%이므로 사각지대 규모는 7,700여명 수준에 달한다. 그러나 차상위계층은 정보부족 등으로 인해 등급신청을 하지 않을 것임을 감안한다면 실제 사각지대 규모는 정부 발표보다 훨씬 클 것으로 예상된다.

(3) 서비스 종류, 양 및 질의 문제

시설보호의 서비스 양과 질에도 문제점이 많지만, 재가보호의 서비스 양 및 질의 문제가 더 심각하다. 먼저 재가보호의 경우 시설보호에 비해 인력기준이 훨씬 낮게 설정되어 있다. 요양시설은 요양보호사 1명이 2.5명을 담당하는데 반해, 주야간보호서비스는 요양보호사 1명이 이용자 7명을, 단기보호서비스는 요양보호사 1명이 이용자 4명을 수발해야 한다. 실제로 단기보호서비스의 경우에도 일정기간 시설에서 24시간 보호를 받는다는 점을 고려하면, 단기보호의 인력기준이 요양시설에 비해 현저하게 낮음을 알 수 있다. 재가보호의 낮은 인력기준은 서비스의 양과 질의 저하로 이어질 우려가 있으며, 장기요양보호욕구가 높은 1-2등급 노인이 지역사회에 살면서 재가복지서비스를 이용할 수 없는 장애요인이 되고 있다.

또한 가족의 부양부담을 경감시키기에는 재가보호의 서비스의 양 및 종류가 부족하고, 기본적인 서비스가 부재하여 시설보호를 선택할 수밖에 없게 될 수 있다. 먼저, 방문요양의 경우 1일 2회 총 4시간을 이용하는 경우 월한도액 범위내에서 쓸 수 있는 최대일수는 1등급은 27일, 2등급은 22일, 3등급은 19일이다. 예를 들면 2등급 노인의 경우, 식사하기, 옷 갈아입기, 몸 씻기 등의 기본적인 일상생활을 수행하는 데 타인의 도움을 완전히 필요로 하기 때문에, 한 달에 22일 밖에 서비스를 이용하지 못한다는 것은 2등급 노인이 방문요양서비스를 이용하여 지역에서 자립적으로 생활하기에는 서비스의 양이 매우 부족하며, 가족이 없는 경우에는 시설에 입소할 수밖에 없음을 의미한다.

주야간보호서비스의 경우 서비스를 12시간 이상 이용할 경우에는 전액 본인이 부담해야 하기 때문에, 서비스 공급기관에서도 서비스를 늦은 저녁시간(보건복지가족부의 표준시간은 오전 8시부터 오후 10시까지)까지만 제공하고 실제로 night care의 개념인 야간보호는 제공하지 못하고 있는 실정이다. 또한 1일 10-12시간 이용을 기준으로 하였을 때(1일 8시간을 근무한다고 했을 때 출퇴근시간까지 포함하면 최소 10시간은 서비스를 이용해야 함), 월한도액 범위내에서 사용할 수 있는 최대일수는 22-24일 정도이기 때문에 휴일이나 주말에는 서비스를 이용할 수 없는 문제점을 갖고 있다.

방문간호의 경우, 다른 재가보호와 달리 상해보험료가 보험수가에 포함되지 않음에 따라 장기요양기관의 책임에 따른 문제발생을 회피하기 위해서 적극적인 간호서비스의 제공이 어려운 실정이다. 단기보호의 경우, 휴가나 출장 등으로 인해 가정에서 노인을 보호할 수 없는 경우에 단기간동안 이용하는 서비스이나 실제로는 입소시설의 부족 등으로 인해 요양시설에 입소해야 할 노인들이 장기간 이용(최대 180일까지 이용가능하도록 되어 있음)하고 있는 실정이다. 이로 인해 단기간 노인을 맡기고자 하는 가족이 이용할 수 있는 재가보호서비스는 부재한 실정이다.

재가보호의 낮은 서비스 양과 질의 문제로 인해, 2008년 9월 현재 서비스이용자 중 1등급은 66.8%가, 2등급은 61.7%가 시설보호를 이용함에 따라 장기요양보험법 제 3조에서 명시한 것처럼 노인 등이 가족과 함께 생활하면서 가정에서 장기요양을 받는 재가급여를 우선적으로 제공한다는 법조항은 실제로 구현되지 못하고 있음을 보여주고 있다. 한편, 정부는 3등급노인의 경우 시설이용을 하지 못하도록 하였는데, 원천적으로 급여제공을 금지하여 이용자의 선택의 폭을 제한할 것이 아니라, 재가서비스의 양과 질을 개선함으로써 이용자가 시설보다는 재가서비스를 이용하도록 유인하여야 할 필요가 있다.

(4) 민간부문에 시설 공급을 의존하는 문제

장기요양보호제도의 성공은 인프라구축에 달려 있다고 해도 과언이 아니다. 정부는 요양시설 및 재가시설의 부족을 해결하기 위해 서비스 공급기관을 민간부문에 과도하게 의존하고 기관의 수를 전혀 통제하지 않고 있는데, 이로 인해 여러 가지 문제가 노정되고 있다.

먼저, 지역별 불균형의 문제이다. 시설공급을 민간부문에만 의존함에 따라 수도권지역과 일부 대도시 등에서는 요양시설이 부족하고, 특히 일부 지역에서는 재가시설이 과도하게 설립된 것으로 알려졌다(박종연, 2008). 시설의 지역별 불균형문제는 이용자의 접근성의 불평등 문제와 기관간 과다경쟁으로 인한 인건비 절감이 결국 서비스의 질 저하로 연결된다는 문제를 갖고 있다.

두 번째 문제점으로는, 장기요양보험제도가 도입됨에 따라 비영리부문의 민간부문조차 국고보조금 방식의 운영에서 구체적인 서비스실적에 따라 서비스 비용을 보상받는 제도로 변화됨에 따라 장기요양기관들이 비영리·영리의 구분없이 전반적으로 영리추구적인 성격으로 변질될 수 있다는 점이다(김귀자, 2008; 석재은, 2008). 극심한 예로 국가와 지자체의 지원으로 건립된 시설이 수익성이 낮다는 이유로 시설을 폐쇄하는 사례가 나타나기도 하였으며(윤종범, 2008), 보건복지가족부에 접수된 민원 사례에서 보듯이 일부 시설에서는 상대적으로 노동집약적인 서비스를 더 많이 제공해야 하는 치매환자를 입소 거부하기도 한다.

세 번째, 민간부문에 시설공급을 과도하게 의존함으로써, 비영리부문보다는 영리부문의 공급이 더 가속화될 수 있다. 우리나라에서도 기업이 운영하는 체인점, 프랜차이즈 형태의 재가기관이 점차 늘어서고 있으며, 영국의 사례에서 보듯이 기업형 재가기관은 지역에 기반한, 소규모의 비영리기관과 경쟁할 경우 규모의 경제가 갖는 이점으로 인해서 소규모 기관을 합병해 나가게 된다. 이는 결국 민간부문의 다양성, 지역사회 근접성 등의 이유로 민간부문의 서비스공급을 활성화시키고 소비자의 선택의 폭을 넓힌다는 혼합경제의 이념과는 대치되는 결과를 낳게 될 수 있다(우국희, 2006; 홍성대 · 홍필기 · 김철주, 2007).

네 번째, 민간영리조직은 수익성 추구를 위해 서비스를 가능한 축소하여 제공할 수 있고, 이용자는 서비스공급기관에 대한 충분한 정보를 획득할 수 없기 때문에 정부는 서비스의 질에 대한 모니터링 등을 포함한 규제와 감독의 역할을 수행해야 한다. 민간부문에 대한 통제가 가능하기 위해서는 영국의 사례에서 보듯이 공적 부문의 전문적 우월성이 어느 정도 담보될 경우에만 가능하다(우국희, 2006). 따라서 시설부족의 문제를 단기간에 해소하기 위해서는 민간부문의 공급에 크게 의존할 수밖에 없다는 점을 인정한다고 하더라도 공공부문이 서비스인프라에서 차지하는 비율을 높이기 위해서 노력하여야 하며, 정부의 규제와 감독을 통해 이용자의 권리보장 및 서비스의 질 관리를 할 필요가 있다.

(5) 요양보호사의 무차별적인 양상과 열악한 근로조건

정부는 요양보호인력의 양적인 충원에만 힘쓴 나머지 요양보호사 교육과정을 효과적으로 수행할 수 있는 전문성을 가진 기관이나 단체에 한정해 요양보호사 양성기관으로 지정하지 않고, 일정 정도의 최소 시설 및 교육조건을 갖춘 기관을 요양보호사 교육기관으로 지정하였고 교육기관에 대한 지도감독 역시 단순경고를 주는 데에 그치고 있다(허준수, 2008). 이에 따라 요양보호사 교육기관이 과다하게 설립되고, 요양보호인력 또한 필요인력에 비해 세 배 이상 많은 약 18만 명이 배출되었다. 요양보호사 자격요건을 다른 국가처럼 고등학교 졸업 이상으로 한정하지 않음에 따라 기본적인 문서작성을 하지 못하는 요양보호사가 배출되는 등 요양보호사의 질 관리가 되지 않는 문제점을 갖고 있다.

요양보호사의 열악한 근로조건 역시 문제가 되고 있다. 보험수가에 의하면 방문요양의 경우 30분 이상 60분미만은 10,680원의 보험수가가 산정되어 있지만, 실제로 요양보호사가 받는 시급은 5,000~7,000원 수준인 것으로 알려져 있다. 그러나 실제 서비스 제공시간만 인정을 받기 때문에 이동시간 및 보고서 작성 시 등은 제외되며, 방문간호와는 달리 교통비가 보험수가에 포함되지 않는다. 실제 한 달 임금은 70-90만원의 저임금을 받고 있으며, 이러한 저임금의 근로조건은 다른 선진국 사례에서 보듯이 요양보호사의 이직 및 타 업종으로의 취업으로 인해 수발인력의 공급불안정의 요인이 되고 있다(유호선, 2007). 수발인력의 부족은 서비스의 질 저하로 연결된다는 점에서 더욱 심각한 문제라고 할 수 있다.

연 구 문 제

1. 노인장기요양보험은 어떤 제도인가?

2. 제도가 도입된 지 일 년이 지나면서 기존 서비스를 받으시던 어르신들도 재등급 판정을 받는다고 하던데, 재등급 판정후 등급이 낮아진 경우가 있는지?

3. 등급 판정의 문제점이 있다면?

4. 그렇다면 등급 판정을 받지 못하신 재가 어르신들이 사각지대에 놓이게 될 것 같은 경우는?

5. 노인장기요양보험제도의 개선방향은?

참고문헌

강영실, 2006, 『사회복지정책의 이해』, 신정.
강욱모 외 14인 공저, 2003, 『21세기 사회복지정책』, 서울 : 청목출판사.
김강석, 1996, 『19세기 영국 구빈정책의 실제』, 학지사.
김기원, 2000, 『공공부조론』, 학지사.
______, 2003, 『한국 사회복지정책론』, 나눔의 집.
김기태 외, 2002, 『사회복지의 이해』, 박영사.
김경미, 1990, 1834년 영국의 신구빈법에 관한 연구, 석사논문.
김교성, 2009, "기본소득 도입을 위한 탐색적 연구." 사회복지정책36권 2호: 33-57.
김기원, 1995, 『공공부조』, 학지사.
김상균, 1987, 『현대사회와 사회정책』, 서울대출판부.
김성순, 2004, 『고령사회정책론』, 홍익사.
김성옥, 2004, 『사회복지윤리와 철학』, 청목출판사.
김영모, 2005, 『사회정책』, 한국복지정책연구소 출판부.
김영화 외, 2005, 『사회정의 실현을 위한 사회복지정책론』, 삼우사.
김자경, 1990. 영국 빈민구제의 성격에 관한 연구, 석사논문.
김진구. 2001, "복지국가 위기와 대안적 소득보장제도의 모색." 『협성논총』 13집: 69-84.
김진수, 1995, "통일에 대비한 인구 이동 및 사회복지 대책 방안에 관한연구". 사회정책학회.
김종수, 2000, 『스웨덴 사회복지의 유형과 발전상』, 도서출판 한울.
김정기 외 2명, 2002, 『사회복지의 역사』 나남출판사.
김태성 · 손병돈, 2002, 『빈곤과 사회복지정책론』, 청목출판사.
김태진, 2003, 『사회보장론』, 대구대학교 출판부.
김정헌, 2003, 『복지국가론』, 대명.
김태성 · 성경륭, 2002, 『복지국가론』, 나남.
김혜원, 2007. "사회서비스 분야 사회적 기업은 지속가능한가". 노동리뷰 통권 제27호.
곽노완, 2009. "기본소득과 21세기 대안사회로의 이행전략." 제4회 맑스꼬뮤날레 학술문화.
곽효문, 1999, 복지국가론, 제일법규제 단체세션 자료집: 한국의 기본소득 모델과 이행의.
구인회, 2008. "한국복지국가의 성격과 전망: 복지국가 유형론을 넘어." 한국사회포럼 2008 자료집: 169-182.
노시평 외 3인, 2002, 『사회복지정책』, 대경출판사.
남기만, 2004, 『사회복지 정책론』, 학지사.
남세진 편, 1995, 『한국사회복지론』, 나남출판.
미쉬라 저, 김한주 · 최경구 역, 1987, 『복지국가위기론』, 범문사.

미쉬라 저, 표갑수 · 장소영 역, 1982, 사회이론과 사회정책, 한국복지정책연구.
남궁근, 1998, 『비교정책연구: 방법, 이론, 적용』". 서울: 법문사.
남찬섭, 2008, "한국복지국가의 성격과 전망." 『한국사회포럼 2008 자료집』 : 183-196.
노동부, 한국노동연구원. (2003). "사회적 일자리 창출 방안 연구".
문보경, 2008, "사회적 기업 인증요건에 대한 검토와 개선방안 모색". 노동부 주관 사회적 기업 정책 포럼 발제문.
문진영, 2001, 영국의 복지제도 발달과정에 관한 고찰, 석사논문.
문형표, 1995, 「국민연금제도의 재정건실화를 위한 구조개선방안」, 한국개발연구원.
박광준, 1990, 페이비안사회주의와 복지국가의 형성, 대학출판사.
______, 2002, 『사회복지의 사상과 역사』, 양서원.
보건복지부, 2008, "일자리, 기회, 배려"를 위한 능동적 복지 2008년 실천계획.
박병현, 2004, 『사회복지정책론』, 현학사.
박상섭, 1985, 『자본주의국가론』, 한울.
박옥희, 2007, 『장애인복지론』, 학문사.
박종삼 외, 2002, 『사회복지학개론』, 학지사.
박차상, 2006, 『사회복지정책학』, 형설출판사.
사 레비탄, 가트 맨굼, 스테픈 맨굼 공저, 『미국의 사회보장제도』, 나남출판.
서정희 · 조광자, 2008. "새로운 분배제도에 대한 구상: 기본소득과 사회적 지분급여 논쟁을 중심으로." 사회보장연구 24권 1호: 27-50.
성철 외 공저, 2003, 『사회복지학개론』, 서울 : 동인.
신광영, 1990, 스웨덴 사민주의와 경제정책, 사회비평 제4호, 한울.
신재명, 2001, 『사회복지학 총론』, 청목출판사.
송근원 · 김태성 공저, 2003, 『사회복지 정책론』, 나남출판.
심창학. 2007, "사회적 기업의 개념 정의 및 범위 설정에 관한 연구: 유럽의 사회적 기업을 중심으로". 사회보장연구 23(2): 61-85.
심일섭 외, 2000, 『사회복지철학과 복지정책』, 학문사.
송근원, 1994, 『사회복지와 정책과정』, 대영문화사.
송병건, 2000, 영국 산업혁명기 구빈법의 변천과정에 관한 연구, 석사논문.
송정부, 2000, 『사회복지학총론』, 나눔의 집.
송정부, 1999, 『사회복지원론』, 경진사.
송호근, 1997, 『시민과 복지정치』, 사회비평사.
송호근 편, 2001, 『세계화와 복지국가』, 나남출판.
심일섭 외, 『사회복지철학과 복지정책』, 학문사, 2000.
이영찬, 2000, 『영국의 복지정책』, 나남출판.
이정우, 『사회복지정책』, 학지사, 2002.
이현주 외, 2003, 공공부조와 사회복지서비스의 체계분석 및 재편방안, 보사연.
이종수 · 윤영진 외, 1997, 『새 행정학』, 대영문화사.

이영찬, 2000, 『영국의 복지 정책』, 나남출판.
이영환, 2005, 한국 사회와 복지정책-역사와 이슈, 나눔의 집.
이태수, 2008, "이명박 정부의 복지정책, 어디로 가나", 광주대학교 대학원.
오건호, 2009a, 연구보고서: 진보의 눈으로 국가재정 들여다보기, 사회공공연구소.
______, 2009b. "이명박 정부의 국가재정 운용의 문제점과 진보적 대안재정전략." 『사회공공연구소 1주년 기념 토론회 자료집』 : 1-49.
이명현, 2006, "복지국가 재편을 둘러싼 새로운 대립축: 워크페어 개혁과 기본소득 구상." 『사회보장연구』 22권 3호: 53-76.
원석조, 2008, 『사회복지정책학원론』, 양서원.
______, 2001, 『사회복지역사의 이해』, 양서원.
이인재 · 류진석 · 권문일 · 김진구, 2002, 『사회보장론』, 나남.
이정서 · 김상철 공저, 『한국사회복지정책론』, 청목출판사.
임희규, 2002, 스웨덴의 사회복지와 노인복지에 대한 고찰 : 안산1대학 논문집 2002년 20호.
에다 톱 리스 저 이준우 옮김, 장애인을 책임지는 사회 - 현대 영국의 장애인 복지정책, 여수룬.
안종범, 1999, 연금제도의 문제점과 개선방안, 1999년도 추계학술대회 발표논문집, 한국재정학회.
양정하 · 임광수 · 이명현 · 황인옥 · 신현석 공저, 2001, 『사회복지정책론』, 양서원.
장길훈 · 이용하 · 정기룡, 1997, 「국민연금 기금운용의 개선방안:선진국의 기금운용 비교 연구」, 국민연금연구센터.
정정길, 1997, 『정책학원론』, 대명출판사.
조지·월딩 공저, 원석조 · 강남기 공역, 1987, 『이데올로기와 사회복지』, 홍익재.
전재일 · 배일섭 · 정영숙 공저, 2000, 『사회복지정책론』, 형성출판사.
장인협 · 오정수, 2005, 『아동·청소년 복지론』, 서울대학교출판부.
조영복, 2007, "제1차 사회적 기업 인증 결과와 과제". 노동리뷰 통권 제35호.
정이환, 2006, 『현대 노동시장의 정치사회학』, 후마니타스.
좌혜경, 2009, "기본소득제 토론문." 진보신당 상상연구소 주최 월례토론회 '기본소득제, 우리의 대안인가' 2009. 6.12. 토론문.
칼 드 슈바이니츠 지음(남찬성 옮김), 2002, 『영국사회복지 발달사』, 인간과 복지.
허구생, 2002, 『빈곤의 역사』, 한울아카데미.
한국노동연구원, 2006, "영국의 사회적 기업" 국제노동브리프.
한국복지연구회, 1985, 『사회복지의 역사』, 홍익제.
한국복지연구회, 1988, 『사회복지의 역사』, 이론과 실천.
한국사회과학연구소 사회복지연구실 편, 2003, 『세계의 사회복지』, 인간과 복지출판사.
한국사회과학연구소 편, 1983, 『복지국가의 형성』, 민음사.
한국사회복지학연구회 역, 1999, 『변화하는 복지국가』, 인간과 복지.
허창무, 1998, 『케인즈 경제학의 이해』, 딜라드 저, 지식산업사.

황진수, 2003, 『현대복지행정론』, 대영문화사.
국민연금관리공단 : http://www.npc.or.kr
공무원연금관리공단 : http://www.gepco.or.kr/
국방부/복지보건관실(군인연금) : http://www.mnd.mil.kr/
사립학교교직원연금관리공단 : http://www.ktpf.or.kr/
국회도서관 http://www.nanet.go.kr(세미나, 논문자료)
http://www.pensionforum.net
http://boheom.emoney.co.kr

Ackerman, Bruce & Alstott, Anne, 2004, "Why Stakeholding?" Politics & Society 32(1): 41-60.

________________, 2006, "Macro-Freedom." Redesigning Distribution. Wright, Erik O. (ed.). Verso.

Ackerman, Bruce & Alstott, Anne. 1999. The Stakeholder Society. Yale University Press.

Aiken, M. and Roger Spear, 2005, "Work Integration Social Enterprises in the United Kingdom." EMES. Working Papers no 05/01

Aiken, M., 2006, "Towards Market or State? Tensions and Opportunities in the Evolutionary Path of Three Types of UK Social Enterprise." in M. Nyssens(ed.). *Social Enterprises in Europe?: Between Market, Public Policies and Communities*. London: Routledge.

Amin a, Cameron A. and Hudson R., 2002, *Placing the Social Economy*. London: Routledge

Bergman, Barbara, 2004, "A Swedish-style welfare state or basic income: which should have priority." Politics & Society 32(1): 107-118.

Birkhŏzer, K., 1996, "Social Economy, Community Economy" in People's Economy: *Wirtschaft von Unten*(R. Dŏing, H. Kegler, and K. Zimmerman eds.) Dessau: Bauhaus Dessau Foundation.

Blaschke, Ronald, 2006, "Sklaverei der Lohnarbeit als Ziel?: Kritik der Kritik von Rainer Roth am Bedingungslosen Grundeinkommen." (김원태 옮김. 2009. "당신의 목표는 임금노동의 노예?: 라이너 로트의 '조건 없는 기본소득' 비판에 대한 반비판." 『진보평론』 39호: 298-319).

Bootstrap Enterprises. www.bootstrap-enterprises.org.

Claessens, S., 2003, "Corporate Governance and Development". Global Corporate Governance Forum Focus 1. Washington: World Bank.

Clark J. and Newman J., 1997, *The Managerial State*. London: Sage

Cornforth, C., 2003, "The Governance of Voluntary and Community Organizations: An Overview". Co-opratives UK.

Crouch, Colin. 2004. Post-Democracy. Polity Press. (이한 옮김. 2008. 『포스트민주주의』. 미지북스).

Defourny, J., 2004, "Social enterprise in an enlarged Europe: concept and realities". Second conference on social economy in the central and eastern european country.('Social entrepreneurship & Economic efficiency'). Krakow, Poland, 27-28. act.(2004).1-21.(http://www.emes.net/fileadmin/emes/PDF_files/Articles/Defourny/Defourny.Soc.ent.CEE.3.06 .pdf)

Development". *International Social Science Journal* 155. UNESCO London CRN., 2008, http://www.icrn.org.uk/recycle/search/organization?organization=105

DTI. 2005, *A Survey of Social Enterprises Across the UK.*

____. 2006, "Social Enterprise Unit in the Small Business Service".

____., 2002, *Social Enterprise. A Strategy for Success.*

Esping-Anderson, G., 1990, Three world of welfare capitalism, Princeton, N.J.: Princeton Univ. Press

Gilbert, N. & H. Specht, ed, 1973, Dimention of Social Welfare Policy , N.J: Prentice Hall, Inc.

Glyn, Andrew, 2006, Capitalism Unleashed: Finance, Globalization and Welfare. Oxford University Press. (김수행 · 정상준 옮김. 2008. 『고삐 풀린 자본주의』. 필맥).

Governancehub. http://www.governancehub.org.uk

Green-Works and ReBoot. *Social Enterprise Journal.* 2(1).

Green-Works. http://www.green-works.co.uk.

Handler, J. & Bobcock, A. 2006, "The Failure of Workfare: Another Reason for a Basic Income Guarantee." Basic Income Studies 1(1).

Hardt, Michael & Negri, Antonio, 2000, Empire. Harvard University Press. (윤수종 옮김. 2001. 『제국』. 이학사).

Haugh, H., 2005, "A Research Agenda for Social Entrepreneurship. *Social Enterprise Journal* 1(1): 1-12

http://www.sbs.gov.uk/sbsgov/, May 2006.

Jessop, B., 1998, "The Rise of Governance and the Risks of Failure: The Case of Economic

Myrdal, A., 1968, Nation and Family : the Swedish experiment in democratic family and population policy, Londin: The M.I.T. Press

National Council for Voluntary Organization, 2007, Governance and Social Enterprise. Executive Summary Report

Paton, R., 2003, *Managing and Measuring Social Enterprises.* London: Sage

Pollitt, C. 1993, *Managerialism and the Public Services.* (2nd edition). Oxford: Basil Blackwell.

Raventós, Daniel, 2007, Basic Income: The Material Conditions of Freedom. Pluto

Press.

Rifkin, Jeremy, 1995, The End of Work: The Decline of the Global Labor Force and the Dawn of the Post-Market Era. Putnam Publishing Group. (이영호 옮김. 1996. 『노동의 종말』. 민음사).

Schimitter, P. C., 1974, "Still the Century of Copotratism?" Review of Polictics, Vol.36

Sharpen, C., 2006, Social Enterprise under the Microscope: Comparing and Contrasting

Shipler, David K. 2005, The Working Poor: Invisible in America. Vintage Books. (나일등 옮김. 2009. 『워킹 푸어, 빈곤의 경계에서 말하다』. 후마니타스).

Social Enterprise Coalition. 2003, A Guide to Social Enterprise.

Social Enterprise London, 2002, Social Enterprise Guide to Recycling.

Spear, R. C., Cornforth and M. Aiken. 2007, "For Love and Money: Governance and Social Enterprise". Report. Governance Hub. Partnerships in Urban Governance. London: MacMillan Press.

__________________________________., 2004, *Transforming Local Governance*. London: Palgrave.

Spear, Roger., 2007, "For Love and Money: Governance and Social Enterprise". Executive Summary Report. Governance Hub.

Stoker, G., 1998, "Public-Private Partnerships and Urban Governance" in J. Pierre(ed).

Tawney, R. H., 1964, *Radical Tradition.*, London: Penguin Books

Titmus, R. M., 1969, *Social policy: An Introduction*, Lincoln: Allen & Unwin

Townsend, P., 1970, *Sciology and Social policy*, London: Penguin Books

Van Parijs, Philippe. 2006, "Basic Income versus Stakeholder Grants: Some afterthoughts on how best to redesign distribution." Redesigning Distribution. Wright, Erik O. (ed.). Verso.

Wilensky, H. L.. 1975, *The Welfare state and Equality :Structural and Ideological Roots of Public Expenditure*, Berkeley: Univ., of California Press

Wright, Erik O. 2004, "Basic Income, Stakeholder Grants, and Class Analysis." Politics & Society 32(1): 79-87.

찾아보기

[ㅇ]

[ㅈ]

[ㅊ]

[저자 약력]

국민대 대학원 행정학과(사회복지 및 정책전공)
프랑스Institut de management public et de gouvernance territoriale (IMPGT) Antipolis Faculty Group 이수

국가민주평통자문위원
한국사회복지연구소 정책자문위원
서울시정 정책자문위원
교육인적자원부 교육정책위원
경기도 무한돌봄사례관리위원
경기도 시정 정책자문위원
한국사회복지정책연구학회이사
한국사회복지문화학회이사
성남시사회복지협의회 회장
한국사회복지지원학회회장
현 을지대학교 중독재활복지학과 교수

사회복지정책론

2010년 4월 20일 초판인쇄
2010년 4월 25일 초판발행

저 자 김 경 우
발행인 유 성 렬
발행처 **청목출판사**
서울특별시 영등포구 신길동 233-96
전화 (02) 849-6157(代) · 2820
FAX (02) 849-0817
등록 제318-1994-000090호

파본은 바꾸어 드립니다. 값 22,000원

http : //www.chongmok.co.kr

ISBN 978-89-5565-354-0